U0905308

城市桥梁运行管理探索与实践

CHENGSHI QIAOLIANG YUNXING GUANLI TANSUO YU SHIJIAN

余建民 编著

浙江工商大学出版社
ZHEJIANG GONGSHANG UNIVERSITY PRESS

图书在版编目(CIP)数据

城市桥梁运行管理探索与实践 / 余建民编著.—杭州:浙江工商大学出版社,2017.3

ISBN 978-7-5178-2064-2

Ⅰ.①城… Ⅱ.①余… Ⅲ.①城市桥—运行—管理—研究Ⅳ.①U448.15

中国版本图书馆 CIP 数据核字(2017)第 037241 号

城市桥梁运行管理探索与实践

余建民 编著

责任编辑 张春琴

责任校对 何小玲

封面设计 林朦朦

责任印制 包建辉

出版发行 浙江工商大学出版社

(杭州市教工路 198 号 邮政编码 310012)

(E-mail:zjgsupress@163.com)

(网址:http://www.zjgsupress.com)

电话:0571-88904980,88831806(传真)

排　　版 杭州尚俊文化艺术策划有限公司

印　　刷 杭州五象印务有限公司

开　　本 710mm×1000mm 1/16

印　　张 18.75

字　　数 326 千

版 印 次 2017 年 3 月第 1 版 2017 年 3 月第 1 次印刷

书　　号 ISBN 978-7-5178-2064-2

定　　价 42.00 元

浙江工商大学出版社营销部邮购电话 0571-88904970

《城市桥梁运行管理探索与实践》编辑委员会

编　　著　余建民

参编人员　邵福彪　姜金斌　张国伟

祝　俊　姜　群　潘亚成

序 言

城市桥梁作为道路交通网络的重要组成部分，是保证城市功能和保障人民生活的重要物质基础。一直以来，桥梁主管部门以解决与人民群众息息相关的安全问题为着力点，围绕桥梁安全管理的关键环节，积极推进法律法规建设，健全体制机制，强化标准规范，保障城市桥梁运行的安全，提升城市发展能力，为推进城镇化建设和城市化进程提供强有力的保障。

我国桥梁建设以令世人惊叹的规模和速度迅猛发展，取得了巨大成就。根据统计，至 2013 年底，全国城市道路达 33.6 万公里，城市桥梁近 6 万座。我国经济发展和社会正常运转也越来越依赖这个数量庞大的桥梁群体的安全、长久和稳定运行，保障桥梁安全、健康运行，也是桥梁监管的一项基本任务。但是，由于长时间超负荷服役，部分桥梁正处于风险相对高发期，特别是近年来，超载超限车辆违规上路时有发生，治理难度不断加大，桥梁安全运行形势堪忧。

因此，为了认真贯彻落实科学发展观，坚持桥梁科学管理、依法管理、规范管理、专业管理、精细管理和信息管理，保障桥梁运行安全，每座城市在加大桥梁工程建设投资的同时，也加大了桥梁运行管理与保护的投入，并在桥梁监管中进一步明确政府各有关部门和桥梁运行管理机构的权利和责任，强化行业管理职能，规范运行管理职责。特别是大型桥梁的安全运行管理及养护方面存在的问题日益严峻。部分城市发生桥梁倒塌事故，暴露出城市桥梁设施质量水平不高、管养不到位、安全隐患处置不及时等诸多问题。因此，目前应加强桥梁监管，充分认识城市桥梁安全保护与养护工作的重要性和紧迫性，增强安全意识、防范意识，对辖区内的城市桥梁进行产权、安全保护与养护管理责任的划分，不留死角，做到责任到人，确保城市桥梁运行安全。

现阶段桥梁监管机构应按照国家和地方有关桥梁运行管理的相关规定，建立健全桥梁日常养护管理制度和相关应急预案，并按行业规范要求，配备必要的桥梁管理检测设备，开展技术业务的培训，而且要针对不同技术状况的桥梁合理安排养护计划。另外，协调、配合公安交通管理部门打击和遏制危害桥梁安全的超载超限行为，也将成为今后城市桥梁运行管理的一项极为重要的工作。

桥梁监管机构应当立足当前，着眼长远，不断完善体制机制，优化制度设计，建立健全法律法规制度，科学制定标准规范体系，构建桥梁安全运行的全过程长效机制，为城市桥梁安全运行奠定坚实的制度基础。在监管过程中则要求分步实施，有序推进，科学地规划桥梁安全运行和养护维修，明确责任分工，注重标本兼治，切实发挥法规、标准、制度在运行安全管理中的引领、推动、促进作用，确保各项工作能够扎实开展，落实到位。桥梁监管机构要以日常监管中的问题为导向，紧紧抓住关键环节，从桥梁结构质量、车辆超限超载、安全保护区设置及从业人员职业素质等影响城市桥梁运行安全的突出问题着手，建立健全运行安全管理的制度与安全目标，并按照安全、科学、有序发展的要求，逐步建立和完善城市桥梁政府监管的行政法规和管理规章，以及养护维修技术标准体系、应急保障体系，着力提升监管能力，确保工作取得实效。

《城市桥梁运行管理探索与实践》一书反映了城市桥梁监管工作的最新研究成果，希望本书的出版，可以得到更多同行的品读、研究，使其更多地了解、关注城市桥梁监管事业，能为提升我国城市桥梁运行管理水平提供对策建议并作为重要参考。

俞莉虎

2016 年 12 月于杭州

前 言

桥梁是交通运输的咽喉，是城市的生命线工程，在城市发展过程中具有非常重要的地位。而在我国经济快速发展、交通越来越便捷的同时，外界环境对桥梁的影响也越来越严重，一旦桥梁遭遇偶然事件或因功能退化而发生坍塌，将直接危害出行者的生命，同时给国家造成不可估量的经济损失，这将在社会上产生强烈反响。

国务院令第 198 号《城市道路管理条例》规定，县级以上城市人民政府市政工程行政主管部门主管本行政区域内的城市道路管理工作，由市政工程设施行政主管部门依据法律法规，负责城市桥梁运行管理工作，并遵循“安全第一、预防为主、综合治理”的原则。

近年来，随着城市化进程的迅速推进，浙江省城市桥梁的运行管理工作也遇到了很多新问题，比如现有规范较为分散，很多管理要求缺失，难以满足当前的运行管理工作需要。为此，浙江省住房和城乡建设厅于 2014 年发布首部《城市桥梁与隧道运行管理规范》，规定了城市桥梁运行管理等级，以及安全运行、养护与维修、检测与监测等监管内容，对提高浙江省城市桥梁的运行管理水平有重要意义。

本书重点围绕上述职能职责及浙江省城市桥梁运行管理要求，依照近年来国家和地方的法规政策，尝试从政府监管、桥梁标准化作业管理、桥梁养护管理、桥梁安全防护、桥梁应急管理及桥梁坍塌事故的警示等方面，系统整理并介绍或阐述了城市桥梁运行管理的理论依据和安全运行防护等具体内容。

例如：根据桥梁规模、结构形式和在路网中的重要程度宜划分为五种类别。Ⅰ类为特大桥及特殊结构的桥梁；Ⅱ类为城市快速路网上的桥梁；Ⅲ类为城市主干路上的桥梁；Ⅳ类为城市次干路上的桥梁；Ⅴ类为除上述四类以外的桥梁。

桥梁运行管理等级按桥梁类别宜分为一级、二级、三级。一级是对Ⅰ类、Ⅱ类城市桥梁，以及位于人流集中、交通流量大之处的Ⅲ、Ⅳ类城市桥梁的监管；二级是对除一级运行监管以外的Ⅲ类、Ⅳ类城市桥梁的监管；三级是对Ⅴ类城市桥梁的监管。

桥梁养护市场化就是将桥梁养护的任务完全推向市场，通过市场对养护资源的有效配置来实现桥梁养护管理的目标，这种市场模式既能保证养护质量，强化政府监管，又能保证养护效率并降低养护成本。2000 年以来，杭州城市桥梁养护产业发展迅速的一个重要原因是经过数轮体制改革，市政管养体制已经彻底分开，将原来由政府包揽一切的传统做法，改为政、企合作的桥梁养护与管理体制，即建立了以市场化运作为主导，多渠道、多元化的养管机制。

城市桥梁安全保障方面：

一是应规范设置限载、限高等标志，避免部分超载、超重、超高车辆闯入对城市桥梁造成危害。

二是桥梁建筑限界和桥下通航净空应保证桥梁结构本身，以及通航船舶、行驶车辆、行人的安全，并在这两个空间范围内，不得有任何损害桥梁结构的设施及障碍物侵入。

三是现状或规划有通航要求的桥墩的设计和施工应考虑防船舶撞击的可能。桥梁设计阶段应根据通航等级要求，对通航孔的桥墩进行最不利条件下的抗船舶撞击专项方案设计和验算，并在设计方案中明确相应防撞设施的安装部位和方法，以及材料等级和尺寸要求，以确保通航孔桥墩的抗船舶撞击能力和避免对桥墩结构的撞击破坏。

四是随着城市建设的发展，施工作业形式多样化，工程建设对周围环境的影响越来越复杂，如：基坑开挖的大量卸荷引起基坑周围土体发生水平和竖向的位移，沉桩的挤土效应也会导致一定范围内的地面发生水平和竖向的位移，大量土体的移动可能导致邻近建筑物倾斜或开裂、道路损坏、管线断裂等事故。因此，为保护重要的建筑物和生命线工程的安全，特别是城市桥梁的安全，通常需要设置一定范围的保护区域，以防范工程建设活动对建筑物可能造成的不利影响。

五是城市桥梁上设置大型广告、悬挂物等辅助物的，应当出具相应的风载、荷载实验报告，以及原设计单位的荷载复核计算书和技术安全意见书，并报市政工程设施行政主管部门批准和运行管理机构同意后，方可实施。10kV 以上（不含 10kV）的高压电缆及压力大于 0.4MPa 的易燃、易爆、有毒或有腐蚀性的液（气）体管道或污水管均应禁止设置。

六是为适应城市交通的发展要求，也需要对原技术标准较低的桥梁进行改造，提高其承载能力。同时，为了保证桥梁建设质量，减少桥梁运行期间的病害发生，桥梁建设期间应严格实施质量管理，把好材料质量关，严格按照设计图纸进行施工。

在本书完稿之际，笔者要感谢杭州市建委丁狄刚同志、杭州市城管委领导，他们对本书提出了许多好的建议；感谢享受国务院特殊津贴、教授级高级工程师二级、桥梁专家俞菊虎同志对笔者研究工作的充分肯定和赞许，并为本书作序予以鼓励；感谢杭州电子科技大学王雷副教授对本书研究工作的指导。本书的出版还得到了杭州市市政工程集团有限公司的大力帮助，在此深表谢意。

本书的编写参考和引用了诸多同行学者的著作、论文和相关标准规范，以及国家法规政策，并在编写过程中得到了领导和诸多同行的指导和帮助，在此谨向他们致以诚挚的谢意！由于笔者水平有限，文中若有不当之处或错误，恳请读者批评指正。

编著者

2016 年 6 月

目　录

第三章　桥梁标准化作业管理

第四章 桥梁养护管理

第五章 桥梁安全防护

第六章　城市桥梁应急管理

第一章　绪　论

第一节　桥梁的历程与发展

我国是四大文明古国之一，有悠久的历史、灿烂的文化，我们的祖先在世界桥梁建筑史上写下了不少光辉的篇章。资料记载中，一般把桥梁建筑发展的历程分为古代、近代和现代三个时期；从我国桥梁的建筑历程看，则可划分为浮桥和梁桥创始期，索桥和拱桥发展期，石拱桥鼎盛期，干修法创新期，现代发展期。

一、桥梁建筑的演化与革新

桥梁是架在水上或空中以便通行的建筑物。桥梁的发展历程，其实是一部桥梁建筑跨径不断增大、桥型不断丰富、结构不断轻型化的历史。

(一)建筑新材料不断涌现

在 17 世纪以前，桥梁一般是用木、石材料建造的，按建桥材料的不同，桥分为石桥和木桥。18 世纪以后，用石灰、黏土、赤铁矿混合煅烧而成的水泥的发明，以及铁的生产和铸造，为建造桥梁提供了新的材料。但铸铁抗冲击性能差，抗拉性能也低，易断裂，并非良好的造桥材料。

至 19 世纪 50 年代，随着转炉炼钢和平炉炼钢技术的发展，钢材成为重要的造桥材料。钢的抗拉强度大，抗冲击性能好，尤其是 19 世纪 70 年代出现了钢板和矩形轧制断面钢材，为桥梁部件在厂内组装创造了条件，使钢材应用日益广泛。

到 20 世纪 30 年代，预应力混凝土和高强度钢材相继出现，材料塑性理论和极限理论的研究，桥梁振动和空气动力学的研究，以及土力学的研究等获得了重大进展，从而为节约桥梁建筑材料，减轻桥重，预计基础下沉深度和确定其承载力提供了科学的依据。

现代桥梁按建桥材料可分为预应力钢筋混凝土桥、钢筋混凝土桥和钢桥。随着科技的发展,具有高强、高弹模、轻质等特点的新材料纷纷面世。超高强硅粉和聚合物混凝土、水下不离析混凝土、耐候钢钢板、铝合金钢、玻璃纤维和碳纤维增强等一系列材料将代替传统的钢材和混凝土,以适应城市大跨径桥梁的建设需要。

(二)桥梁跨度结构不断突破

进入20世纪90年代,我国现代桥梁建设迎来了一个辉煌的时期。1997年,第一座六车道、跨径888m的全焊接钢箱梁悬索桥——广东虎门大桥正式通车,书写了中国桥梁建设的新篇章。1999年,江阴长江公路大桥以主跨1385m,一跨过江的纪录,成为中国桥梁发展史上的里程碑。2008年,苏通长江公路大桥开通,成为世界第一的"千米跨越"斜拉桥,同时也代表了当前国内桥梁建设的最高水平。

据不完全统计,到2010年底,世界上建成和在建主跨跨径600m以上的斜拉桥共15座,我国占12座;跨度1000m以上的悬索桥共26座,我国占10座;跨度250m以上的预应力混凝土桥共20座,我国占12座;已建跨度420m以上的拱桥共12座,我国占9座。

总的来说,在保持一定承载能力的条件下,桥梁跨度能反映当前桥梁建筑技术的水平,是衡量桥梁规模的一个主要指标。现今我国桥梁建筑中钢梁、钢拱的最大跨径已经超过500m,斜拉桥为890m,而悬索桥已达1990m,从中不难看出,桥梁跨度随着人们对跨江、跨海交通的需要在不断加大。为了避免修建或少建深水桥墩,提升通航能力,我们相信,现有悬索桥、斜拉桥等桥式的跨度纪录会一再被打破。据桥梁建造师们预测,前者的跨度将超过3000m,后者的跨度将突破1000m。

(三)桥梁建筑技术不断进步

随着现代桥梁跨度的增大,环境的变化(如海洋环境),结构体系的多样化与复杂化,桥梁建筑的设计常会面临许多新的课题与难题,因此人们在不断地进行桥梁设计理论的研究与探索,并以结构可靠性、全寿命设计理论为基础,采取以分项系数表达的概率极限方法进行设计。与早先采用的容许应力设计和破坏强度设计等方法相比,这些新的设计理论方法则更趋合理,更具先进性。

对中小跨径的梁桥设计,已广泛采用装配式钢筋混凝土及预应力混凝土板式或T形梁桥的定型设计,不但经济实用,而且施工方便,能加快建设速度。各地因地制宜地创建了一些各具特色的拱式桥型,其中江浙一带主要推广钢筋混凝土桁架拱桥和刚架拱桥,山东是两铰平板拱桥,河南是双曲扁拱桥,这些新桥型在结构和施工方面各具特色。预应力混凝土连续刚构特别适合在山区、深沟等地修建。

现在的拱桥，除了有支架施工外，对于大跨度的拱桥通常采用无支架施工、转体施工和刚性骨架施工法，混凝土梁桥悬臂平衡法、顶推法，钢箱梁大节段整体吊装、深水桥梁承台采用预制混凝土底板钢套箱等方法，而钢套箱加工制造简单、拼装拆卸方便，底梁支撑系统可重复使用，工效高，质量优，效果显著。还有许多先进的施工方法在不断探索，如大直径深孔变截面钻孔灌注桩(桩径 2.5 ~ 3.2m，桩长总计 110.15m)，这对于大型跨海跨河桥梁工程而言，显得尤为重要。

二、我国古桥梁建筑成就

(一)古桥梁的建筑历程

殷商至西周(约公元前 17 世纪初—公元前 771 年)为我国浮桥和梁桥的创始期，其时间跨越 800 多年，此时的浮桥和梁桥均为木构。据《诗经·大雅》记载，周文王娶妻，曾在渭河上“造舟为梁”，架设了一座浮桥。浮桥的架设由于具有简便快速的特点，当时常被用于军事活动。另据《史记》记载，公元前 985 年，周穆王曾在巨鹿水上造桥；公元前 541 年，秦公子鍼曾在陕西大荔东黄河上修建浮桥。汉唐以后，浮桥的运用已日趋普遍。

我国战国时期(公元前 332 年)开始建筑的另一类古桥多以木桩为桥墩，上置木梁、石梁，称之为梁桥。石梁限于跨度，桥墩较密集，而木梁的跨度较大。随后的梁桥建筑，为了防止木梁朽损，桥上建有桥廊与桥屋保护桥面，桥廊两侧设有坐凳，也可供行人歇凉，这种桥又称为廊桥。

南宋时著名的安平桥就属于廊桥，它雄跨泉州安海镇港的港湾之上，全长约 2500m，分 362 跨，因长度超过 5 里，故又称五里桥，桥上建有桥亭 5 座。另有湖南、贵州与广西交界一带的侗族村寨，曾建有多种形式的风雨桥。风雨桥又称花桥，也为木梁式结构。四川、青海、甘肃交界处还有一种悬臂式廊桥，其结构为由两岸层层挑出圆木，至中部再架横梁，桥上建廊，外观奇特。

从战国至秦、汉(约公元前 475 年—公元 220 年)是索桥和拱桥的发展期，时间跨越六七百年。据西汉王褒的《益州记》记载，公元前 3 世纪，第一座竹索桥出现在成都市郊；公元前 206 年，第一座铁索桥出现在陕西留坝的寒溪河上。又据《汉书·岑彭传》记载，公元 33 年，第一座长江大桥——索桥，出现在宜昌东南；公元 282 年，第一座拱桥出现在洛阳城外。此时，拱圈结构开始出现在桥梁建筑中。宋代张择端的《清明上河图》上出现的虹桥，就是一座大型木构拱桥，桥下可以过往商船。在此期间还修建了大量阁道桥和栈道桥。至此，我国桥梁四大类型——浮桥、梁桥、索桥和拱桥，已经基本形成。

从南北朝、隋、唐、五代至宋、辽、金时期（420年—1279年）为石拱桥鼎盛期。由于拱圈结构在建桥工程上的广泛运用，桥梁的建筑从以木料为主，发展到以石料为主。敞肩式、筏形基础、浮运法等重大技术都在此时期涌现出来，特别是敞肩式结构的出现，使得桥梁的造型更为轻盈美观。许多石拱桥建筑如雨后春笋，遍及全国。

拱式桥的历史最为悠久，古代遗留下来的石拱桥数量也很多，最著名的为建于隋代的河北赵县安济桥（即赵州桥），为大跨度敞肩式平拱桥。和它类似的还有建于金代的河北宁晋永通桥、山西崞阳镇普济桥、山西晋城景德桥及建于明代的河北赵县济美桥等。明清时期更有大量砖石拱桥出现，尤其是江南一带，为便于水运交通，拱桥还必须有足够的高度，从而创造了半圆拱、尖形拱、弓形拱、多边形拱等多种拱桥形式，且其拱圈大都采用纵联分节并列砌筑法。

在元、明、清时期（1271年—1911年），人们继承了前人创造桥梁的建筑技术，继续修筑新桥，维修、加固或重建旧桥。这时期人们发明了围堰抽水干修法。利用这一技术而建造的江西南城万年桥，是这一时期新桥的代表。这种建筑方法，为后世广泛采用，并一直沿用至今。清光绪三十三年（1907年）至宣统元年（1909年），人们利用从德国进口的钢材，在黄河上建造了首座钢铁大桥——兰州黄河大桥。这座桥梁的出现，标志着我国以木料和石料为主要建筑材料的古代建桥历史基本结束。从此，我国桥梁建筑进入了一个以钢铁和钢筋混凝土为主要材料的现代桥梁发展期。

（二）古桥梁的建筑成就

一般的桥梁都是一座单桥，而由于是皇帝和王公大臣们进出皇宫的通道，横卧在北京天安门城楼前外金水河上的外金水桥，是由7座单桥组成的大型群桥。此桥建于明永乐十五至十九年（1417年—1421年），其造型之美、雕刻之精，全国少见。优美的外金水桥与天安门城楼、华表、石狮一起，已经成了我国古建筑的标志。

园林桥当首推北京颐和园中的十七孔桥，该桥横卧在昆明湖南湖岛与东岸之间的水面上。这是一座造型美观的联拱大石桥，桥长150m，桥面宽8m，两侧安有汉白玉石栏板，有望柱124根，雕有石狮544只，形态生动。最特别的是十七孔桥券洞的设置，以中间券洞最为高大，向两侧逐渐缩小。但从东端或西端分别向中间的券洞数去，桥洞的数目都是9个。那是由于古人认为“九”是最大的阳数，含有吉祥平安的寓意。此桥修建于清乾隆年间（1736年—1795年），造型优美。

福建省漳州市东16公里处的江东桥，又名虎渡桥，是一座令人惊奇的梁式石桥。该桥建于南宋绍兴年间(1131 年—1162 年),本为浮桥,后重建成石墩石梁桥。桥墩上大下小,侧面呈弧形。墩上石梁巨大,一般都在百吨以上,其中最大一根石梁,长 22m,宽 1.7m,厚 1.9m,重达 200t。历史记载,这些巨大石梁是利用潮水涨落浮运架设的。

拱宸桥是杭州古桥中最高、最长的石拱桥,桥型为三孔墩联驼峰桥,也是古时京杭运河进入杭州城的标志。该桥长约 98m,高约 16m,桥面中段宽 5.9m,两端桥堍处宽 12.2m。该桥采用木桩作为基础结构,拱圈为纵联分节并列砌筑,拱壁顶部有浮雕“双龙戏珠”,中拱圈内还有荷花浮雕。整桥敦厚朴实,气势雄伟。

拱宸桥始建于明崇祯四年(1631 年),据《古今图书集成·杭州考》和康熙《杭州府志》载,此桥由明末商人夏木江所倡建。桥名“拱宸”两字,一说其意为四方归向,既表示吉祥,也是一种寄语。另一说,相传在古代,“宸”是指帝王住的地方,是皇帝的代称;“拱”即拱手,两手相合表示敬意。每当帝王南巡,这座高高的拱形石桥,象征对帝王的相迎和敬意。无论是哪种解释,都表明了拱宸桥在杭州运河文化中的非凡地位。

图 1–1 拱宸桥老照片

举世闻名的赵州桥,又名安济桥(俗称大石桥,与赵州永通桥并称为姊妹桥)。此桥建于隋大业元年(605 年),为李春所建造,是一座空腹式圆弧形石拱桥,净跨 37.02m,宽 9m,拱矢高 7.23m。在拱圈两肩各设有两个跨度不等的腹拱,这样既能减轻自重,节省材料,又便于排洪,更显美观。该桥的雕刻艺术,包括栏板、望柱和锁口石等,其上狮象龙兽形态逼真,雕工精致秀丽,不愧为文物宝库中的艺术珍品,这也是现存修建时间第二早、保存最好的一座石拱桥。

三、现代桥梁建筑与发展

随着经济社会的迅猛发展,我国桥梁建筑所运用的科学技术也越来越多,桥梁形式更加多样化、多元化。特别是21世纪初杭州湾跨海大桥的建成,开启了跨越海湾、海峡造桥的新时代。

现代桥梁的种类有:

(1)斜拉桥(Cable Stayed Bridge)又称斜张桥,是将主梁用许多拉索直接拉在桥塔上的一种桥梁,是由承压的塔、受拉的索和承弯的梁体组合起来的一种结构体系。拉索可看作是代替支墩的多跨弹性支承连续梁,可使梁体内弯矩减小,降低建筑高度,减轻结构重量,节省材料。作为一种拉索体系,斜拉桥比梁式桥的跨越能力更大,是大跨度桥梁的最主要桥型,而这种桥型的上部主要由索塔、主梁、斜拉索组成。斜拉桥由许多直接连接到塔上的钢缆吊起桥面,斜拉索则通过索塔将主梁连接在一起。索塔有独塔、双塔或三塔式,索塔型式有A型、倒Y型、H型、独柱型四种,采用的材料主要有钢和混凝土。斜拉索布置有单索面、平行双索面、斜索面等。该类型的桥梁承受的主要荷载并非它上面的汽车或者火车,而是其主梁的重量,通常主梁重量作用于索塔后,形成两个向下的合力又传递给了下面的桥墩。

据统计,截至2011年底,世界前十名大跨度斜拉桥为(按建成时间为序):杨浦大桥(中国上海,1993年,主跨602m,排名第九)、法国诺曼底斜拉桥(法国,1995年,主跨856m,排名第四)、徐浦大桥(中国上海,1997年,主跨590m,排名第十)、多多罗大桥(日本,1999年,主跨890m,排名第三)、白沙洲长江大桥(中国武汉,2000年,主跨618m,排名第七)、南京长江二桥(中国江苏,2001年,主跨628m,排名第六)、青州闽江大桥(中国福州,2001年,主跨605m,排名第八)、南京长江三桥(中国江苏,2005年,主跨648m,排名第五)、苏通长江公路大桥(中国江苏,2008年,主跨1088m,排名第一)、昂船洲大桥(中国香港,2009年,主跨1018m,排名第二)。

我国已成为拥有斜拉桥最多的国家,在以上世界十大斜拉桥排名榜上,中国有8座,尤其是苏通长江公路大桥为世界斜拉桥第一跨,是我国建桥史上工程规模最大、最复杂的特大型桥梁工程。该桥由113座桥墩构成,长达8146m,有92座桥墩立在江水之中。其中第68座与第69座为主塔桥墩,每墩耗资约6亿元,工程最为壮观,墩长114m、宽48m、厚约9m,墩下由131根长达120m、每根直径2.5~2.8m

的钻孔灌注桩组成,这是世界上规模最大、入土最深的桥梁桩基础。苏通长江公路大桥位于江苏省东部的南通市和苏州(常熟)市之间,是交通部规划的黑龙江嘉荫至福建南平国家重点干线公路跨越长江的重要通道，也是江苏省公路主骨架网的重要组成部分,是我国建桥史上工程规模最大、综合建设条件最复杂的特大型桥梁工程。苏通长江公路大桥全长 32.4 公里,主要由跨江大桥工程和南北岸接线工程三部分组成。其中跨江大桥工程总长 8206m,主桥采用双塔双索面钢箱梁斜拉桥。斜拉桥主孔跨度列世界第一,主塔高度列世界第一,斜拉索的长度列世界第一。

(2)悬索桥(Suspension Bridge)起源于古代吊桥。现代悬索桥虽源于古代吊桥,但现代悬索桥的规模、材料、技术含量已与古代吊桥不可同日而语,它集中了当代建筑学的理论、工艺及材料。据记载,唐朝中期,我国就从藤索、竹索发展到用铁链建造悬索桥。如:大渡河铁索桥(1706 年)长 100m,宽 2.8m,由 13 条锚固于两岸的铁链组成,该桥至今仍然保留;世界上著名的竹索桥——安澜桥(1803 年),全长 340m,分 8 孔,最大跨径约 61m,该桥采用细竹篾编成粗约 5 寸的竹索,而由 24 根这样的竹索组成桥面索和扶栏索,故称竹索桥。

现代悬索桥是以承受拉力的缆索或链索作为主要承重构件，钢缆索或链索通过索塔悬挂并锚固于两岸(或桥两端),其几何形状由力的平衡条件决定,一般接近抛物线。从钢缆索垂下的吊杆或吊索把桥面吊住,又常在桥面和吊杆之间设置加劲梁,同钢缆索形成组合体系,以减少活载所引起的挠曲变形。而悬索桥的主要缺点是刚度小,在荷载作用下容易产生较大的挠度和振动,宜考虑采取适当的措施。现代的悬索桥,广泛采用直径 5m 的高强度镀锌钢丝编制的钢缆索,以充分发挥其优异的抗拉性能。因此,悬索桥结构自重相对较轻,能以较小的建筑高度跨越其他任何桥型不可企及的特大跨度,其经济跨径一般都在 500m 以上。悬索桥的另一个特点是:成卷的钢缆索易于运输,结构的组成构件较轻,便于无支架悬吊拼装。

据统计,截至 2011 年底,世界前十名大跨度悬索桥为:金门大桥(美国,1937 年,主跨 1280m,排名第九)、维拉扎诺桥(美国,1964 年,主跨 1298m,排名第八)、亨伯尔桥(英国,1981 年,主跨 1410m,排名第五)、大伯尔特桥(丹麦,1996 年,主跨 1624m,排名第三)、香港青马大桥(中国香港,1997 年,主跨 1377m,排名第七)、明石海峡大桥(日本,1998 年,主跨 1991m,排名第一)、江阴长江公路大桥(中国江苏,1999 年,主跨 1385m,排名第六)、润扬长江公路大桥(中国江苏,2005 年,主跨 1490m,排名第四)、阳逻长江公路大桥(中国武汉,2007 年,主跨 1280m,排名第十)、西堠门大桥(中国舟山,2009 年,主跨 1650m,排名第二)。

在以上世界十大悬索桥排名榜上，中国有6座，其中西堠门大桥仅次于排名第一的日本明石海峡大桥，是连接舟山本岛与宁波的舟山连岛工程的五座跨海大桥中技术要求最高的特大型跨海桥梁，主桥为两跨连续钢箱梁悬索桥，是目前世界上最大跨度的钢箱梁悬索桥，全长在悬索桥中居世界第二、国内第一，但钢箱梁悬索长度为世界第一。设计通航等级3万t，使用年限100年。2007年12月16日，舟山连岛工程西堠门大桥第126段钢箱梁完成吊装、连接，至此，世界最长的钢箱梁悬索桥——西堠门大桥主桥宣告全线贯通。全长50公里的舟山连岛工程是浙江省重点工程和“五大百亿”工程之一，工程完工后舟山交通完全融入长江三角洲高速公路网络。而西堠门大桥又是舟山连岛工程的关键项目，该桥的建成不仅培养了一批中青年桥梁技术人才，为今后在复杂海域环境建设更大跨径的桥梁提供了有益的借鉴和参考，更标志着中国桥梁建设已经跻身世界先进行列。特别是“跨海特大跨径钢箱梁悬索桥关键技术研究及工程示范”项目获得了国家科技支持，所取得的多项科技成果令世界瞩目。

(3)钢拱桥(Steel Areh Bridge)具有更大的跨越能力。钢拱桥作为大跨径或特大跨径的桥梁，往往以其优美的造型和如虹的气势为其他体系桥梁所不及，并在桥梁建筑史上有其辉煌的成就和极其重要的地位。该桥型是在竖直平面内以钢拱作为上部结构主要承重构件的桥梁，比梁桥具有更强的跨越能力，甚至在某些建筑条件下可以与斜拉桥竞争。其外形美观，富有中华民族“拱桥王国”的建筑风格，并拥有与自然景观协调等特点，因而得到了广泛应用。

2003年，上海建成第一座大跨度钢结构拱桥——卢浦大桥。作为上海“十五”期间第一批向社会招商的越江工程，卢浦大桥北起浦西鲁班路，穿越黄浦江，南至浦东济阳路。大桥主桥为全钢结构，大桥全长3900m，其中主桥长750m，宽28.75m，一跨过江，主跨直径达550m。卢浦大桥还在设计上融入了斜拉桥、拱桥和悬索桥三种不同类型桥梁的设计工艺，是目前世界上单座桥梁建造中施工工艺最复杂、用钢量最多的大桥。该桥的桥身呈优美的弧形，如长虹卧波，飞架在黄浦江之上，就像澳大利亚悉尼的海湾大桥一样具有旅游观光的功能。

2004年，杭州建成钱江四桥。作为钱塘江上的城市桥梁，钱江四桥的“城市个性”显得特别张扬。双层桥面的上层为六车道机动车道，下层为公交、轻轨、非机动车道、人行道。主桥两侧采用外挑结构，为游人设置了8个平均面积约为370平方米的观景平台。尤其人性化的一点是，桥梁两端还结合管理用房设置了解决垂直交通的升降梯，建成之后，残疾人也可上，自行车也能骑。国际桥梁学会副主席项海帆院士认为,钱江四桥在世界桥梁史上的创新意义,主要在于它是采用组合跨径的双层桥面钢管混凝土系杆拱拱桥,这种新颖、独特的双层钢拱桥型国内外独一无二。

据统计,截至 2011 年底,世界前十名大跨度钢拱桥为:贝尔大桥(美国,1931 年,主跨 504m,排名第四)、悉尼港大桥(澳大利亚,1932 年,主跨 503m,排名第五)、弗里芝特桥(美国,1973 年,主跨 383m,排名第十)、新河峡谷大桥(美国,1977 年,主跨 518m,排名第三)、克尔克大桥(克罗地亚,1980 年,主跨 390m,排名第九)、万县长江大桥(中国重庆,1997 年,主跨 420m,排名第七)、上海卢浦大桥(中国上海,2004 年,主跨 550m,排名第二)、巫山长江大桥(中国重庆,2005 年,主跨 492m,排名第六)、菜园坝长江大桥(中国重庆,2007 年,主跨 420m,排名第八)、朝天门大桥(中国重庆,2009 年,主跨 552m,排名第一)。

在以上世界十大钢拱桥排名榜上, 中国有 5 座, 重庆朝天门大桥为“世界第一”。该桥于 2009 年 4 月 29 日正式通车,连接解放碑、江北城、弹子石三大中央商务区。该桥为钢桁架拱桥形式,两座主墩,主跨达 552m。大桥分上下两层。上层为双向六车道,行人可经两侧人行道上桥;下层则是双向地铁轨道,并在两侧预留了两个车行道,可保证今后大桥车流量增大时的需求。大桥西接江北区五里店立交,东接南岸区渝黔高速公路黄桷湾立交,全长 1741m,是主城一条东西向快速干道。

著名的钱塘江大桥位于杭州市六和塔附近,横跨钱塘江,虽于 1937 年建成,却是由我国自己设计和施工建造的第一座公路、铁路两用特大桥,并于 2006 年通过第一次大修。该桥为上下双层钢结构桁梁桥,下层为铁路桥,单线通行,上层现为城市桥梁。桥全长 1453m,宽 9.1m,高 7.1m,正桥设 15 墩、16 孔。此桥于 1934 年 8 月 8 日动工修建,历时三年一个月建成,这在当时具有重要意义。桥梁建设的主持者是我国最著名的桥梁学家茅以升。

2004 年建成的最长的上海长江隧桥工程,是交通部确定的国家重点公路建设规划中上海至西安线的重要组成部分。工程起自浦东五号沟,与郊区环线相接,经长兴岛,止于崇明陈家镇,全长约 25.5 公里。其中,以隧道方式穿越长江南港水域,长约 8.9 公里;以桥梁方式跨越长江北港水域,长约 10.3 公里;长兴岛和崇明岛接线道路共长约 6.3 公里。

第二节　桥梁管理综述

桥梁管理是以桥梁和桥梁管理者为管理对象进行筹划、实施、控制和激励，以适应外界环境的一系列有机活动。现代管理学理论将这个管理系统看作一个运动着的有机整体，其稳定状态是相对的，而运动状态则是绝对的。该管理系统不仅作为一个功能实体存在，还作为一种运动存在。掌握了这个动态性原理就可以相对预见管理系统的发展趋势，并使该系统朝着目标顺利发展。

一、桥梁管理理论体系框架的建立

国际设施管理协会(IFMH)提出了八个方面设施管理的内容，其中之一，是公用设施的修复、保养及运作管理。从这些设施管理的主要内容可以看出，国外的设施管理行业发展迅速，但据文献介绍，至今还没有通用的设施管理理论体系，这可能与设施管理是一个应用性和实践性很强的学科有关，使得设施管理的理论研究相对滞后于设施管理行业的发展。因此，城市桥梁在引用设施管理这一先进的管理模式时，先建立理论就显得尤为重要了。

桥梁管理体系将桥梁全生命期管理、全过程管理、全管理要素与价值管理四个概念进行综合集成，构建出结构化和层次化的桥梁管理理论体系框架。

本书将桥梁管理体系以价值管理为核心，整合集成全生命期管理、全过程管理、全管理要素三大管理理论，就能构建出“思维—沟通—执行”三位一体的桥梁管理理论体系框架。

(一)全生命期管理

桥梁的全生命期管理是指对桥梁生命期的所有阶段进行综合管理，根据各个阶段桥梁设施的特征开展有针对性的管理活动。主要活动包括规划、立项、审批、设计、建造、运行、养护/大修、评估、处置九个阶段，以事前的规划、立项、审批、设计为开端，以设计、建造、运行为核心，以养护/大修、评估、处置为项目结束，经历建成前、建成中、建成后三个阶段。

在桥梁的全生命期里，桥梁设计时应考虑易损构件要便于更换，如不可更换，桥梁设计单位应附带提出不可更换构件检查、维修的要求，大型桥梁设计中重要部件应让养护人员易于接近，箱梁构造应便于养护人员通过；材料选用应根据实际情况,不能一味照搬照套,不考虑实际因素,应考虑耐久性和环境因素,施工时应保证工期。评估阶段开展对桥梁的评估具有很重要的意义,一般桥梁在它的生命期内通常要被评估好几次,以确定它是否符合最初的设想,是否值得改造或更新。这都需要根据评估结果来决定是通过改造延长桥梁的寿命, 还是通过报废拆除重新建造桥梁。

(二)全过程管理

所谓桥梁的全过程管理,就是指对桥梁管理所涉及的过程(主要包括桥梁的设计及开发、建造过程、运行过程、维护过程和服务过程)进行设计、改进、监控、评估、控制和维护等各方面的工作,同时,还有对各过程进行描述、诊断、设计、实施和维护等步骤。

其中,过程描述是对过程进行识别定义,找出开展过程管理活动的动力。它的主要工作是对过程目标及过程本身进行具体描述定义。过程诊断是根据过程出现问题的征兆找出导致问题出现的根本原因, 从而达到解决此问题以及由此产生的一连串问题的目的。过程设计包括理解过程需求,以及如何把需求转变成可能的过程设计,提出若干候选的过程改进方案,对各候选方案进行分析评估,筛选出一个最合适的方案等工作内容。过程设计活动是通过计算机对候选的过程设计方案进行评价,运用决策分方法解决复杂问题,权衡利弊之后选出一实施方案。过程实施是指在整个企业或组织机构中对过程进行最后确认,并分配和实施具体的工作。过程维护是对过程进行动态监控和定期改进完善,以保证过程在内部和外部条件经常发生变化的情况之下仍能保持优良的性能。

桥梁设施的全过程管理追求的目标是过程卓越,过程卓越在某种程度上意味着浪费最小化。浪费最小原则意味着资源、原材料和时间等都得到了最高效率的利用,即以最小的成本获得最大的收益。要找到效率与效益的最佳平衡点,在正确的时间里以正确的方式做正确的事,就必须不断地改进桥梁设施管理部门和养护企业的工作。这种设计和持续改进过程的方法就是桥梁设施的全过程管理。

(三)全管理要素

桥梁的全管理要素是指在桥梁设施管理过程中需要进行管理的所有领域。根据国际设施管理协会界定的设施管理主要内容,可将全管理要素划分为三个层次、十二个方面,具体如下:

第一层,综合管理。这是对所有约束类和专业化管理的集成化管理,目标是使得所有利益相关者价值最大化。另外,还要关注环境和战略的变化,随时对桥梁设施管理的目标进行变更。

第二层，进度管理、质量管理、绩效管理和风险管理。这是桥梁设施管理的四大约束条件，其目的是确定管理工作的有效开展和价值最大化。

第三层，财务管理，空间管理，资产管理，项目管理，运行维护管理，健康管理，安全和环境管理，服务管理。这是桥梁设施管理的主要工作内容，它综合了管理科学、建筑科学、行为科学和工程技术等学科的基本原理。

桥梁设施的价值管理是指通过将人、桥梁设施和科技进行整合，充分考虑人的感受（满意度），运用先进科学技术，在达到监管机构 / 养护企业要求的基础上，结合不断变化的外部环境，提供最优的解决方案，实现桥梁设施的价值，继而使价值不断增加的管理过程。

将桥梁设施全生命期管理、全过程管理、全管理要素与价值管理四个概念进行综合集成，构建出结构化和层次化的三维桥梁设施管理的理论体系框架。

二、国内外桥梁管理模式

（一）英国桥梁管理模式

英国交通运输领域的政府监管主要涉及公路与桥梁，铁路两个方面。英国干线公路的管理由联邦公路署直接负责，它把全国分成 24 个地区进行管理，每一个地区内都设有联邦公路署的工作机构（以下称公路管理机构）。公路管理机构通过招投标确定一个地区的公路管理代理人，负责日常巡视调查公路服务水平、设计养护计划、估算养护成本，向公路管理机构提交实施这项工作的标书和合同，随时掌握所负责路网的使用情况，并负责向公路管理机构报告。公路管理机构通过经济合同来考核公路管理代理人的工作，两者之间没有隶属关系。

英国在公路与桥梁管理方面的立法也是比较健全的。立法的条款不仅包括机构设置的资金管理、经营范围、期限，还对收取资金、使用资金、维修养护的责任做了详尽的规定，对大修的养护工程哪一个程序做到哪一步都有明确的标准，包括资金使用额度。这样无论是对经费的预算还是监管都有严格的界定，超过界定，以法论处。无论是公路管理机构还是公路代理机构，其职能就是按照法律规定的公路管理、养护规范、程序进行计划编制、招标投标、合同管理、监理验收。公路管理机构与养护生产单位之间只是单纯的经济合同关系，不存在任何行政隶属关系，真正达到了公路与桥梁养护的社会化。

英国政府对公路与桥梁的监管主要依靠制定健全的法律法规，规范监管者以及被监管者的行为,并严格按照市场法则进行招投标,签订经济合同对监管各方的职能和权利进行约束、限制,最大限度地避免管理机构与代理人,以及管理机构与养护生产单位之间的寻租行为。因此,英国的公路与桥梁管理体制被国际上公认为是比较先进的管理体制。同时,英国政府监管较好地实现了政企分离后的民营化改革,对政府监管体制也实行了重大改革。其改革的中心内容是:从根本上调整政府与企业间的关系,把原来由政府直接干预企业经营活动的政企关系调整为由政府间接控制企业主要经济活动的政企关系,实现从以政企合一为特征的监管体制向以政企分离为特征的监管体制过渡。实行政企分离的监管体制后,重新确定了政府监管职能。政府监管的新职能主要包括:制定有关政府监管法规,颁布和修改企业经营许可证,制定并监督执行价格监管政策,对企业进入和退出市场实行监管。政企分离后,政府并未让企业放任自流,而是通过重新界定政府监管的新职能,间接控制企业的主要经营活动。

(二)美国桥梁管理模式

美国是典型的自由市场经济,其国有经济成分比例在主要发达国家中最低。美国很难像多数西方国家(如英国、法国等)那样,通过对国有经济的直接控制和管理发挥经济政策的作用,因此其采取了一种替代的调节经济的方式,即采用一种特殊的干预方式,在某些关键部门(包括公共服务),使企业的活动被置于联邦或地方机构的监管之下。也就是说,美国政府是通过对企业的直接监管来履行国家经济政策的职能,实现国家宏观和微观的经济目标。

美国公路与桥梁的建设和管理体制可归纳为联邦资助、地方所有的分权式体制,即由联邦政府投资资助各州境内州际公路项目的建设,建成后由各州进行管理和养护。美国联邦政府负责对交通安全机构(包括联邦公路管理局和国家公路交通安全管理局,它们均为联邦运输部的下设机构)的管理,按照 1973 年颁布的《公路安全法》和 1966 年颁布的《国家交通和汽车安全法》等法规进行管理。其中,联邦公路管理局主要从事与公路设施有关的安全管理,如制定安全设施标准,实施以改善安全为目标的公路改建计划等,国家公路交通安全管理局则主要负责与车辆和驾驶者有关的安全管理。各级地方政府是公路桥梁建设、维护、运营管理的主管机关,由国家立法,各州制定“公路安全计划管理”程序分工完成公路交通管理工作。公路桥梁养护队是按地理区域划分,由各种技术人员与职工,以及各种大、中、小型相结合的成套机械组成,属技术密集型的组织,除负责常规养护、全面巡察外,还兼计划、技术、财务等多项管理职能,同时还负责承包工程成本效益的分析与比较,对所养护的工程采取发包或自营等方式。

美国政府对基础设施的监管是在成熟的市场经济条件下进行的，其出发点是维护市场秩序，在很大程度上是基于反对经济性垄断的监管。而在政府监管中监管主体和被监管者是相互独立的，这种制度安排使得各方的利益不具有一致性，从而能够产生较好的相互制衡作用，有利于监管政策的有效实施，同时美国的政府监管还具有严格的法律基础。美国是一个具有悠久法制传统的国家，在决定对某一行业实施政府监管之后，先制定一系列的法律，并将这些法律作为政府监管基础设施制度改革的纲领性文件和实施政府监管的依据。

(三)德国、瑞典桥梁管理模式

德国、瑞典一直把基础设施建设视为政府的重要职责。在具有浓厚福利色彩的现代欧洲国家，中央和地方政府更是直接兴建了大量公用基础设施，因而用于公用基础设施部门的资金支出比例一直很高。目前德国、瑞典仍有不少公用基础设施是地方政府公有公营。但它们在推进市场化改革方面采取了多样化的模式，主要包括：一是实现政企分开，按私法《公司法》组建公司，实行自负盈亏；二是出售公有股份；三是特许权招标；四是公共服务外包。

德国对许多公用基础设施没有采取一次性私有化的方式，而是为确保公民权益和公共服务的质量，采取分步推进的方式实现私有化。垄断行业和公用事业的改革重点是放开市场、促进竞争、改善管理，而不是私有化。他们认为推动私有化不是目的，而是让客户有更多选择，并使服务价格更具竞争性。

瑞典以斯德哥尔摩、哥德堡和马尔默三大城市为中心，首都斯德哥尔摩市内水道纵横，70 余座桥梁将这些岛屿连为一体，享有“北方威尼斯”的美誉。其建造的传统石拱桥，体现就地取材和坚固耐用的原则，许多古老的石拱桥与周围的古建筑相得益彰，桥形设计得十分实用且富于变化，而且不同拱桥上的栏板均展现出典雅、大方的气韵，十分协调和经济，这都反映了北欧人的思想和理念。此外，从三孔钢曲线连续钢架跨河桥梁的建造上可看出：瑞典人为了提高桥梁的美观度，在曲线梁的支点预留了装饰图案；为了增强桥梁的刚度，其下部的双排墩柱与上部的曲线梁固接。这些石拱桥与周围建筑完美融合，成了风景的一部分，而且它们还是传统设计与现代设计之间的纽带。

(四)我国上海桥梁管理模式

市政道路桥梁养管体制改革实行初期，上海市就统一部署，市和区、县开展了管养分开的工作。不久，市和区、县两级市政道路桥梁管理基本实现了管养分开，各区、县也都组建了市政管理署，原来的养护作业队伍以不同的方式剥离出来，成立专业市政设施养护维修企业。

1.实行“统一领导，分级负责”新体制

上海道路桥梁设施管养分开工作，按照“统一领导，分级负责”的原则，以条块结合，以块为主的结构形式，实行市、区两级政府及市、区、街道三级管理的模式。从上海市道路桥梁养护市场的这一组成结构来看，新体制主要由政府、业主、养护企业、中介服务机构组成。其中，政府和业主的身份不是完全分离，也可以重叠；业主和养护企业的身份也有可能重叠；政府和养护企业基本上不重叠。这四者相互间关系，如：政府是市场管理者。政府与市场的关系不是替代而是互补，而在常常发生“市场失灵”的市政公用领域里，政府是以市场管理者的身份来实现公共物品及服务的供给，并进行监督。业主是市场所有者。这个新体制设定的业主具有道路桥梁设施的财产权、经营权、处置权等。实践过程中，市场所有者以三种形式存在。一是由政府部门委托监管机构实施管理，如市属设施城市高架道路、苏州河大桥、跨铁路立交等重要桥梁，由上海市市政工程管理处负责实施管理。二是由 BOT 项目产生的业主实施管理。通过与政府签订特许权协议，项目公司或业主负责该项目的融资、设计、建造、运营和维护，并在规定的特许期内向项目使用者收取适当的费用，由此回收投资，获得合理回报；特许期满后，项目公司或业主将项目移交给政府。如成立于 1992 年的上海市城市建设投资开发总公司，采用 BOT 项目形式，先后投资建设了中环线、沪芦高速公路、申嘉高速公路、申字型高架、徐浦大桥、杨浦大桥、卢浦大桥、长江隧桥等。另外，还有同盛投资公司、九州集团都是由 BOT 项目产生的业主。三是由 TOT 项目产生的业主实施管理。TOT 项目是一种国际上较流行的项目融资方式，它是指政府部门或国有企业将建成的项目，在规定期限内的产权和经营权，有偿转让给投资人，由由此产生的业主进行运营管理。以沪杭高速为例，1998 年建成通车后，其所有权和经营权分属上海路桥发展股份有限公司及沪杭高速公路实业有限公司所有。

养护企业受业主委托，依据养护合同和国家或行业标准，对道路桥梁进行保洁、小修、保养工作，确保道路桥梁的服务水平和安全。中介服务机构是市场监督者。中介服务机构是指依法通过专业知识和技术服务，向委托人提供监理、检测、监测等中介服务的机构，它的中介服务行为可以作为政府、业主、养护企业之间的鉴证和评价依据，体现市场公平。

2.经历起步、发展、稳定阶段

从类似市场的发展规律来看，上海市道路桥梁设施养护体制改革，经历了起步、发展、稳定三个阶段。一是养护市场起步阶段。根据市场管理体制改革要求，养护企业从事业编制单位转为国有企业，与政府部门管理机构逐渐分离，从原先的上下级关系转变为甲乙合同关系，同时监理、检测、监测等中介服务机构也逐步培育产生。二是养护市场发展阶段。养护市场发展阶段也就是全面推广阶段。这时候，“政企分开，管养分离”已成为市场发展的主流，各类养护企业数量增多，实力有不同程度增强，原有的国有企业仍然是主要骨干队伍，民营养护企业开始介入这一领域，占有市场份额还不大。而在这个阶段，政府对市场的管理却已经日趋规范化、制度化。三是养护市场稳定阶段。稳定阶段的特征是“政资分开”，这一阶段的主要任务是全面推进市政设施养护体制改革，通过理顺养护企业管理体制，实行产权体制改革和投融资改革，使国有股份在养护企业的比重逐步合理，起到稳定市场的作用。同时政府继续完善各项养护管理制度和相关政策，优化由各类经济成分组成的养护企业及监理等中介机构，并在政府有效监管下，通过竞争，优胜劣汰，最终实现上海市政道路桥梁养护维修的集约化、规模化、机械化。

3.改革后存在的新问题

养护市场竞争参与不足。上海大部分养护企业主要是在市政行业体制改制时，从事业单位转制而来，原有的道路桥梁设施养护虽然采用招投标形式，但基本上维持原有养护业务范围。当 3 ~ 5 年后，新的一个周期重新招投标，招投标结果只有标的或某些工作内容会做调整，一般情况下，原有养护企业仍然可能中标，其业务范围也不会改变。所以，只有新增道路桥梁设施进行养护招投标，才会有更多企业参与养护市场的竞争。

养护经费有缺口，资金不到位。随着中国经济的发展，人员工资、材料单价等上涨，虽然养护工程定额根据市场价格做了相应调整，但养护经费却没有同时调整，并且在招标中往往采取限额招标，限定价也比定额计算价低，使得中标企业不得不接受低于市场定额的价格。经费不足，会使道路桥梁设施的完好率或预防性养护的要求降低，出现路不坏不修这种情形。

管理机制传统，效率低下。首先，这些由事业单位转制过来的养护企业，内部管理机制比较僵化，人员负担重，市场竞争力弱，与道路桥梁设施的市场化管理要求有差距。其次，养护经费不到位，大中修工程不能落实，新建道路桥梁质量有缺陷等，不利于养护水平提高，效率低下。有些监管单位对养护技术标准强制性要求的条文,缺乏足够的认识,对个别养护责任事故追究不力,监管不严。

养护标准不规范,科技含量不高。虽然上海已经制定了许多养护标准、规范,但是这些标准、规范不统一,可操作性差,并且不同城区的要求和配套养护经费落实情况也不一样,结果是标准、规范一套,操作时又一套,执行力度显然不够。国外引进的设备或者预养护等技术,由于配套研究没有跟上,往往成本很高,效能发挥不充分,浪费严重。

三、桥梁运行管理及现状

城市桥梁作为道路交通网络的重要组成部分,是保证城市功能和保障人民生活的重要物质基础。一直以来,桥梁主管部门以解决与人民群众息息相关的安全问题为着力点,围绕桥梁安全管理的关键环节,积极推进法律法规建设,健全体制机制,强化标准规范,保障城市桥梁运行的安全,提升城市发展能力,为推进城镇化建设和城市化进程提供强有力的保障。

(一)任务重,安全形势趋紧

我国桥梁建设以令世人惊叹的规模和速度迅猛发展,取得了巨大成就。截至2011年底,全国公路桥梁共有68.9万座,其中:按跨径分,特大桥梁2341座,大桥55229座,二者长度约占桥梁总长的51.8%;按行政等级分,国、省、县道公路桥梁33.6万座,约占桥梁总长的67%。根据统计,至2013年底,全国城市道路33.6万公里,城市桥梁近6万座。我国经济发展和社会正常运转也越来越依赖这个数量庞大的桥梁群体的安全、长久和稳定的运行,这也是我们实行桥梁监管的意义所在。但是,随着部分桥梁的长时间超负荷服役,这部分桥梁正处于风险相对高发期,特别是近年来,超载超限车辆违规上路时有发生,治理难度不断加大,致使桥梁安全运行形势堪忧。

因此,应认真贯彻落实科学发展观,坚持对桥梁科学管理、依法管理、规范管理、专业管理、精细管理和信息管理,保障桥梁运行安全。每座城市在加大桥梁工程建设投资的同时,也加大了桥梁运行管理与保护的投入,并在桥梁监管中进一步明确政府各有关部门和桥梁运行管理机构的权利和责任,强化行业管理职能,规范运行管理职责,建立有效的约束和激励机制,使管理责任、工作绩效和职工的切身利益紧密挂钩,做到责、权、利相统一。当然,我们也清楚地看到城市桥梁的监管任务日趋繁重,特别是大型桥梁的安全运行管理及养护方面存在的问题日益严峻。部分城市发生桥梁倒塌事故,暴露出城市桥梁设施质量水平不高、管养不到位、安全隐患处置不及时等诸多问题。因此，目前应加强桥梁监管，充分认识城市桥梁安全保护与养护工作的重要性和紧迫性，增强安全意识、防范意识，并层层落实。对辖区内的城市桥梁进行产权、安全保护与养护管理责任的划分，不留死角，做到责任到人，确保城市桥梁运行安全。

（二）继续推进“管养分离”改革

现阶段桥梁监管机构都应按照国家桥梁运行管理的相关规定，建立健全桥梁日常养护管理制度和相关应急预案，并按行业规范要求，配备必要的桥梁管理检测设备，开展技术业务培训，针对不同技术状况的桥梁合理安排养护计划。另一方面协调、配合公安交通管理部门打击和遏制危害桥梁安全的超载超限行为，这将成为今后城市桥梁运行管理的一项极为重要的工作，应着重研究，周密部署。今后对于在城市桥梁普查和检测中发现的安全隐患以及人员、资金、管理机制等障碍性问题应分门别类，查找原因，提出对策建议，并应及时向政府部门专题报告；同时要把城市桥梁普查、检测评估、整改落实信息系统建设等管理与安全工作的进展情况分阶段向上级主管部门进行报告。

目前，许多城市在继续推行“管养分离”改革，不断完善“管养分离”后市场化运作的相关制度，摒弃“重建轻养”习惯思想，深入做好桥梁管理的各项工作。为此，桥梁监管工作的重点应坚持“安全第一，民生优先”的桥梁安全运行原则，强化红线意识，牢牢坚守底线，始终把人民群众的生命财产安全放在首位，为人民群众提供安全、可靠、便捷的出行服务。首先，桥梁监管机构应当立足当前，着眼长远，不断完善体制机制，强化制度设计，建立健全法律法规制度，科学制定标准规范体系，构建全过程桥梁安全运行的长效机制，为城市桥梁安全运行奠定坚实制度基础。在监管过程中则要求分步实施，有序推进，科学地规划桥梁安全运行和养护维修，明确责任分工，注重标本兼治，切实发挥法规、标准、制度在运行安全管理中的引领、推动、促进作用，确保各项工作能够扎实开展，落实到位。其次，桥梁监管机构要以日常监管中的问题为导向，紧紧抓住关键环节，从桥梁结构质量、车辆超限超载、安全保护区设置及从业人员职业素质等影响城市桥梁运行安全的突出问题着手，建立健全安全管理制度与安全目标，并按照安全、科学、有序发展的要求，逐步建立完善城市桥梁政府监管的行政法规和管理规章，以及养护维修技术标准体系、应急保障体系，着力增强监管能力，确保工作取得实效，切实提升城市桥梁安全运行的管理水平。

（三）加强重要环节的监管

从养护市场准入这个重要环节入手监管，科学制定标准，严格操作程序，同时可将现有企业的经营许可审查、特许经营审批，尽量统一条件，合并办理，提高效率。新建桥梁等基础设施项目，通过公开招标等方式择优选择市场主体，对符合条件的应授予特许经营权，签订特许经营协议，纳入特许经营范围进行监管，把好市场准入关。按照桥梁安全运行与养护管理的有关要求，有序进行桥梁安全普查与检测评估工作，梳理工作中发现的隐患和问题，并及时进行整改。对没有技术资料的桥梁，要通过现场实测等手段，重新建立技术档案；对使用年限长、荷载标准低、交通流量大、存在结构隐患，以及完好状态等级（BCI）为 D 级和 E 级的城市桥梁进行特殊检测，对其可靠性做出评估，并及时采取加固、改建等措施。市级监管机构要组织专家对技术力量较为薄弱的县（市）、区所管养的大跨径、特殊结构、使用年限长的重点桥梁进行会诊；对其他部门等负责管养的桥梁，也要给予技术指导，或者划归统一实施管理。

城市桥梁管理信息系统建设应在全面深入了解桥梁管理信息系统需求的基础上，结合本地城市桥梁管理实际，制定信息系统建设方案和具体实施意见，此外，要将桥梁管理信息系统建设列入工作计划，加快推进城市桥梁管理信息系统建设，确保计划能够正常实施。与此同时，各城市在桥梁规划建设时期和工程竣工验收时，能够多听取桥梁管理单位意见，从根本上解决“重建轻管”问题，确保道路桥梁交通能够在社会效益充分发挥的前提下，积极推行“管养分离”。

桥梁及保护范围的确权界定，应当按照不同结构、不同类型城市桥梁的专业技术论证数据，划定桥梁安全保护区域的实际范围，并向社会公示。安全保护区域内从事限制性施工作业，应从标准执行、超载超限、危桥改造和长大桥梁抽检巡查等方面，并按《城市桥梁养护技术规范》《公路旧桥承载能力评定方法》《城市桥梁检测和养护维修管理办法》《公路桥梁承载能力检测评定规程》等规范要求，加大检查力度，保证桥梁安全运行，确保人民群众安全便捷出行。

（四）当前存在的不足

经过这几年的不懈努力，我国桥梁建设管理已基本形成“政府引导，市场运作，社会参与”的发展格局。然而，由于城市桥梁运行管理及养护技术的局限性，部分在役桥梁得不到科学、有效、及时的维护，造成功能弱化、结构退化。尤其是建于 20 世纪 90 年代前的部分桥梁因建设成本低、建设速度过快、桥梁整体质量差、承载能力低，已与现代城市交通功能不协调。环境侵蚀、车辆荷载的剧增及使用周期延长，使在役桥梁功能日渐退化，有相当数量的桥梁服役状况堪忧，与社会经济快速发展不适应。另外，桥梁运行管理及养护水平低，推行的“管养分离”改革，市场化运作机制不彻底、不完善,“重建轻养”思想没有彻底根除,与当前城市桥梁交通的快速发展,社会发展、生活质量需求极不适应,乃至引发相关的桥梁安全事故。

当前,城市桥梁监管工作还存在责任主体不清、责任不明确的现象。主要表现在:一是有的公路桥梁因城镇范围扩大,体系上现已划为城市桥梁,但其产权和监管责任都没有及时界定,造成这些桥梁管养缺失;二是开发区、风景区、机场及大学校区内等地的桥梁管理体制的模式呈多样化,监管主体不明,以致部分桥梁监管与养护工作的质量和效果难以保证;三是市场化运作机制不完善,“重建轻养”思想没有彻底根除,政府也并未将养护作为一个市场来培育,养护从业资质也未提上议事日程,至今也未有养护产业诞生,另外,桥梁养护的独立性不够,容易被替代。以上种种迹象说明,城市桥梁的管养仍在低水平徘徊,客观上滋生了一些“以建代养”的现象。

一些在桥梁建设中遗留的技术问题、使用功能及部分桥梁存在的质量隐患,很难在移交时被告知,也很难发现,竣工资料中也无从查起。有些“先天不足”的问题就得不到及时、有效的护理,也不能“对症下药”,因此在桥梁运行过程中,随着重载、超载车辆的频繁行驶,各种隐患就会凸显,加大了桥梁的不安全性。当前,桥梁监管中的检查和养护常常处于一种被动状态,即在桥梁出现隐患已影响正常运行时,才开始考虑制订对应的养护维修计划。桥梁运行管理需要对在役桥梁建立长期稳定的跟踪检测和科学评价系统,通过科学决策,确定桥梁养护维修实行的日期、间隔内容和工作流程,落实桥梁养护维修经费。当前有些监管机构虽然对桥梁进行定期检测与评价,但由于没有标准化的操作流程和相应规范进行指导,导致检查数据不足或数据可靠性差,不足以为科学制订中、长期养护计划提供翔实的参考数据,从而制约了桥梁养护的科学性。

随着我国社会经济的快速发展,超限超载车辆逐年增多,桥梁受损严重,使用寿命缩短。一方面,超限超载行驶使得桥梁疲劳应力加大,损伤加剧,甚至会出现结构破坏事故;另一方面,超载行驶桥梁损伤不能修复,造成桥梁隐患加大,使得桥梁安全性和耐久性下降。而桥梁监管机构又不具备查处超限超载的执法职能。这些越来越多的超限超载现象,给桥梁监管和养护带来了很大难度,最终会使国家遭受巨大损失。

第三节　桥梁坍塌事故的警示

桥梁是交通运输的咽喉,是防震减灾的生命线,在城市发展过程中具有非常重要的地位。而在我国经济快速发展、交通越来越便捷的同时,外界环境的改变对桥梁造成的影响也越来越严重,各种规模的设施建设,一旦破坏了生态平衡,就会容易发生山洪、水土流失等自然灾害,给人们提供出行方便的桥梁时刻都遭受着安全威胁。桥梁因遭遇偶然事件、功能退化而发生坍塌,将直接危害出行者的生命安全,同时给国家造成不可估量的经济损失，这类事故一旦发生总会在社会上产生强烈反响。

一、桥梁坍塌事故原因

(一)宁波招宝山大桥主梁体断裂

1998 年 9 月,宁波招宝山大桥在施工过程中发生主梁体断裂事故。这是一座主跨为四跨连续的独塔双索面不对称协作体系预应力混凝土斜拉桥，主跨为258m,采用的斜拉桥与连续梁协作体系当时在国内属首创。经过近两年的调查分析,最终认定这是一起技术质量事故,原因是设计施工经验不足。

事故直接原因是主梁设计结构单薄,尤其是底板过薄,有效截面较小,导致受压区实际应力偏大。某院士曾撰文指出:“我国宁波招宝山大桥采用带协作体系的独塔斜拉桥和桥面连接构造的过渡段。虽然该桥在斜拉桥悬臂施工中,因控制不当出现了箱梁部分腹板和底板的压溃事故,但经拆除和修补损伤区段,并对施工控制方法和预应力布置做了调整后,成功地建成了该桥。可见,只要对设计和施工处理得当,这种带协作体系的独塔斜拉桥在特殊的地形下还是很合适的。”

(二)某立交的匝道桥主联梁梁体位移

某立交的匝道桥,建成通车两年,其主联连续梁突然发生梁体位移。全联连续梁在各墩位均有不同程度的切向、径向和扭转变位。其中,端部扭转角达2.42°,最大水平位移为 22cm,最大径向位移为 47cm。该立交桥梁经加固(主梁抬起、平移复位、加固约束)后,改变了原来结构体系,桥梁加固投入了大量资金。究其原因,主要是该桥较长,抗扭跨径较大,在温度力长期反复作用下,随着结构发生侧向水平位移翻转的时间增加，因此结构的横桥向累计位移是造成梁体水平位移及翻转变化的重要因素，而人们事先的认识不足以发现此类问题。

深圳市曾对已建成的30座城市桥梁进行检测，发现有27座桥梁出现不同程度的上述问题(均为弯坡桥)。前些年，我国城市桥梁(主要是立交桥梁)因交通功能需要，建造了一批弯桥、坡桥、斜桥、独柱弯桥及异型结构桥(如点支承的异型板桥)。这一方面反映了我国城市立交桥梁结构的新发展，另一方面也说明当时我国尚未有成熟的设计规范指导设计，致使这一时期一些城市的弯箱梁桥相继出现支座脱空甚至梁体位移的事故。

(三)宜宾小南门大桥钢缆疲劳失效

2001年11月7日凌晨，四川省宜宾小南门大桥的南、北岸(拱脚处)吊杆桥面板坠入江中，造成多人死伤，并导致宜宾市区南北交通和对外通信中断。该桥是主跨为280m劲性骨架的中承式拱桥，于1990年10月建成，系当时世界上最大跨径的中承式拱桥。

该桥梁倒塌事故，是新中国成立以来我国公路桥梁的第一次桥梁垮塌事件。在大桥修复的过程中，工程技术人员对全桥进行了检测，结果表明：桥梁通车11年来，大桥整体结构完好。究其垮塌的原因，主要是该桥在运营后期养护不力，造成吊索生锈，钢缆与桥面接合处失效，以及繁忙的交通造成结构的过度疲劳(原设计为7760辆/日，实际47000辆/日)。随后交通部立即下发了关于加强公路桥梁养护安全管理的通知，指出该事故暴露出公路桥梁在拉索和锚具设计、施工、养护、管理上的薄弱环节，要求切实解决同类桥梁运营安全问题。

(四)北京五环路钢箱梁纵向位移

2004年3月，北京五环路取消收费，大批车辆通过上清桥收费口进入五环路，由于新增加的收费口位置不合理，造成重型车在该桥上连续刹车，刚刚通车不久的桥梁，其钢箱主梁发生纵向位移，造成独柱支承的钢箱梁桥墩出现裂缝，后经加固才确保了桥梁结构的安全。同时需要指出的是，前些年我国在城市桥梁建设上一度出现单纯追求结构轻巧的现象，但轻巧的桥体影响其结构耐久性。

此外，我国部分城市的独柱支承预应力弯桥发生支座脱空的现象也比较严重，主要原因有：对预应力钢束产生的扭矩认识不足，结构计算分析中未计入预应力对扭矩的影响；支座预偏心设置和支承体系设计不合理；设计中对长期荷载，特别是对温度力、制动力、收缩、徐变引起的平面外水平变位认识不足，水平限位措施不力等，导致了上部结构在长期荷载作用下的“水平爬行现象”。独柱弯梁桥的部分支座脱空，对桥体结构的安全度和耐久性等将产生十分不利的影响。

(五)北京顺义景观悬索步行桥荷载试验时坍塌

2006 年 11 月 19 日，北京顺义一座跨越潮白河支流减河的景观悬索步行桥，在桥梁竣工前的荷载试验中突然坍塌，桥面上 10 辆用来测试的载有煤渣的卡车随桥身坠下 5m 深的河道后报废，3 名检测人员受伤。该桥全长 120m，宽 5m，中间拱高 1448m，桥梁系双体箱型钢结构的悬索结构。据悉，该桥于 2004 年冬天开始施工，施工期间曾多次出现异常情况。例如：整体桥形基本成型后，由于吊索长度不符合要求，调整后重新安装；随后桥梁两侧的桥墩又因吊索改动受力过大而开裂，施工方又进行修补，采用铆进钢筋进行加固。

事后才发现设计单位为某大学的建筑设计研究院，该设计单位连常规的桥梁都很少设计，再加上施工单位为资质较低的水利施工队，设计和施工单位显然对这种新颖的、窄薄的、具有创新性的桥型缺乏实际工程设计施工经验。而当初在公开招标设计和施工单位时，尽管有很多国内一流的，有着丰富桥梁设计和施工经验的单位参加投标，但最终都未中标，这也从另一方面说明，我国一些地方的招投标工作亟待改进。

(六)广东九江大桥船撞事故

2007 年 6 月 15 日，广东九江大桥被运沙船撞击了大桥 23 号墩，三个桥墩坍塌，大桥桥面 200m 倒入江中，4 辆行驶在桥上的汽车坠入江中，致使 8 人死亡。据了解，九江大桥全长 1675m，于 1988 年建成通车，其主航道为 2×160m 的独塔双索面斜拉桥，采用塔、梁、墩固结体系，塔高 80m，曾被评为 1991 年国家优秀设计铜奖。

专家组鉴定后认为该事故与大桥质量无关，大桥设计具有前瞻性，其非通航孔桥墩按横桥向撞击力 40t 进行船撞击的设防是合适的。但广东的桥梁专家就提出："受撞击的桥墩设计撞击能力仅为 40t，而西江水道上很多船只是一两千吨，设计者应充分考虑这一点。"同济大学的教授也提出："如果九江大桥附近确因采砂造成河床下降，桥墩受到冲击力和引起振动，桥梁变形增大，久之，桥梁抗冲击力能力就会下降。"从此撞击事故中人们亦应反思：对已建成的且防撞击标准不满足新设防撞击标准的桥梁，必须采取相应的技术、工程和管理上的防护措施，以应对突发事件造成的不良后果。而大桥遭受船舶撞击的事件在长江、珠江和淮河等河道上屡见不鲜。

(七)美国明尼苏达州桥梁结构性垮塌事故

2007 年 8 月 1 日，美国明尼苏达州密西西比河上一座高速公路上的桥梁突然垮塌，近 50 辆车坠入高约 18m 的河中，有 9 人死亡、数十人受伤，引起全世界的震惊，经排查排除了恐怖袭击的可能，系一起桥梁结构性垮塌事故。

该大桥修建于1967年,桥梁为钢结构拱桥,桥面距河面约20m,桥长为589m。该桥2005年和2006年分别接受交通部门的检查,均未发现问题。但2001年明尼苏达州交通部门的研究结果表明,大桥连接路堤河主桥的引桥"存在老化问题",支撑桥梁的主结构桁架也存在"老化问题",研究显示:按大桥的桁架设计理论,如果大桥一道两个支撑面断裂,则大桥有可能垮塌。但十分遗憾的是,最终的结论为:"大桥上承式桁架不可能发生老化断裂,大桥可以延后报废。"如果当初下结论时更慎重些,是否可以避免上述灾难的发生呢?

(八)湖南沱江大桥特别重大坍塌事故

2007年8月13日,湖南湘西土家族苗族自治州凤凰县境内在建的沱江大桥发生特别重大坍塌事故,造成64人死亡,直接经济损失3947万元。胡锦涛总书记和温家宝总理均对此事故做出明确批示,要求严肃追究沱江大桥坍塌事故责任者,严防类似事故再次发生。

沱江大桥系凤凰县至大兴机场二级路的一座公路桥梁,桥梁全长328m,跨度为4孔,每跨65m,高42m。桥梁上部构造主拱圈为等截面圆弧拱,下部基础嵌在弱风化泥灰或白云岩上,由混凝土、块石构筑成的基础,全桥未设制动墩。最终事故调查认为大桥坍塌的直接原因是:"大桥主拱圈砌筑材料未满足规范和设计要求,拱桥上部构造施工工序不合理,主拱圈砌筑质量差,降低了拱圈砌体的整体性和强度,随着拱上施工荷载的不断增加,造成了1号孔主拱圈靠近0号桥台一侧约3m至4m宽范围内,即2号腹拱下的拱脚区段砌体强度达到破坏极限而坍塌,受连拱效应影响,整个大桥迅速倒塌。"

其间接原因包括:施工单位严重违反工程建设质量和安全生产的法规及技术标准,施工质量控制不力,现场管理混乱;建设单位严重违反建设工程管理的有关规定,项目管理混乱;监理单位违反有关规定,未能依法履行工程监理职责;勘察设计单位违规将地质勘察项目分包给个人,前期地质勘察工作不细,设计深度不够,施工现场服务不到位,设计交底不够;质量监督部门对大桥工程的质量监管严重失职。有专家认为:即使原设计无大的缺陷,但在方案阶段选择了在不适宜修建拱式桥梁的场地上建造拱桥,特别是在拱桥施工中选用片石而不是选择合格的块石,且未浇注合格的混凝土,未使桥体形成坚固的整体结构,也都会留下极大的安全隐患。上述这些因素都是巨大的安全漏洞,值得人们深思。

二、典型垮塌事故

本书从互联网收集了部分桥梁垮塌案例，供大家参考。

2007 年 5 月 12 日凌晨，位于 232 省道常州漕桥附近的运村运河大桥，西半幅突然坍塌。该桥跨度 55 米，位于常州南部主干道。

2007 年 6 月 15 日，一艘货船与广东九江大桥桥墩发生严重碰撞，造成九江大桥第 23 号、24 号、25 号三个桥墩倒塌，其所承桥面约 200 米坍塌，正在桥上行驶的 4 辆汽车（共有司乘人员 7 名）及 2 名大桥施工人员当场坠入江中，致使 8 人死亡，一名司乘人员下落不明。

2007 年 8 月 29 日，在江苏省昆山市大洋桥水域，一艘货船因避让船只，撞上大洋桥桥墩，致使大桥部分桥面发生坍塌。

2007 年 8 月 13 日，湖南省凤凰县堤溪大桥发生坍塌事故，20 人死亡，39 人失踪，生还的 64 人中有 22 人受伤。

2007 年 8 月 1 日，美国明尼苏达州首府明尼阿波利斯市内一座繁忙的跨河立交桥突然倒塌，至少有 7 人在本次事故中丧生。

2007 年 9 月 26 日，越南南部介于芹苴市与永隆省之间正在建设中的芹苴大桥坍塌，造成至少 52 人死亡，170 多人受伤。

2009 年6 月 29 日凌晨，位于黑龙江伊春铁力市的西大桥发生垮塌事故，7 辆货车坠入呼兰河，其中 5 人受伤，重伤 1 人，后经抢救无效死亡。

2011 年 7 月 14 日上午，福建武夷山市的武夷山公馆大桥发生垮塌事故，造成 1 死 22 伤。

这些血淋淋的事实和教训时时提醒我们必须重视桥梁科学管理和养护，重视危旧桥梁的维修和加固。

第二章　政府监管

相对于我国传统行政管理系统的层级制结构，以及命令与控制模式，政府监管的本质与核心在于，它是一种基于规则的管理。随着城市化的发展，城市基础设施规模越来越大，在保证城市交通的有效运行及社会和谐发展方面，政府的有效监管正发挥着越来越重要的作用。

第一节　政府监管机制

从广义上讲，监管是指政府监管者运用公共权力制定、实施规则和标准，以干预各种行为主体的经济和社会活动。桥梁建设项目的监管主要包括市场监管、投资监管、施工质量安全及运行维护监管等。

一、政府监管相关理论

对政府监管理论，理论界许多学者从不同角度运用不同的理论进行分析。从总体上看，政府监管理论可分成两类，即公共利益理论和部门利益理论。本节简单介绍政府监管的职责和以上两项有关政府监管的理论。

(一)政府监管的职责

“监管”(Regulation)也称规制或管制，是现代工程建设领域市场经济不可缺少的制度，是市场经济条件下政府为实现与城市基础设施效益相关的公共政策目标，对市场经济主体进行规范与制约。通常监管是通过对特定产业和微观经济活动主体的进入、退出、资质、价格，以及涉及国民健康、生命安全、可持续发展等方面进行监督、管理来实现。具体实施监管有两个途径：一是制定严格的法规来要求被监管企业必须按照标准去做；二是在法规中明确政府监管的目标，允许被监管企业自主决定达到目标的方式。

(1)分离公共服务政府职能,实现资源有效配置。在过去二十多年里,一些发展中国家和经济转轨国家在不同程度上实施了公共服务的市场化取向改革。于是,在这传统的、政府主导的公共服务领域引入市场机制,即分离政府作为公共服务购买者和供给者的职能,并引入其他非营利机构和营利性机构,通过一种竞争性的机制实现资源的有效配置,改进公共服务的质量。而建立完善的监管体系,加强政府监管职能,是这场改革的重要内容之一。

(2)政府监管是一种基于规则的管理。相对于我国传统行政管理系统的层级制结构和命令与控制模式,政府监管的本质与核心在于,它是一种基于规则的管理。随着市场的扩展和分工的深化,工程建设领域活动的复杂程度也越来越高,政府有效的监管在保证市场有效运行及社会和谐发展方面的作用也变得越来越重要。

从广义上讲,监管是指监管者运用公共权力制定和实施规则与标准,以干预各种行为主体的经济和社会活动,包括产品和服务的价格、质量、进入、退出等经济性内容,以及安全、健康、交通、市政设施等社会性内容。从经济学角度讲,政府监管一般是指政府对私人经济部门的活动进行的某种限制或规定,如价格限制、数量限制或经营许可等。从行政学角度讲,政府监管是指政府行政机构根据法律授权,采取特殊的行政手段,如制定规章规范、设定许可、监督检查、行政处罚和行政裁决,对企业和消费者等行政相对人的行为实施直接控制的活动。那么,市政基础设施的政府监管,即是具有法律地位的相对独立的政府监管者,依据一定的法规对被监管者采取一系列行政管理与监督的行为。

对市政基础设施的政府监管，也就是政府运用公共权力制定和实施规则与标准,以约束(政府内或政府外)独立运营的公共服务机构,使得所有市场参与者接受参与市场竞争所需的监管,通过监管纠正市场缺陷,保证有效竞争。

(3)需要对特定产业活动的监督、管理。政府监管的理念、政策和体制建设已经成为政府职能转变和公共管理体制改革的核心内容,对推动中国经济结构转型、市场经济体制及“和谐社会”构建都有十分重要的战略意义。而政府监管的内涵主要是通过对特定产业和微观经济活动主体的进入、退出、资质、价格、国民健康、生命安全、可持续发展等方面进行监督与管理来实现的。

从某种意义上说，政府监管是政府直接干预微观经济主体活动的一种行为方式,是对市场机制的替代,其目的是修正市场制度的结构性缺陷,避免市场经济运行可能给社会带来的弊端。不少学者也对这一概念提出了不同看法。斯蒂格勒

(Stigler,1971)认为政府监管是产业所需并主要为其利益所设计和操作的一种法规(rule)。史普博(1999)则把政府监管当作是由行政机构制定并执行的直接干预市场配置机制或间接改变企业和消费者供需政策的一般规则或特殊行为。日本管制经济学家植草益(1992)称政府监管是“公的规制”,是社会公共机构依据一定规则对企业活动进行限制的行为。

(4)转变管理方式,落实政府监管职责。长期以来,对城市桥梁及相关交通设施的政府行为,应转变管理方式,落实政府监管的职责。按照“经济调节、市场监管、社会管理、公共服务”的要求,切实转变政府职能,政府应从直接参与经营管理转向加强市场监管、完善公共服务,从而建立起完善的监管体系和工作机制。就我国行政体制而言,省级政府行政主管部门负责本行政区域内桥梁设施监管工作的指导和监督检查,市、县政府行政主管部门专门设立的监管机构是监管的具体执行机构。监管机构要认真履行监管职责,对本行政区域内桥梁设施的安全运行及管理与维护的全过程进行有效监管。

(5)明确监管职责和方式,依法实施监管。综上所述,对每座城市的桥梁监管来讲,桥梁运行应严格依据有关法律法规,制定监管程序、监管标准和监管措施,明确监管机构和人员的职责范围、监督方式,依法实施监管。当前,城市桥梁的运行管理应加快相关的法规和技术标准的研究、制定工作,为桥梁等设施的监管工作提供法律保障和技术支撑。政府行政主管部门要充分发挥人才、技术、行业管理经验方面的优势,整合行政资源,逐步建立统一的城市桥梁设施监管机构,实行统一领导、统一法规、统一标准、统一监管的管理体制,切实解决机构重叠、职能交叉、效率低下、监管成本高的问题。同时着力加强监管能力建设,完善监管手段,强化工作人员培训,不断提高业务素质和监管水平。对监管人员行政不作为或者渎职失职的,要给予纪律处分,情节严重的,要依法追究刑事责任。

与此同时,应充分发挥公共服务主体资源的作用,对符合条件的设计、监理、检测、养护等公共服务主体进行项目招标、评估,以及质量检验、检测等。同时在引入竞争机制,择优选择公共服务主体单位时,加强对公共服务主体的监管,建立必要的服务质量、信誉评估制度,及时向社会公布评估结果。

(二)政府监管的两个特征

一般认为,政府监管体现政府对特定行业的微观干预性质。它与一般治理机制不同,其关键之处在于它不仅仅是一种包括价格、进入、环境和质量等的政策工具,还体现了整治市场的意愿,更是政府强制执行的过程,反映了监管工具及政府决策和执行两个层面的互动关系。它表现出两个主要特征：

（1）提出了调和产业追求自身利益最大化和满足社会福利最大化之间矛盾的各种手段。由于受监管的产业一般具有自然垄断和社会服务的基本特征，因此，监管的主要问题是对垄断的监管及费率的决定。尤其是关于边际成本定价原则、长短期边际成本及价格歧视等具体的技术性问题。

（2）体现了政府通过强制力对利益进行配置的过程。政府通过强制力对利益进行配置，是为保持城市道路桥梁设施完好，提高服务水平，落实城市道路桥梁的养护责任主体，特别是旧城改造、新区建设道路桥梁的养护单位，同时落实养护责任与相应的桥梁维修资金，积极推进桥梁维护作业市场化改革。同时应认真遵守基本建设程序，强化市政工程竣工验收管理，严格按照国家有关规定进行竣工验收。未经验收或者验收不合格的，不得交付使用。

（三）公共利益理论

公共利益理论（Public Interest Theory of Regulation）是美国政府在对铁路公司进行监管的基础上提出来的，它强调整个社会的经济效率与公众福利，并认为政府监管是对市场失灵的回应。该理论认为市场存在其自身无法克服的缺陷，对市场放任自流会导致不公正和低效率，从而引起社会福利的损失，而政府监管的目的正是要解决这些市场失灵，以提高资源配置效率，实现社会福利的最大化。事实上政府具有其他社会力量不具备的特征——成员的普遍同质性和权力的强制性，其在解决市场失灵方面的确具有特殊优势。

如在自然垄断领域，政府可以通过提高进入门槛以保证规模经济效益，通过控制价格（费率）约束垄断者的权力以维护消费者的利益；对于外部性行为所导致的成本，政府可以通过某种制度安排如征收污染费、排污费或提高产权界定等手段，将外部经济成本转化为企业内部成本；对公共物品的供应和信息不对称等问题，政府可以运用相应的规制政策予以解决。随着政府规制范围的扩大——从经济性规制到社会性规制，公共利益理论几乎可以被用来解决所有的政策规制问题。然而，作为一种规制理论，其在某些方面却有着不可否认的局限性。

许多经济学家对公共利益理论提出了批评。例如：斯蒂格勒和弗瑞兰德（1962）的研究表明，规制对价格的影响甚微，这与公共利益理论所认为的规制对价格具有较大的抑制作用不一致；波斯纳（1974）认为规制不仅存在于自然垄断与外部性的行业领域，在许多非自然垄断与非外部性行业领域，同样存在价格管制与进入限制；阿顿（Utton，1986）认为，政府除了纠正市场以外还有许多微观经济目标，因此，

公共利益理论仅以市场失灵与福利经济学为基础是不够的。

(四)部门利益理论

部门利益理论(Sectional Interest Theory of Regulation)观点与公共利益理论观点是完全相左的。其实,公共利益理论是一种对规制目标理想化的规范式分析,它关注的是政府应该如何做,而不是实际上怎样做,角度过于窄狭和片面,因而导致了一种替代理论的出现,即部门利益理论。部门利益理论认为,政府规制的目的并非公共利益,而是某一个部门和某一特殊利益集团的利益,规制的结果是保护了一个集团(如某产业)获得较高收益却损害了另一个集团(如消费者)的福利,即使在某些方面提高社会福利,也只是这种理论的伴生效应而已。

总之,公共利益理论体现规制者美好的初衷,但在现实生活中由于经济环境的限制和难以避免的种种"政府失灵",充其量只是政府进行微观规制的必要条件和原动力,因此可将其概括成一种责任机制;而部门利益理论作为与责任机制相对应的利益机制,虽然可以在某些产业领域找到证据,却不能对政府规制政策做出一般性的解释。这是因为在现实经济活动中,政府除了矫正市场失灵之外,还有许多其他微观经济目标。同时,政府的规制行为要受到法律法规的约束,还要接受社会舆论和第三种力量的监督,这在很大程度上制约了政府的利己行为。

因此,任何单一的理论要解释政府规制行为为何产生及其主要效果,都显得很不充分。从这个意义讲,政府规制行为是以上两种理论共同作用产生的,是合力的结果,只有综合考虑政府规制行为的责任机制和利益机制,才能全面认识和把握政府规制行为的动机和目的。

二、构建桥梁监管体系

(一)实行政企分离、政事分离

根据政府监管理论及有关规则,在市政公用等自然垄断行业中,政府的监管职能不仅要与经营职能分离,而且也要与一般经济管理职能分离。只有设立独立的监管机构,才能实现监管职能的专门化,才能客观、公正、公平地制定和执行有关监管法规及标准规定。

在现行政府监管体制下, 市政公用等自然垄断行业的主要业务还是由政府垄断经营的,政府既是监管政策的制定者与监督执行者,有时还是具体业务的实际经营者。要消除这些弊端,唯一有效的途径就是把这种"政企合一"的监管体制改革成为"政企分离"的体制。在政企分离、政事分离后,由原事业单位转制过来或者是市场培育出来的企业,必须实行市场主体所必需的经营机制才能在竞争中生存下来。这些企业根据合同条款等,按照市场规律开展经营活动,实现企业经营机制的根本性转换。政府则从垄断经营者转变为企业竞争的组织者,并通过设立监管机构,监督管理市场的行为,从而提高政府监管的效率。

(二)政府监管需与企业管控相结合

桥梁监管是一种外部强制性的政府监管行为，但在政府监管的背后应该更多地隐含与激励相容的监管理念。外部监管只有通过一些激励机制,充分激励企业等公共服务主体主动提高效益,让监管政策和行为成为其主动意愿,才能使监管发生效力。

而内部管控主要是对桥梁养管等相关企业内部的经营生产活动及其内容进行衡量和矫正,这是企业为实现自身的经营生产目标而制订的风险防范机制,其根本目的是保证企业能够根据健全经营的原则,制订经营方针。桥梁养管企业的内部管控则是对桥梁养护和养护经费支出进行控制，努力保证企业收益最大化和支出最小化,谋求建立一个决策科学、持续稳定、健康发展的养护企业。这样在实施企业内部管控的基础上,政府监管可以起到事半功倍的作用。

(三)遵循法规规章、技术标准

(1)制定法规、技术标准。制定法规、技术标准应该公正、周全、严密,尽可能涵盖桥梁监管涉及的相关领域。桥梁监管的内容应包括:确定监管目标,明确建设、城管、公安、水利及航运等部门的职责,并能严格规范各自的监管行为。目前,我国城市桥梁监管体系不够完善，主要是由于相关行业的监管体系不健全，监管内容分散、不全,并时有互相牵制的情况。另外,桥梁养护、中修、大修与改造的划分,以及治理“双超”、桥梁安全保护区的标准设置不合理,不易实施,监管疲软,法律执行力低,影响政府监管效果,甚至出现监管盲区。

(2)寻求政策手段和技术方法。政府监管的政策手段不外乎制定法规、颁发桥梁通行许可证、发布行政命令、进行处罚等,但是,不论是制定法规、进行裁决,还是做出决定,都不应只是政府的单方面行为,而应当是各个相关部门的利益共识,其结果应该有利于桥梁安全运行,促进社会可持续发展。所以,政策手段和技术方法的选择与运用也不能简单复制其他城市的成功政策与先进技术，而应在对本地实际发展状况进行深入分析的基础上,准确判断,平衡各方利益,做出合理规划。

(四)组建桥梁监管机构

政府应建立一个经法律授权能独立、高效地开展桥梁运行监管的监管机构,该监管机构必须掌握政策与桥梁专业知识，既能确保桥梁安全运行及养护市场公平竞争，又能认真应对复杂多变的现代市场交易活动，并按新的监督管理体系要求，强化政府对城市桥梁运行的监管。

(1)确保监管机构的独立性。监管机构应在结构上与政府部门分开，这种结构的分离并不是指“独立”的监管机构不受政府政策的约束，而是指它能够独立地执行桥梁监管政策而不受利益相关方的干扰，尤其是不受可能作为现有养护企业股东的政府部门的不必要的干涉。我国部分城市改革后的桥梁监管模式中，运行主体一般由政府部门、监管机构、受监管对象(即养护企业等中介机构)组成。从理论上说，这三个实体相互独立，能够保证政策的贯彻实施。因此，市级城市在设立桥梁监管机构时，应按政监分离和政企分开的原则，确保监管机构与养护企业完全脱钩，不存在任何产权和人事方面的关系。

(2)财政直接拨付养护资金。城市桥梁监管的养护资金来源于财政拨付。拨付、使用则由市建委、财政局、城管委等部门共同实施管理，以维护养护市场公开、公正、公平的竞争环境，提高市场竞争的透明度。一般桥梁养护经费经同级桥梁监管机构签证，由财政审核后直接拨付给中标养护单位，做到权责一致。凡按规定应实行招投标而未实行招投标的桥梁监管养护项目，可不予支付养护经费。

通常在安排养护资金时，应根据养护工作正常开展和桥梁安全管理的需要，专项安排桥梁养护资金。桥梁日常养护和检查等经常性支出，包括经常性检查小修保养和定期检查资金应由项目执行单位统筹安排，专款专用；大、中修和改建等项目性支出按照养护工程管理有关规定执行；对特大、特殊结构和特别重要桥梁，应按单座桥梁和养护作业类别安排专项资金。同时，应加大桥梁预防性养护资金投入，及时处置安全隐患，延长桥梁使用寿命。

(3)区分市、区两级监管机构职责。城市桥梁主管部门及其委托的监管机构履行桥梁安全运行的监管职责，其他行政机关及相关单位的职责应符合有关法律法规的规定。市级桥梁监管机构应加强对区、县(市)桥梁安全运行与养护维修技术的指导和培训，加强工作考核，加大对桥梁设施的监督检查力度。区、县(市)所组建的桥梁监管机构，应强化行业监管，并在业务上接受市级监管机构的指导，负责辖区内桥梁的监管，并严格内部考核，建立监督检查制度，完善监督控制手段。其主要职责应包括：开展日常养护质量的巡检考核，监督桥梁设施的完整和使用状况，组织招标等工作；负责辖区内的排水、防汛、防台及其他突发事件的处置，并受理和处理市民投诉。

三、桥梁监管政策法规

按照现代桥梁监管方式制定的法律法规，无论对监管的职权，实施监管的程序与行为，还是对被监管企业的权力与行为，都做出了明确的规定和限制，从而减少行政管理的不确定性和管理人员实施监管的随意性，以及部分城市桥梁养管企业滥用行业垄断的可能性。以下从桥梁监管方面，介绍有关法律法规所做出的规定，供大家参考借鉴。

（一）《中华人民共和国招标投标法》

《中华人民共和国招标投标法》自 2000 年 1 月 1 日起施行。该法对招标投标各个阶段所涉及的具体任务和职责进行了详细的规定，有力地推动了招标投标事业的发展。

目前，招标投标的方式逐渐为社会各方广泛接受，依法招标投标的意识不断增强，招标投标的过程和行为更趋规范。与此同时，各地区、各部门也相继制定了一些招标投标的地方性法规、规章和规范性文件，在一定程度上为该法的顺利实施提供了保障。

（二）《城市桥梁养护技术规范》

为落实《中华人民共和国公路法》的要求，建设部于 2003 年 12 月 4 日发布实施了《城市桥梁养护技术规范》（CJJ 99—2003）（以下简称《规范》）。对于已竣工城市桥梁的养护可参照使用《规范》，而对于一些特殊桥梁，如一些轻轨高架桥的养护不适用。

《规范》规定的桥涵养护工作的主要内容和基本要求，包括以下六个方面：

（1）检测评估；

（2）采集更新数据；

（3）养护；

（4）维修和安全防护；

（5）环保及防灾；

（6）建立档案和数据库。

从以上六方面内容来看，对桥梁技术状态进行检测评估是桥涵养护的重要内容。桥涵检查又分为经常性检查、定期检测和特殊检测。其中，经常性检查主要指对结构变异、桥及桥区施工作业情况的检查，对桥面系、限载标志、交通标志及其他附属设施等状况进行的日常巡检。日常巡检应根据桥梁的技术状况，一般每月不得少于一次。

定期检测是为了评定桥梁的使用功能，为制订养护计划提供基本数据，对桥梁的主体结构及其附属构造物的技术状况进行的全面检查。《规范》规定，该项检查是以目测观察结合仪器观测进行，必须接近各部件，仔细检查其缺损情况，现场校核桥梁基本数据并实地判断缺损的原因，确定维修范围及方式，对难以判断损坏原因和程度的部件，应提出进行特殊检测的建议。

桥梁的特殊检测是指为了查清桥梁病害的原因、破损程度、承载能力、抗灾能力，确定桥梁技术状况而进行的检测，可分为专门检查和应急检查。《规范》规定，该项检查是在以下四种情况下进行的：一是在定期检测中难以判明损坏的原因及程度的；二是在桥梁的一般评定中，技术状况被评为四类、五类（较差）的；三是拟通过加固手段提高荷载等级的桥梁；四是条件许可的情况下，特殊重要的桥梁在正常使用期内可周期性地进行荷载试验。

（三）《公路安全保护条例》

国务院令第 593 号《公路安全保护条例》（以下简称《条例》），自 2011 年 7 月 1 日起施行。国务院为加强公路保护，保障公路完好、安全和畅通，根据《中华人民共和国公路法》，制定该条例。

《条例》总则规定各级人民政府应加强对公路保护工作的领导，依法履行公路保护职责。国务院交通运输主管部门主管全国公路保护工作，县级以上地方人民政府交通运输主管部门主管本行政区域的公路保护工作，公路管理机构具体负责公路保护的监督管理工作。各级交通运输主管部门应依照《中华人民共和国突发事件应对法》的规定，制定地震、泥石流、雨雪冰冻灾害等损毁公路的突发事件应急预案，公路管理机构、公路经营企业应制定公路突发事件应急预案，并定期组织应急演练。

《条例》第二章是对公路线路的保护规定，根据保障公路运行安全和节约用地的原则，交通运输、国土资源等部门应划定公路建筑控制区的范围。属于高速公路的控制区范围，从公路用地外缘起向外的距离不少于 30m，公路弯道内侧、互通立交以及平面交叉道口的建筑控制区范围根据安全视距等要求确定。公路建筑控制区与铁路线路安全保护区、航道保护范围、河道管理范围或者水工程保护范围重叠的，应经相关部门协商后划定。

《条例》要求在公路建筑控制区内，除公路保护需要外，禁止修建建筑物和地面构筑物，划定前已经合法修建的不得扩建；在公路建筑控制区外修建的建筑物、地面构筑物以及其他设施不得遮挡公路标志,不得妨碍安全视距。禁止在规定的范围内从事采矿、采石、取土、爆破作业等危及公路、公路桥梁、公路隧道、公路渡口安全的活动,而因抢险、防汛需要修筑堤坝、压缩或者拓宽河床的,应当经相关部门或者流域管理机构批准,并采取安全防护措施方可进行。

《条例》禁止擅自在中型以上公路桥梁跨越的河道上下游各 1000m 范围内抽取地下水、架设浮桥以及修建其他危及公路桥梁安全的设施。禁止在公路桥梁跨越的河道上下游的下列范围内采砂:

(1)特大型公路桥梁跨越的河道上游 500m,下游 3000m;

(2)大型公路桥梁跨越的河道上游 500m,下游 2000m;

(3)中小型公路桥梁跨越的河道上游 500m,下游 1000m。

公路桥梁跨越的河道上下游各 500m 范围内依法进行疏浚作业的,应当符合公路桥梁安全要求,经公路管理机构确认安全方可作业。禁止利用公路桥梁进行牵拉、吊装等危及公路桥梁安全的施工作业。禁止利用公路桥梁(含桥下空间)、公路隧道、涵洞堆放物品,搭建设施,以及铺设高压电线,输送易燃、易爆或者其他有毒有害气体、液体的管道。

《条例》要求跨越航道的公路桥梁,建设单位应当按照国家有关规定设置桥梁航标、桥柱标、桥梁水尺标,并按照国家标准、行业标准设置桥区水上航标和桥墩防撞装置,其中桥区水上航标由航标管理机构负责维护。通过公路桥梁的船舶应当符合公路桥梁通航净空要求,严格遵守航行规则,不得在公路桥梁下停泊或者系缆。

《条例》第三章为公路通行的规定,要求车辆的外廓尺寸、轴荷和总质量应当符合国家有关车辆外廓尺寸、轴荷、质量限值等机动车安全技术标准。运输不可解体物品需要改装车辆的,应当由具有相应资质的车辆生产企业按照规定的车型和技术参数进行改装。超过公路桥梁限载、限高、限宽、限长标准的车辆,不得在公路桥梁行驶;限载、限高、限宽、限长标准需要调整的,应当及时调整变更,需要绕行的,还应当标明绕行路线。而当车辆载运不可解体物品时,车货总体的外廓尺寸或者总质量超过限载等标准,确需行驶的,负责运输的单位和个人应当申请公路超限运输许可。

《条例》规定公路超限运输影响交通安全的,公路管理机构在审批超限运输申请时,应当征求交通管理部门的意见,并根据实际情况勘测通行路线,需要采取加固、改造措施的,应制订相应的加固、改造方案,必要时可对超限运输车辆进行监管。超限运输车辆应按照指定的时间、路线和速度行驶,并悬挂明显标志。

《条例》规定有关交通运输主管部门可以设立固定超限检测站点，固定超限检测点应当规范执法。在监督检查中发现违规超限运输车辆，应当就近引导至固定超限检测站点进行处理。车辆应当按照超限检测指标进行超限检测，不得故意堵塞固定超限检测站点通行车道、强行通过或者以其他方式扰乱超限检测秩序，也不得采取短途驳载等方式逃避超限检测。

《条例》要求载运易燃、易爆、剧毒、放射性等危险物品的车辆，应当符合国家有关安全管理规定，并使其避免通过特大型公路桥梁或者特长公路隧道；确需通过的，负责审批危险物品运输许可机关应当提前将行驶时间、路线通知公路隧道的管理单位，并对车辆进行现场监管。

《条例》第四章是对公路养护的规定，公路管理机构、公路经营企业应当加强公路养护，保证公路经常处于良好技术状态。但这只是对公路需要保持良好技术状态，符合有关技术标准的要求，包括路面平整，路肩、边坡平顺，未对桥梁结构提出养管技术要求。

公路管理机构、公路经营企业应当定期对公路、公路桥梁、公路隧道进行检测和评定，保证其技术状态符合有关技术标准，对经检测发现不符合车辆通行安全要求的，应当进行维修。公路管理机构应当统筹安排公路养护作业计划，避免集中进行公路养护作业而造成交通堵塞。可能造成交通堵塞的，应事先制订疏导预案，确定分流路线。

《条例》最后做出法律责任的规定。

(四)《城市桥梁检测和养护维修管理办法》

中华人民共和国建设部令第 118 号《城市桥梁检测和养护维修管理办法》(以下简称《办法》)自 2004 年 1 月 1 日起施行。为了加强城市桥梁的检测和养护维修管理，确保城市桥梁的完好、安全和通畅，充分发挥城市桥梁的功能，根据《中华人民共和国安全生产法》《城市道路管理条例》等法律法规，制定《办法》。

《办法》总则称城市桥梁是指城市范围内连接或者跨越城市道路，供车辆、行人通行的桥梁及高架道路(包括轻轨高架部分)。城市桥梁应由国家、省以及县级以上城市建设或市政设施行政主管部门各自负责本行政区域内桥梁检测和养护维修活动的管理工作。桥梁产权人或者委托管理人，负责对其所有的或者受托管理的桥梁进行检测和养护维修。

《办法》养护维修部分，要求桥梁竣工后，按照国家有关规定进行验收，未经验收或者验收不合格，以及未设置、施划有效交通标志的桥梁，不得交付使用。其质量保修应符合《建设工程质量管理条例》的有关规定，而政府投资（含贷款）建设的桥梁，其养护维修由城市人民政府委托的管理人负责；对已经出让经营权或者由企业投资建设的城市桥梁，由获得经营权的企业负责养护维修。经营期满后，按照设计荷载标准以及相关技术规范，经检测评估确认合格后，方可交还管理。

《办法》要求桥梁行政主管部门编制中长期规划和年度计划。其中产权人或者委托管理人应当按照有关规定，在桥梁上设置承载能力、限高等标志，并保持其完好、清晰。同时根据桥梁的具体技术特点、结构安全条件等情况，确定桥梁的施工控制范围，在该范围内从事河道疏浚、挖掘、打桩、地下管道顶进、爆破等作业的单位和个人，在取得施工许可证前应当先经行政主管部门同意，并与产权人签订保护协议，采取保护措施后，方可施工。超限机动车辆、履带车、铁轮车等需经过城市桥梁的，在报公安交通管理部门审批前，应经桥梁行政主管部门同意，并采取相应技术措施后，方可通行。

《办法》规定桥梁上需架设各种市政管线、电力线、电信线等，应经原设计单位提出技术安全意见，报桥梁行政主管部门批准后，方可实施；需设置大型广告、悬挂物等辅助物的，应当出具相应的风载、荷载实验报告以及原设计单位的技术安全意见，报相关部门批准后，方可实施。而产权人或者委托管理人则应当制订安全抢险预备方案，明确固定的抢险队伍，并签订安全责任书，确定安全责任人。

《办法》检测评估章节，要求建立健全桥梁检测评估制度，组织实施对桥梁的检测评估。桥梁检测评估机构应当根据有关技术规范，提供真实、准确的检测数据和评估结论，评定桥梁的技术等级。桥梁经过检测评估，确定承载能力下降，但尚未构成危桥的，产权人和委托管理人应当及时设置警示标志，并立即采取加固等安全措施。经检测评估判定为危桥的，产权人和委托管理人应当立即采取措施，设置显著的警示标志。

（五）《天津市城市道路桥梁设施保护规定》

《天津市城市道路桥梁设施保护规定》（以下简称《规定》）自 2013 年 6 月 1 日起施行。为了加强对城市道路桥梁设施的保护，充分发挥城市道路桥梁设施的使用功能，根据国务院《城市道路管理条例》（国务院令第 198 号）、《天津市城市道路管理条例》和有关法律法规，制定了该《规定》。

《规定》总则阐明，由市城市道路管理部门主管桥梁设施的保护工作，区、县城市道路管理部门按照分工负责区、县桥梁设施的保护工作。桥梁管理部门制订桥梁专项规划应当含有养护用房、信息化管理系统等内容，建设行政主管部门进行桥梁建设项目的审批、初步设计方案审查,应听取桥梁管理部门的意见和建议。

桥梁建设单位进行施工图交底、涉及使用功能的设计变更、竣工验收等其他活动,应当通知养护管理单位参与。而养护管理单位发现不符合城市桥梁专项规划、设计规范、养护管理标准等问题,可能对桥梁运行产生影响的,应当以书面方式向建设单位提出改进意见。

《规定》要求施工作业时可能损坏周边桥梁设施的,建设单位应当在施工前与城市道路管理部门签订桥梁保护协议书,造成桥梁设施损坏的,由建设单位负责修复或者赔偿相应损失。桥梁管理部门应运用桥梁结构安全监测系统等信息管理设施,监控桥梁安全运行状况和技术状态,增强城市桥梁设施服务效能。

新建、改建、扩建特大桥和特殊桥梁时,应当同步配套建设桥梁结构安全监测系统等信息管理设施;在用的特大桥和特殊桥梁应当加装桥梁结构安全监测系统等信息管理设施。桥梁设施竣工验收合格后,建设单位应当按照有关规定及时办理设施移交接管手续。在办理设施移交接管手续时,建设单位应当一并将桥梁信息管理设施、专业养护设备、养护用房、观测点等附属设施以及依附城市道路铺设的地下管线的相关资料移交养护管理单位。管理部门应当建立健全桥梁设施接管管理制度,明确接管的主体、内容、条件、程序等相关事项,规范桥梁设施接管的行为。

《规定》养护和维修部分,规定未办理移交接管手续的桥梁设施,由建设单位或者其委托的单位负责养护维修。属于社会产权桥梁设施,产权人自愿无偿移交且符合移交接管条件的,可以按照规定程序接管,并承担相应的养护维修责任。社会产权人变更或者灭失的,由其权利义务承继人承担养护维修责任。养护维修应当符合城市道路桥梁设施养护维修的有关技术标准,遵守安全防护、环境保护、交通安全等相关规定,保障养护维修质量。养护管理单位应当按照养护规范要求对城市桥梁设施进行分类养护,并设置专职桥梁养护管理工程技术人员。一般病害桥梁可进行日常监测和维修,发现严重病害隐患的桥梁应当立即采取设置警示标志等措施,并采取降载或者临时限行等措施。对特殊桥梁应当定期采集和分析相关数据,采取特定的检查手段、监控措施及养护方法。

《规定》路政管理部分,规定在桥梁设施管理范围内禁止下列行为:

(1)超限车辆擅自行驶;

(2)车辆载物拖刮路面、桥梁;

(3)擅自建设建(构)筑物;

(4)擅自占用桥面、隧道堆放物品;

(5)利用桥梁、隧道进行牵拉、吊装等施工作业;

(6)法律、法规规定的其他禁止行为。

依附桥梁设施建设管线、杆线的,管线、杆线权属单位应当对管线、杆线进行定期检查,确保安全;对桥梁设施造成损坏的,权属单位承担赔偿责任。

《规定》第四章为法律责任部分。

第二节　桥梁监管主要任务

一、依法监管的重要职责

桥梁监管以国家法律法规为依据，制定城市桥梁监管程序、监管标准和监管措施等相关政策，并遵循国家的法律法规，依法实施监管。规范桥梁运行与保护，就是围绕桥梁主管部门的法定职责，提高监管效率及规范化监管水平，建立长效机制，创新工作模式，明确每个岗位的工作职责、业务标准和实施权限。

（一）强化监管职能，完善监管制度

按照安全、科学、有序发展的要求，逐步建立完善城市桥梁政府监管的行政法规和管理规章，建立完善桥梁监管体系，落实监管责任。省级主管部门和管理机构应设立专项抽检和巡查资金，组织具备相应资格的桥梁检测单位监督桥梁养护管理和安全运行管理工作开展情况。作为桥梁监管机构，应当立足当前，着眼长远，不断完善体制机制，强化制度设计，科学制定标准规范体系，构建全过程桥梁安全运行的长效机制，为城市桥梁安全运行奠定坚实制度基础。

（二）坚持“安全第一，民生优先”

坚持“安全第一，民生优先”的城市桥梁安全运行原则，强化红线意识，牢牢坚守底线思维，始终把人民群众的生命财产安全放在首位，为人民群众提供安全、可靠、便捷的出行服务。分步实施各项监管工作，有序推进桥梁安全检测与监测，养护与维修规划，构建车辆通行、日常养护、应急处置三位一体的安全运行体系，督促养护企业建立和完善安全生产责任制度，定期或不定期抽查桥梁的技术状况和安全生产责任制的落实情况，切实发挥法规、标准、制度在运行安全管理中的引领、推动、促进作用，确保各项工作能够扎实开展，落实到位。

（三）抓住关键环节，增强监管能力

桥梁监管机构应以日常监管中的问题为导向，紧紧抓住关键环节，明确责任分工，注重标本兼治，从桥梁结构质量、车辆超限超载、安全保护区设置及从业人员职业素质等影响城市桥梁运行安全的突出问题着手，着力增强监管能力，确保工作取得实效，切实提升城市桥梁安全运行的管理水平。

(四)监督市场秩序,提高桥梁养护质量

目前,桥梁养护市场由养护、监理、检测监测等环节构成,市场中多种不同性质的所有制企业并存。作为桥梁监管机构,必须加强对市场秩序的监管,监督企业履行养护、监理、检测合同义务和纠正违法违规的行为,确保桥梁养护质量。很大程度上,相关部门应着力完善监管政策法规体系,养护质量和安全运行检测监控体系,综合评估和考核奖惩体系,形成政府主导、社会参与、多位一体、监管到位的长效监管机制,促进桥梁养护市场的有序竞争,实现质量优质、服务优良、运行安全、保障有力的桥梁养护目标。

(五)建立定期评估机制

按照《城市桥梁检测和养护维修管理办法》《城市桥梁养护技术规范》的规定,以特大桥梁及特殊结构桥梁,城市快速路网和城市主干路上的桥梁,新型或大跨结构桥梁,独柱单点支撑桥梁,易形成单板受力桥梁,建成年代早或设计荷载等级低桥梁,多发性地质灾害地区和严重超载路段的桥梁为主,重点进行安全检测评估,形成分析评估报告。

桥梁安全运行和养护质量是桥梁监管的重要内容,应定期对其产品和服务质量进行检验、检测和检查。同时按照有关产品和服务质量标准的要求,建立市政公用事业产品和服务质量监测制度,对企业提供的产品和服务质量实施定点、定时监测。监测结果要按有关规定报上级主管部门,对监测评估中发现的产品和服务质量问题,要提出整改意见并监督企业限期整改。评估的结果应与费用支付和价格调整挂钩。评估结果要及时报上一级主管部门备案,要尊重社会公众的知情权,鼓励公众参与监督,建立通畅的信息渠道,完善公众咨询、监督机制,及时将产品和服务质量检查、监测、评估结果和整改情况以适当的方式向社会公布,建立定期评估机制。

推进国有资产集中统一监管,是深化国有资产管理体制改革和行政管理体制改革,推进依法治国、依法行政的重要举措,也是有效支撑与促进城市基础设施和公共服务产业发展,破解城市发展瓶颈的有效手段,更是推进经济体制改革,大力发展混合所有制经济,推动经济发展适应新常态要求的重要途径。

二、编制中长期监管规划

科学编制城市桥梁监管中长期规划应贯彻以创新行业监管为目标,与城市化发展战略相结合,高起点,适度超前的总体思路;凸显“以人为本,平安为责”的监管理念,重点保证特大型桥梁、大型桥梁和特殊结构桥梁的安全使用性能,确保城市桥梁运行安全。中长期规划期限一般为10年，该桥梁监管规划应以国家标准与规范为依据，结合省市有关文件和发展规划的具体内容进行编制。根据城市桥梁运行的实际状况，从实现中长期规划和保障规划工作能得到具体实施的角度出发，可将规划分成近期、中期及长期三个阶段。

(一)近期阶段的规划

(1)每个城市进行桥梁监管时，可以根据各自具体情况，逐步开展城市桥梁现状的调查分析及运行状态评估，依据评估结果建立桥梁技术状况档案，并按照桥梁寿命周期的特点进行分类管理、养护和改扩建工程建设。与此同时，有必要引入先进的养护理念、方式、技术，完善各项管理制度，按有关标准配备相应人员及装备，并定期实行人员岗位培训和养护基地的建设，全面推行养护市场化。

(2)按有关规定监督经常性检查、桥梁技术状况评定、桥梁安全保护、桥梁事故应急处置、档案管理等工作，编制、上报桥梁的养护维修计划。落实桥梁养护资金并按规定使用，确保专款专用。

(3)监督桥梁大修、中修和改建工程的质量安全，并对其进行交工验收。推广应用“四新技术”，对桥梁养护作业人员进行技术培训，加强对桥梁养护作业单位的管理工作。

(4)应开发建设网络通信、软件等，初步实现对典型桥梁代表性项目的监测与评估。同时能够根据桥梁健康监测信息及其他检测数据，做出桥梁结构所处的当前状态是否满足可靠性要求的判断。主要判断结构局部性能和局部是否异常，以及对局部异常的捕捉。

(5)建立完善桥梁维修、加固和改建决策体系，与城市道路规划相衔接，提高桥梁整体适应能力，提高桥梁安全系数，使得桥梁维修、加固和改建后的使用功能基本满足社会经济发展需要。

(二)中期阶段的规划

完成城市桥梁与地理基本信息的收集、处理，建立完善桥梁数字化管理系统和桥梁健康监测系统，实现对大型桥梁及重要桥梁的在线监测、预报预警。中期阶段桥梁监管的着眼点有以下几方面：

(1)借助GIS(地理信息系统)技术研发桥梁数字化管理系统。除秉承以往初期管理系统的功能，还应具有GIS技术强大的空间数据处理能力，同时还集成其他信息技术，使管理数据量更大、更全面，分析功能更强。为此，所建立的空间数据库内的信息应包括桥梁的地理位置和相关的其他地理信息，如道路、河流、行政区域等。

属性数据库主要包括桥梁的静态信息、检测信息、缺损状况信息、评估信息、维修信息等。

(2)市级监管机构应统一研发辖区内桥梁数字化管理系统,该系统的核心内容应依据桥梁监管的需求，对桥梁的损坏进行评价分析，为决策者提供辅助决策建议,包括性能评价、性能预测、费用估算、养护决策、重车过桥五大功能模块。

性能评价:包括缺损状况评价、功能适应性评价和构件承载力评价。对于每个部分,系统能给出相应的评价指标、计算方法和评价标准。最终通过综合评价得出结论,为决策系统服务。

性能预测:根据积累的桥梁检测与评估数据,拟建立桥梁性能退化模型,根据桥梁以往及当前的状态,预测其性能变化趋势,为短期和中长期桥梁养护规划提供优化建议。

费用估算:包括养护维修费用估算和用户费用估算。计算构件和整桥养护维修费用是系统的一个重要功能,费用的计算方法应根据历史数据进行。由于桥梁在结构和功能上的缺陷容易导致交通事故、行车时间和车辆运营费用的增加,因此,系统还应计算承载力、桥面净宽和竖向净空限制所产生的用户费用。

养护决策:桥梁管理系统的决策系统把养护分为三个层次,即构件级、部位级、整桥级。在各层次下,决策又可分为日常养护、小修、中修、大修和改建。决策系统通过评价系统得出的结论,依据系统设计人员制定的决策标准,为用户提供合理的决策建议,辅助用户开展桥梁监管工作。

重车过桥:在重车过桥历史数据和现有桥梁状况数据的基础上,为被限制通行的特殊车辆推荐合理的行车路线，尽可能地保障特殊车辆顺利通过所辖区域并尽量减少特殊车辆对桥梁的损坏。

(三)远期阶段的规划

完善桥梁监管的数字化、信息化、网络化,注重桥梁信息化系统的更新、升级、维护等,以实现智能化的要求。远期桥梁监管的着眼点为:应不断扩充和完善系统的专业模型,增加和改进系统的模拟功能,快速、正确、有效地解决实际问题,并把已有的功能有机地集成。同时关注信息技术及 GIS 相关技术的发展,不断地把新技术融入系统的发展与完善中,加速桥梁监管系统信息化和科学化的进程,形成带、网、片、点相结合的桥梁监管系统,建立桥梁监管信息技术保障平台。

三、落实十项基础性工作

城市桥梁运行期监管与养护的前提，就是在桥梁建设期间，建设各方主体应牢固树立“百年大计，质量第一”的观念，严格质量管理，把好材料质量关，严格按照设计图纸进行施工，从而保证桥梁建设质量，以减少后顾之忧。而为适应城市交通的发展要求，也需要对原技术标准较低的桥梁进行改造，提高其承载能力。同时，依托健康监测等现代化手段，引入“精细化管理”方式进行监管，实现桥梁运行安全“零缺陷”。城市桥梁的监管可包括以下十项基础性工作：

(一)加强行业与市场监管

通过改革现行体制，推动市政设施养护市场化，培育市场竞争主体，强化行业监管和市场监管，努力建立竞争有序的养护市场体系和科学、高效的监督管理机制。

(二)全面推行桥梁信息化管理

城市桥梁监管部门应收集、存储、更新和提取道路路网中所有桥梁管理的必要文档和信息作为桥梁基础信息，在首要环节实施对桥梁的监管。桥梁信息管理的目标是确保每座桥梁的相关信息记录精确和完整，以便能够掌握桥梁的结构状态和性能，合理安排有效的检测、养护、维修、加固等工作。这些信息是桥梁在整个使用期间的第一手技术资料，对于掌握其结构现状是极其重要的。

桥梁养管单位和监管单位均应建立健全桥梁技术档案管理制度，大力推进桥梁信息化管理。桥梁监管单位要以信息化管理系统为基础，加大监督检查力度，重点监督桥梁检查开展，检查重要桥梁和危旧桥梁养护管理情况。桥梁养管单位要按照“一桥一档”的要求建立纸质桥梁技术档案，做到内容完整、更新及时、方便实用。特大、特殊结构和特别重要桥梁的养管单位，要利用现代信息技术，建立符合自身特点的养护管理系统和健康监测系统。根据建设部的有关规定，省级城市在其桥梁监管范围内需要制定统一的城市桥梁管理信息标准，并积极推进全省的城市桥梁信息管理系统建设；地级以上城市必须按相关要求建成桥梁信息管理系统，实现城市桥梁信息数据的动态更新和管理。

城市桥梁应统一设置桥梁信息公开牌，中桥及以上桥梁应做到“一桥一牌”。桥梁信息公开的内容应包括桥名、路线编号、路线名称、桥型、养护单位、管理单位、监管单位、联系电话等主要信息。桥梁信息公开牌可按照《桥梁信息公示牌设置要求》设置。新改建的桥梁信息公开牌要在桥梁建设时同步设置；已设置信息公开牌的，应在标志更新时按以上要求统一设置。

（三）科学划分桥梁类别与等级

城市桥梁根据桥梁规模、结构形式和在路网中的重要程度划分为Ⅰ～Ⅴ五类。Ⅰ类，特大桥及特殊结构的桥梁；Ⅱ类，城市快速路网上的桥梁；Ⅲ类，城市主干路上的桥梁；Ⅳ类，城市次干路上的桥梁；Ⅴ类，除上述四类以外的桥梁。

根据桥梁运行安全管理的需要，桥梁的运行监管等级可分为三级：一级是对Ⅰ、Ⅱ类城市桥梁，以及位于人流集中、交通流量大处的Ⅲ、Ⅳ类城市桥梁的监管；二级是对除一级运行监管所规定以外的Ⅲ、Ⅳ类城市桥梁的监管；三级是对Ⅴ类城市桥梁的监管。

根据桥梁技术状况评定的结果，按不同的养护管理措施，可把桥梁养护等级分为五类：一类桥梁进行正常保养；二类桥梁进行小修，及时修复轻微病害；三类桥梁进行中修，酌情进行交通管制，及时修复或更换较大损坏构件；四类桥梁进行大修或改建，及时进行交通管制或封闭交通；五类桥梁应及时封闭交通，进行改建或重建。

改扩建时应对危桥进行同步改造。对病害多发的桥型，应加大养护和改造力度。对低荷载、浅基础桥梁和宽路窄桥等，应加强桥梁适应性评价，逐步提高安全运行能力。有序提升桥梁防震能力，力争实现“大震不倒，中震可修，小震不坏”的目标。

桥梁养管单位应针对自然灾害和其他可能造成桥梁安全运行事故的因素，制订突发事件应急预案。针对冰冻雨雪天气，要加强桥面防水、排水和除冰雪工作，严禁采取桥面撒盐或洒卤水等破坏结构耐久性的除冰雪措施。特大、特殊结构和特别重要桥梁和危旧桥梁，应单独制订应急预案，确保一旦发生事故，应急和交通组织工作仍井然有序。

（四）桥梁保护设施必须齐全、完好，安全措施有效

（1）桥梁上应设置承载能力、限高、通航等禁示标志，并保持其完好、清晰。

（2）桥梁通行限界内不得有障碍物，桥下通航净空中不得有任何部件或衍生物，通航孔的桥墩宜设置相应防撞设施。

（3）桥梁上不得敷设污水管、压力大于0.4MPa的燃气管，以及其他可燃、有毒或腐蚀性的液、气体管。当在桥梁上敷设电信电缆、热力管、给水管、电压不高于10kV配电电缆、压力不大于0.4MPa燃气管时，应采取有效的安全防护措施。

（4）在施工影响区域内从事施工作业，应事先征得运行管理机构同意，并提交安全保护设计方案，签订监护协议。

（5）增设广告牌、管线等附属物时，应由原设计单位复核计算，施工单位提交施工方案，报桥梁监管机构批准后方可实施。

(6)管理用房、检修平台、检修梯道等附属设施应与城市桥梁同步建设。

(五)严格超限超载通行监管

桥梁病害与车辆运输的超限超载直接有关,因此需要对车辆荷载的大小、分布和频率等有关的数据进行调查统一，可进行有关使用荷载作用下既有桥梁实际受力状况的试验研究,根据试验研究的结果采取相应措施,保证桥梁安全运行。以下是对超限超载车辆通行所采取的监管措施。

(1)载运易燃、易爆、剧毒、放射性等危险物品的车辆不应在Ⅰ、Ⅱ类城市桥梁上通行。确需通过的,运输单位应在获得危险物品运输许可后,将行驶时间、路线提前通知运行管理机构,经同意后,在运行管理机构现场监管下通行。

(2)超载、超高、超长、超宽标准的车辆不应在城市桥梁通行。确需通过的,应经运行管理机构同意,采取适当的防护技术措施,报公安交通管理部门审批同意后方可通行。

(3)履带车、铁轮车等特种车辆需通过城市桥梁的,应经运行管理机构同意,按指定的时间、路线通行。

(4)特大桥或特殊结构桥梁应设置车辆荷载称重监控装置。

(六)桥梁养护与维修

桥梁养护与维修的目的是尽可能地保护桥梁，以保证车辆行驶的舒适性和安全性。养护的实施规模较小,对车辆通行干扰小。从技术方面说,养护是保护性的,包含重复性任务,一般比维修任务简便快捷,可分为日常养护和小修作业两种。从新桥建成通车开始,养护工作便贯穿于整个使用期,即“预防性养护”是桥梁养护管理一项重要的宗旨。

维修是指对桥梁的一般性损坏进行修理或对较大的损坏进行综合治理，目的是将桥梁的技术状况或承载能力恢复到正常运行水平,以维持桥梁安全运行。维修工作通常要比养护复杂、昂贵和费时,采取何种维修措施通常根据检测和评定的结论来确定,所要求的工作深度及主要工程量由结构定期检测或特殊检测评定后加以确定,维修可分为中修、大修两种。

(七)桥梁加固与拆除重建

桥梁加固是通过较大规模的加固施工，使得承载能力已出现较大程度下降的桥梁恢复其原有承载能力,甚至超过原有承载能力,或者满足增长的交通需求(如加宽)。桥梁加固类似于修复,但比维修更加深入复杂,规模也较大。因此,加固需求通常应根据桥梁检测和评定以及交通需求评价来确定。一般来讲,桥梁退化严重或被判定为危桥的，需制订加固改造计划和加固改造方案，应立即采取有效措施消除安全隐患，完成对危桥的加固改造，保证桥梁能在安全受控的条件下运行。不能继续使用或者加固费用昂贵的，可以实施拆除，车辆须另行绕道，如有需要可建造新桥进行替换。考虑拆除重建的因素主要包括：

(1)结构承载能力不足；

(2)使用功能不能满足通行需要(如太窄)；

(3)养护与维修费成本较高。

(八)制订应急处置机制

应急处置应坚持“以人为本，快速高效”的原则，建立城市桥梁遭遇自然灾害和突发事件的预警机制，并制订应急预案。应急预案应包括：组织指挥体系及职责，预警和预防机制，应急响应，后期处置，保障措施等。应急预案发布后应配置应急物资，定期检查，并定期组织演练。当自然灾害、突发事故发生后，运行监管机构应立即进行先期处置，并及时向主管部门或应急主管部门报告。

针对冰冻雨雪天气，要加强桥面防水、排水和除冰雪工作，严禁采取桥面撒盐或洒卤水等破坏结构耐久性的除冰雪措施。特大、特殊结构和特别重要桥梁及危旧桥梁，应单独制订应急预案，确保一旦发生事故，应急和交通组织工作仍井然有序。

(九)桥梁结构健康监测

随着桥龄的增长，气候和环境等自然因素长期作用，以及交通量和非常规超重车荷载的不断增加，桥梁结构和构件将产生不同程度的劣化和损伤积累；同时桥梁结构在运营过程中也不可避免地存在维护不当、交通事故等人为因素，以及地震、风暴等自然灾害。以上种种不利因素必然导致桥梁结构安全性和耐久性发生退化。桥梁结构性能劣化和损伤若不能被及时地发现并得以合理维护和维修，其后果轻则影响桥梁正常使用，重则缩短桥梁使用寿命，甚至可能导致突发性的桥梁破坏、坍塌等重大事故。

桥梁结构健康监测系统通过多种现代化的传感和信号采集处理手段，获取桥梁结构环境输入以及结构本身各种状态参量，进而对桥梁结构状态进行监测与评估，实时报告桥梁结构受力状况，损伤的发生及其位置、性状；当工程在特殊气候、交通条件下或运营状况严重异常时发出预警信号，为桥梁维护、维修与管理决策提供依据和指导。

(十)桥梁检查与考核

桥梁检查是对桥梁使用阶段的设计状况、运行条件、养护过程及养护质量等进行详细检查,以识别可能存在的危险性和有害性的一种常用方法。其目的是发现项目或系统存在的危险性和有害性;分析确定危险性和有害性发生的条件及其后果,以促进人们保持警惕和采取相应的对策,预防或从根本上消除事故和危害的发生。这种常用的检查方法,直观,简便易行,能够定性,但不能定量,所以在桥梁检查中包括经常性检查、结构检查及特殊检查。而对桥梁进行的考核工作应做到责任主体明确,考核评价准确,目的是促进桥梁监管各项工作的落实。

为有效防范和减少桥梁安全事故,各级桥梁监管单位要在抽检和例行检查的基础上,根据桥梁安全隐患严重程度和养管状况,建立桥梁安全隐患分级挂牌督办制度。对存在重大安全隐患的桥梁,建设行政主管部门应结合年度长大桥抽检巡查情况,进行挂牌督办;对存在一般安全隐患的,由桥梁监管单位进行挂牌督办。桥梁养管单位应按照挂牌督办的要求,及时整治和报告隐患整改情况,严防桥梁安全运行事故发生。桥梁监管单位要强化对整改情况的全过程监督,做到隐患不消除,挂牌不取消,督办不停止。

第三节 桥梁养护市场化

桥梁作为城市重要的市政基础设施，是城市经济和社会发展的重要载体，直接关系到社会公众利益，具有显著的基础性、公用性和自然垄断性。为响应国家加快市场经济体制改革的政策，每个城市都在积极推进桥梁养护市场化的进程并取得了显著成就。市政行业市场全方位开放，行业垄断已经打破，竞争机制全面引入，桥梁养护市场化的局面基本形成。

一、养护市场监管总目标

桥梁养护市场化就是将桥梁养护的任务完全推向市场，通过市场对养护资源的有效配置来实现桥梁养护管理的目标。这种市场模式既能保证养护质量，强化政府监管，又能保证养护效率并降低养护成本。2000 年以来，城市桥梁养护产业发展迅速的一个重要原因，就是各地不同程度地进行了市政养护管理体制的改革，将原来由政府包揽一切的传统做法，改为政企合作的桥梁养护与管理体制，即以市场化运作为主导，多渠道、多元化的养管机制。

这项养管机制的总体目标，首先是要打破行业和区域垄断，培育市场竞争主体，推动市政设施养护市场化，提高养护资源配置效率。其次是要强化行政监督和行业管理，建立科学、规范、高效的监督管理机制，以此保障统一、开放、竞争的市场有序运行。同时以管养分离、推进养护市场化为契机，结合市政行业事业单位的实际，创造条件，全面推进该行业事业单位改制。

为实现上述总体目标，应按照 ISO 9001 质量体系的要求，以管理科学化、规范化和制度化为重点，以标准化养护为切入点，深化品牌意识，创新管理理念，规范操作程序，提升服务功能。这里需要说明的是，市场化机制并不是让政府放弃责任，不是简单地依赖市场，让企业放任自流，而是需要政府通过监管来控制企业行为，引导企业经营活动符合社会公共利益。

明确市场监管的目标和任务，建立和完善市政行业桥梁养护市场监管体系，其目的是进一步明确监管的基本原则、监管内容、监管依据、监管程序和监管手段，完善市政行业监管政策、法规和制度，建立健全市政行业监管政策法规体系、、养护质量和安全运行检测监控体系，综合评估和考核奖惩体系，形成政府主导、社会参与、多位一体、监管到位的长效监管机制，促进市政行业有序竞争，实现市政行业质量优质、服务优良、运行安全、保障有力的目标。以下几点作为指导思想可供参考。

(1)体现市场机制竞争性的特征。在桥梁养护这个领域，一方面要充分发挥市场配置资源的基础性作用，采纳有利于养护资源配置的有效方式，使城市桥梁的养护完全按照市场规律来进行；另一方面应以桥梁完好率达标为目标，积极探索养护与管理、第三方监管的社会化。

(2)把好市场准入关。市场准入是养护市场监管的首要环节，必须科学制定标准，严格操作程序，把好市场准入关。桥梁设施养护项目，一般通过公开招标等方式择优选择市场主体，对符合条件的，纳入经营范围进行监管。

(3)市场秩序的监管。养护市场监管以国家法律法规为依据，制定行业监管政策，以国家的法律法规为准绳，依法行政，依法监管。现阶段符合养护市场条件的，涵盖国有、民营、股份制等多种所有制企业，因此，必须加强对市场秩序的监管。监督企业履行服务的义务，纠正企业违法违规行为，确保桥梁养护管理满足标准要求。

(4)安全第一，服务至上。桥梁养护管理中安全运行和服务质量是监管的重点，监管机构应广开渠道，加大群众监督、社会监督在日常监管和综合评估及考核中的分量。

二、全面实行养护市场化

近年来，我国城市桥梁正在由管养一体化向管养分离转变，其中除杭州等少数城市的体制改革比较彻底之外，绝大多数地区的养管企业并没有真正走向市场，未能完全实现市场化，好比是转型中的一种模拟市场，这样的结果也必然带来诸多弊端。国外经验说明，城市桥梁经过一轮建设之后，随后一个时期，养护工作将占主导地位，随着我国市场经济的不断发展和桥梁养护工作量的不断增加及难度的逐渐增大，全面实行市场化养护已经具备了实施的条件和环境。

(一)“管养合一”体制的弊端

市政设施管理养护是在集中统一行政体制管辖下进行的，对于这种管理方式，政府部门实行管养合一的模式。管养合一的体制存在不少弊端。主要表现在：

一是政事不分、事企不分，政府和市政设施管养单位之间的权责不清；由于行业垄断，缺乏竞争，市政设施管养单位工作效率低下，行业垄断也排斥了其他资本及要素的进入，阻碍了市政行业的发展。二是分配体制没有充分体现按生产要素分配的原则，缺乏有效的激励机制，不能充分调动广大干部职工的积极性；行业垄断排斥通过有效竞争来确定合理价格，不利于降低成本和提高服务质量。三是管养合一的体制不利于形成和落实规范的监管制度。

因此，推进养护作业市场化，加大对原有落后体制的改革力度是消除市政设施管养合一体制弊端的必由之路。为积极稳固地推进市政设施管养体制改革，一方面要建立一个竞争有序的养护市场体系和科学高效的监督管理机制，深入推进养护作业市场化进程；另一方面要培育桥梁养护企业的市场竞争能力。

社会对桥梁质量的要求不断提高，与此同时，桥梁的数量也在不断增加，而在传统政府垄断背景下，市政管养合一的体制存在的效率低下、服务意识淡薄、政企不分等弊端进一步暴露，因而市政行业“管养分离”体制的市场化改革应运而生。

（二）养护市场化的政策背景

我国市场经济体制的建立，市政基础设施建设和运行管理体制的改革为桥梁养护市场化提供了必要的环境。自十一届三中全会确定改革开放政策以来，国家确立了社会主义市场经济体制。为适应我国的市场经济体制，21 世纪初，曾在市政公用事业行业开展过一轮以市场化为特征的改革开放，其指导思想是认真贯彻落实党的十六大精神，以邓小平理论和“三个代表”重要思想为指导，按照产业化发展、市场化运作、企业化经营、法制化管理的要求，彻底转变政府职能，科学规范企业行为，切实增强服务意识，努力提高运营效率，实现城市市政公用事业的健康快速发展。主要的任务是按照先易后难，分步实施的原则，用两年左右的时间，实现城市市政公用事业政事分开、政企公开、事企公开，使城市市政公用企业基本成为符合现代企业制度要求的市场主体；用 2～3 年时间，建立起适应社会主义市场经济发展需要的市场竞争机制、企业经营机制和政府监管机制，使城市市政公用事业逐步进入良性循环，走上可持续发展的轨道。

那时候的改革轰轰烈烈，不可谓不热闹。同时也出现了一些监管者被运营商拉拢腐蚀的现象，导致监管不力，养护服务质量下降，政府付出的成本过高。有的城市改革后，出现养护市场竞争力度低、市场参与仍然不足等问题。但对于这些改革中的问题到底是因推行市场化的方向不对产生的，还是因改革不彻底、未到位产生的，一直以来众说纷纭。

十八届三中全会对此又提出了方向性的要求：“自然垄断行业，实行以政企分开、政资分开、特许经营、政府监管为主要内容的改革，根据不同行业特点实行网运分开、放开竞争性业务，推进公共资源配置市场化。进一步破除各种形式的行政垄断。”本轮改革还建议大力引进社会资本，尤其是民间资本，参与市政基础设施领域的投资、建设和运营，增强投资发展内生动力。这有利于形成多元主体和适度竞争的格局，也是贯彻落实党的十八大精神，切实转变政府职能，理顺政府与市场、政府与社会关系的重要举措。

根据国家有关政策，笔者认为，桥梁养护管理等自然垄断行业的全面深化改革，应该按照十八届三中全会精神，采取更坚决的措施，落实“打破国企或行政垄断、政企分开”政策，普遍建立以特许经营制度为特征的科学监管体系，加强行业服务管理，推进监管机构的一体化，保障公共产品有效供给，不断提升城市建设管理水平。自然垄断行业的监管或规制体系改革是上一轮改革中重视不足的地方，这次不可不察。

（三）养护市场化基本模式

1.形成“管养分离”体制

“管养分离”就是在政企分离、政事分离后，由原事业单位转制过来的或者是市场培育出来的企业组成的市场主体所必需的经营体制机制。这些企业根据合同条款等，按照市场规律开展经营活动，实现企业经营机制的根本性转换。政府则从垄断经营者转变为企业竞争的组织者，并通过设立监管机构，监督管理市场的行为，从而提高政府监管的效率。

2.建立市场准入制度

为规范养护市场，要制定一系列规章制度。目前要尽快制定养护作业招投标等市场准入制度，要明确养护技术标准、养护作业规程及养护经费标准。政府有关部门要加强对市政设施养护市场的监管，维护市场秩序，增强市场竞争的透明度，保证市场竞争的公开、公平、公正。按照“体制创新和机制创新为动力，促进市政行业发展为目标”的精神，应坚持市政设施养护市场化、产业化的发展方向，打破行业垄断，引入竞争机制，积极推进市政设施养护市场化。

3.保障市场的有序运行

根据现代化城市管理的发展趋势，为积极推进市政设施管养体制改革，建立一个竞争有序的养护市场体系和科学高效的监督管理机制，必须改革落后的管养体制，打破行业垄断和区域垄断，培育市场竞争主体，推动市政设施养护市场化，提高养护资源配置效率。改革必须强化行政监督和行业管理，建立科学、规范、高效的监督管理机制，以此保障统一、开放、竞争的市场有序运行。

为此，市政设施管养体制的改革应遵循以下五个坚持：一是坚持政企分开、政事分开、事企分开；二是坚持管理与养护分离；三是坚持养护市场化；四是坚持实事求是、分类指导的原则,并以管养分离,推进养护市场化为契机,结合市政设施行业事业单位的实际,创造条件,积极稳妥地推进该行业事业单位改制。

4.建立特许经营与评估制度

特许经营制度是市政行业市场化的主要实现形式，要通过立法的形式逐步明确特许经营的法律地位。要按照《市政公用事业特许经营管理办法》的要求,具体落实市场准入和退出,特许经营权招标投标,特许经营项目中期评估,特殊情况下临时接管,对违规企业的披露,公众监督与参与,上级主管部门备案等规定,完善特许经营制度。市政公用事业特许经营协议是界定协议双方权利与义务的法律文件,是对特许经营行为进行监管的重要依据。

实施特许经营的项目必须签订特许经营协议,没有签订协议或协议不完善的,要及时补签或完善。要充分发挥中介机构的作用,市政公用事业主管部门应组织或委托独立和符合条件的中介机构进行项目的招标、评估,以及产品质量检验、检测等。要引入竞争机制,择优选择中介机构。要加强对中介机构的监管,建立中介机构的评估制度,并及时向社会公布。

三、杭州市养护市场化改革

2001 年开始,杭州市市政设施管理养护行业实施了“事企分开,管养分离”等改革举措。当年,杭州市市政设施管理处对新接收的梅灵隧道养护权进行了公开招投标,同年年底,又成功推出了五条新接管城市道路,面向社会公开招标,这标志着杭州市市政设施的日常养护作业向市场化迈出了可喜的第一步。第二年，根据市委、市政府《关于进一步加强城市管理工作的若干意见》的精神,杭州市将原市管的市政设施下放到各城区进行管理养护,并于 2004 年初完成了市管下放设施的养护招标工作,市级市政设施管理单位也与养护单位实现了管理和养护的分离。

其具体做法是,按照“体制创新和机制创新为动力,促进市政行业发展为目标”的精神,随着市政设施管理权限的下放,将市级层面的养护作业职能从政府管理职能中剥离，使养护工作逐步走向市场：第一步是将新接收的市政设施全部推向市场,通过招投标,选择养护单位;第二步是按三年逐步过渡的办法,要求 2004 年底前公开招标率须达到 30%,2005 年底前公开招标率须达到 70%,到 2006 年底所有的市政设施养护任务要全部公开招标,通过招投标选择养护单位。

其间,根据市政府《关于杭州市老城区市政设施管养体制改革指导意见》的通知(杭政办函〔2003〕228 号)及《关于老城区市政设施管养体制改革问题的专题会议纪要》(杭府纪要〔2003〕68 号)的精神,为进一步提高市政设施的养护管理水平,建立竞争有序的市政设施养护市场和有效的监管体系,杭州市上城区、下城区、江干区、拱墅区、西湖区五城区的市政设施管理养护实行体制改革。

(一)改革指导思想及原则

那时改革的指导思想是通过改革现行体制,推动市政设施养护市场化,培育市场竞争主体,强化行业监管和市场监管,努力建立竞争有序的养护市场体系和科学、高效的监督管理机制。其改革原则:一是坚持事企分开的原则;二是坚持管理与养护相分离的原则;三是坚持养护市场化的原则;四是坚持实事求是、分类指导的原则。当时根据老城区市政设施管养体制的实际情况,将区市政管养体系一分为二。改革内容主要有三部分:

(1)引入竞争机制,推进市政设施养护作业市场化;

(2)建立新的监督管理体系,强化政府对市政设施的监管;

(3)积极实施事转企改制,妥善做好人员安置和资产处置工作。

(二)推行招标投标制度

为加强杭州市市政设施养护维修项目招标投标管理,规范市政设施养护维修项目招标投标行为,维护市政设施养护维修市场秩序,保障招标投标当事人的合法权益,根据《中华人民共和国招标投标法》等有关法律、法规的规定,结合杭州实际,市政府于 2003 年制定《杭州市市政设施养护维修项目招标投标管理办法》。对市本级及各区所辖范围内新增(含新建、市移交)的市政设施养护维修项目,除因紧急抢修、抢险原因可不招标,直接发包给资信良好的养护维修企业外,应当实行公开招标投标,其他的市政设施养护维修项目可逐步推行招标投标。

养护维修项目招标一般采用公开招标的方式,若有技术要求复杂等特殊原因,经市政设施行政主管部门同意,可采取邀请招标的方式。公开招标的投标人不得少于 5 个,邀请招标的投标人不得少于 3 个。市人民政府有特殊要求而不实行招标的其他项目,应报市市政设施行政主管部门批准。未经批准不实行招标的养护维修项目,财政部门可拒绝拨付经费。

养护维修项目招标的最低养护维修期限为 3 年,并按下列条件设定:城市道路设施的日常养护维修、大中修项目可单独设定标的进行招标投标,也可几个项目合并或按区域设定标的进行招标投标;隧道、高架道路、特大型桥梁、市政河道的日常养护维修项目按照独立完整的使用功能设定标的进行招标投标。

(三)保证市场竞争透明度

为规范养护这个市场,杭州市还制定了一系列规章制度,例如制定养护作业招投标等市场准入制度,明确养护技术标准、养护作业规程及养护经费标准。政府有关部门也加强了对市政设施养护市场的监管,维护市场秩序,增强市场竞争的透明度,保证市场竞争的公开、公平、公正。

(四)培育养护市场竞争主体

改制后养护经费的拨付坚持权责一致、费随事转的原则,经同级市政设施监管机构审核后,由财政拨付给中标养护单位,而未实行招投标的市政设施养护项目,财政可以拒付养护经费。与此同时,在培育养护市场竞争主体时,也是按照"产权清晰、权责明确、政企分开、管理科学"的现代企业制度要求,将原市政园林所等事业编制单位改制成为公司制企业,并鼓励经营者持大股,积极吸收社会资本入股。

同时依据相关政策,对于由原市政园林所改制成立的股份公司,政府监管机构要求其在三年过渡期中加快发展,进一步规范公司化运作,尽快适应市场竞争,转变为自主经营、自负盈亏、自我约束、自我发展的法人实体和市场竞争主体。新进入市政设施养护市场的其他市场主体,在公开招标的市政设施养护项目上,应确保竞争公平。

(五)做好人员安置和资产处置

在事转企改制中,妥善做好人员安置和资产处置工作也十分重要,这是改革能否顺利进行的关键,也关系到稳定大局。对人员的妥善安置,除部分通过竞争上岗调入市政设施监管中心工作的人员以外, 部分符合有关文件精神可提前退休的人员,按规定程序办理手续;对于解聘或自愿辞职人员,应落实好政策,按规定给予经济补偿,鼓励其自谋职业;其余人员可以通过双向选择,重新签订劳动合同,进入改制后的企业。

资产处置工作是严格按照国资委《关于规范国有企业改制工作的意见》《企业国有资产转让管理暂行办法》等有关文件精神规范操作,由有资质的中介机构进行资产评估,进行资产处置。鉴于一些改制单位的改制成本较大,资金有一定困难,可以根据建设部《关于加快市政公用行业市场化进程的意见》精神,采取市场准入的办法,通过招商引资吸引社会资金参与股份制改造,同时也可通过资产公开拍卖,实现资产最大化,以缓解改制成本不足的矛盾。

(六)管养体制改革中存在的问题

从部分城市的改制现状分析, 阻碍市政设施管养体制改革的共性问题主要是部分区属市政园林所资产量小,资产变现能力差,改制成本严重不足。按有关文件的改制政策,在改制时实行核、剥、提后,部分单位改制费用超过现有账面净资产,改制成本严重不足。有不少单位因净资产变现能力差,在改制时对解除劳动合同(聘用关系)的职工无法一次性以现金形式支付经济补偿金。此外,由于缺乏政策依据,职工提出的住房补贴和福利问题难以完全解决,因此在改制时难以满足职工的心理期望。

第四节　桥梁安全运行管理

一、桥梁安全风险对策

桥梁运行阶段的风险(risk)主要来自意外事故、自然灾害等。其定义为:在桥梁运行与结构相关的各个过程中出现的,对某种既定目标造成影响的不确定的事态,可称为桥梁运行的风险事态,简称为桥梁运行风险。其中,风险是指损失的概率(probubility),损失是指没有代价的消耗或失去。风险评价亦即对损失进行概率评定和价值估定。

(一)风险“超前防范”

国际著名桥梁建筑大师邓文中博士曾经认为,对于桥梁安全度和桥梁风险评价的问题,工程师应该考虑如何在桥梁设计寿命中确保其健康,如何以最大的成本效率来建造并在长时间内保持桥梁安全,一个成功的设计必须预计在桥梁服务寿命期内将来可能会发生的情况。另有国外专家提出:“规范设定的超载系数,绝不可能达到足以防备设计时可能产生的大错误,但是许许多多的中小错误都可以用规范的超载系数来防备。”又提出:“规范是分析、设计和偏于安全的思路的结合。”实际上,国际上对桥梁风险评估的研究和分析也有很成功的经验,常用于对桥梁结构承载能力的评估和对桥梁结构损伤(缺陷)的预测。

城市桥梁工程在规划、设计、施工和运行过程中面临诸多不确定性,这种不确定性是客观存在的,不以人的意志为转移。例如,由于设计或施工缺陷、管理失误、运行环境恶化或其他自然灾害等,工程在运行的过程中会面临许多不确定的因素,这些因素的影响使得实际情况和工程期望的目标产生了一定的差异,也由此带来了经济、人员安全、环境、运行时间等方面不同程度的损失。特别是特大型桥梁,由于结构复杂庞大、涉及面广、生命周期长,很多高新技术应用其中,又在使用过程中面临诸多环境侵蚀,材料老化,荷载的长期效应、疲劳效应,突发灾害等风险效应因素的耦合作用,常常因此导致桥梁运行阶段桥梁结构损伤的积累和抗力衰减。一旦事故发生,生命及财产就会遭受巨大损失,同时事故所衍生的社会损失更是难以估计,所以需要针对与桥梁关系密切的特定风险关注点,结合运行期结构健康监测技术及养护管理,形成有效的风险应对策略,从而控制和降低风险水平,减少事故发生。

因此,风险“超前防范”就是通过风险识别、风险分析、风险评估、风险决策等方式,对风险实施有效控制,妥善处理损失,是典型的风险管理“关口前移”之做法。风险管理的对象是“风险”,是对风险的不确定性和可能性进行管理,它最主要的作用是“超前预防”,即在风险事故发生前防患于未然,预见将来可能发生的损失,或者在风险事故发生后,采取一些消除事故隐患和减少损失的措施,避免损失扩大化。也有研究者称,风险管理工作的终点就是应急管理工作的起点。

(二)风险源的识别

桥梁风险源的识别是以这座桥梁为对象确定的,研究发现潜在的风险事态。其风险源的识别常常可以基于经验进行判断,如进行某桥船撞风险评估,风险源的识别比较明确,即船只和桥梁结构的相互作用。但对于事件跨度比较大或比较复杂的问题,则需要借助许多其他方法完成风险源的识别工作,如灾害调查、专家咨询、系统分析等。

1.斜拉桥的风险源

斜拉桥在运行阶段的主要风险包括:钢结构损坏、斜拉索腐蚀、斜拉索振动疲劳、桥面铺装破坏、桥梁附属设施风险、冰凌灾害、台风灾害、地震灾害、基础冲刷、船撞、火灾等。如桥梁钢结构的最大风险主要表现为腐蚀失效。当大桥处于海洋氧化物环境或北方地区除冰盐环境中时, 包括钢箱梁等在内的钢结构将会遭受较强的腐蚀,影响大桥的安全性和使用寿命。因此,对处于不同氯盐环境的桥梁钢构件的腐蚀失效风险都应该高度重视,尤其是像跨海大桥这类钢结构数量庞大、规模效应明显的集群工程。有些看似影响不大的管养问题,在特定的环境中均有可能进一步放大腐蚀效应。所以,养护单位应及时进行养护维修,保证大桥钢结构满足使用性能和耐久性。

氯盐环境对混凝土耐久性的不利影响主要表现为混凝土碳化、钢筋锈胀。当大桥桥位区相对湿度大,季节变化明显,空气中存在一定浓度的 CO_2 时,也就具备了钢筋混凝土碳化发生的条件; 海洋环境或北方地区除冰盐环境中的氯离子含量过多,也会使氯离子渗透到钢筋,从而破坏钢筋表面氧化膜并造成钢筋锈胀。

2.悬索桥的风险源

悬索桥在运行阶段的主要风险包括:氯盐环境下的结构耐久性、钢结构损坏、吊索振动疲劳、锚碇耐久性、桥面铺装破坏、桥梁附属设施风险、冰凌灾害、台风灾害、地震灾害、基础冲刷、船撞、火灾等。悬索桥的主要风险是其缆索系统处于大气区的干湿交替环境中,氧化、水、电化电位的作用常常引起缆索钢丝锈蚀。大桥运行过程中持续作用于钢丝的高应力状态，也往往产生应力腐蚀而导致钢丝产生裂缝或断裂。另外，缆索在风荷载或车辆荷载等作用的振动下，极易与锚固装置产生空隙，从而使得水和腐蚀性物质侵入缆索锚固装置，导致内部拉索的电化学腐蚀破坏。

3.拱桥的风险源

对大跨径钢管混凝土拱桥来说，混凝土脱空是此类桥梁运行期常见病害。由于钢管和混凝土两种材料的性能存在差异，在昼夜温差大、气温变化大的气候条件下，钢管和混凝土往往产生一定的脱离，尤其在拱顶上边缘比较明显。虽然有不少学者研究脱空程度对钢管混凝土极限承载力的影响，指出了正常使用时的少量脱空并不影响极限承载能力，并给出容许脱空限值，但这些研究目前都是针对小型构件的，对大跨径钢管混凝土拱桥来说，这些理论仍存在一定局限性。同时由于管内混凝土处于密封状态，无法直观地见到脱空、麻面等缺陷，也就进一步加大了维护的难度。

4.梁桥的风险源

现代大跨径梁式桥从上部结构的材料划分，一般分为钢梁桥、钢筋混凝土梁桥、预应力混凝土梁桥及组合梁桥等。此类桥型具有施工方便、跨越能力强、造价经济、养护方便等优点，在我国城市桥梁建设中得到越来越广泛的应用。然而，近年来这种类型桥梁在运行中普遍出现主跨持续下挠、腹板斜裂缝、底板裂缝等病害，此类病害也就成为困扰国内外同类桥型设计、施工及养护的主要问题。因此，此类病害也就属于运行期风险的主要关注点。大跨径梁式桥的运行风险关注点包括氯盐环境下的结构耐久性、预应力混凝土箱梁开裂下挠、钢箱梁结构损坏、桥梁附属设施风险、冰凌灾害、台风灾害、地震灾害、基础冲刷、船撞、火灾等多个方面。

（三）安全风险评估

桥梁运行风险评估是对桥梁安全工作状态的评估。桥梁运行安全最重要的是在事故出现之前预测到伤亡事故的危险性，如果不能根除桥梁设计阶段的危险因素，则可以通过对桥梁运行状态的风险评估，使人们识别危险程度，先行采取措施使其风险降至最低。高危行业的生产经营单位通过危险分析和风险评估，可以有针对性地采取切实可行的、有效的防范措施，并运用科学的安全评价方法，建立重、特大事故模型，可以根据事故发生、发展的各个阶段，确定应采取什么样的应急措施，才有可能控制事故的发展，减少人员伤亡和财产损失。因此，对于可能发生的重、特大事故中各种紧急情况所制定的应急预案，需要进一步明确应急救援体系应具备的基本条件，包括组织机构、职责、人员物资储备、培训和演习、应急行动方案等各种程序和工作要求。

依照以上风险评估的要求，城市桥梁在使用阶段的风险主要来自意外事故、自然灾害、人为破坏等情况。当然，很多在规划、设计、施工阶段埋下的风险隐患也将在使用阶段暴露出来并造成损失。在以往的体制下，使用阶段的风险损失往往都直接由桥梁业主承担，在当前桥梁管理方式由政府向资本管理体制转换的背景下，这种模式给桥梁业主带了极大的运行风险。如何通过合理的风险评估和管理体制，降低桥梁运行期间的风险和总体运行成本，也是目前桥梁风险评估研究悄然兴起的重要原因。

近年来发生的诸多桥梁安全事故，不但造成了严重的人员伤亡和经济损失，也给社会带来了非常恶劣的影响。因此，桥梁运行所面临的安全问题逐渐引起社会关注。尤其是2010年交通运输部发布《关于在初步设计阶段实行公路桥梁和隧道工程安全风险评估制度的通知》、2011年发布《关于开展公路桥梁和隧道工程施工安全风险评估试行工作的通知》及建设部发布《关于加快城市道路桥梁建设改造的通知》等文件之后，这项风险评估技术已成为城市桥梁工程建设、运行过程中，安全管理的重要组成部分，也成为在设计使用寿命中处理小概率损失事件或是具有高度不确定性事件最有效的预测工具。

(四)桥梁风险控制对策

风险控制是根据风险评价的结果对风险事态进行事前处理及过程控制的过程，其中包括风险决策和风险监控两部分。风险决策是根据风险评价的结果，从风险对策集合中选定合适的对策处理风险；而风险监控是指对潜在风险事态进行检测，并适时启动有关风险控制措施的过程。风险控制对策通常有以下四类：

风险规避：风险规避是通过方案改变、参数改变来消除风险，以及风险发生后可能产生的损失。从风险管理的角度看，风险规避是一种最彻底消除风险影响的方法，但可能在某种程度上会降低收益，阻碍创新。

风险转移：风险转移是以一定的代价将某风险的结果连同对风险应对的权利和责任转移给他人。风险转移并不能消除风险，但通过第三方的介入降低了自身风险。风险转移是风险隶属性在风险决策中的体现：对某方是风险事态，但对其他风险承受者可能并不是不可接受的。保险是风险转移最为常见的形式。

风险缓解：风险缓解是通过某种手段将风险降低到可接受的程度，是风险管理中常用的对策。风险缓解既不是消除风险，也不是避免风险，而是减轻风险的影响，包括降低风险发生的概率或控制风险的损失。

风险自留：风险自留是一种由项目主体自行承担风险后果的一种风险应对策略。风险自留要求对风险损失有充分的估计。

二、桥梁现场安全管理

通常所说的“安全生产”与桥梁“安全运行”的意思是一样的，都是指生产或运行安全。广义地说，桥梁安全生产范围不仅指生产安全，还包括消防安全、特种设备安全、道路交通安全、水上交通安全和社会公共安全等。桥梁安全运行管理就是由一系列活动构成的动态过程，每一个进程都包含不同的内容，这些内容可通过采取不同的方法来实现。因此，我们在桥梁安全运行管理中，首先必须明确安全管理的目标，确定工作的内容，选用正确的方法，使这一过程顺利进行，最终实现桥梁安全运行的目的。

（一）安全思想的概念

安全，顾名思义，“无危则安，无缺则全”，安全意味着不危险，这是人们长期以来总结出的一种传统认识。系统安全工程的观点认为，安全是指生产系统中人员免遭不可承受危险的伤害。安全与危险是相对的，它们是人们对生产、生活中是否可能遭受人身伤害的综合认识，系统安全工程认识论的观点认为，无论是“安全”还是“危险”都是相对的。桥梁安全运行，把它作为桥梁运行管理单位的一种行为，也可以认为是在组织桥梁正常运行及养护维修的过程中，为避免发生桥梁与车船损毁、人员伤害等事故，而采取相应的事故预防和控制措施，以保证车辆通行和人员的安全，保证桥梁运行管理活动得以顺利进行的相关活动。

（1）危害人的安全与健康的因素有很多，包括物的因素和人为因素。对于我们人来说，安全的确是一个极其重要的课题。

因此，国际劳工组织每年都要召开雇员、雇主、政府三方代表参加的国际性会议，重点研究减少事故、预防灾难的对策。美国的著名学者马斯洛曾经说过，人有五个层次的需要：生理需要、安全需要、社交需要、尊重需要和自我需要。这就是说，人类在求得生存的基础上，接下来就是谋求安全的需要，可见“安全”对于人来说是何等重要。然而危害人的安全与健康的因素有很多，这些因素归纳起来大体可以分为物的因素和人为因素两大类。一类是物的因素，主要包括机（工具）的因素和环境因素两个方面。比如：机械加工作业可能会发生绞碾或物体打击事故；化学品生产过程中往往会发生火灾爆炸或化学性灼伤事故；建筑施工作业会发生落水淹溺或船舶相撞事故;矿山井下作业可能会发生瓦斯爆炸、冒顶透水事故;等等。另一类是人为因素。由于管理者的失职或失误造成违章指挥,强令冒险作业或决策错误等造成事故,或因对从业人员教育培训不到位,导致误操作而发生事故。

(2)为保证桥梁运行安全,保证桥梁正常通行,就必须加强安全管理,消除各种危险、危害因素,确保桥梁安全运行。这里,十分重要的是,从系统观点抓好安全生产,提高桥梁运行各相关单位本质安全的程度。从开展桥梁安全运行管理的活动来讲,本质安全主要是指桥梁及设施、安全区域、桥下水域,以及养护维修等作业过程,含有内在的能够从根本上防止事故发生的功能,即安全功能。本质安全是桥梁安全运行管理以预防为主的根本体现, 也是桥梁安全运行管理的最高境界。实际上,由于技术、资金投入和人们对事故的认识等原因,在某些方面,目前还很难做到本质安全,但它必须是我们努力的目标。

系统安全化的提出始于20世纪60年代,其要旨是,在一定生产水平状况下,通过各种可承受的经济投入与成熟的安全技术, 使人—机—环境系统具有较完善的安全设计和相当可靠的管理技术,从而实现它的安全可靠运行。桥梁运行相关单位的系统安全化,应包括人员、桥梁及设施、环境、运行管理等方面的安全内容。一是提高人员、队伍整体素质。以人为本,是安全管理的重要原则。这不仅是对直接从事操作的从业人员的安全要求,也是对桥梁运行相关单位的管理者、经营者和安全生产管理人员的要求。在科学技术飞速发展的今天,必须加强安全技术培训教育,迅速提高各类从业人员的安全操作水平和安全意识,使他们能严格、娴熟地掌握安全操作技能,做到不违章操作,不冒险作业。对桥梁运行相关单位的管理者、经营者和安全生产管理人员,也要加强安全生产管理知识的培训教育,使他们明确自己肩负的安全生产责任,掌握安全管理知识,做到恪尽职守,不违章指挥。通过这些工作,迅速建立起一支文化素质高、安全管理能力强的从业人员队伍。二是采取各种技术措施、管理措施,消除危险危害因素。采取各种技术措施、管理措施,切实改善劳动条件,使桥梁设施、车船通行和作业环境达到安全生产的要求,消除各种危险危害因素。特别是通过桥梁管理信息化,桥面行车及桥下水域监控,对桥梁实施检测与健康监测,保护区域施工限制等,及时消除各种危险危害因素,为从业人员提供安全操作的条件和桥梁运行安全的环境。三是采取各种组织措施, 加强安全管理。采取各种组织措施,加强桥梁安全运行管理工作,努力减少、控制不安全因素,使事故不易发生。如制订各项安全生产规章制度和安全操作规程,建立合理的劳动组织和有序的车辆交通, 使桥梁安全运行管理及养护维修等作业始终处于受控状态之下。

(3)桥梁运行安全管理必须把人的因素放在首位,体现“以人为本”的指导思想。以人为本其实有两层含义:一是安全生产管理活动都是以人为本展开的,人既是管理的主体又是管理的客体,每个人都处在一定的管理层面上,离开人就无所谓管理;二是安全生产管理活动中,作为管理对象的要素和管理系统各环节,都需要人掌管、运作、推动和实施。桥梁运行安全管理的目标就是安全第一,民生优先。桥梁运行安全管理的各项工作都要围绕这个目标进行,不断强化红线意识,坚守底线思维,始终把人民群众的生命财产安全放在首位,不断提升桥梁运行安全管理水平,为人民群众提供安全、可靠、便捷的出行服务。人的生命是最宝贵的,我国是社会主义国家,我们的发展不能以牺牲精神文明为代价,不能以牺牲生态环境为代价,更不能以牺牲人的生命为代价。所以,我们要坚持“以人为本”,牢固树立安全发展的理念,坚持“安全第一,预防为主,综合治理”的安全生产方针,切实保障人民的生命和财产安全。

(二)桥梁安全运行重在管理到位

桥梁运行安全管理应当立足当前,着眼长远,完善体制机制,强化制度设计,建立健全法律法规制度,科学制定安全管理规范体系,构建覆盖全领域、贯穿全过程的桥梁运行安全管理长效机制,为桥梁安全运行奠定坚实的制度基础。按照制定的安全管理科学规划方案,明确责任分工,注重标本兼治,切实发挥现有法规、标准、制度在城市桥梁运行安全管理中的引领、推动、促进作用,确保各项工作扎实开展,落实到位。要以问题为导向,抓住关键环节,从桥梁设施运行的质量、从业人员职业素质等影响城市桥梁运行安全的突出问题着手,建立健全安全管理制度。要以提升桥梁运行安全水平为主线,围绕运行安全管理的关键环节,积极推进法律法规建设、强化标准规范、提高队伍素质、提升应急能力、筑牢城市桥梁运行的安全基础,为推进城镇化建设和城市化进程提供强有力的城市交通保障。

桥梁安全运行管理系统是一个人造系统,这种客观实际给预防事故提供了基本的前提。那就是安全事故应该从源头开始预防,一直到整个过程始终都要预防事故的发生,如果每个环节都能科学、理性、细致入微地处理,事故就可以预防。所以说,任何事故从理论和客观上讲,都是可以预防的。认识这一特性,对坚定信念,防止事故发生有促进的作用。因此,人们应该通过各种合理的对策,努力从根本上消除事故发生的隐患,把桥梁运行事故的发生概率降到最小。与此同时,只有用“事故可以预防的”这一理念作武器,我们才能超越事后的、被动的传统“事故追究型”管理,进入超前的、系统的“事故预防型”管理阶段。

把安全管理挂在嘴上、写在纸上、贴在墙上是远远不够的,关键是要以实际行动抓好落实,把桥梁安全运行管理体现在具体工作中。管理不到位,再完善的系统、再先进的装备也难以发挥应有的作用。管理到位的基本要求是:责任明确、制度完善、执行有力、监管严格。责任明确,就是将桥梁安全运行的责任细化,分解落实到各个层级、各个环节和各个岗位,每个人都要明确自己的具体职责。制度完善,就是要建立健全各项规章制度,把对各个环节、各个岗位的工作要求,全部纳入规范化、制度化的轨道,做到有章可循。根据条件的变化和随时出现的新情况、新问题,不断修改、充实、完善规章制度,不断改进各项措施,使管理工作常抓常新,科学有效。执行有力,就是要加大贯彻执行力度,在抓落实上狠下功夫。坚持从严要求、一丝不苟,严格执行规章制度,严厉惩处违章指挥、违章作业、违反劳动纪律等行为。监管严格,就是要建立强有力的监督机制,加强监督检查。

随着科学技术的发展,新型桥梁、大型桥梁不断增多,桥梁的运行维护变得越来越复杂, 桥梁安全运行管理也变得越来越重要。不断学习桥梁安全运行管理技术,有助于加深对安全管理的认识,更好地掌握安全管理理论、技术和方法,提高安全管理水平,切实做好安全管理工作。首先,要通过安全生产理论、法律法规、规范、标准的学习获得专业的安全管理知识;其次,要学习国内外先进的桥梁安全运行管理经验,更新桥梁运行维护知识,开阔视野,提高安全管理能力;再次,要从桥梁坍塌、船舶撞击等事故中去学习,吸取经验和教训,因为事故是人们违背客观规律受到的惩罚,是对各项工作进行的最公正的检查,是强迫人们接受的最真实的科学实践,避免自己重蹈覆辙。

(三)现场安全管理5种方法

桥梁现场安全管理就是针对桥梁运行过程中出现的安全问题, 运用有效的资源,通过人们的努力,进行有关决策、计划、组织和控制等活动,实现桥梁运行过程中人与桥梁设施、环境的和谐,达到桥梁安全运行的目标。当前城市桥梁的数量比以前有了较大的增长,相应地,安全管理工作任务也显得十分繁重,按照桥梁运行安全、科学、有序发展的要求,桥梁现场的养管、监理及监测等单位应采取切实有效的管理措施,完善安全管理体制机制,着力提升桥梁运行安全管理水平。

现场这个说法,有广义和狭义两种。广义上,凡是企业用来从事生产经营的场所,都称为现场,如厂区、车间、仓库、运输线路、办公室及营销场所等。狭义上,是指企业内部直接从事基本或辅助生产过程的场所,是生产系统布置的具体体现,是企业实现生产经营目标的基本要素之一。桥梁运行安全管理的场所主要指桥梁及相应管辖范围。桥梁运行管理的现场就是指运用科学的管理制度、标准和方法对现场各生产作业要素，包括人（作业及管理人员）、机（设备、主体构件、工具）、料（原材料）、法（操作、检测方法）、环（环境）、信（信息）等进行合理有效的计划、组织、协调、控制和检测，使其处于良好的结合状态，实现安全、文明生产作业的目的。现场管理是一项综合管理，是桥梁运行管理的重要内容。现场管理是以问题发生现场作为管理的对象和背景，强调对现场进行现实的检查检测及分析，进而采取切实有效的措施解决现场的问题。现场管理又是一个企业的形象、管理水平、服务质量控制和精神面貌的综合反映，是衡量企业综合素质及管理水平的重要标志。据有关资料统计，全国各类安全事故90%以上发生在生产现场。所以，安全工作应以现场管理为重点，而安全制度则应围绕现场管理制定，使安全贯穿于现场管理的每个环节、每个部位。

1.安全目标管理

安全目标管理是目标管理在安全管理方面的应用，它是桥梁运行管理过程中各相关单位乃至内部各个部门、每个职工，从上到下围绕企业安全生产的总目标，层层展开各自的目标，确定行动方针，安排安全工作进度，制定和实施有效的组织措施，并对安全成果严格考核的一种管理制度。安全目标管理是根据企业安全工作目标来控制企业安全生产的一种民主的科学有效的管理方法，是桥梁运行及养护维修企业实行安全管理的一项重要内容。安全目标的内容包括：安全管理水平提高目标、安全教育达到程度目标、伤亡事故控制目标、作业环境达标率提高目标、现代化科学管理方法应用目标、安全标准化达标率目标、安全性评价目标等各项安全工作目标。安全目标管理的实施过程可分为四个阶段，即安全管理目标的制订，建立安全目标体系，安全管理目标的实施，目标的评价与考核。

安全目标管理又是以目标责任者为主的自主管理，是通过目标层层分解、措施的层层落实来实现的。将目标落实到每个人身上，渗透到每个环节，使每个职工在安全管理上都承担一定目标责任。因此，必须充分发动职工，实行全员、全过程参与，才能保证安全目标的达成。

2.5S管理

5S是指整理（Seiri）、整顿（Seiton）、清扫（Seiso）、清洁（Seiketsu）和素养（Shitsuke）五个项目，因皆是以英语字母“S”开头，所以简称5S。这里，“整理”是指区分物品的用途，清除多余的东西，现场只保留必需的东西。“整顿”是指物品区分放置，明确标识，方便使用。“清扫”是指清除现场内的脏污，清除作业区域的物料垃圾，保持现场整齐、干净。“清洁”是指将整理、整顿、清扫实施的做法制度化、规范化，维持其成果，使良好的状态持之以恒，不变、不倒退。“素养”是指人人按章操作，依规行事，提高职工的自身修养，使职工养成良好的工作、生活习惯和作风。

3.定置管理

定置管理是对物的特定的管理。它是通过整理，把生产过程中不需要的东西清除掉，不断改善生产现场条件，科学地利用场所，向空间要效益；通过整顿，它可以促进人与物的有效结合，使生产中需要随手可得，促进生产现场管理文明化、科学化，达到高效生产、优质生产、安全生产的目的。定置管理中的“定置”不是一般意义上字面理解的“把物品固定地放置”，它的特定含义是：根据生产活动的目的，考虑生产活动的效率、质量等制约条件，如物品自身的特殊要求（如时间、质量、数量、流程），划分出适当的放置场所，确定物品在场所中的放置状态，作为生产活动主体的人与物品联系的信息媒介，从而有利于人、物的结合，有效地进行生产活动。通过定置管理使现场具有良好的工作环境，作业面积等符合人的生理状况与生产需要，整个场所达到安全生产的要求。

4.目视管理

目视管理是利用形象直观、色彩适宜的各种视觉感知信息来组织现场生产活动，达到提高劳动生产率的一种管理手段，也是一种利用视觉来进行管理的科学方法。所以目视管理是一种以公开化和视觉显示为特征的管理方式，人们习惯称其为看得见的管理。这种管理的方式可以贯穿于桥梁运行管理各环节当中。目视管理形式多样，手段多样，应根据现场实际加以利用，如桥梁上设标识牌、标志线、安全标志、色彩标志、信号灯仪表、看板、显示屏等。桥梁上做到目视管理的基本要求是：统一、简约、鲜明、实用、严格。统一，即目视管理要实行标准化。简约，即各种视觉显示信号应易懂，一目了然。鲜明，即各种视觉显示信号要清晰，位置适宜，车辆、船舶驾驶人员通过时都能看得见，看得清。实用，即不摆花架子，少花钱、多办事，讲究实效。严格，即现场所有人员都必须严格遵守和执行有关规定，有错必纠，赏罚分明，要加强目视管理的权威性。

通过目视管理，桥梁上车辆、桥下水域船舶的通行情况，以及养护维修作业现场环境、条件可以得到大大改善，井然有序，条理清楚，不会有杂乱无章的状况出现。工作现场平稳，驾驶人员或作业人员心态平稳，故障率就会因此大大降低，实现安全生产。

5.标准化作业

作业标准应是经验和科学的总结,应做到生产过程各环节、各要素有机、合理的配合,体现出安全、舒适、优质、高效的客观规律,因此只要按照它进行作业就能有效地防止错误操作,从而确保安全作业。所谓标准化作业,就是在对检测与监测、养护维修作业等系统管理的调查分析基础上,将现行作业方法的每一操作程序和每一动作进行分解,以科学技术、规章制度和实践经验为依据,以安全、质量效益为目标,对作业过程进行改善,从而形成优化作业程序,逐步达到安全、准确省力的作业效果。标准化作业也是桥梁运行管理最终追求的目标。

安全生产检查是城市桥梁运行单位安全生产管理的重要内容,主要是找出管理工作中存在的漏洞和死角,检查现场安全防护设施、作业环境是否存在不安全状况,现场作业人员的行为是否符合安全规范,现场设备运行状况是否符合安全规程的要求等。其目的是发现检查项目或系统存在的隐患,并通过这样的安全检查,进一步填补现场管理的漏洞,使人们保持警惕并采取相应的对策措施,预防或从根本上消除事故和危害的发生。桥梁安全生产检查的内容方法可参考本书后续章节,这里不再叙述。

三、管理作业标准化建设

《国务院安委会关于深入开展企业安全生产标准化建设的指导意见》(安委〔2011〕4 号)文件要求,全面推进企业安全生产标准化建设,进一步规范企业安全生产行为,改善安全生产条件,强化安全基础管理,有效防范和坚决遏制重特大事故发生。同时对企业安全生产标准化建设提出了四个方面的指导意见:一是充分认识深入开展企业安全生产标准化建设的重要意义;二是总体要求和目标任务;三是实施方法;四是工作要求。开展安全生产标准化建设,是规范企业安全生产行为,有效防范和坚决遏制重特大事故发生的重要举措,也是建设本质安全型企业的重要保障。

(一)管理作业安全标准化建设的意义

一般讲,安全生产标准化就是通过建立安全生产责任制,制订安全管理制度和操作规程,排查治理隐患和监控重大危险源,建立预防机制,规范生产行为,使各生产环节符合有关安全生产法律法规和标准规范的要求,人—机—物—环境处于良好的生产状态,并持续改进,不断加强企业安全生产规范化建设。而安全生产标准化建设就是用科学的方法和手段,提高人们的安全意识,创造人的安全环境,规范人的安全行为,使人—机—物—环境达到最佳的统一,实现最大限度地防止和减少伤亡事故的目的。安全生产标准化还体现“安全第一,预防为主,综合治理”的方针和“以人为本”的科学发展观,代表了现代安全管理的发展方向,是先进安全管理思想与我国传统安全管理方法、企业具体实际的有机结合。提高安全管理水平,预防事故,对保障生命财产安全有着重要意义。

深入开展安全生产标准化建设的重要意义,主要体现在以下几个方面:一是落实企业安全生产主体责任的必要途径;二是强化企业安全生产基础工作的长效制度;三是政府实施安全生产分类指导、分级监管的重要依据;四是有效防范事故发生的重要手段。

(二)管理作业安全标准的种类

安全系统工程有关事故形成的理论认为,事故是由人、物、环境、管理四要素引起的,事故预防应从影响系统的四个要素,即人、物、环境、管理出发进行综合治理。根据这个理论,安全生产标准可分为基础类标准、管理类标准、技术类标准、方法类标准和产品类标准等五类。

第I类:基础类标准。基础类标准是制定其他安全标准的依据和准则。此类标准主要指在安全生产领域的不同范围内,对普遍的、广泛通用的共性认识所做的统一规定,在一定范围内是制定其他安全标准的依据和共同遵守的准则。其内容包括制定安全标准所必须遵守的基本原则、要求、术语、符号,各项应用标准、综合标准赖以制定的技术规定,物质的危险性和有害性的基本规定,材料的安全基本性质和检测方法等。

第II类:管理类标准。管理类标准是生产、经营、科学管理的准则和规定。此类标准是指通过计划、组织、控制、监督、检查、评价与考核等管理活动的内容、程序、方式,使生产过程中人、物、环境各个因素处于安全受控状态,直接服务于生产经营科学管理的准则和规定。管理类标准的内容主要包括安全教育、培训和考核等,以及重大事故隐患评价方法与分级,事故统计与分析,安全系统工程,人机工程和有关激励与惩处等标准。

第III类:技术类标准。技术类标准是指在设计、施工、运行等方面提出的技术要求,与实施过程中的安全要求,而为达到这些要求,可作为所需制定的技术标准的总称。如民用爆破器材工厂设计安全规范、建筑设计防火规范等。

第IV类:方法类标准。方法类标准是对技术活动的方法所做出的规定。安全生产方面的方法标准主要包括两种。一种以试验、检查、分析、抽样、统计、计算、测定、作业等方法为对象制定的标准,例如:试验方法、检查方法、分析方法、抽样方法、计算方法、测定方法、设计规范、工艺规程、作业指导书、操作方法等。另一种是为合理生产优质产品,并在生产、作业、试验、业务处理等方面为提高效率而制定的标准,例如:安全评价通则、安全验收评价导则、安全现状评价导则等。

第Ⅴ类:产品类标准。产品类标准是对某一具体安全设备、装置及其安全要求所做的技术规定。它是在一定时期和一定范围内具有约束力的技术准则,是产品生产、检验、验收、使用、维护和洽谈贸易的重要技术依据,对于保障安全、提高生产和使用效益具有重要意义,如桥梁健康监测系统等。

(三)管理作业安全标准化基本要求

城市桥梁运行管理相关单位开展安全生产标准化工作,应遵循“安全第一,预防为主,综合治理”的方针,以隐患排查治理为基础,采用“策划—实施—检查—改进”动态循环的模式,依据相关标准的要求,结合自身特点,建立并保持桥梁安全生产标准化系统;通过桥梁安全检查、自我纠正和自我完善,建立安全绩效持续改进的安全生产长效机制。

(1)健全桥梁安全运行机制。桥梁是重要的城市基础设施,桥梁监管机构要把城市桥梁安全管理工作作为保障人民群众生命财产安全、维护社会和谐稳定、促进经济社会健康发展的一项长期重要任务来抓。每个城市不同地区应统一领导,完善组织管理和应急处置工作体系,明确具体部门牵头负责,统筹协调,形成合力。同时与公安等相关部门沟通协调,建立工作协调机制,明确工作职责和流程,建立联席会议等工作制度。桥梁监管机构和运行养管企业应提前介入规划和建设环节,形成安全管理工作合力,全面保障桥梁运行安全。为开展桥梁安全标准化建设、桥梁运行风险防范、桥梁运行安全评估等工作,可考虑组建中间机构和安全管理技术专家队伍,为桥梁安全标准化建设提供技术服务。

桥梁监管机构应建立桥梁档案资料和基础信息库,确保做到一桥一档,尽早建立完善城市桥梁信息系统,并根据桥梁运行期间的各种检测数据等,及时录入或更新桥梁技术状况信息,实现桥梁信息数据的动态更新和管理。对尚未建立档案资料和基础信息的既有城市桥梁,桥梁监管机构应进行桥梁资料的收集、整理和检测评估定级等工作,将其纳入统一监管范畴。同时按有关桥梁安全责任追责制度,进一步明确桥梁监管机构的职责,强化责任意识,消灭“无主”桥梁,确保对每座桥梁严格按要求实行监管。新建城市桥梁竣工验收合格后,一般情况,建设单位随即就应办理桥梁的移交,并将桥梁竣工资料移交给桥梁监管机构。对于竣工资料不够完善等其他原因,暂未移交的桥梁,建设单位则应做好桥梁安全管理和日常维护工作。

(2)夯实桥梁安全管理基础。桥梁监管机构和运行养管企业等应及时识别和获取适用的安全生产法律法规、标准规范,形成以法律法规为龙头、部门规章为基础、规范性文件为补充的桥梁运行安全管理体系。必要时,与国内外相关安全标准化管理机构进行合作,便于形成桥梁运行安全标准制定、修订工作机制,使桥梁运行安全标准的制定、修订工作更加科学、高效、公开、透明。

为此,严格按《道路交通安全法》《城市道路管理条例》《城市桥梁检测和养护维修管理办法》《城市桥梁养护技术规范》等法律规范执行,确保城市桥梁完好、安全和通畅。每个城市的桥梁监管需要划定合适的桥梁安全保护区范围,并制定限制施工作业等方面的管理办法,若在桥梁安全保护区范围内进行相关活动,必须按有关规定征得桥梁监管机构同意。桥梁监管机构则应建立安全保护区的巡查制度,组织开展巡视督查,对可能危及桥梁运行安全的情形,应当予以制止并及时报告相关行政主管部门进行处理。构建重要城市桥梁路面入口称重阻截的管理模式,优化路面治超监控网络,杜绝违法超限超载车辆在道路桥梁行驶。同时,要按照《桥梁限载标志和桥面标线设置要求》的规定,完善桥梁限载和桥面标线等标识标牌设施的设置,并与有关部门共同治理车辆超重、超高、超长过桥的行为,以及及时查处擅自在桥梁上架设管线的行为,确保桥梁安全运行。

(3)例行桥梁安全检查制度。例行桥梁运行安全管理的监督和检查制度,制定考核管理办法,实现考核工作制度化、规范化,形成管理有效的责任制和监管机制。通常,经常性检查每月不少于一次,汛期应增加检测频率,通过检查尽早发现桥梁重要部位异常;定期检查是确定桥梁安全技术状况的全面检查,一般每隔三年应不少于一次,可以将这样的检查打包,委托专业桥梁检测单位实施;特大、特殊结构和特别重要桥梁的定期检查,每隔一年不应少于一次,也应委托专业桥梁检测单位实施。同时根据检查结果,桥梁监管单位应按规定做好桥梁技术状况的复核工作,并及时查清相关桥梁病害的成因、破损程度和承载能力等,提出对这些病害的治理措施。

(4)制定应急预案,做好应急保障工作。桥梁监管机构和运行养管企业等单位要按照国家处置城市桥梁突发事件应急响应的有关要求,针对自然灾害和其他原因可能造成的桥梁运行安全事故,结合城市桥梁特点,制定完善应对各类突发事件的应急预案,建立完备的应急预案体系。加强对工作人员应急培训,组织开展应急演练,对演练中发现的问题及时进行整改,全面提升应急处置能力。针对城市桥梁运行突发事件特点,结合应急预案要求,建立交通、公安、消防、卫生等部门的联动机制，储备相应应急物资和装备。城市桥梁监管机构和桥梁养管等单位也应建立相应的专业应急救援队伍，配齐应急人员，完善应急值守和报告制度，保障城市桥梁运行安全。

积极做好城市桥梁事故应急管理工作，进一步完善应急预案，明确各部门职责，统筹协调，建立应急预警联动体系，确保城市桥梁事故信息及时报告，准确传递，快速处置。加强应急抢险队伍、专家、设备、物资、资金和交通工具的保障工作，确保及时有力，满足应急救援需要。加强城市桥梁事故预防、抢险知识的宣传教育工作。定期对抢险队伍进行救援培训和演习。针对冰冻雨雪天气，要加强桥面防水、排水和除冰雪工作，严禁采取桥面撒盐或洒卤水等破坏结构耐久性的除冰雪措施。特大、特殊结构和特别重要桥梁及危旧桥梁，应单独制定应急预案，确保一旦发生事故，应急和交通组织工作井然有序。

(5)实行桥梁养护等级划分处置制度。根据桥梁技术安全状况评定结果，宜按桥梁完好状态等级采取不同的养护管理措施。一般情况下，A 级桥梁属于完好状态，可进行正常保养；B 级桥梁属于良好状态，可进行小修，并应及时修复轻微病害；C 级桥梁属于合格状态，宜进行中修，酌情进行交通管制，并及时修复或更换较大损坏构件；D 级桥梁属于不合格状态，应进行中修或大修，并及时进行交通管制或封闭交通；E 级桥梁属于危险状态，应及时封闭交通，进行大修、加固或改建。通常对多年病害多发的桥型，应加大养护和改造力度。对低荷载、浅基础桥梁和宽路窄桥等，应加强桥梁适应性评价，逐步提高安全运行能力。对高烈度地区的桥梁，应逐步有序提升防震能力，力争实现“大震不倒，中震可修，小震不坏”。

(6)规范养护维修作业安全操作流程。桥梁养护维修单位应根据现场作业的实际情况，按照有关标准和企业内部的规定，在有较大危险因素的作业场所，设置明显的安全警示标志，或设置警戒区域，进行危险提示、警示，告知危险的种类、后果及应急措施。

(7)实施重大危险源监控。依据有关标准对桥梁重大危险源和危桥进行辨识与安全评估，及时登记建档，并按规定备案。同时建立健全重大危险源和危桥安全管理制度，制定重大危险源和危桥的安全管理技术措施。

(8)隐患排查与挂牌督办。为有效防范和减少桥梁安全事故，桥梁监管单位在组织桥梁安全隐患排查前应制订排查方案，明确排查目的、范围，选择合适的排查方法。确定排查方法应依据：有关安全生产的法律法规、设计规范、管理标准、技术标准，以及安全生产目标等。同时在平时抽检和例行检查的基础上，根据桥梁安全隐患严重程度和养管状况，建立桥梁安全隐患分级挂牌督办制度。运用桥梁健康监测技术实施安全预警，同时建立体现桥梁安全运行状况及发展趋势的预警指数系统。通常对存在重大安全隐患的桥梁建设部将结合年度长大桥抽检巡查情况，进行挂牌督办；对存在一般安全隐患的，由省级建设主管部门进行挂牌督办。桥梁养管单位要按照挂牌督办的要求，及时整治和报告隐患整改情况，严防桥梁安全运行事故发生。桥梁监管单位要强化对整改情况的全过程监督，做到隐患不消除，挂牌不取消，督办不停止。

四、安全文化建设

安全文化伴随人类的出现而产生，伴随人类社会的进步而发展。安全文化的概念第一次出现在 1991 年国际原子能机构编写的《安全文化》中——“安全文化是存在于单位和个人中的种种素质和态度的总和”。1993 年国际核设施安全顾问委员会(ACSNI)进一步阐述了安全文化的概念：“安全文化是决定组织的安全与健康、管理承诺、风格和效率的那些个体或组织的价值观、态度、认知、胜任力以及行为模式的产物。”

(一)安全文化的定义

在我国桥梁安全运行的实践中，人们发现，要预防桥梁事故的发生，仅有安全技术手段和安全管理手段是不够的。以当前的科技水平还达不到物的本质安全化，桥梁结构等设施设备的危险不能根本避免。同样也越来越被人们认知，安全管理虽然有一定的作用，但是安全管理的有效性仍然依赖于对被管理者的监督和他们的反馈。安全工程师海因里希(W.H.Heinrich)调查了大量的工业事故，统计得出，工业事故发生的直接原因 98%可以归纳为人的不安全行为(88%)和物的不安全状态(10%)，人的不安全行为是事故发生的重要原因，大量不安全行为必然导致事故发生。因此，我们需要安全文化手段予以补充。安全文化手段的运用，正是为了弥补安全管理手段不能彻底改变人的不安全行为的先天不足。

而安全文化就是通过对人的观念、道德、伦理、态度、情感、品行等深层次的人文因素的强化，利用领导、教育、宣传、奖惩、创建群体氛围等手段，不断提高人的安全素质，增强其安全意识，改正其不安全行为，把人们从被动地服从安全管理制度，转变成自觉主动地按安全要求采取行动。那么，安全文化又是怎么定义的呢？一般来说，安全文化有广义和狭义之分。广义的安全文化是指在人类生存、繁衍和发展的历程中，在其从事生产、生活乃至实践的一切领域内，为保障人类身心安全并使其能安全、舒适、高效地从事一切活动，预防、避免、控制和消除意外事故和灾害，为建立起安全、可靠、和谐、协调的环境和匹配运行的安全体系，为使人类变得更加安全、康乐、长寿，使世界变得友爱、和平、繁荣而创造的物质财富和精神财富的总和。狭义的安全文化，按《企业安全文化建设导则》（AQ/T 9004—2008）的定义为："被企业组织的员工群体所共享的安全价值观、态度、道德和行为规范组成的统一体。"

（二）安全文化的层次

安全文化的整体结构由四个层次构成，四个层次相互联系、相互影响、相互渗透、相互制约。其中，安全物质文化是基础，安全精神文化是核心和灵魂，作为中介的安全行为文化和安全制度文化是安全精神文化通向安全物质文化的桥梁和纽带。具体内容为：

一是安全物质文化层：安全物质文化是为保证人们的安全生活和安全生产而以物质形态存在的条件、环境和设施的总和，或者说能够满足人们安全需求的各种物态要素或物质财富的总称。它们是安全文化的物质载体，居于安全文化的表层或最外层。安全物质文化是安全文化的根本保障和基础。

二是安全行为文化层：安全行为文化是在安全精神文化和安全制度文化指导下，人们借助于一定的安全物质文化，在生活和生产过程中的安全行为表现，居于安全文化的中间层。行为文化既是精神文化和制度文化的反映，同时又反作用于精神文化和制度文化。

三是安全制度文化层：安全文化中一切制度化的法规、法令、标准及社会组织形式，作为安全文化的重要的、带有强制性的组成部分。安全制度文化是协调生产关系，规范组织和个体行为的各项法规制度，居于安全物质文化和安全精神文化之间，是安全文化的中间层次，发挥着协调、保障、制约和促进的作用。

四是安全精神文化层：安全精神文化居于安全文化的内层或最里层，是指全体成员所共同遵守，用于指导和支配人们安全行为的，以价值观为核心的意识观念的总称，是安全文化的核心和灵魂。作为安全文化的核心，安全精神文化对安全制度文化、安全行为文化和安全物质文化起着主导和决定的作用。

（三）安全文化内涵

安全文化是人们在长期安全生产活动中形成的，或有意识塑造且为人们接受、遵循的，具有企业特色的安全思想和意识，安全物态及环境条件，安全作风和态度，安全管理机制及安全行为规范。安全文化是多层次的复合体，具体内容应包括保护职工从事生产经营活动中的身心安全与健康，既包括无损、无害、不伤、不亡的物质条件及作业环境，也包括职工对安全生产及经营活动的安全意识、信念、价值观、经营思想、道德规范等精神因素。安全文化应以人为本，提倡科学发展、安全发展，以提高职工安全文化素质为目标，形成群体和企业的安全价值观。如果要使职工建立起安全自护、互爱、互救、应急的安全文化体系，以安全为荣，那就应当在职工的心灵深处树立起安全行为规范、安全与健康这个奋斗目标。

（四）安全文化功能

安全文化功能的主要表现有凝聚功能、导向功能、激励功能、约束功能、协调功能。

凝聚功能：安全文化是大家的共识，它体现一种强烈的整体意识，并具备凝聚功能。具体说，全体成员在安全观念、目标和行为准则等方面保持一致，有利于形成强烈的心理认同力量，能表现出强大的凝聚力和向心力。

导向功能：安全文化具有感召力，通过教育培训手段和安全氛围的烘托，使安全价值观、安全目标在全体成员中达成共识，并以此引导人们规范安全行为，指引人们向既定的安全生产目标前进。

激励功能：始于领导层对安全文化的重视，特别是组织安全操作活动竞赛，对优胜者进行奖励等，对员工来说，这自然而然地会成为一种无形的激励，激发他们积极地开展安全生产的活动。

约束功能：若违反安全文化的道德规范和行为准则，必然会受到群众舆论和规章制度的约束。同样，当置身于已经达成共识的安全文化氛围中，职工个人也会产生自我安全意识，形成内在的自我约束。

协调功能：安全文化的形成，使人们对安全达成共识，有共同的价值观、态度和信念，这不仅便于相互沟通，也便于团结协作。而且，安全文化也能成为协调矛盾的尺度或准则。

（五）安全文化建设内容

安全文化建设是企业安全管理中高层次的工作，是实现零事故目标的必由之路，是超越传统安全管理方法来解决安全生产问题的根本途径。因此，桥梁运行养管企业应紧紧围绕“安全—健康—文明—环境”的理念，采取管理控制、精神激励、环境感召、心理调适、习惯培养等一系列方法，推进安全文化建设的深入发展，同时又丰富了安全文化内涵。桥梁运行养管企业安全文化的建设应充分考虑自身内部和外部的文化特征，引导全体员工规范安全行为，以实现在法律和政府监管要求之上的安全约束，并通过全员参与提高桥梁运行安全管理水平。安全文化建设的基本要素为安全承诺、行为规范、激励制度、信息传播、教育培训。

安全承诺是由企业公开做出的，代表了全体员工在关注安全与追求安全绩效方面具有稳定意愿的明确表示。这个意愿的内容应包括安全价值观、安全愿景、安全使命及安全目标等,而安全承诺的含义应清晰明了,能被全体员工和相关方面知晓和理解。

企业内部的行为规范是安全承诺的具体体现,也是安全文化建设的基本要求。首先,企业应拥有确保安全绩效的管理系统,按建立清晰界定的安全职责体系,明确各级岗位人员在安全生产工作中的职责与权限，细化有关安全生产的各项规章制度、操作程序。其次,应明确执行此项行为规范必要的程序要求,以实现对与安全相关的所有活动进行有效控制的目的。

企业在审查和评估自身安全绩效时,除采用事故发生率等消极指标外,还应采用安全绩效认可的积极指标。在任何时间、地点,排查所遇到的潜在的不安全因素,或识别所存在的安全缺陷,员工们应该受到鼓励,必要时宜在内部树立安全榜样或典范。所识别的安全缺陷,企业应及时处理和反馈。

综合利用各种传播途径和方式,提高安全信息传播效果。为此,企业应优化安全信息的传播内容,可将有关安全实践的经验作为主要信息传播内容,对涉及安全事件的信息传播要求真实、开放,同时也可从他人处获取信息或向他人传递信息。

桥梁运行养管企业的安全教育工作是实现桥梁安全运行，提高职工安全意识和安全素质,防止产生不安全行为,减少人为失误的重要途径。通过安全教育,增强安全生产管理人员及职工安全生产的责任感和自觉性，使其能系统学习有关安全生产的法律、法规和安全生产基本知识,普及职工的安全技术知识,增强安全操作的技能。

第三章 桥梁标准化作业管理

标准化是指为在一定范围内获得最佳秩序，对现实的或潜在的问题制定共同的和重复使用的条款的活动。作为一种有效的管理工具,标准化通过有序化使资源得到最有效的利用,从而获得最佳综合效益。管理作业的标准化包括程序标准化、工作方法标准化、考核标准化、评价标准化。

第一节 安全性检测管理

城市桥梁作为重要的城市基础设施,采取标准化管理是照章办事、规范程序、提高质量、增强效能的有效途径。在桥梁建筑的发展中,桥梁试验检测发挥了重要作用。通常桥梁原型结构开展的试验多属于检验性、验证性试验,其目的是通过试验,掌握桥梁结构在试验荷载作用下的实际工作状态,判定桥梁结构的承载能力和安全性能，检验设计与施工质量。上述所谓的桥梁原型试验也称为桥梁安全性检测,桥梁安全性检测又可分为结构检测、荷载检测。

一、桥梁术语与结构组成

城市桥梁通常是指城区内建造的跨河、跨江、跨海桥梁,立交桥梁,人行天桥等。为了保持道路的连续性,充分发挥其正常的交通功能,对于跨越障碍的城市桥梁,既要保证桥上的交通运行,通常也要保证桥下水流的流畅、船舶的通航或车辆的通行。作为城市桥梁,它还是一件建筑艺术品,具有观赏性。现代的城市桥梁已经能够从桥型选择,合理布局,材料、灯光和色彩的运用,以及体、面、线的配合和环境协调等方面来考虑桥梁的美学要求。

（一）桥梁功能性术语及符号

（1）标准跨径：对于梁式桥或板式桥，是指两相邻桥墩中线之间的距离，或桥墩中心线至桥台台背前缘之间的距离；对于拱桥，则是指净跨径。

（2）净跨径：对于梁式桥，是指设计洪水位上相邻两个桥墩（桥台）之间的净距，用L_0表示。对于拱式桥，是每孔拱跨两个拱脚截面最低点之间的水平距离。

（3）总跨径：在单孔桥中即为桥梁的净跨径，在多孔桥中是指多孔桥梁各孔净跨径的总和，以$\sum L_0$表示。它反映了桥下宣泄洪水的能力。

（4）计算跨径：对于有支座的桥梁，是指桥跨结构相邻两个支座中心之间的水平距离，以L_0表示。对于拱式桥，是两相邻拱脚截面形心点之间的水平距离。

（5）桥梁全长：简称桥长，是桥梁两侧桥台的侧墙或八字墙后端点之间的距离，以L表示。

（6）桥梁高度：简称桥高，是指桥面与低水位之间的高差，反映了桥梁施工的难易程度。

（7）桥下净空高度：简称净高，是设计通水位至桥跨结构最下缘之间的距离，它应保证安全排洪，并不得小于对该河流通航水位所规定的净空高度。

（8）建筑高度：桥上行车路面标高至桥跨结构最下缘之间的距离。它不仅与桥跨结构的体系和跨径大小有关，而且还随行车部分在桥上布置的高度位置而异。一般说来，城市定线中所确定的桥面标高与通航净空顶部标高之差，称容许建筑高度。显然，桥梁的建筑高度不得大于其容许建筑高度，否则就不能保证桥下的通航要求。

（二）桥梁结构组成部分

桥梁一般由上部结构、下部结构、支座和附属设施四部分组成。

（1）上部结构：桥梁位于支座以上的部分，一般称为桥跨结构。桥跨结构是在线路中断时跨越障碍物的主要承重结构，它的主要作用是承受其上面荷载和交通荷载。

（2）下部结构：通常包括桥墩、桥台和基础。桥墩、桥台是支撑桥跨结构并将恒载和车辆等活载传至基础的结构物。其中桥台通常设在桥的两侧，它除了支撑桥跨结构作用外，还起到衔接桥梁和路堤的作用，并抵挡路堤土压力，防止路堤填土的滑坡和塌落。而桥墩、桥台受到的全部荷载传至地基的底部奠基部分，则称为基础。所受到的全部荷载主要包括竖向荷载以及地震力、船舶撞击力等引起的水平荷载。所谓基础就是桥梁的根基，是确保桥梁安全运行的关键。

（3）支座：桥跨结构的支撑部分，架设于墩台上，顶面支承桥梁上部结构的装置。其功能是将桥梁上部结构固定于桥台，承受作用在上部结构的各种力，并将它可靠地传输给墩台。

(4)附属设施：桥梁建筑中，除上述基本结构外，根据需要还常常修筑护岸、导流结构物和导航装置等。桥梁本体的附属设施主要包括桥面铺装、排水防水系统、栏杆、伸缩缝及灯光照明等。

(三)桥梁结构的分类

桥梁结构可以按结构体系、跨径、桥面位置、主要承重结构所用的材料、跨越方式、施工方法分类。

(1)按结构体系区分：桥梁是由基本构件组成的各种结构物，按结构体系区分是指按桥梁结构的力学特征可归结为梁式、拱式、刚架、悬吊式等体系以及它们之间的各种组合。通常可把桥梁分为梁式桥、拱式桥、刚架桥、斜拉桥及悬索桥五大类。

梁式桥具有一种在竖向受力作用下无水平反力的结构。由于作用方向与承重结构的轴线接近垂直，故与同样跨径的其他结构体系相比，梁内产生的弯矩最大，通常需用抗弯能力强的材料来建造。城市桥梁多数采用预制装配式钢筋混凝土和预应力混凝土简支梁桥。当跨径较大(一般大于 50m)时，也可建造悬臂式或连续式的梁桥；当跨径很大时，或为承受很大作用力的特大桥梁宜建造成钢桥。

拱式桥的结构形式：在竖向荷载作用下，桥墩或桥台将承受水平推力。这个水平推力将抵消一部分拱圈内的弯矩，因此，与同跨径的梁相比，拱的弯矩和变形要小得多。鉴于拱桥的承重结构以受压为主，一般可用抗压能力强的圬工材料和钢筋混凝土等来建造。但为了确保拱桥能安全运行，其下部结构和地基必须能经受住很大水平推力的不利作用。

刚架桥的主要承重结构是梁或板与立柱或竖墙整体结合在一起的刚架结构，梁和柱的连接处具有很大刚性。在竖向荷载作用下，梁部主要受弯，而在柱脚处也具有水平反力，其受力状态介于梁桥与拱桥之间。因此，对于同样的跨径且在相同作用下的刚架桥，跨中正弯矩要比一般梁桥的小。

悬索桥采取悬挂在两边塔架上的强大缆索作为主要承重结构。它是通过吊杆竖向拉力的作用，使缆索也受到很大的拉力，缆索所受到的拉力通常需要在两岸桥台的后方采取修筑非常巨大的锚定结构。该类型的桥梁结构自重较轻，一般能以较小的建筑高度跨越其他任何桥型不可企及的特大跨度。其经济跨径在 500m 以上。

斜拉桥是由承压的塔、受拉的索与承弯的梁体组合起来的一种结构体系。其中，由于斜拉索将主要承重的主梁吊住，使其变成多点弹性支承连续梁工作，由此减小主梁截面，增加桥梁跨径。与悬索桥相比，斜拉桥是一种自锚体系，不需要昂贵的地锚基础，防腐技术要求也低，从而降低了防腐费用，刚度及抗风能力又比悬索桥好，钢索用量比悬索桥少。

（2）按跨径区分：按跨径区分是为了行业管理需要，作为一种行业管理的手段，并不反映桥梁工程设计和施工的复杂性。表 3-1 的内容是根据《城市桥梁设计规范》（CJJ 11—2011）的规定，按桥梁跨径以及在城市道路路网中的地位进行分类，将桥梁划分成特大桥、大桥、中桥、小桥四种基本类型。另从重要性角度考虑，可将高架道路归为大桥类，将涵洞等归为小桥类。

表 3-1　城市桥梁按总长或跨径分类

桥梁分类	多孔跨径总长 L（m）	单孔跨径 L_0（m）
特大桥	$L \geq 500$	$L_0 \geq 100$
大桥	$500 > L \geq 100$	$100 > L_0 \geq 40$
中桥	$100 > L \geq 30$	$40 > L_0 \geq 20$
小桥	$30 > L \geq 8$	$20 > L_0 \geq 5$

（3）按桥面位置区分：桥面位置在桥跨结构上面的为上承式桥；桥面位置在桥跨结构下面的为下承式桥；桥面位置在桥跨结构中间的为中承式桥。

（4）按主要承重结构所用的材料区分：有木桥、钢桥、圬工桥（包括砖、石、混凝土桥）、钢筋混凝土桥和预应力钢筋混凝土桥。

（5）按跨越方式区分：有固定式桥梁、开启桥、浮桥、漫水桥。

（6）按施工方法区分：如混凝土桥梁可分为整体式施工桥梁和节段式施工桥梁。

二、桥梁结构的安全等级

桥梁结构工程应根据结构破坏可能产生的后果（危及人的生命、造成经济损失、对社会或环境产生影响等）的严重程度，采用不同的安全等级。而结构可靠度水平的设置应根据结构构件的安全等级、失效模式和经济因素等确定。因此，对结构的安全性和适用性可采用不同的可靠度水平。

（一）可靠度与设计使用年限

桥梁结构可靠性是指结构在规定的时间内，在规定的条件下，完成预定功能的能力。结构可靠度是对可靠性的定量描述，即结构在规定的时间内和规定的条件下，完成预定功能的概率。所以，桥梁结构的使用维护应使结构在规定的设计使用年限内，以适当的可靠度且经济的方式满足规定的各项功能要求，而桥梁结构或构件的设计使用年限通常为不需进行大修即可按预定目的使用的年限。根据国标《工程结构可靠性设计统一标准》(GB 50153—2008)的规定，公路桥涵结构的设计使用年限应按表 3-2 选用。

表 3-2　桥涵结构设计使用年限

类　别	设计使用年限(年)	桥梁示例
1	30	小桥、涵洞
2	50	中桥、重要小桥
3	100	特大桥、大桥、重要中桥

在桥梁设计使用年限内，考虑桥梁结构应以可靠度适当且经济的方式满足以下各项功能要求，如：能承受在施工和使用期间可能出现的各种作用；保持良好的使用性能；具有足够的耐久性能；当发生火灾时，在规定的时间内可保持足够的承载力；当发生爆炸、撞击、人为错误等偶然事件时，结构能保持必需的整体稳固性，不出现与起因不相称的破坏后果，防止出现结构的连续倒塌。桥梁结构所处的环境对其耐久性有较大影响时，应根据不同的环境类别选取相应的结构材料、设计构造、防护措施、施工质量要求等，并应制定结构在使用期间的定期检修和维护制度，使结构在设计使用年限内不因材料的劣化而影响其安全或正常使用。

早在 2000 年国务院令第 279 号颁布的《建设工程质量管理条例》中，就规定了基础设施工程、房屋建筑的地基基础工程和主体结构工程的最低保修期限为设计文件规定的该工程的“合理使用年限”。之前，国际标准《结构可靠性总原则》(ISO 2394:1998)中，提出了“设计工作年限(design working life)”，其含义与“合理使用年限”相当。至 2001 年在国家标准《建筑结构可靠度设计统一标准》(GB 50068—2001)中，将“合理使用年限”与“设计工作年限”统一称为“设计使用年限”。而在国家标准《工程结构可靠性设计统一标准》(GB 50153—2008)中，又将“设计使用年限”推广到各类工程结构，并规定工程结构在超过设计使用年限后，应进行可靠性评估，根据评估结果，采取相应措施，应重新界定其使用年限。设计使用年限这项设计规定，通常理解为在这一规定的时段内，结构只需进行正常的维护而不需进行大修就能按预定目的使用，并完成预定的功能，即工程结构在正常使用和维护下所应达到的使用年限，如达不到这个年限则意味着在设计、施工、使用和维护的某一或某些环节上出现了非正常情况，应查找原因。

（二）桥梁结构安全等级

桥梁工程结构设计时，应根据结构破坏可能产生后果的严重程度，即危及人的生命、造成经济损失、对社会或环境产生影响等，考虑采用不同的安全等级。安全等级划分如表3-3所示。

表3-3　桥梁结构的安全等级

安全等级	破坏后果
一级	很严重
二级	严重
三级	不严重

桥梁结构中各种构件的安全等级一般宜与结构安全等级相同，但对其中部分结构的安全等级可进行调整，等级调整不得低于三级。而可靠性水平即可靠度的设置是根据结构安全等级、失效模式和经济因素等确定。所以，在工程设计过程中，为保证工程结构具有符合规定的可靠度，除应进行必要的设计计算外，还应对结构的材料性能、施工质量、使用和维护等进行相应的控制。就桥梁运行阶段来讲，桥梁结构应按设计规定的用途使用，定期检查结构状况，并有计划地进行维护和维修。当需要变更其使用用途时，应进行设计复核和采取必要的安全措施。

三、桥梁结构安全性检测

首先，桥梁建成竣工后，作为重要的桥梁结构，应通过桥梁检测验证施工质量与结构性能，判定桥梁结构的实际承载能力，为桥梁工程验收、投入运行提供科学的依据。既有桥梁结构在运行期间，由于受水灾、地震等自然灾害而损伤，或因设计施工不当而产生严重缺陷，或因使用荷载大幅度增大而超过设计荷载等级，或在加固改造完成之后、重新开通之前，可通过桥梁检测来评估其使用性能和承载能力。而这对于缺乏完整技术资料的旧桥更为必要。

（一）安全性检测的重要意义

1.实行预测、预报、预防

桥梁安全运行管理的重点之一，就是通过检查检测与健康监测，对桥梁关键部位或重要构件的退化等危险性进行预测、评估，达到预防为主的目的。采取有效对策，控制及消除这些隐患，有效地对桥梁通行、维护和加固过程的系统安全进行预测、预报、预防，以获得最佳的桥梁安全运行效果。

依据我国《城市桥梁养护技术规范》(CJJ 99—2003)、《城市桥梁检测和养护维修管理办法》(建设部令第 118 号) 及《公路桥梁承载能力检测评定规程》(JTG/T J21—2011)的规定，桥梁检测和评估是城市桥梁养护管理程序中的重要环节，其目的是对桥梁“进行体检及诊断”，在采集检测数据的基础上进行桥梁技术状态评估分析，确定其基本的物理性能和功能状态。而每一轮所取得的周期性的桥梁检测评估数据必然成为桥梁管理信息系统的主要管理对象，这些数据的分析和积累，可以为管理人员提供桥梁的正常状态或退化趋势的连续记录，使得桥梁管理人员能够真实地掌握桥梁结构是否损坏或功能等级是否降低等情况，必要时可采取相应的养护维修措施，消除隐患，提高运行安全度，保障城市公共运输安全。

通过对桥梁的检测与评估，也可以发现服役多年的桥梁存在的各类缺陷，判定损伤部位的损伤程度及实际承载能力。比较全面的桥梁检测还可以提供主要构件及材料退化程度的信息，用于分析退化形成的原因与退化对桥梁构件的影响程度，达到跟踪结构与材料的使用性能变化的目的，使桥梁维修计划更具有针对性，有利于确定维修和加固计划安排的次序，提高效率，优化维修成本。与此同时，还可以了解车辆和交通量的改变给桥梁运行带来的影响。原来按旧标准规定的荷载等级设计建造的桥梁，需要根据检测评估结果，确定桥梁现有的承载能力，以采取相应的管理维护措施，如限载或加固提高技术等级。

2.为养护管理决策提供依据

随着现代化工业及城市建设的发展，特大型工业设备、集装箱运输逐渐频繁，超重车辆过桥也同样需要通过检测与评估，确定过桥可行性，并为临时加固提供技术资料。桥梁遭受特大灾害时，如因地震、洪水等受到严重损坏或在建和使用过程中发现严重缺陷等(如质量事故、过度的变形和严重裂缝以及意外的撞击受损断裂等)，均应通过检测评估为桥梁修复加固提供可靠依据。国内目前已经建立和使用的桥梁信息管理系统，还处于数据累积阶段，今后当桥梁检查结束后，即可通过该系统实施桥梁技术资料的积累，为桥梁管理与桥梁状态评定提供第一手资料，并为桥梁构件和同类桥型的退化分析提供客观的数据，进而更好地为养护管理决策提供必要的技术支持。首先，最重要的是通过检测评估，为养护、设计与施工等部门提供反馈信息，实现养护工作的规范化与科学化，减少桥梁生命周期内的运行费用。

其次，通过对桥梁结构质量进行验证这样的方式，管理人员也可掌握结构在荷载作用下的实际受力状态，探索结构受力行为的一般规律，为充实和发展桥梁结构的设计计算理论积累资料。

3.确定安全性检测的步骤

桥梁检测的内容比较多，涉及很多方面。如按建设周期来分，桥梁检测可分为施工阶段监测、成桥验收检测及运行期检测。这里主要介绍桥梁运行期检测的有关内容。依照《城市桥梁养护技术规范》(CJJ 99—2003)的规定，桥梁运行期安全性检测应包括常规定期检测、结构定期检测、特殊检测。具体实施检测可分为三个步骤，即规划与准备，测试与观测，分析与总结。

桥梁检测前，按常规应进行必要的规划与准备工作。这项工作包括委托专业检测单位检测，一般由相应资质的专业检测单位承担。首先，桥梁监管部门应制订年度检测计划，明确桥梁检测的类型，并做出先后检测的时间安排；同时考虑到某些桥梁可能需要在特定时间检测，如干燥季节、恶劣天气或交通繁忙时间，才能反映出它们在运行极限状态下的结构表现，以便做出先后检测的时间安排。检测单位应注意收集待查桥梁的相关资料，并保证其完整性，如桥梁的地质资料、水文资料、设计资料、竣工验收资料，桥梁历次检测资料以及桥梁重大维护、加固、改善或改扩建资料。桥梁检测中使用的计量仪器应由政府法定或授权的计量技术机构进行定期检定/校准。此外，需检查桥梁现状如桥面系、承重结构构件、支座、墩台基础等部位的外观情况。

测试与观测是整个桥梁检测工作的中心环节。这是在各项准备工作就绪的基础上，按照预定的检测方案与程序，采用各种试验仪器，观察试验结构受力后的各项性能指标，如挠度、应变、裂纹宽度、加速度等，并采用人工记录或仪器自动记录手段记录各种观测数据和资料。通常常规定期检测是采用目测与无损检测相结合的方法；结构定期检测往往基于日常检查和常规定期检测结果，借助专业的鉴定技术和设备进行测试的方法；特殊检测是依据一定的物理、化学检测手段，并辅以现场和实验测试等特殊手段对桥梁及构件进行详细检测和综合分析。桥梁观测主要是对特大桥、特殊结构桥梁和单孔跨径 60m 及以上的大桥，要求设置永久性观测点，必要时大、中桥也应设置永久性观测点。新建桥梁交付使用前，建设单位也应在竣工时设置便于观测的永久性观测点。观测点的编号、位置(距离、标高和地物特征)和竣工测量数据，均应在竣工图上标明，作为竣工资料予以归档。

检测工作结束之后，检测单位将对原始测试资料进行综合分析与总结。原始测试资料包括大量的测试数据、文字记载和图片等，受各种因素影响，一般显得缺乏条理性与规律性，未必能深刻揭示试验结构的受力行为规律。因此，应对这部分原始测试资料进行科学的分析处理，去伪存真、去粗存精、由表及里，综合分析比较，从中提取有价值的资料。检测取得的数据或信号，有时还需按照数理统计方法进行分析，或依靠专门的仪器或软件进行分析处理。测试数据经分析处理后，应按照相关规范、规程以及检测的目的要求，对桥梁结构做出科学的判断与评价。这项工作直接反映整个检测工作的质量，将最后体现在所提交的桥梁检测报告中。现场记录资料及检测报告应有必要以电子文档和书面文档两种形式，提供给委托单位或管理部门，并归还桥梁检测委托机构提供的原始资料。

桥梁检测报告应包括桥梁的基本信息，如桥梁的概况，包括工程名称，工程地点，建造年代，结构类型，跨径布置和横向布置，材料类型和强度，荷载等级，允许车速，历史检测记录，加固维修记录，设计安全等级，设计使用年限，环境类别等；以及检测目的、内容、依据和方法。检测内容应包括检测日期及时间，检测结果，检测数据分析与结论等；以及报告的日期、主要人员和检测单位的签章（字）。附录应提供计算资料、试验数据图表、试验现场和结构检查的照片及必要的影像资料等。

4.制订专项安全措施

桥梁检测的过程中，还应结合具体检测项目的工作特点和环境条件，制定专项的安全措施，并在检测区域设置明显的标识并采取必要的隔离措施，避免检测时发生安全事故。通常要求与检测无关的人员未经许可，不得进入检测区域内；检测人员应着专用工作服或有警示标志的反光标志服，应戴安全帽。需占用车道、航道进行检测时，应先征得相关管理部门的许可，同时必须设置明显的交通封闭、航道封航或引导标志。夜间作业必须配备足够的照明和警示设备，高空作业、攀登作业、水上作业应符合有关高空作业、攀登作业、水上作业的安全规定。检测所用的电器、电缆必须有良好的绝缘效果，电动工具应有漏电保护开关，严格按照安全用电的规定作业；检测设备在进行安装调试或检测时，必须有安全保护装置。荷载试验时，桥上及周边环境不得有交通干扰。

（二）安全性检测的形式

1.常规定期检测

常规定期检测一般由城市桥梁监管机构或授权管理单位组织的专职桥梁管养技术人员或桥梁工程技术人员负责，检测负责人要求由具有中级或以上职称、具备5年以上的城市桥梁养护或设计工作经验的桥梁结构工程师担任。检测人员不得少于5 人,并需制定相应的定期检测计划和实施方案。检测周期应根据城市桥梁实际运行状况、结构类型和周边环境等因素确定,并不应超过 1 年。常规定期检测以外观观测为主,观测内容包括桥面系及附属设施、支座装置、桥梁上部及下部结构。

①桥面系及附属设施的观测内容。桥面铺装层纵、横坡是否顺适,桥头有无跳车;桥面有无脱皮露骨、骨料松散、泛油、裂缝、破碎、坑槽、洞穴、波浪、防水层漏水;桥头搭板是否完好,是否出现滑移、开裂、混凝土碎烂、局部坑洞,台背是否下沉、开裂、倾斜。伸缩装置是否平整、顺直、伸缩自如,是否有异常变形和响动、松动、破损、脱落、漏水,是否嵌入杂物;槽口铺装层是否啃边,是否造成明显的跳车。排水系统桥面、桥头引道排水是否顺畅;泄水口、收水口或收水井、泄水管是否完好,是否破坏、损伤、脱落、堵塞。人行道铺装、路缘石、平石是否完整,有无严重的裂缝(网裂、纵横裂缝)、碎烂、残缺、塌陷等。栏杆、护栏、防撞墙、防撞墩是否完整、牢固,有无撞坏、断裂、错位、松动、缺件、锈蚀、剥落等。桥梁绿化设施结构是否完好、牢固;支架是否锈蚀、变形、脱落;花盆是否锈蚀、开裂、失稳、坠落;外饰面板是否松动、脱落;绿化排水系统是否完整、排水顺畅,有无漏水现象,是否生长可能影响桥梁结构的植物。防护网、隔音屏、隔离带是否完整,是否锈蚀、破损、断裂、松动、缺失、剥落。

②桥梁上部结构的观测内容。钢筋混凝土结构是否有裂缝、剥落、渗水、空洞、露筋、蜂窝麻面、表面沉积和钢筋锈蚀等情况。预应力混凝土梁锚固端的封端混凝土是否有裂缝、剥落、渗漏、穿孔,预应力钢束锚固区段混凝土有无开裂,沿预应力筋的混凝土表面有无纵向裂缝等。钢结构涂层是否出现老化、膨胀和脱落;构件是否生锈,有无扭曲、异常变形,节点是否滑动错裂,焊接断面有无削弱和裂纹,铆钉和螺栓是否松动、脱落。砖石结构砌缝是否开裂,灰浆是否脱落;砖石材料有无风化、剥落和裂缝,砌体是否有鼓肚变形;砖石结构表面是否长有苔藓,砌缝中是否植物丛生。木结构有无腐烂、顺纹裂纹及磨损;接全点、榫头和支承处是否松动,连接螺栓或钉是否锈死。组合结构除检查钢结构和混凝土结构桥梁内容外,应着重检查联结面的安全。

③支座装置的观测内容。钢板滑动支座和弧形支座是否干涩、锈蚀;辊轴支座轴承有无裂缝,辊轴是否出现不允许的错位。简易支座油毡是否老化、破裂;拉压支座拉力螺栓是否完好;摆柱支座各部件相对位置是否正确,受力是否均匀。四氟滑板支座是否老化、变形、移位;盆式橡胶支座固定螺栓是否剪断损坏,螺母是否松动。橡胶支座是否老化、移动、变形;活动支座是否灵活,实际位移量是否正常;球形支座是否灵活、有效。

④桥梁下部结构的观测内容。墩台顶面是否清洁,伸缩缝处是否漏水,有无滑动、倾斜、下沉,台背填土有无沉降或挤压隆起。混凝土墩台及帽梁有无风化、开裂、剥落、露筋等,横系梁连接处是否开裂、破损;石砌墩台有无砌块断裂、通缝脱开、变形,砌体泄水孔是否堵塞,防水层是否损坏;墩台防震设施是否有效。基础下是否发生不允许的冲刷或淘空现象,扩大基础的地基有无侵蚀,桩基顶端在水位涨落、干湿交替变化处有无冲刷磨损、颈缩、露筋,是否受到污水、咸水或生物的腐蚀。锥坡和引道挡墙应检查是否完好,有无砌块断裂、混凝土剥离脱落、通缝脱开、变形,砌体泄水孔是否堵塞。调治构造物应检查是否完好,功能是否适用,桥位段河床是否有明显的冲淤或漂浮物堵塞现象。

2.结构定期检测

结构定期检测是保障桥梁结构安全的检测，目的是评定桥梁结构的耐久性和安全性(或承载能力等)。结构定期检测往往基于日常检查和常规定期检测的结果，借助专业的鉴定技术和设备，进一步确定病害的程度和影响，量化结构的退化程序,并认定病害原因和推荐适当的维护措施,包括养护、维修、加固措施或建议特殊检查。

通常按规定的周期对桥梁进行检测,并根据桥龄、交通量、车辆载重、桥梁使用历史、已有检测资料、自然环境以及桥梁临时封闭的社会影响制订实施方案。斜拉桥、吊桥、系杆拱桥等通过索(杆)作为传力构件的特殊结构桥梁,检测周期应符合国家现行标准《城市桥梁养护技术规范》(CJJ 99—2003)的规定。下面介绍几种常用的检测技术方法。

一是几何形态参数的检测。即桥跨结构纵向线形的测点宜沿桥纵向分断面布设,桥轴线、车行道上游边缘线和下游边缘线按二等工程水准测量要求进行闭合水准测量，测点应布置在桥跨或桥面结构的跨径等分点的截面上；对中小跨径的桥梁,单跨测量截面不宜少于5个,大跨径桥梁单跨测量截面不宜少于9个;墩(台)顶的水平变位或塔顶水平变位,可采用极坐标法等方法进行测量;拱轴线和主缆线形量测的测点宜按桥跨的八等分点分别在拱背、拱腹和主缆顶面布设测点,并采用极坐标法进行平面坐标和三角高程测量。

二是混凝土结构强度的检测。可采用回弹法或超声回弹综合法检测其材质强度,必要时采用钻芯法检测。钢材强度检测宜截取试件,通过试验确定;钢筋锈蚀检测可采用测量钢筋锈蚀电位、混凝土氯离子含量和混凝土电阻率等方法确定其锈蚀程度;可采用钢筋探测仪检测钢筋直径。

三是钢筋间距和保护层厚度的检测。可根据钢筋设计资料,确定检测区域内钢筋可能分布的状况,选择适当的检测面。检测面应清洁、平整,并应避开金属预埋件,对有饰面层的结构及构件,应清除饰面层后在混凝土面上进行检测。当实际混凝土保护层厚度小于钢筋探测仪最小示值时,应采用在探头下附加垫块的方法进行检测。有下列情况之一时,如相邻钢筋对检测结果有影响,钢筋公称直径未知或有异议,钢筋实际根数、位置与设计有较大偏差,钢筋及混凝土材质与校准试件有显著差异,应选取不少于 30%的已测钢筋,且不应少于 6 处(当实际检测数量不到 6 处时应全部选取),可采用钻孔、剔凿等方法验证。

四是混凝土构件裂缝的检测。可根据桥梁普查结果绘制裂缝分布图,或以照片形式记录裂缝分布情况。裂缝分布图中应标明代表性裂缝的长度、宽度和位置,必要时标明代表性裂缝的发展变化数据和观测点的深度值,裂缝深度检测宜采用超声波无损检测,必要时进行钻芯法验证。选取代表性裂缝应根据裂缝对构件承载力和耐久性的影响程度确定,一般一条裂缝上的观测点不少于 3 点,对于存在可见裂缝的混凝土构件,必须进行裂缝检测。

五是混凝土碳化检测。当钢筋锈蚀检测及用回弹法测定混凝土强度时均应检测混凝土结构碳化状况,碳化深度的测点布置应与钢筋保护层厚度测点布置一致或者与回弹法测区一致,即在回弹值测量完毕后,应在有代表性的位置上测量碳化深度值,测点数不应少于构件回弹测区数的 30%,取其平均值为该构件每一测区测量碳化深度值。当碳化深度值极差大于 2.0mm 时,应在每一测区测量碳化深度值。

六是钢结构焊缝及涂层检测。一般钢结构桥梁焊缝检测宜采用超声波无损检测、焊缝磁粉检测、焊缝渗透检测;钢结构的所有焊缝应进行外观质量检查,外形尺寸和缺陷可采取抽样检测,并依照现行国家标准《钢结构工程施工质量验收规范》(GB 50205—2001)的规定进行检测和评定。钢结构的涂层可用漆膜测厚仪进行检测,检测漆膜厚度时,钢结构构件的抽检数量不得少于现行国家标准《建筑结构检测技术标准》(GB/T 50344—2004)的规定,涂层的厚度和偏差应符合现行国家标准《钢结构工程施工质量验收规范》(GB 50205—2001)的规定。

七是桥梁自振频率的检测。桥梁自振频率变化不仅能够反映结构损伤情况,而且还能反映结构整体性能和受力体系的改变。所以,通过测试桥梁自振频率的变化,就可以分析桥梁结构性能,评价桥梁工作状况。桥梁自振频率的测点应布置在桥梁上、下部结构振型的峰、谷点,进行多点多方向的测量,并根据实测自振频率 f_{im} 与理论计算频率 f_{di} 的比值。桥梁拉吊索索力应符合现行行业标准《公路桥梁承载能力检测评定规程》(JTG/T J21—2011)的有关规定进行检测。

总的来讲,结构定期检测的内容应以常规定期检测的结果为基础,采取更深入和专业的检测手段进行病害和退化的状况与原因分析,内容涉及桥梁耐久性与安全性两个方面,重点应集中在桥梁的上下部结构及基础上。

例如,桥梁上部结构检测包括实际截面尺寸、跨径、填料厚度、拱轴线、钢筋直径和布置,以及构件材料的力学性能,如圬工砌体,混凝土和钢材的强度,弹性模量等。桥梁实体主要是检测混凝土的空洞、蜂窝、剥落、层离、风化隆起、露筋、破碎和钢筋锈蚀,以及圬工砌体的开裂、风蚀、砌缝、填料脱落等。钢结构主要检测涂层脱落、生锈、变形、裂纹、焊缝开裂、铆钉或螺栓松动脱落等。桥跨结构应检测不正常变形,如开裂、支承处主要承重构件的局部承压不够,以及承重构件横向连接开裂、脱落失效,组合结构结合面裂开、错位,拱圈纵横开裂,拱轴变形和侧墙鼓胀。索塔顶应检测水平变位、扭转变形、拉索套管的破裂、拉索锈蚀、锚头病害等。

桥梁下部结构及基础的检测,主要检测墩台材料的风化、水蚀、剥落、破损及裂缝,以及冲刷与碰撞防护工程的损坏、失落和撞击破坏等,并检查墩台基础的冲刷、倾斜、滑动、下沉、冻结及水平位移。地基基础采用开挖或触探检查。影响桥梁混凝土结构耐久性和使用寿命的因素不仅仅是混凝土结构的强度,环境条件,混凝土的缺陷、裂缝、含湿量和渗透性,以及钢筋的数量、位置和腐蚀情况等,都对混凝土结构耐久性和受力性能有着重要的影响。因此,在评估混凝土结构耐久性时,除了检测混凝土的强度之外,还必须进行其他项目的检测。

3.特殊检测

桥梁承载力检测是在特殊情况下的特殊检测,如火灾、水灾、地震或事故损伤,或满足管理的特别需求(荷载提级、通行重车等),由检测单位专业人员采用一定的物理、化学检测手段,并辅以现场和实验测试等特殊手段对桥梁及构件进行详细检测和综合分析,其目的是查明桥梁重大病害的原因,破损程度及范围,实际承载能力,分析损坏所造成的后果以及潜在缺陷可能给结构带来的危险,以便采取相应的维护措施。其一般由现场检查和实验室测试分析两大部分组成,包括材料检测、计算分析评估和荷载试验。

当桥梁发生下列情况时,应安排进行特殊检测。一是依据《城市桥梁养护技术规范》(CJJ 99—2003)的有关规定,如桥梁遭受洪水冲刷、流冰、漂流物、船舶或车辆撞击、滑坡、地震、风灾、火灾、化学剂腐蚀、荷载超过桥梁限载的车辆通过等特殊灾害造成结构损伤。二是常规结构检测结果,难以判明是否安全,或被评定为不合格级的Ⅰ类养护的桥梁和被评定为D级或E级的Ⅱ～Ⅴ类养护的桥梁，以及发现加速退化的桥梁构件需要补充检测。三是为了提高或达到设计承载等级而需要进行修复加固、改建、扩建的桥梁，与桥梁通行车辆荷载发生较大变化，并在经审批超载车辆通过城市桥梁的前后。四是超过设计年限需延长使用，桥梁又没有原始设计资料，需通过特殊检测明确桥梁承载能力等。五是企业运营管理的城市桥梁，运营期满后，移交城市人民政府或其他管养单位。六是因桥梁梁体新增挂管、附属设施，恒载增加较大，或新增设施超过规范规定范围的，需进行桥梁安全评价。七是需要进行限载，而限载标准不明确，或有地下工程穿越影响较大的桥梁。

特殊检测这项工作应由专业人员对桥梁结构缺损状况、材料退化性能和整体力学能力进行详细诊断，原设计条件已经发生变化，或发现结构缺损、材料退化而需要评定的桥梁，应选择表面测量、无损检测技术和局部取样等方法进行相关检测。选取试样时宜考虑有代表性构件的次要部位，并依照相应的试验标准进行检测。结构整体技术性能主要衡量结构承载的能力，衡量方法是根据诊断后的构件材料质量状况及其在结构中的实际功能，如采用计算分析进行评估。当计算分析评估条件不满足或难以确定时，采用静力荷载方法鉴定结构承载能力，用动力荷载方法测定结构力学性能参数和振动参数，并按照桥梁承载能力检测评定的有关规程进行桥梁承载力评定，其中荷载试验包括静载和动载试验两种。

桥梁静力荷载试验是按照预定的试验目的与试验方案，将静止的荷载作用在桥梁指定的位置上，观测桥梁结构的静力位移、静力应变、裂缝、沉降等参量的试验项目，然后根据有关规范和规程的评价指标，判断桥梁结构的承载能力及使用性能。桥梁静力荷载试验主要用来检验桥梁结构的设计与施工质量，验证结构的安全性与可靠性。对于大、中跨度桥梁，相关规范要求在竣工之后，通过试验鉴定其工程质量的可靠性，并将试验报告作为评定工程质量优劣的主要依据之一。此外，既有桥梁在运行若干年后或遭受各种突发灾害后，必须通过静载试验来确定其承载能力及使用性能，并以此作为继续运行或加固改造的主要依据。

静力荷载试验宜在温度变化不大的条件下进行，并在设定的桥梁断面上进行桥梁承载力测试，桥梁断面这样的设定是以桥梁档案资料和桥梁养护管理系统的检查结果为依据，选择最不利或有代表性的桥跨结构或构件作为承载能力检测评定的对象，判断桥梁结构或构件的承载能力。一般宜考虑结构形式与跨度相同的多孔桥跨结构，可选择具有代表性的一孔或几孔进行加载试验；对于结构形式不相同的多孔桥跨结构，应按不同的结构形式分别选取具有代表性的一孔或几孔进行试验；对于结构形式相同但跨度不同的多孔桥跨结构，应选取跨度最大的一孔或几孔进行试验；对于预制梁，应根据不同跨度及制梁工艺，按照一定比例进行随机抽查试验。

静载试验开始前，根据现场调查和资料收集的情况制定静力荷载试验的实施方案，该试验实施方案是桥梁静载试验的重要环节，是对整个试验过程进行的全面规划和系统安排。实施方案内容宜包括：试验的目的、任务、试验内容、加载方法、观测方法、分析方法及安全措施。而静载试验中的最大变形（挠度、水平位移和转角等）、最大应力（应变），活动支座和结构连接部分的变位，支点沉降，墩台位移，以及裂缝的出现及扩展情况等，需要选择结构最大内力和最大变形等部位作为试验控制截面。对于桥梁结构的其他薄弱截面和易损坏部位，可根据桥梁调查与验算情况，确定是否作为试验控制截面。静力试验的荷载可按控制内力、应力或变位等效原则确定，按分级加载的方法进行试验。在试验过程中，若发现实测应力、变位（或扰度）已达到或超过控制应力值，结构裂缝的长度或缝宽急剧增加，或新裂缝大量出现，或缝宽超过允许值的裂缝大量增多，沿跨长方向的挠度曲线分布规律与计算结果相差过大，以及其他影响桥梁承载能力或正常使用的损坏情况，应立即停止加载并查找原因，在确保结构及人员安全的情况下方可继续试验。

桥梁静力荷载试验报告应包括：结构的总体尺寸，杆件的截面尺寸，各部分的高程，行车道面的平整度，墩台顶面标高和平面位置，支座位置，材料的实际物理力学性能等；桥梁上下部结构的裂缝、缺陷、损坏程度和钢筋锈蚀状况，支座锈蚀和损害状况，试验过程中支座变化情况；在加载试验前后及加载过程中，对受加载影响较大的部位及裂缝区进行全过程的跟踪观测。同时需要收集提供的各项原始资料包括：桥梁调查报告、验算结果、试验方案及理论计算说明，以及测试项目的读数记录、结构裂缝分布图、结构力学性能试验结果，荷载试验过程中出现的各种异常情况的记录和照片等。有关结构静力的计算宜包结构理论计算模型、结构内力影响线图、设计荷载作用结构内力包络图、试验荷载作用结构内力图、控制断面应力分布与荷载作用结构挠度曲线图等。

桥梁结构的动载试验是利用某种激振方法激起桥梁结构的振动，测定桥梁结构的固有频率、阻尼比、动力冲击系数、动力响应（加速度、动挠度）等参量的试验项目，以此宏观地判断桥梁结构的整体刚度与使用性能。桥梁结构的动载与静载试验虽然在试验目的、测试内容等方面有所不同，但可以相互补充、相互印证，对于全面分析掌握桥梁结构的工作性能是同等重要的。

动载试验前要做准备工作,首先调查桥梁及桥梁连接道路的线路状况、允许车速、车辆实际过桥速度,然后确定测试项目、加荷或激振方式,确定测点、仪器安放和导线布设位置等。桥梁动力荷载试验项目:一是测试桥梁振动加速度,应选择结构敏感点布置拾振器,并对不同的桥型测定不同的固有频率的阶数。如悬索桥、斜拉桥不宜少于 10 阶,连续梁桥、刚构桥、拱桥和简支梁桥不宜少于 3 阶,脉动试验记录时间不宜少于 30 分钟。当大跨径桥梁测试断面较多时,可分批次记录,但应保证有一个参考点不变。二是跑车试验应采用不同的车速试验,车速宜为 10km/h,20 km/h,30km/h,40km/h,50km/h,60km/h,试验时车辆在桥上的行驶速度应保持不变,跑车试验时应记录车桥联动和桥梁自有衰减振动的动态响应,记录时间不宜少于 30 分钟或以波形衰减完为止。三是跳车试验宜由载重车后轮越过高 5 ~ 15cm 障碍物后立即停车的方法激振桥梁结构,并记录桥梁结构的动态响应,记录时间以振动波形衰减完为止。

上述动力荷载试验项目,常需要通过仪器仪表将振动过程中许多物理量进行量测并记录下来,这些随时间变化的物理量,一般称为信号,而测得的结果称为数据。根据这些实测数据,可以进行有关振动量之间相互关系的分析。动力荷载试验应记录时程曲线,同时记录对应的动力荷载试验参数(重量、速度、加速度和振动频率等)、车辆进桥和出桥的标记、仪器的参数。桥梁自振特性试验需整理的资料宜包括:结构的固有频率、结构的阻尼特性、结构的振型图。桥梁受迫振动特性试验需整理的资料宜包括:动力荷载试验效率,动力冲击系数,结构受迫振动频率、振幅与加速度,动力冲击系数与车速的关系曲线,卸载后(车辆出桥后)的结构固有频率等。

4.安全性检测评估

桥梁结构安全性评估的核心是建立一个模型,按桥梁试验测试规范采集得到技术数据(主要是定期检测),并对这些数据进行分析处理,获得能够用于桥梁评估的参数,从而进行桥梁使用状态的综合评估。在城市桥梁运行管理的实践中,通常有下列几种评估方法:

一是桥梁状况经验评估法。桥梁工程师和有经验的桥梁技术工作人员采用观感检查和必要的量测,根据相关规范的规定,用文字描述及量测结果对桥梁质量状况进行分类评估。此项评估技术主要依赖大量的主观定性的信息,取值决定于桥梁工程师们自身的经验和判断。

二是设计验算评定法。根据《公路旧桥承载能力鉴定方法》,由实测材料性能、实体结构尺寸、支承条件、外观缺陷及通行荷载,按照桥梁结构理论评定桥梁的承载能力。这种方法难以反映结构退化后的受力状况，只是对桥梁综合技术状况得出大致结论。为了得到更为准确的判定结论，需要进行专门的桥梁荷载试验检测。

三是专家评估法。桥梁专家通过计算机系统对桥梁安全性进行评估。如需要对具体数据进行处理，一般采用模糊综合评价法、灰色关联度评价法、模糊神经网络法等。

四是可靠度评估法。根据结构可靠度理论，为确保用最少费用达到容许安全等级，从而有效利用资金，城市桥梁的评估方法和桥梁状况指数 BCI 的评定按现行行业标准《城市桥梁养护技术规范》(CJJ 99—2003)的有关规定，并根据常规定期检测的结果对桥梁进行技术状况评估分级，该方法其实最为常用。

而可靠度状况的评估是要求Ⅰ类养护的城市桥梁应根据检测发现的结构构件损伤情况，将桥梁的技术状态评估等级分为合格级或不合格级。合格级是判定桥梁结构构件可有损伤但不影响桥梁安全，不合格级是判定桥梁结构构件损伤已影响结构安全。Ⅱ~Ⅴ类养护的城市桥梁应根据检测结果对桥梁状况指数 BCI 进行评定，并以此将桥梁技术状况评估为下列五个等级：A 级为完好状态，BCI 达到 90~100；B 级为良好状态，BCI 达到 80~89；C 级为合格状态，BCI 达到 66~79；D 级为不合格状态，BCI 达到 50~65；E 级为危险状态，BCI 小于 50。但由于部件损坏，可能影响桥梁结构以及行人、行车安全，也可经与桥梁监管机构协商评定为不合格等级或 D 级。而作为分幅的桥梁宜将各幅作为独立桥梁分别进行 BCI 评定，高架桥梁宜将每联作为独立桥梁分别进行 BCI 评定，确定该联桥梁的技术状况，并在最终评定结果中对危险构件进行单独评价。

发生下列情况之一的各种类型桥梁，也可评定为不合格等级或 D 级，例如：Ⅲ、Ⅳ类环境下的预应力梁产生受力裂缝且裂缝宽度超过限值；拱桥的拱脚处产生水平位移或无铰拱拱脚产生较大的转动；钢结构节点板及连接铆钉、螺栓损坏在 20%以上，钢箱梁开焊、钢结构主要构件有严重扭曲、变形、开焊，锈蚀削弱截面积在10%以上；墩、台、桩基出现结构性断裂，或出现倾斜、位移、沉降变形；关键部位混凝土出现压碎或压杆失稳、变形现象；支座错位、变形、破损严重，已失去正常支承功能；基底冲刷面积达 20%以上；承载能力下降达 25%以上；上部结构有落梁、脱空趋势或梁、板断裂；特大桥、特殊结构桥除上述情况外，钢–混凝土组合梁桥的桥面板发生纵向开裂，支座和梁端区域发生滑移或开裂，斜拉桥拉索、锚具损伤，吊桥钢缆、锚具损伤，吊桥或拱桥吊杆和锚具损伤。

有关桥梁技术状况的评定还应根据动、静荷载试验检测数据和分析结果，明确

Ⅰ类养护的城市桥梁和Ⅱ～Ⅴ养护的城市桥梁的使用性能与安全性，提出结构及局部构件的维修、加固或改造的建议方案，提出桥梁承载能力要求和维护管理措施。对特殊检测结果不满足要求的城市桥梁,在维修加固之前,应建议有关部门及时采取限载、限速或封闭交通措施,并应继续监测结构变化。

有关桥梁承载能力的评定则应填写桥梁承载能力评定表,存入桥梁技术档案,经评定的桥梁应出具桥梁承载能力评定报告。评定报告除应符合本节有关内容之外,尚应包括下列内容:桥梁结构检算情况,荷载试验及资料整理分析,桥梁承载能力分析评定,桥梁承载能力的评定结论及处置建议。

第二节　健康监测管理

现代测试与传感技术,网络信息技术,信号处理与分析技术,损伤识别理论,以及结构分析理论的飞速发展,使桥梁结构健康监测登上了桥梁运行管理的历史舞台。这项独特的监测技术可以弥补原来人工检测桥梁的不足。而二者配合可达到对桥梁结构全面、实时、客观的监测效果,为桥梁结构的安全运行、科学养护提供可靠保障。

一、桥梁健康监测综述

当前,随着城市化进程的加快,各类桥梁结构被破坏及倒塌事故的增多,开展面向公共安全的城市重要桥梁的健康监测与预警处置技术应用,实现城市桥梁安全通行的目标,体现了我国经济和社会可持续发展的重大需求,已成为一项迫切而重要的科学管理任务。从健康监测(Health Monitoring)一词的实际意义理解,就是利用现场的、无损的、实时的方式采集桥梁结构与环境信息,分析结构反映的各种特征,获取结构因环境因素、损伤或退化而造成的改变。而这项工作早在20世纪50年代就已提出,并且从欧美国家开始,以人工检测为特征的桥梁检测标准得以实施。

(一)最初政策及研究成果

桥梁健康监测技术的相关规范,目前仍处于制定完善的过程中。自1985年起,我国交通部曾相继颁布了《公路旧桥承载能力鉴定方法》和《公路桥涵养护规范》等技术标准,为基于人工监测的桥梁状态监测和评估提供了有益指导。2007年发布了《公路桥梁养护管理工作制度》,该制度要求"特大桥、特殊结构桥梁和单孔跨径60m及以上大桥的检测评定工作应符合以下规定:对特别重要的特大桥,应建立符合自身特点的养护管理系统和健康监测系统"。住建部2008年第1号令《市政公用设施抗灾设防管理规定》第二十条规定:"市政公用设施的运营、养护单位应当定期对市政公用设施进行维护、检查和更新,确保市政公用设施的抗灾能力。市政公用设施的运营、养护单位应当加强对重大市政公用设施、可能发生严重次生灾害的市政公用设施的关键部位和关键设备的安全监测、健康监测工作,定期对土建工程和运营设施的抗灾性能进行评价,并制定相应的技术措施。"《地震监测管理条例》第十五条规定:"核电站、水库大坝、特大桥梁、发射塔等重大建设工程应当按照国家有关规定，设置强震动监测设施。”也对大跨径桥梁运营期的安全监测提出了明确的要求。

在实际工作中，建立一个完备的桥梁健康监测和状态评估系统需要做许多探索性和基础性研究。1985 年由铁道部大桥局设计院研制出的“桥梁数据库系统”，系国内首次系统研究桥梁风险评价的成果，该系统可对不同类型的桥梁进行储存、分类和检索，但限于当时人们的认识程度和计算机技术的发展水平，其研究和开发工作仅仅是初步的。1997 年同济大学项海帆院士等提出“确保大型桥梁结构安全度与耐久性的综合监测系统年度研究报告”，并由同济大学负责完成了对“大跨斜拉桥综合监测与评估系统”的研发等。

此后多年以来，相继有不少国内学者对该领域进行了深入的研究，并取得了一些新的进展。例如：在我国公路建设领域提出了“桥梁缺损状况评价方法”，就是采用层次分析、综合评估法并应用人工神经网路方法进行桥梁安全评估。通过对桥梁结构状态的监测与评估，使桥梁在特殊气候、交通条件下或桥梁运营状况严重异常时触发预警信号，为桥梁运行与维护、维修管理决策提供依据和指导。当前各地桥梁健康监测系统的建设应用，还没有统一的规范要求，主要是根据桥梁结构安全性、适用性和耐久性评估的需要和桥梁管理决策部门的信息需求，并结合目前国内的实际经济条件及桥梁现场监测条件，确定桥梁结构监测系统中实施的监测项目，并在实用性、可靠性基础上，兼顾其先进性、费用—效益的关系。

(二)发挥实时监测作用

桥梁健康监测系统是现代桥梁科学管理的重要手段和内容，也是对大型桥梁的运行安全管理实现可控化、可视化和警示化的重要保障技术。健康监测系统的设计开发应立足于长期规划，并能结合桥梁的结构特点和使用环境，考虑不同时期对结构安全监控的需求，为结构设计验证、结构模型校正、结构损伤识别、结构养护和维修，以及新方法、新技术的应用提供支持。其中，该系统的主要功能宜包括：结构安全信息监测、结构安全评估、结构安全预警、结构安全档案管理等。

鉴于对桥梁安全度的深度关注，国内外的许多大型桥梁已经配置了相应的健康监测系统。比较典型的有宁波招宝山大桥、芜湖长江大桥、杭州九堡大桥、南京长江大桥、东海大桥、苏通长江公路大桥、洞庭湖大桥、大佛寺长江大桥、天津永和桥等。特别是对一些重要的独立大桥或者健康等级较低且已有一定隐患的桥梁，健康监测系统已成为桥梁监管不可缺少的装备。通常，桥梁健康监测系统，可以在任何情况下，实时监测到重要结构的受力响应。如果桥梁的受力状况超过预警值或者发生意外(船只撞击、车辆撞击或者地震等)导致结构的内力和变形出现问题,系统可及时地将相关信息提供给桥梁监管部门,以便及时有效地决策和处置,对结构安全运行实施掌控。而系统能做到安全可靠、效费合理、方案可行、便于维护。

为了充分发挥桥梁健康监测系统的作用，上述设计开发的系统还能通过桥梁检测/监测、信号处理、结构分析、损伤识别、可靠性评估等多种途径,对结构行为进行全面的评估,达到安全预警的目的。因此,健康监测泛指对结构的受力行为和内在损伤实施例行检查的程序,而桥梁监管机构可根据现有桥梁运行管理的需求,研发具有多种监测和分析功能的健康监测系统。其系统的主要功能包括:结构安全信息监测,实现对桥梁运行状况信息的收集和管理;结构安全评估,主要完成结构健康状况的离线分析与评估;结构安全预警,主要完成桥梁结构健康状况的实时预警与提醒;养护维修建议及计划,为桥梁监管和养护维修提供技术支持;结构安全档案管理,定期提供预警与评估报告;用户访问支持与控制,为系统使用者提供访问支持,为专家提供远程会诊支持。

(三)作为诊断桥梁病害的一种手段

众所周知,桥梁是交通的咽喉,交通是社会的经济命脉,交通不畅会制约社会的经济发展,所以保障桥梁的功能性、耐久性,尤其是安全性至关重要。通常,随着桥龄的增长,气候和环境等自然因素的长期作用,以及交通量和非常规超重车荷载的不断增加,桥梁结构和构件将产生不同程度的劣化和损伤积累。同时,在桥梁结构运行过程中,也不可避免地会因维护不当、交通事故及地震、风暴等因素的共同作用,致使桥梁损伤加剧。

因此,为了保证桥梁结构全寿命的安全,应综合考虑桥梁规划、施工、运行和拆除等各阶段不同因素影响下的桥梁全寿命安全设计理论体系和方法，以便从源头上保障桥梁结构安全。因而需要能实时监测桥梁在各种环境、荷载等因素作用下的结构响应，并能有效地提供桥梁养护管理的科学依据，显著提高桥梁整体管理水平，从而能够最大限度地确保桥梁安全运行、预诊断桥梁病害和延长桥梁使用寿命。而桥梁健康监测的基本内涵就是根据结构的主要性能指标(如可靠性、耐久性等),结合无损检测(NDT)和结构特性分析(包括结构响应),从营运状态的结构中获取并处理数据,目的是诊断结构中是否有损伤发生,判断损伤的位置,估计损伤的程度,以及损伤对结构将要造成的后果。

(四)作为科学监测理论的基础

桥梁结构健康监测是以科学的监测理论与方法为基础,采用各种适宜的检验、检测手段获取数据，为桥梁结构设计方法、计算假定、结构模型分析提供验证；对结构的主要性能指标和特性进行分析，及早预见、发现和处理桥梁结构安全隐患和耐久性缺陷，诊断结构突发和累计损伤发生位置与程度，并对发生后果的可能性进行判断与预测。桥梁健康监测系统利用现场的、无损的、实时的方式采集桥梁结构与环境信息，分析结构反映的各种特征，获取桥梁结构因环境因素、损伤或退化而导致的改变等信息。以上所述，是其综合现代传感技术、网络通信技术、信号处理与分析、数据管理方法、计算机视觉、知识挖掘、预测技术、结构分析理论和决策理论等多个领域的知识和技术，极大地延拓了桥梁检测领域的内涵，提高了预测评估的可靠性。

通过多种现代化的传感和信号采集处理手段，将获取桥梁结构环境输入以及结构本身各种状态参量，进而对桥梁结构状态进行监测与评估，实时报告桥梁结构受力状况，损伤的发生及其位置、性状；当桥梁运行在特殊气候、交通条件下或运行状况出现严重异常时发出预警信号。根据发出的预警信号可采取必要的措施，预防桥梁损坏、坍塌，保障和延长桥梁使用寿命。桥梁运行中的种种不利因素必然导致桥梁结构安全性和耐久性发生退化，而桥梁结构性能劣化和损伤若不能被及时地发现并得以合理维护和维修，其后果轻则影响桥梁正常使用，重则缩短桥梁的使用寿命，甚至导致突发桥梁破坏、坍塌等重大事故。桥梁工程界的学者和工程师们一直在寻求预防桥梁事故的途径。在此过程中，桥梁结构运行期技术和安全状态监测与评估的重要性日益受到关注。

(五)杭州健康监测系统简介

杭州城市桥梁集群监测平台是数字城市基础设施信息化的重要组成部分，以城市干道桥梁结构为对象，应用现代传感、通信和网络等信息技术，集健康监测系统与城市桥梁管理系统功能于一体，旨在实现资源共享和信息综合，实现一体化集成和开放分布式网络监测的结合。它将充分发挥健康监测系统在实时监测数据采集与桥梁管理系统在综合状态评估方面的优势，避免目前单一桥梁监测系统可复制性差，各系统间缺乏沟通与整合，容易形成“信息孤岛”，无法为保障城市干道桥梁整体安全提供有效支持等问题，是城市信息化背景下一种全新的桥梁管理模式。

杭州依据“因地制宜、突出重点”的原则，结合市区交通干道桥梁在线安全监控管理系统(二期)工程，勾勒出城市桥梁集群监测平台的建设与分阶段实施框架，开展了基于城市桥梁集群监测平台的系杆拱桥健康监测研究，主要的创新成果如：从城市桥梁集群监测平台的定位、设计的原则、系统的架构、实现的技术等方面进行了探索，结合杭州市城市桥梁管理养护中长期规划(2008—2020年)，对城市桥梁集群监测平台的分阶段实施进行了规划。目前已建成的集群监测平台包括杭州市城区交通干道上的跨运河桥3座、高架快速路1座、大型立交桥1座、跨铁路斜拉桥1座、跨钱塘江拱桥1座。整个系统基于网通VPN虚拟专用网络技术，实现了实时的结构动态反应的监测，为探索各种类型的桥梁在运营阶段实际受力状况积累了大量宝贵的数据。杭州成为全国首个对不同形式的桥梁实行统一在线监管的城市。

另外，在城市桥梁集群监测平台下，针对典型桥型系杆拱桥——叶青兜桥，重点展开了以下研究：基于已有桥梁健康监测系统研究现状与系杆拱桥的特点，实现了叶青兜桥远程在线健康监测，并结合系统运行1年多的监测数据，提出了相应的数据管理规则，实现了监测数据的单点及连续失效检验。基于监测数据的统计分析，建立了桥梁温度的日变化模式和年变化模式，深入研究了各监测信号与环境温度之间的关联，建立了相应的回归模型用以消除温度的影响，进一步验证系统监测结构损伤的有效性。

基于监测数据，通过修正结构模型的建模误差和物理特性误差，提高了分析结果与在线监测结果之间的拟合程度，确立了参考有限元模型及预警指标值，实现了在线预警；完善了系杆拱桥评价指标体系，在考虑各评价元素对桥梁安全性、适用性和耐久性的不同影响上，分别确定各元素的初始权重和评价指标分级标准，结合监测数据及模型分析，实现了桥梁的综合量化评估。结合系杆拱桥的结构特点，提出了构件关键性和易损性的全寿命维护方法。采用基于刚度的构件重要性分析方法结合敏感性分析确定关键构件，揭示构件在结构中的相对关键性及可能存在的薄弱位置，并结合健康监测系统的数据分析与参考模型的数值分析，得到构件的能力需求比，作为具体评判结构易损性的指标，在此基础上讨论了构件的危险性排序，为系杆拱桥构件的预测式检测养护提供了理论依据。

二、健康监测系统的应用

(一)系统的总体设计与组成

桥梁健康监测是一门新兴的科学和技术，由于受种种测试技术和诊断水平所限，目前在系统的规划和实施中还存在不少问题需要研究解决。首先，在实施之初必须对系统的总体规划和布局进行缜密的研究和考虑，这包括：必须有一整套实用且有效的算法支持，以优化结构测试项目和测点布置，并且相应建立一个较为完备的数据存储和管理查询系统，以妥善处理和利用大量的监测数据与各种有效信息。

选择并优化适用于桥梁结构检测的专用传感器，做到使用尽量少而精度高的传感器来获取尽可能多的结构健康信息。在集中对结构整体性和损伤识别的基础上，需要提炼对结构性能改变较为敏感的若干重要参数，以便用于对桥梁整体安全评估，并从定性到定量。

所以，桥梁健康监测也是一项正在发展和需要完善的技术，应以稳定可靠、简便实用、经济合理为主要设计原则，并兼顾考虑设计验证和科学研究的需求。实际应用时，一般系统主要由两个部分组成，即在线监测系统和人工监测系统。这两个系统互为补充，共同实现上述设计原则。而该两大系统又由许多相应的子系统组成，例如系统规模、系统测试、信息处理、系统集成等，这些都涉及系统建成后的服务质量和水平，即能否长期维持，能否很好使用并且对桥梁的安全做出准确评估。其中，在线监测系统在选用传感器与采集装置时，要综合考虑监测要求和经费预算等多方面因素合理选择，传感器布设应根据工作环境考虑一定程度的冗余，宜优先选用技术成熟可靠的产品；系统其他硬件应具备适当的保护措施与维修替换性，使用寿命应不低于系统预设使用寿命；软件应与硬件匹配，且具有兼容性、易扩展性、易维护性与较好的人机交互功能，且能长期稳定运行。同时，此系统还应充分考虑与桥梁施工监控、成桥荷载试验等的关联性，并与桥梁信息管理系统兼容。与之相连，使之能充分发挥其功能，真正使健康监测服务于桥梁监管。

桥梁健康监测系统自身也存在使用期限及寿命的问题。频繁使用或长期处于恶劣多变环境中的电子设备，其损坏的可能性极大。因此，在规划时需要针对新建桥梁和在役桥梁划分不同阶段实施。前者因主要监测一些突发性事故（地震、船舶撞击）下的响应，故只需在若干关键部位布设测点；后者则必须对已出现病害部位进行有针对性的监测，这种分阶段实施的做法，既可保证监测系统发挥其应有的作用，也可保证对关键部位监测数据的延续性，以节省投入。

(二)子系统组成

不同的监测系统可以由不同的子系统组成，从国内已建成的桥梁健康监测系统来看，大致应有：传感器子系统、数据采集与预处理子系统、远程通信子系统、桥梁健康信息显示子系统、数据库管理子系统和安全预警子系统六个组成部分。各个组成系统之间的关系如图 3-1 所示：

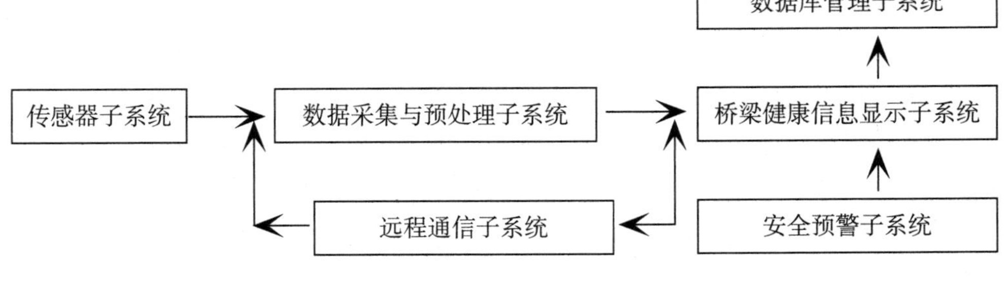

图 3-1 系统构成图

(1)传感器子系统。传感器系统主要包括风速、应变、振动加速、位移等多种传感器及相应的信号放大与接口装置,主要完成桥梁结构环境状态与荷载信号,以及各种静、动态响应的传感和变换功能。为桥梁安全运行管理提供桥梁结构使用状态的信息,及时管控桥梁主体结构的受力水平,预测结构或构件质量退化的趋势。

(2)数据采集与预处理子系统。这是实现桥梁健康监测与评价工作的重要环节。系统要实现对多种信息源不同物理信号的量化、记录、传输和管理。其主要任务是按照数据采集控制终端的指令,在各传感器的配合下采集环境数据、静 / 动态响应等信号,进而将这些信号数据实时传送到监视终端,并以数据文件的形式进行存储,供数据存储终端下载和利用数据库来统一管理信号数据。

(3)远程通信子系统。解决系统的各个关键部位以及监测点之间的远距离数据传输问题,实现数据的实时性、准确性。整个数据传输系统采用户外型工业级设备,可保证系统在恶劣环境下稳定可靠地运行。

(4)桥梁健康信息显示子系统。该系统可通过远程通信获得桥梁实时健康信息,进行可视化,并提供一定的数据处理和分析。该系统还能帮助不具有很高专业知识的人员了解整个系统。

(5)数据库管理子系统。数据库管理系统(Database Management System)是借助操作系统的支持对数据库和系统资源进行统一管理和控制的软件。其主要功能包括:数据库的建立,数据定义,数据操作,数据库的运行管理和维护。它作为系统后台服务模块,为其他软件模块提供数据存储、管理、组织和调用服务。总的来说,该子系统是一个公用模块,可以有效反映结构的健康信息。同时,数据库系统还处在整个监测系统的核心位置，用于存储、处理和管理桥梁的动态监测数据，包括所有的硬件、软件以及监测和分析结果等。

数据库设计应遵循数据库系统的可靠性、先进性、开放性、可扩展性、标准性和经济性的基本原则，并保证数据的共享性、数据结构的整体性、数据库系统与应用系统的统一性。数据库的功能包括监测设备管理、监测信息管理、结构模型信息管理、评估分析信息管理、数据转储管理、用户管理、安全管理以及预警信息管理等方面。选择数据库管理系统宜考虑：系统支持对海量数据的高效管理机制、异常情况下的容错功能、系统恢复功能、系统宜支持分布式数据管理功能。原始数据在动态数据库中至少保存 30 天，预处理结果在动态数据库中至少保存 1 年；以上数据需要定期存档、备份，以降低数据损失风险、保持数据连续性；授权用户可以访问各个动态数据库。

(6)安全预警子系统。该系统可按照设计的结构监测项目，将数据传输与控制软件采集的数据进行分类，并将结构监测项目(如结构振动、挠度线形等)进行数据同步，又根据结构安全分析需要，从数据库读取对应的设计允许值，通过比较实测的结构健康安全信息值与设计允许值，当结构健康安全信息值超越安全警戒指标，即设计允许值时，提供安全预警，帮助有关部门对大桥实施有效的运行管理和维护。

由上述子系统组成的总体框架系统，可采用带有操作系统功能的软件作为平台，以数据管理系统为核心，通过传感器系统，数据采集和传输系统，结构损伤识别和状态评估系统，远程信息查询系统及桥梁信息管理应用系统作为外围应用的功能，并以人工监测为补充，所形成的监测系统应具有良好的适应性、可扩展性、兼容性、可靠性、容错性和易操作的开放式的模块化构架。

(三)传感器优化布置及类型

传感器(transducer/sensor)是指能感受规定的被测量并按照一定的规律转换成可用信号的器件或装置，通常由敏感元件和转换元件组成。而传感器的优化布置是将尽可能少的传感器布置在结构的适当位置，使其能够感知、监测外部环境和自身结构的变化，以能够达到某一特定目标的过程。

(1)传感器优化布置。首先，传感器类型的选择。桥梁结构健康监测系统根据项目具体的要求和现场运用条件，综合考虑“监测信息全面、信号质量稳定和经济合理”的因素，来选取传感器的种类和数量。而传感器在系统中，主要用于监测三类参数：一是诸如风、地震和车辆荷载；二是诸如应变、位移、倾角和加速度等结构响应；三是包括温度、湿度、雨和腐蚀等环境因素。上述三种不同的参数须选择相应的传感器。因此,要求传感器在服役期间具有良好的稳定性和抗干扰能力,与监测系统具有同样服役寿命,并根据所需监测参数来选取传感器的灵敏度和量程范围,以及相应频率响应特性。其次,选取的传感器应具有良好和稳定的线性度、分辨率,且不应低于所需监测参数的最小单位量级。根据监测参数要求,应选用精度等级满足要求的传感器,满足结构实际使用的环境因素,且应便于维护和更换。

传感器布置的原则是能全面、精确地获取所选择位置的结构参数的信息,且具有较好的抗干扰性能,测得的模态信息能够与有限元分析的结果保持良好的吻合度,并可通过合理添加测点对感兴趣的部分模态进行数据重点采集。另外,考虑到所选的位置测得的响应宜对结构参数的变化较为敏感,可布置在结构反应最不利位置或已损伤位置。同时,应方便安装和更换传感器,尽量缩短信号的传输距离,使测量结果具有良好的可视性和鲁棒性。

(2)常用传感系统布置类型。常见的桥梁健康监测传感系统的布置可以分为三个层次,分别为全效型、实用型及精简型(包含专项内容监测)。数据采集与传输系统,数据处理与控制系统,结构运营状况评估系统,软件系统等,将根据这三个层次分别设计。其主要区别如下:

一是全效型传感系统:参考国际标准,基本为进口产品,系统针对主桥进行监测,传感系统布设全面,测点较多,且有部分冗余,系统功能强,可靠性高,采用目前国际上最先进的、成熟的传感器和设备,确保监测系统的先进性、耐久性,但费用高、价格不菲。全效型的代表方案为香港青马大桥等健康监测系统。

二是实用型传感系统:结合中国特点,考虑合资和合作技术,系统针对主桥进行了监测,测点数量布设适中,但基本没有系统冗余,可靠性较高,采用目前国内外先进的、成熟的传感器和设备,确保监测系统的先进性、耐久性,工程费用适中。实用型的代表方案为贵州坝陵河大桥运营安全监测系统。

三是精简型传感系统:传感系统布设精简,选取部分关键内容进行监测,测点布设较少,采用目前国内生产技术较好、性价比较高的传感器和设备,维护更换方便,不包含人工巡检系统,工程费用较低。精简型的代表方案为洪都大桥运营安全监测系统。

全效型、实用型及精简型方案监测项目如表 3-4 所示。

表 3–4　不同类型系统方案比较

类型	监测项目	管养系统	备注
全效型	环境(风、温湿度、地震、车辆) 变形(塔、缆、梁、锚锭) 应力(缆、吊索、塔、梁) 振动(塔、梁)	全面的电子化管养系统	变形监测采用 GPS 系统
实用型	环境(风、温湿度、地震) 变形(塔、梁) 应力(缆、吊索、塔、梁) 振动(塔、梁)	简化的电子化管养系统	变形监测采用连通管、倾角仪
精简型	环境(温湿度)变形(塔、梁) 应力(缆、塔、吊索、梁)	无	变形监测采用连通管、倾角仪

以下为某斜拉—悬索组合桥的监测项目与传感器实际配置。该桥主桥长555m,为三塔斜拉—自锚式悬索组合体系桥,包括主塔斜拉索体系段与自锚式悬索体系段。主桥跨径组合为:25m(边跨自锚段)+90m(悬索段)+2×162.5m(斜拉索区段)+90m(悬索段)+25m(边跨自锚段)=555m。本桥采用精简型健康系统,监测项目和传感器基本配置见表 3–5。

表 3–5　监测项目和测点布设一览表(基本配置)

序号	监测项目	测量参数	传感器类型	数量	说明
1	大气环境	大气温湿度	空气温湿度计		北塔塔顶
	结构温度	结构温度	数字温度传感器		塔、梁截面温度场
2	整体线形	主梁线形	长期线形观测点	21	主梁的挠度定期测试
3	索力	斜拉索吊杆	振动传感器	16	部分吊杆及斜拉索的定期测试(非实时)
		悬索桥吊杆	振动传感器	16	部分吊杆内力的实时监测
4	应变	主梁截面	内埋应变计	24	定期测试

续 表

序号	监测项目	测量参数	传感器类型	数量	说明
5	桥面交通状态	视频监控	远程视频	4	桥面交通状态调查与实时显示
6		实时显示	LED 显示屏	1	

以下为某斜拉桥的监测项目及测点布设。该斜拉桥跨径组成为(130+300+130)m 双塔双索面 PC 梁斜拉桥,边、中跨之比为 0.433,斜拉索采用扇形空间索面,采用实用型的健康监测系统。健康监测项目及测点布设如表 3–6 所示。

表 3–6　某桥监测项目和测点布设一览表(基本配置)

序号	监测项目	测量参数	传感器类型	数量	位置
1	环境条件	风速和风向	风速风向仪	1	主梁中跨跨中
2		大气温度	空气温度计	1	主塔塔顶
3		地震	强震仪	1	主塔承台
4	整体变形	塔顶倾角	倾角仪	4	两主塔塔顶各 2 个，监测纵、横向
5		主梁线形	挠度计	5	中跨跨中和 1/4 截面处,边跨跨中
6	大桥振动	振动	加速度传感器	9	由动力测点优化计算确定
7	索力	拉索索力	振动传感器	16	典型拉索索力测量
8	应变	塔应变	振弦应变传感器	/	部分沿用施工预埋的传感器
9		主梁应变	振弦应变传感器	/	
10	结构温度	结构温度	数字温度传感器	10	塔、梁截面温度场

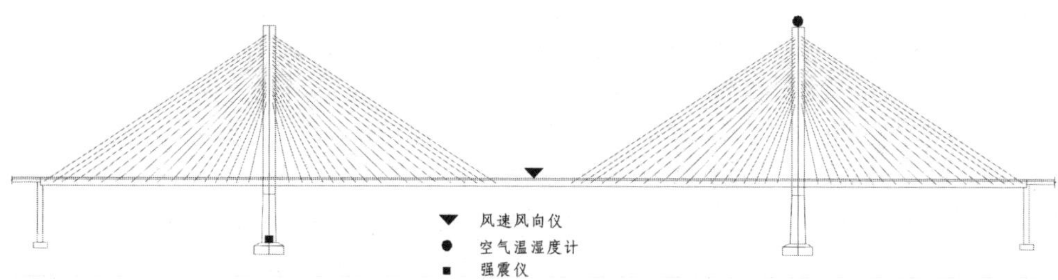

a 风速方向仪、空气温湿度计和强震仪布设示意图

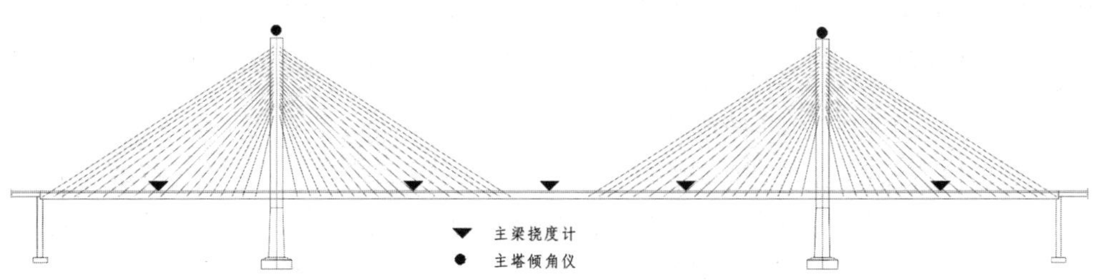

b 主梁挠度计和主塔倾角仪布设示意图

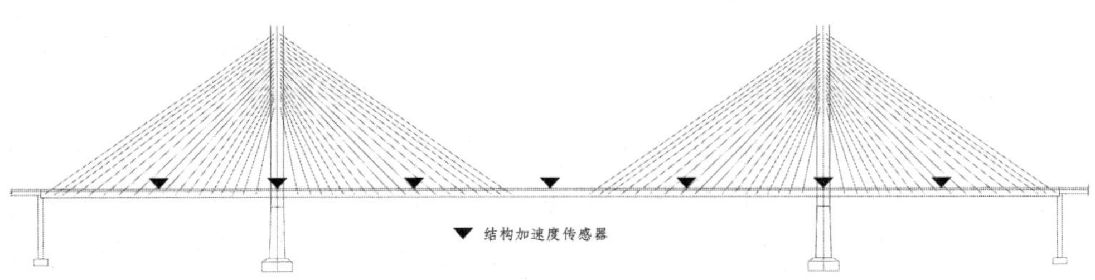

c 结构加速度传感器布设示意图

图 3–2 某桥健康监测测点布置示意图

三、桥梁结构损伤识别

损伤（damage）是引起结构性能降低的结构状态的不利变化。损伤识别(damage identification)是利用结构的响应数据来分析结构模态参数/物理参数的变化，进而识别结构损伤的过程。目前，有关数据处理和损伤识别这项工作还停留在比较初级的水平上，无论在对结构周边环境不确定性的认知方面，判别信号传递引起的系统误差方面，还是采集到的信号对结构损伤并不敏感等方面，都有大量的研究和改进工作要做。

(一)结构损伤识别的常用方法

(1)静力参数法。可采用结构刚度(包括结构单元刚度)、位移、应变、残余力、材料参数(如弹性模量、单元面积或惯性矩)等作为损伤指标。静力参数法通常在单元层次上，利用参数的残差分析来识别损伤。在静力荷载作用下测得的挠度、应变等比较直观，也是结构状态评估目前普遍使用的方法。

(2)动力参数法。可采用频率比、振型变化、振型曲率、应变模态振型、MAC、COMAC、柔度曲率、模态应变能、里兹向量等来构建损伤指标。结构的模态参数(模态频率、振型等)反映了结构固有的动力特性，是结构物理参数的函数。结构发生损伤后，结构的刚度(或质量、连接条件、边界条件等)将发生改变，从而使结构的模态参数发生相应变化，因而可以根据结构动力参数的变化来辨识结构的损伤。典型的动力参数法是将观察到的动力参数改变与基准参数比较，并选择其中最有可能的改变来判断结构的真实状况。

(3)模型修正法。这是常用的损伤识别方法，可采用矩阵型修正方法、基于参数灵敏度修正方法及随机模型修正方法等。模型修正是利用结构实测数据(一般是模态参数)来修正结构的初始理论模型，使修正后的结构模型的响应与结构的实测响应相一致。而用模型修正法进行损伤识别时，应把有限元基准模型作为结构的初始理论模型，把损伤后的结构响应作为结构实测数据修正后的结构模型，其与初始基准模型的差异即反映为结构的损伤。

(二)结构损伤等级

通常把桥梁的结构损伤分为：无损伤、轻微损伤、一般损伤、严重损伤和破坏损伤。随着经济的持续、快速发展，我国桥梁风险评价研究又有了新的进展。按照城市桥梁的建设规模、重要性、服役环境及其服役期内性能退化情况，桥梁结构健康监测系统的等级可按表 3–7 划定。

表 3–7　桥梁结构健康监测系统的等级划分

等级	适用的桥型	监测系统的性能
一级	特大跨度的桥梁（主跨 >150m）、复杂结构桥梁、重要桥梁	监测系统全；系统硬软件功能强大，可扩展性强，系统自动化、集成化和网络化程度高；实时在线和远程监测
二级	特大跨度的桥梁（40m≤主跨≤150m）、较复杂结构桥梁、较重要桥梁	监测系统较全；系统定期监测（每次连续监测多天）；自动化程度较高；数据管理系统网络化运行

注：

(1)复杂结构桥梁指斜拉桥、悬索桥、拱桥及组合结构桥等桥梁，较复杂桥梁结构指连续梁桥、刚构桥等桥梁。

(2)重要桥梁指桥梁所在位置极为重要，该桥具有重要的政治或经济意义。

(三)结构安全性评估

安全性评估（safety assessment）是通过各种可能的测试手段，分析结构当前的工作状态，并与其临界失效状态进行比较，评定其安全等级。要正确判断一座桥梁是否满足荷载等级要求，评定当前的工作状态，就必须对桥梁的结构性能做出准确的评定。当前采用的方法大致可归纳为：外观调查评定法、设计规范评定法、荷载试验评定法、专家经验评定法、结构可靠度评定法五种。

(1)外观调查评定法是根据外观调查进行评定的方法。有经验的桥梁技术人员对既有桥梁进行全面检测，并用文字描述和定量检测结果对桥梁质量进行分类、评定。目前该评定法在评分标准、方法上已有大量的研究，但此类评定技术的主要依据仍是大量的定性信息，取值相当程度上依赖于评定工程师自身的经验，而且无法发现桥梁隐蔽的缺陷。

(2)设计规范评定法是根据设计规范的规定，通过实测材料性能、结构几何尺寸、支承条件、外观缺陷及通行荷载，依据桥梁结构的计算理论来评定承载力。由于设计理论的结构力学模型与实际受力状况有差别等原因，该评定法难以反映结构的实际性能。

(3)荷载试验评定法是在桥梁进行现场荷载试验后,结合理论分析手段,对桥梁进行诊断识别,建立桥梁结构的实际工作模型,进而根据这个模型确定桥梁的实际承载能力,利用现场测试技术,可以获得一部分桥梁结构的确定信息,从而减少评定工作中的不确定性因素。由于结构识别过程与获取的结构信息密切相关,如要获取比较符合实际的计算模型,必须获取足够的信息。

(4)专家经验评定法是利用桥梁专家的知识和经验,通过计算机系统对桥梁的安全性进行评估,由于桥梁在设计、施工和管理等方面存在不确定性,这使得研究桥梁专家系统面临许多困难,而真正能供使用的桥梁专家系统并不多。

(5)结构可靠度评定法是根据结构可靠度理论在确保用最少费用达到容许安全等级之外,有效利用资金,对于既有桥梁结构其荷载和抗力都是不确定的、随时间变化的随机过程。为此,随着工作荷载的增加及构件缺损的加剧,桥梁结构可靠度随时间逐渐减小。

第三节　桥梁接管与检查考核管理

为实现桥梁工程完工移交与接管工作的有效对接，适应城市桥梁设施的养护需要，拟移交的桥梁设施应满足国家、行业、地方技术标准及安全使用功能要求，并符合相关的国家法律法规及地方文件的规定。

一、桥梁移交与接管

(一)参与设计方案审查等活动

提前介入桥梁建设活动是为了规范桥梁设施项目的竣工验收、移交与接管工作，充分发挥桥梁设施的使用功能。为加强桥梁安全运行的管理，桥梁建设单位应在工程建设项目初期，即在施工图交底前，将初步设计批复等其他相关资料送交桥梁接管行政主管部门进行登记，并做出桥梁接管单位的界定。当做出界定之后，桥梁接管单位应按移交与接收管理的规定告知受理登记后的程序及相关要求，并参与建设行政主管部门进行的下列活动：

(1)初步设计方案审查。通常，桥梁建设行政主管部门进行下列活动时，如涉及城市道路桥梁设施的建设项目的审批、初步设计方案审查，应当通知城市管理部门参加，听取城市道路管理部门的意见和建议，并留有完整的文字记录，对符合国家和本市相关标准的意见和建议，应当采纳。城市道路管理部门发现不符合城市道路桥梁专项规划、设计规范、养护管理标准等方面问题，或对设施运行和养护管理可能产生影响的，应当以书面方式向建设单位提出改进意见。

(2)施工图交底、涉及使用功能的设计变更等活动。桥梁接管单位界定后，应及时参加施工图审查和施工图交底，并以工程初步设计批复为依据，结合桥梁管养的实际情况提出意见和建议，对可能影响桥梁运行安全及管理的事项，建设单位提交相关的处理方案或签订保护协议。内容包括项目规划、设计方案评审、初步设计审查、施工图交底、工程初步验收及工程竣工验收等，并提出管养要求与对策。施工过程中，对即将影响桥梁设施运行安全及管理的施工行为，应制订相应的专项施工方案，对涉及使用功能的重大设计变更或甩项的事项，应报行政主管部门批准后实施。试运行阶段，参与关键设备安装、调试等。

(3)竣工验收。接管单位参与竣工验收检查，应对项目使用功能是否达到设计批复要求进行仔细、全面的实地查验和资料审查;并将查实的问题以市政设施建设项目检查记录表的形式告知桥梁建设单位。由桥梁建设单位及时组织参建单位对查实的问题进行整改,同时将整改情况予以反馈。完成相关建设规定程序和上述问题整改消项之后,接管单位参加竣工验收会议并通报现场检查情况和存在的问题,审查竣工资料,必要时提出相应的处理意见和建议。

(4)签署移交接管协议。根据竣工验收会议确定的内容和处理意见,形成竣工验收合格的意见,即可通过竣工验收并签署移交接管协议,也可同步完成移交。同时,桥梁建设单位应当按照有关规定,将桥梁信息管理设施、专业养护设备、养护用房、观测点等附属设施,以及依附桥梁铺设的管线的相关资料移交接管单位,并及时办理交接手续。

而桥梁接管单位应当建立健全桥梁设施接管管理制度,明确桥梁设施接管的主体、内容、条件、程序等相关事项,规范桥梁设施接管行为。一般情况下,未能办理移交接管手续的桥梁设施,应由桥梁建设单位或者其委托的单位负责养护维修。关于社会产权的桥梁设施的移交与接管,如果产权人自愿无偿移交且符合规定的移交接管条件,可以按照上述规定程序接管,由产权人承担相应的养护维修责任。当产权人变更或者灭失时,可由其权利义务承继人承担养护维修责任;没有权利义务承继人的,由产权人的上级主管部门自行承担或者指定养护维修责任人承担养护维修责任;没有上级主管部门的,通常由属地区、县人民政府指定养护维修责任人。

(二)具体实施移交与接管

拟移交的桥梁设施应按规定程序完成竣工验收,并由建设主管部门实施竣工备案。所谓移交,是指按照法定程序将城市桥梁及其附属设施的工程实体、档案资料等移交给接管单位的工作总称。所以,总体来讲,拟移交的桥梁应明确所需内容或范围,红线界定清晰,特别是移交范围内无拆迁遗留等问题,或已明确负责处理拆迁遗留问题的责任主体。同时,桥梁移交前还应进行竣工清理,对因施工而造成的场地地形变化等方面的不足进行处理完善,如对因进驻施工而损坏或污染的植被、设施进行修复。关于新建、扩建、改建桥梁的移交,一般由桥梁建设单位牵头组织,移交方和接管方同为主体责任单位。以这两方主体责任单位为主可成立移交工作小组,小组成员包括熟悉本工程的建设、施工、监理、设计等方面工作的单位,具体实施移交与接管验收工作。所谓移交与接管验收是指在桥梁工程竣工验收的基础上,按照相关规定及要求对桥梁及附属设施的移交条件进行验收,并在验收前进行现场检查、技术交底、主要功能测试、专项培训等。具体实施可参考以下步骤:

（1）提交设计图纸及有关资料。移交前一个月，桥梁建设单位应将设计图纸、施工过程中的质量缺陷处置记录、桥梁养护过程应注意的事项等资料先行提交接管单位，之后可按桥梁分部分项工程的要求制订移交清单，各类清单应明确各部位的名称、规格（型号）、用途、数量、厂家等，并注明实际技术参数或指标。需要移交的资料主要包括：竣工资料、经营资料、管养资料、施工监控资料、检测及荷载试验资料、前期地勘资料等所有档案资料。

（2）确定移交与接管的形式。移交与接管可采取一次性移交、有条件移交、延期移交三种形式。首先，符合上述移交与接管等要求的，应进行一次性移交；如存在资料不够完整或个别缺失，可进行有条件移交，并应在三个月内将相关资料补充完整；如果存在施工质量问题、功能性指标不符合的情况，且不能通过整改按时完成移交的，则应延期移交，延期期间移交方必须按相关规范要求进行管养。

（3）签署移交与接管协议书。移交与接管最后的步骤，即双方应签订移交与接管协议。一般情况下，桥梁项目应在竣工验收合格报告签发之日起，一年内办理移交，如超期，应委托有资质的检测鉴定机构重新鉴定工程质量，达到合格后方可按上述步骤进行移交与接管工作。

（4）质量保修与回访期。质量保修、回访期从竣工验收合格之日起开始计算，期限设定应符合有关规定要求。在项目质量保修、回访期内，桥梁建设单位和接管单位应及时掌握由于工程质量而影响使用功能的问题，以及竣工验收承诺的有关整改情况检查等，是否都已整改到位。如果质量保修、回访期届满，桥梁接管单位应根据质量保修、回访情况签署接管意见，并向有关机构备案。

（三）符合接管的基本条件

桥梁移交与接管可作为一项考核规定，故应建立常态化、规范移交与接管工作的机制，桥梁行政主管部门或受委托的监管机构应按相关规定开展本行政区域内桥梁的移交与接管工作，除按实际情况制定城市桥梁移交与接管的管理制度，明确移交与接管要求之外，还应明确桥梁运行之前需要符合移交与接管的基本条件，并符合下列相关要求。

1.符合一般规定的要求

（1）一般超过竣工验收合格之日起一年的城市桥梁，在移交与接管前，应对桥梁重新开展检测评估，检测结果必须符合原设计标准。

（2）桥梁限载标志（牌）、限高标志（牌）、限高措施（限高架）、通航警示标志、防撞保护设施和警示标志等设施，以及桥梁永久性观（监）测点应按规定设置。

(3)桥梁上使用的易损专用构件,建设单位应配备适当数量的备件,并与桥梁工程同步移交。桥梁上配套建设的实时监控(测)系统、机电设备等设施应符合设计要求,且运行正常。城市桥梁管理用房和技术档案资料(含电子文档)应与桥梁工程一并移交。

(4)特大桥、大桥、中桥在接管前,应出具荷载试验报告。特别是大型桥梁,其结构较复杂,体量也较大,桥梁病害可能在工程竣工验收完成后的运行期间开始显现,因此在桥梁移交与接管前,接管单位应开展调查工作,发现桥梁病害及不符合桥梁管养要求的情况时,应向建设单位提出改进建议,以进一步提高桥梁结构耐久性,完善桥梁的使用功能,以满足运行期间的管养要求。

(5)桥梁未经验收或验收不合格,以及未设置、施划有效交通标志、标线和防护设施的,不得交付使用和移交接管。

(6)防抛网的设置主要针对有行人通行的桥梁,防止桥上行人抛物危及桥下道路通行安全。其设置形式也具有多样性。《城市桥梁设计规范》(CJJ 11—2011)规定:"当桥梁跨越快速路、城市轨道交通、高速公路、铁路干线等重要交通通道时,桥面人行道栏杆上应加设护网,护网高度不应小于 2m,护网长度宜为下穿道路的宽度并各向路外延长 10m。"《城市桥梁养护技术规范》(CJJ 99—2003)规定:"快速路两侧应放置防护网,上跨快速路及铁路的天桥、有人行步道的立交桥两侧应设防护网。"

2.符合档案资料的要求

桥梁移交与接管前,一般应取得城市规划行政主管部门核发的建设工程规划许可证,并经建设行业主管部门验收合格,提供"市政基础设施工程竣工验收报告"、"工程竣工验收备案表"、工程竣工图纸、竣工图电子文档,以及相关的文字、音像和实物等资料。

建设过程中的各项专项设计,专项检测,功能性论证、评估等结构安全资料可列入移交目录,一并移交给养管单位,并就后期需要说明的有关养护事项向养管单位进行专题说明。个别缺少验收标准的新技术、新工艺、新材料的使用,设计图纸必须明确相关技术参数和安全管理方面的要求,施工技术资料中应证明相关材料已达到设计的要求及标明应注意的事项。同时,考虑桥面合龙时及相应温度状况下裸梁的桥面线形情况,桥梁移交时应提交桥面合龙时及相应温度状况下裸梁的桥面线形,桥面线形调整后及桥面铺装成型、桥面通车时温度状况下的线形及桥墩在不同工作状况下的垂直度等施工监控资料。

工程竣工及功能性检测资料应齐全,内容符合规范要求,各部件实际技术状况与竣工记录、竣工验收资料的指标和参数相符。其中,应向养管单位提交移交设施(设备)的数量、规格、型号清单;工程主要建筑材料、建筑构配件和设备的进场试验报告,以及有关质量检测和功能性试验资料。Ⅰ类桥梁工程还应有荷载试验、竣工测量记录等相关资料,以及电气设施、设备运行正常的相关记录资料。按规定需要进行监测的桥梁及其附属设施,建设单位应提供原始监测、测量的点位资料、专项安全论证资料;相关成套产品应提交原理图、操作使用手册、使用及保养说明;程序软件应提交使用说明、安装光盘和密码。

建设单位向城市桥梁管理单位移交桥梁基础资料(含电子文档),并协同做好接管工作。未经验收或验收不合格的桥梁,或未设置、施划有效交通标志、标线和防护设施的桥梁,不得交付使用。新建、改建、扩建的城市特大桥、大桥、中桥在接管时,应进行荷载试验及桥梁观(监)测点的设置工作。而城市桥梁管理单位应开展一次常规检测,记录桥梁病害,评估桥梁完好状态等级,建立桥梁管养技术档案。新建的桥梁在工程质量保修期内出现的质量问题,通常由建设单位负责整改至合格。

3.符合重要使用功能的要求

(1)对通航航道上的桥梁,应考虑对桥墩进行防船撞风险评估及专项论证,并在便于观测水位的桥墩上设置清晰的水位标尺线。

(2)混凝土结构物的强度和外观,除满足设计要求及规范明确的标准外,还应满足平整、精细、外观整洁、色彩统一等外观及整体性方面的要求。

(3)钢结构及混凝土结构防腐涂装体系的设计使用寿命应不低于 15 年,同时设计应明确钢结构现场焊接及交叉施工部位的防腐涂装措施, 而所有外露钢结构及构件的防锈措施应与桥梁主体钢结构的防腐年限保持一致, 以确保钢结构的整体防腐年限。桥墩等混凝土结构物的防护涂装,其底层涂装应具有封固混凝土微裂缝的耐久性保护功能,外观涂装除满足其整体景观的要求外,还必须满足市政设施标准的有关色系要求。

(4)重要桥梁应设置必要的检修通道,并对桥梁运行后期需要大修的周期及相关内容做出说明,考虑设计恒载时,应包括临时交通管制措施可能增加的交通载荷。

另外,在移交与接管之前,桥梁混凝土结构局部已出现实质性破损或缺损的,其修补方案应征求设计单位意见,满足耐久性方面的要求;后浇混凝土或特种抹面砂浆修补的结构,应根据实际情况在混凝土后浇带或抹面砂浆内布设防裂、防脱钢筋网;所有外露钢预埋件或其他附属钢结构,在切割或用其他方式处理后,应采取专项防锈蚀和防结构锈胀、脱落方面的措施；有关施工过程中出现的混凝土裂缝，移交时应将裂缝整治资料及竣工图纸一并移交接管单位。

因此，一般不得随意在桥梁混凝土结构物上打孔、打洞，不得破坏混凝土结构的断面尺寸，不得使结构物出现外观缺损、渗水、析钙、爆壳及污物流坠等情况。必要时应对渗水部位等进行彻底整治，以避免外观污染。局部钢结构若因交叉施工出现涂层破损，应对整个部件或节段进行整体涂装。

4.符合附属设施使用的要求

(1)人行道性能应满足防滑要求，人行道路面与路缘石、检查井之间的材料及结构构造应相互匹配和协调，不得出现影响使用和美观的缺陷。雨水漫流的部位宜设置挡水线或截水沟。

(2)桥面铺装必须具备耐久性、整体性、行车舒适性、适应变形等方面的要求。在重要桥梁的桥头两端可设置便于组织维修、执法、重车管理的加宽车道，其车道宽度不宜小于3m，长度不宜小于100m，有条件的应设置汽车超重自动报警装置。

桥面铺装应加强各道工序质量的控制，在合理的运行期内铺装层不得出现车辙、破损、变形、开裂等病害，确保铺装层的设计使用年限。移交时车行道上不得有交叉污染的水泥浮浆、沥青斑点、油污和其他杂质异物，应保持车行道的干净整洁。施工质量保修期内若出现沉降、破损等质量缺陷，应按单元进行整板修补，以保证路面结构体系的完整性。

(3)应对伸缩装置进行专项设计，明确其相关技术指标，明确不同工况下缝宽的最大值与最小值，明确锚固区的构造形式，应考虑后期的维修与保养，提交伸缩缝及相关部件的工作原理图及保养手册。设计图纸应明确伸缩装置质保期或使用年限(包含钢结构防腐及相关附属配件)，同时应明确伸缩缝两端的排水处理措施，与立交匝道相连接的部位，应注重路面的整体性设计，并利用结构构造合理留设伸缩变形缝。梁桥建设时可考虑同步设置大位移伸缩缝的检修平台。伸缩缝锚固区应有足够的锚固措施和抗裂措施，不得出现横向裂缝和混凝土锚固区破损。移交前应清除伸缩装置缝间垃圾、施工模板、其他异物等施工残留物，保证伸缩缝锚固区界面及伸缩缝下方整洁。

(4)移交时所有支座滑动面周边、防尘罩应清洁、完好，不得遗留杂草、青苔、垃圾。橡胶支座保护层不得有开裂、破损，各层加劲钢板之间的橡胶外凸应均匀、正常。支承垫石顶面不得开裂、积水，固定螺栓螺母紧固，螺杆采用统一标准，钢盆外露部分不得存在锈蚀。阻尼器的铭牌数据、安装位置、元件连接必须按照安装图执行。

(5)桥面给水管的设置应按所用材料的性能、大桥伸缩变形的特点,设计适合变形的支架、导管和伸缩节。桥面给水管宜在桥面人行道外侧按30~50m的间距,配套设置取水点,伸缩节安装间距不宜超过100m。在桥头成片的绿化地应设置绿化养护给水管。

(6)桥面排水、落水管应提供设计安装详图。排水、落水管转弯角度宜大于135°,并明确转弯处、收水口的详细做法,以及落水管支架、抱箍、卡环等配件的用材、结构形式、间距和安装方面的要求,其中排水、落水管抱箍间距宜小于2m。设计应明确排水、落水管材料的壁厚、技术指标、耐候性参数等,铸铁落水管应考虑设置便于清淤疏通的检修口。根据水箅子盖板的安拆、维修、反复使用等功能的需求,桥面排水系统应设置沉沙井、疏通孔及检查口(桥面水平排水管检查、清掏口间距不得大于20m)。桥面低洼处、人行道管线走廊、封闭箱梁等容易出现积水的部位,也应充分考虑排水、通气顺畅等功能,移交前应清除施工等杂物。桥面排水应通过落水管落地排放,落地后归流的方法,落地部位应尽量隐蔽设置,如果出现堵塞、排水管脱落、污水漫流等情况,一般不得移交。

(7)桥面路缘石通常除满足设计规范的相关要求外,还应符合当地市政设施关于路缘石选用的标准及要求。一般路缘石高度应不低于37cm,为防撞,要求路缘石制作也可采用现浇。桥梁防撞路缘、防撞护栏、防撞栏杆设计应在满足规范要求的同时,做出设防条件和等级的说明。路缘石材料应具有足够的强度,如采用混凝土其强度等级不应低于C35,路缘石的外表严禁使用装饰材料来修补或找平。防撞护栏除满足整体景观的要求外,还应符合市政设施色系的整体要求。

(8)重要桥梁必须有防雷专项设计,其设计图须经防雷相关职能管理部门审核认可。为便于日常检测作业需要,防雷系统应设置防雷测试的端子,并同时考虑不同水位下的检查测试要求。桥梁防雷设施采用的专门产品及材料,其材质必须满足防雷系统耐久性和可靠性的需求,防雷设施设置要有防范洪水冲刷、防止人为破坏的措施。

桥梁移交前,桥梁建设单位应通过防雷系统的专项验收,并提交由具备资质的检测单位出具的检测资料及合格证书,以及防雷测试点的位置图及施工过程中避雷连接线(带)安装与测试的相关质保资料。移交时如果实测防雷阻值不达标或避雷连接线与规范不符,一般不得移交或应延缓移交。

(9)消防水管和民用水管应分别设计为独立的系统,其中民用水表和消防水表应分开设置。同时移交方应提交消防设施的使用及维护维修保养手册,对养管单位人员进行操作技能培训。对于自动消防远程控制系统,宜将其主机设置在大桥的中央控制室,并提供按消防审批程序进行的消防申报、检验及验收合格报告等全套资料。

(10)重要桥梁在建造期间应同时安装健康监测系统,监测系统的设计方案应明确传感器、分析仪、工控机、终端及传输系统的耐久性要求和质量要求,以及相关元器件的技术参数,明确系统软件功能及升级方面的需求。系统的终端应设计成直观友好的操作界面,并具备动、静态状况下特征点的数据分析和对比功能,能够实时直观地反映重车对大桥的影响情况并进行数据统计,包含车流量的自动统计。必要时,可考虑在系统运行中,对采集系统的数据进行设计验证。其中质保书、合格证书等资料必须齐全,运营监测项目合同必须明确该系统质保及维保的方式,通常用于计量的传感器、设施、设备应按要求进行标定,质保期限不宜低于 5 年,系统的设计使用寿命不低于 15 年。

桥面车行道设计时应考虑设置防止车辆在桥上违章掉头的措施，并设置符合规范的中央隔离栏杆、水马等方便交通转换的设施;交通标志、标牌的设置除满足通行指示标识功能外,还应满足安全牢固、整洁美观的要求,与环境保持整体协调,并按要求进行分类设置。在进入桥梁两端的明显位置,应设置限制汽车载重质量、轴载质量、禁停、限速等标志标牌,在不同道路等级的路口根据需要设置限高、限质量、限宽等交通标识和防护设施。

5.符合电力设施使用的要求

各类设施设备、电气元件应满足桥梁所在环境下的使用要求,并应满足其耐久性和耐候性方面的需求,以及设计使用年限的要求。

(1)供配电设备与桥梁景观、功能照明使用的灯具,应选用便于维修、更换和具有耐候性的通用产品。路灯照明线路与光彩照明线路宜独立分开,并可在桥面区域内设置便于管理维护、施工用电的三相供电接口,且供电间距宜控制在 400m 以内。

(2)需要考虑设置在灯具更换和系统维修时便于安全作业的检修通道。而采用集成控制软件的配电室或室外控制箱应具有防雨、防尘、防潮等防护措施,配电室应设置恒温系统。

(3)电力控制系统、照明控制系统、风机除湿机等电气类控制系统应设置在电力控制室。塔(箱)内检修照明系统,应设置双控开关装置,其内壁平均照度不应低于50lx。安装在室外的塔柱卷扬机等机电设备应设置防雨、防尘、防晒等保护措施。电缆沟、井内应设置相应排水设施。

(4)强电与弱电线路应单独设计路由,减少信号干扰。机电类特殊设备,如除湿机、检修小车、升降设备等,应由专业单位进行维护保养。在选用设备时,宜选用在本地区设置了相关售后维修服务机构的品牌,并应在采购合同中明确今后的售后服务承诺,在桥梁设施移交时转交养管单位。设施线路保护套管的安装应适应桥梁变形和环境的需要,节点安装必须牢固规范。

(5)不得使用塑料波纹管等耐久性差、易变形的材料。中控室、配电室内各种工控机的控制程序及所有机电设备的随机附带工具仪器、专用工具应一并移交养管单位。灯杆颜色应符合统一要求,灯杆地脚螺栓宜采用混凝土包封,其大小、形状应规范整齐。

6.符合监控设备使用的要求

(1)满足摄像机的镜头分辨率。摄像机镜头分辨率应达到1280×720像素(720P)、帧率≥25帧/秒,模拟摄像机镜头分辨率应达到720×576像素、帧率≥25帧/秒。显示部分应采用配合视频镜头分辨率的高清整体化成套设备。采用可控类变焦机型,在视距300m范围内应能分辨人、物的轮廓特征。

(2)考虑视频图像监控与存储。每路视频图像的存储时间在满足镜头主要参数的情况下不应少于24小时×30日。控制系统宜采用统一控制、联控报警需求的监控管理平台,以及显示地理位置信息的控制软件和光纤传输系统,并预留不低于40%的冗余量。

(3)考虑视频监控系统的布设。视频监控系统的布点除应满足交通监控、安全保卫、航道监控的要求外,应同时考虑超限车监管的需求。重要桥梁应设置车辆监测设施,每日监测的车辆数据准确率不应低于95%,还应具备以下功能:能在不中断交通的情况下测量车辆重量,以及准确记录车辆牌照,并根据车辆轴数分类、分方向、按时段统计车流量。同时,在城市桥梁两端设置可变情报板,可及时发布路面交通信息。

(4)确保室外杆体及控制箱的耐候性。室外杆体及控制箱应确保良好的耐候性及防腐性,并按规范要求做好防雷接地,保证室外杆体及控制箱稳固,视频画面无抖动等现象。

7.符合安防系统的使用要求

除按交通工程的要求设置交通监控系统外,应同步设计建设大桥的安防系统。桥梁的安防系统应包括结构自身安防体系,重要出入口和重点要害部位的视频监控,电子防盗,保安岗亭,隔离与封闭,门窗防盗等一切防入侵的设施,还应设置红外线安全报警与视频监控联动装置,以及相应的供电保障系统。

8.符合检修平台及通道使用的要求

(1)按“三同时”的要求留设。桥梁的检查检修通道应按安全生产“三同时”的要求,与桥梁主体结构同时设计、同时施工、同时使用。桥梁结构构件设计时应同时考虑检修口和检修通道的留设。检查检修通道及平台的设计除满足结构、耐久、安全等方面的基本要求外,还应尽量满足检查检修人员在高空作业时的人性化需求,考虑方便检修人员进出、防火、逃生方面的功能。

(2)满足耐久性和防腐要求。一般情况下,桥梁混凝土箱梁、钢箱梁、塔柱等设施的通道,其出入口不得少于 2 个,双层桥梁的上、下层桥面之间应设置供检修人员进入的连接通道;桥梁设置的塔内升降设备如有不能到达的部位,应补充设置钢平台或钢爬梯,相应的钢结构应有耐久性和防腐方面的设计。

(3)满足安全防护和使用功能的要求。检查检修平台及通道应按需求覆盖桥梁结构日常检查及定期检测的全部范围。除满足工程检修人员行走、检查、检测、安放仪器或设备等工作状况的安全需求外,还应设置隔离门栅、踏板、梯步、平台、栏杆、扶手、防护网等安全防护装置,还应按需求完善外露通道的防盗设施和功能。

(4)配置特种设备逃生系统。桥梁检修小车、塔内升降设备等特种设备,应设置便于检修人员进入的通道,并配备必要的三方通话系统、安全运行系统、检修系统和逃生系统等,满足安全规范和安全作业的相关要求,移交时应提交相关资质机构检验合格的报告。关于检查检修平台与结构相连的钢预埋件或植筋结构,需明确其抗拔力和耐久性方面的设计要求。

二、桥梁检查分类及内容

通过桥梁检查可掌握桥梁使用阶段的设计状况，以及缺陷和损伤的性质、部位、严重程度、发展趋势,弄清出现的缺陷和损伤对桥梁质量和使用承载能力的影响,以识别可能存在的危险。而且,通过桥梁检查可以提供构件及材料的退化程度信息,用于分析退化形成的原因与退化对桥梁构件的影响程度,达到跟踪结构与材料使用性能变化的目的,使桥梁维护计划具有针对性,促使有关部门采取相应的对策措施,预防或从根本上消除事故和危害,确保桥梁完好和正常运行。桥梁检查通常分为经常性检查、定期检查、特殊检查。其中,经常性检查可分为日常巡视和经常性巡查,这项检查主要是对桥面结构、车行道范围内的各种病害、障碍物、交通标志及其附属设施进行一般检查;定期检查是一项重要的检查,是对桥梁主体结构及其附属设施的技术状况进行的全面检查；特殊检查是在特别情况下对桥梁的全面检查,以查清病害成因、破损程度和承载能力等,确定桥梁技术状况。

(一)桥梁检查的准备工作

桥梁检查这项任务,可通过检查桥梁当前状况,掌握车辆运输和交通量的改变对桥梁运行的影响,跟踪结构与材料使用性能的变化,为桥梁状态评估提供相关信息,并建立桥梁结构性能数据档案,向设计、建设及管养等部门提供反馈信息。同时,桥梁检查也是桥梁运行管理的重要组成部分,桥梁监管单位应按计划组织开展桥梁检查,认真做好桥梁检查记录,并要求记录准确、清晰、完整,及时掌握桥梁技术状况,发现问题及时采取措施,保障桥梁安全运行。

做好桥梁检查工作,可从以下四个方面入手:一是受过培训且具备经验的检查人员,二是采用有效的技术手段,三是采用适当的检测设备,四是采取合理的检查程序。现场检查人员的检查任务常常是在没有监督的情况下完成的,检查结果所提供的检查资料正确与否也是桥梁检查是否有成效的关键, 所以需要明确检查人员的责任和义务,保证检查人员具有较高职业素养,同时,确保所有参与检查的人员能够按照统一的检查标准进行操作。

(1)正常情况下,桥梁检查采取的技术手段包括外观检查技术和破坏性或无损检查技术,适用的检查类别各不相同,技术层面的要求也相差较大。外观检查主要采用肉眼观察缺陷或缺陷痕迹,也可借助放大镜、望远镜、数码相机等;有时可通过敲击检查构件,从音量及声音类型判断构件内部状况。上述检查方法直观、简便易行,但只能够定性,不能定量。其他类型的病害可使用专门检测仪器进行检查,主要采用 X 射线、其他射线及超声波检测焊缝质量或钢构件的裂缝等缺陷,采用超声回弹仪检测混凝土强度,采用不同车载路面检测仪、探地雷达探测仪在桥面以正常速度移动就可测得路面平整度、路面状况和结构层厚度;等等。

(2)检查所需的装备将随检查类型、性质和结构部位的形式有所不同,主要包括需要到达被检查构件部位的辅助设备和检查仪器。检查所需的辅助设备是考虑桥梁某些区域属于不易到达检查的位置,例如高架立交的底梁、斜拉桥拉索或跨越河流的桥梁,而为能接近检查构件,使检查结果更准确翔实,必须借助某些辅助设备才能到达预定的检查部位。通常这些辅助设备包括高空检查车、桥梁检查车、移动检查车及桥下检查船等。检查仪器一般除清洁工具、协助目视的检查工具、测量工具及记录工具之外,可根据结构定期检查和特殊检查时的内容需要,考虑使用经纬仪、水准仪、智能全站仪等测量仪器,测量构件的位移、高程、距离和尺寸等;使用无损检测仪、裂纹探测仪、手提式混凝土钻芯取样机、氯离子测定仪、激光平整度仪、落锤式弯程仪、路况等仪器,检测混凝土强度、氯离子含量等构件退化程度的指标。

(3)桥梁检查程序化则可提高桥梁检查的效率和准确率。一般根据桥梁运行管理年度总体目标,制订全年检查计划,并按此计划具体安排检查程序及内容要求。如:

第一是制订检查计划。检查计划的内容宜包括桥梁地点、到达检查部位的方法、检查工具、检查仪器、检查日程、检查种类、现场注意事项、现场交通维持及其他必要措施。

第二是在一座特定桥梁检查之前，检查人员应研读所有该桥的相关记录和资料,并从桥梁管理信息系统确认桥梁构件的编码。

第三是为避免现场遗漏或减少不必要的重复作业，应在出发前做好各项准备工作。如果是委托检查的,也要事先召开准备会议,对检查事项逐一落实。

第四是确定检查的顺序。一般方法是由上而下,即先上部结构,后下部结构;有时因桥梁形式、构件状况、检查种类及桥梁交通情况,也可视实际情况调整。

第五是将所有检查结果信息逐项录入桥梁管理信息系统，现场原始记录整理后作为检查资料归档。同时，检查人员或第三方受委托机构需要撰写本次检查报告,检查报告经审核后也要求归档。

(二)检查的类别及内容

城市桥梁所处的地理位置十分重要,其通行的车流量较大,几乎所有的桥梁都处于饱和状态,还有一些重型货车经常出入,因此产生桥梁病害的概率较高。经常性检查应由经过培训的专职桥梁管理人员或有一定经验的工程技术人员负责,对桥面设施、上部结构、下部结构及附属构造物的技术状况加强检查,以便发现问题,采取相应的维护措施。检查的目的是随时能够获得结构运行是否正常的信息,使桥梁结构在病害初期就能得到及时的养护或紧急处理。

(1)经常性检查。经常性检查应按桥梁的类别、桥梁等级、技术等级分别设定巡查周期,对重要桥梁,或遇到恶劣天气、汛期、雨季等特殊情况,周期宜短。一般每月巡查不得少于一次,汛期应加强不定期检查。经常性检查的范围包括桥面铺装、人行道、泄水孔、伸缩装置、栏杆、结构构件表面、拱座、吊杆护套、桥面板、机电设施等,以及障碍物、交通标志及其附属设施的完好状况。经常性检查的内容主要包括:

①桥面铺装平整,无裂纹、坑槽,不得积水、沉陷、波浪、车辙、桥头跳车。

②钢构件表面涂装完好,无明显损坏、老化变色、开裂、起皮、剥落等现象。

③防撞栏杆、人行道护栏完好,不得脱开、松动、缺件、剥落、锈蚀等。

④排水设施良好，桥面泄水孔、落水管不得堵塞、破损；伸缩缝平顺，缝内无杂物。

⑤连接部件无松动、脱落、破损，支座无锈蚀，活动支座的滑移量正常。

⑥交通信号、标志、标线、照明设施及桥梁其他附属设施齐全、完好。

(2)定期检查。定期检查是为了评定桥梁的使用功能，为制订养护计划提供基本数据，对桥梁的主体结构及其附属构造物的技术状况进行全面检查。其应做到桥梁外观整洁，桥面平整，排水畅通，重要构(部)件完好，标志齐全，通行顺畅。通常定期检查人员是富有经验的专职桥梁检查工程师，他们会对损坏严重、危及安全运行的危桥，提出暂时限制交通和报废的建议，并根据桥梁的技术状况，确定下次检查时间。定期检查的时间周期按下列情况确定：新建桥梁竣工接养一年后，进行第一次全面检查，三级运行管理的桥梁为十年；特大、特殊结构和特别重要桥梁定期检查一年不少于一次，也可根据专职桥梁养护工程师等桥梁养护技术人员的报告进行，病害在三类以上的桥梁，应安排定期检查。定期检查的方法是以目测结合仪器检查为主，对桥梁各部分进行详细检查，一般安排在有利于检查的气候条件下进行。

实施定期检查前，专职桥梁养护工程师要认真查阅所检查桥梁的技术资料以及上次定期检查报告，以便有充分的准备和做对比分析，并应按规范程序进行定期检查。定期检查主要是针对桥梁结构中常见的缺损及日常养护的实施效果，每年进行一次的结构技术状况动态数据采集，并以书面报告和必要的影像资料，对设施的运行状态做出评定。评定结果将作为制订年度养护维修计划的主要依据。定期检查可按以下几方面内容进行检查：

①桥面系：包括人行道面、车行道面、栏杆系、缘石、伸缩缝、桥面排水设施。主要检查内容为桥面铺装平整和磨耗度及抗滑性能；桥面铺装开裂、积水、坑穴、波浪和表面污迹；栏杆系的撞击损坏、松动、开裂、下挠和上拱以及构件脱落丢失；伸缩缝、人行道的桥头接缝的开放程度、阻塞和损坏；桥面排水设施是否合理、破损堵塞或漏水等。

②上部结构：包括主梁、主副拱肋、横撑、拱桥拱上建筑、系杆拱之吊杆、主梁拱圈及之间的横向联系等部位。主要检查：结构实际尺寸、跨径、填料厚度、拱轴线、钢筋直径和布置等；混凝土的空洞、蜂窝、剥落、层离、风化隆起、露筋、裂缝、破碎、表面沉积和钢筋锈蚀等；钢结构的涂层脱落、生锈、扭曲变形，滑动错裂，焊缝开裂和铆栓钉松动脱落等；桥跨结构的不正常变形如开裂，支承处主要承重构件的局部承压不够，承重构件横向联系是否开裂、脱落失效；组合结构结合是否张开、错位；以及拱圈纵横开裂、拱轴变形和侧墙鼓胀。

③支座:包括盆式橡胶支座、球型钢支座。检查内容:支座是否变形,支座部件是否剪断等,支座转动有无不正常的位移量。

④下部结构:包括桥墩台、基础、地基。检查内容为墩台材料的风化、水蚀、剥落、破损及裂缝等;墩台材料的力学性能,如强度;墩台基础的冲刷及倾斜、滑动、下沉或水平位移;地基基础触探检查。

⑤桥头接坡、桥上交通情况:检查内容为接坡线形、开裂、沉陷,以及接坡雨水管井盖、座是否完好和堵塞;桥上照明设施、标志和桥上交通照明或泛光照明设备损坏、失效等;标志是否清楚易读,是否处于恰当的位置等。

桥梁定期检查与评定应符合《城市桥梁养护技术规范》《城市桥梁检测和养护维修管理办法》的规定和要求,桥梁养护工程师应对评定为二类以下的桥梁进行针对性、预防性小修保养,对三类桥梁应提出大、中修方案建议,对四类桥梁须提出做特殊检测计划报告;对于难以确定损坏原因和程度的,应做出继续观察或提出特殊检测计划报告,报告应对提出检测的原因和损坏部位做详细说明。

(3)特殊检查。特殊检查应按照相关规定委托专业桥梁检测单位及时开展,以查清病害成因、破损程度和承载能力等。该检查应由具有城市桥梁管理、养护、设计经验的人员参加,必要时应对结构或结构部位进行安全性检测,并提交养护维修意见。

特殊检查是在特定情况下对桥梁的缺损状况、病害成因、承载能力或抗灾能力做出科学明确的判定,并需要根据检测结果提出针对性的维修处置措施建议。当桥梁出现以下状况时应进行特殊检查:桥梁遭受漂流物、船舶撞击,自然灾害(或者火灾)或超重车辆通过后造成桥梁严重损坏的;桥梁技术状况为四、五类且结构病害成因及程度难以判明的;桥梁要求提高荷载等级及其他情况。特大桥、特殊结构桥梁和单孔径 60m 及以上大桥应符合以下规定:

①桥梁上、下部结构应埋设永久性位移观测点,并定期进行观测。

②应委托有资质的检测单位进行特殊检测,同时对桥梁结构进行特殊检查。

③正常使用状态的大桥在使用 15 年后, 应进行一次桥梁结构的特殊检查,以后每隔 10 年进行一次。特殊检查可按本书第三章特殊检测的相关内容实施。

三、桥梁运行管理考核标准及内容

桥梁监管部门对桥梁的考核工作做了许多有益的探索, 但考核形式仍较为简单、零散,不够全面,无法较好地体现城市桥梁运行管理的实际需要,与城市桥梁全寿命周期内的管养工作要求还有较大差距。因此,城市桥梁运行管理应结合国家及地方标准的相关要求，统筹考虑桥梁综合考核体系如何进行完善，使考核体系更符合桥梁运行管理的需求。

（一）管养专业人员配置

根据桥梁的数量、桥型、养护等级等，配置相应的专业技术人员，专业技术人员应包括养护工程师、检测工程师（技术员）、施工员、质检员、安全员、档案（信息）管理员等。

其中，养护工程师、检测工程师应具有土木工程类专业本科以上学历、3 年以上城市桥梁专业工作的经验，以及应获得中级以上技术职务任职资格。

检测技术员、施工员、质检员应具备土木工程类专业本科以上学历，或土木工程类专业专科学历，且有 2 年以上城市桥梁专业工作经验。

安全员应熟悉市政工程安全文明施工相关规定，并经安全员岗位培训考核合格。

档案管理员熟悉档案管理相关规范及规定并取得档案管理员资格；信息管理员为经培训能从事计算机或相关专业的人员。

城市桥梁养护管理机构实行部门分工负责制的，其专业技术人员的配置数量应同时满足表 3–8、表 3–9 和表 3–10 的要求。

表 3–8 桥梁养护专业技术人员配置参考表

桥梁数量	专业技术人员配置最低数量(人)					
	检测工程师或技术员	施工员	质检员	安全员	档案或信息管理员	其他人员
桥梁总数量≤25	2	1	1	1	1	按需配置
25<桥梁总数量≤50	3	2	1	1	1	
50<桥梁总数量≤100	6	4	2	1	1	
100<桥梁总数量≤150	9	6	3	2	2	
150<桥梁总数量≤200	12	8	4	3	3	
桥梁总数量超过 200 的，每多出 50，相应增加人员数	3	2	/	/	/	

表 3-9　桥梁养护专业技术人员配置参考表Ⅱ

类型	数量	专业技术人员配置最低数量(人)					
		检测工程师或技术员	施工员	质检员	安全员	档案或信息管理员	其他人员
特大桥	每2座（不足2座的可按2座计，下同）	1	1	1	1	1	按需配置
大桥	每5座	1	1				
中、小桥	每30座	1	1				

表 3-10　桥梁养护专业技术人员配置参考表Ⅲ

养护等级	数量	专业技术人员配置最低数量(人)					
		检测工程师或技术员	施工员	质检员	安全员	档案或信息管理员	其他人员
Ⅰ等	每10座	1	1	1	1	1	按需配置
Ⅱ等	每30座	1	1				
Ⅲ等	每50座	1	1				

注：

(1)桥梁总数量大于50的，施工员、质检员、安全员、档案或信息管理员配置最低数量按表3-8计。

(2)桥梁养护等级的划分应符合《城市桥梁养护技术规范》(CJJ 99—2003)第3.0.4条的规定。

(二)检测设备的配置及用途

1.部分检测设备用途

桥梁检测主要是针对桥梁技术状况的检查检测,即查找桥梁缺陷,判别损伤的性质,找出病害发生的部位。同时分析其严重程度及发展趋势,找出产生缺陷和损伤的主要原因,分析和评价其对桥梁质量、使用承载能力的影响,为桥梁养护提供可靠的技术数据和依据。桥梁专用检测设备及仪器是指在常规定期检测过程中所用到的仪器设备,此类仪器设备的选用是以桥梁常规定期检测项目为依据的。其作用是检测确定桥梁的功能状态和承载能力的变化,提供桥梁状态和退化评定的连续记录,以及为建立桥梁技术状况档案而获取相应数据。

(1)桥梁检测车。桥梁检测车可以为桥梁检测人员在检测过程中提供作业平台,并装备桥梁检测仪器,用于流动检测的专用车辆。它可以随时移动位置,能安全、快速、高效地让检测人员进入作业位置进行检测。工作时也不影响交通,而且可以在不收回臂架的情况下慢速行驶。其工作原理是由液压系统将工作臂弯曲深入桥底,把电视摄像机送至检查部位拍摄图像,通过电视检查、录像机录像,能迅速准确地检查桥梁。目前,桥梁检测车可分为吊篮式和桁架式两类。

吊篮式桥梁检测车也称折叠式桥梁检测车,其结构小巧,受桥梁结构制约少,工作灵活,既可检测桥下也可升起检测桥梁上部结构,工作斗可伸入桥底位置为6m,可有线或无线操作,有时候还可以作为高空作业车使用。

桁架式桥梁检测车一般采用通道式工作平台,稳定性好,承载能力大,使用时检测人员能方便地从桥面进入平台或返回桥面,工作平台的最大下降深度为9m,如配置升降机则可大大增加下桥深度。

(2)超声波混凝土测试仪。超声波混凝土测试仪主要用于混凝土结构质量无损检测,适用于超声透射法检测基桩完整性、综合法检测混凝土抗压强度、结构混凝土缺陷探查、全波列岩石孔纵横波测试、岩体动力学参数测定。

(3)裂纹宽度探测仪。裂纹宽度探测仪是进行定期检测评定的重要内容。因此,裂纹宽度探测时应考虑选择在主要承载构件或承载构件的主要受力部位,或根据一般检查结果有迹象表明裂纹可能存在发展的部位。

(4)锈蚀仪。锈蚀仪可用于非破损检测混凝土结构中钢筋锈蚀程度。钢筋锈蚀的检测对于尽早发现和诊断钢筋锈蚀状态,确保结构耐久性与安全是十分必要的。

混凝土结构中钢筋锈蚀量的非破损检测方法有分析法、物理法和电化学法三大类。分析法是根据现场实测的钢筋直径、保护层厚度、混凝土强度、有害离子的侵入深度及其含量、纵向裂缝宽度等数据，综合考虑构件处的环境情况推断钢筋锈蚀程度；物理方法主要通过测定钢筋锈蚀引起电阻、电磁、热传导、声波传播等物理特性的变化来反映钢筋锈蚀情况；电化学方法则通过测定钢筋或混凝土腐蚀体系的电化学特性来确定混凝土中钢筋锈蚀程度或速度。

(5)回弹仪。回弹仪可采用回弹法检测桥梁结构混凝土抗压强度。检测时测区选择应符合以下要求：每一结构的测区数量不小于10个，当某一个方向尺寸小于4.5m且另一方向尺寸小于0.3m，测区数量不应小于5个；相邻两测区的间距应控制在2m以内，测区离结构端部或施工缝的距离不宜大于0.5m，且不小于0.2m；测区应均匀分布，结构的重要部位及薄弱部位必须布置测区，并避开预埋件；结构或构件的测区应有清晰的编号，且应在记录上描述测区布置示意图和混凝土外观质量情况。

2.检测设备配置标准

根据桥梁的数量、桥型和承担的工作任务等，配置相应的桥梁检测评估与养护维修作业机具、设备。养护管理机构配置的桥梁检测设备应包括检测辅助设备和检测工具设备两类。

(1)检测辅助设备。对经常性检查和常规定期检测作业所需的检测工具设备应配置齐全。桥梁经常性检查和常规定期检测作业所需的检测工具设备包括：钢刷、刮刀、锤子、望远镜、手电筒、带灯矿工帽、放大镜、钢卷尺、裂缝测宽仪、读数显微镜、照相机、摄像机、标示笔、标示牌等。

(2)检测工具设备。对结构定期检测和特殊检测作业所需的检测工具设备可适当配置。结构定期检测和特殊检测可按需配置的专用检测工具设备包括：经纬仪、精密水准仪、全站仪等测量仪器；混凝土强度回弹仪、超声混凝土测试仪、钢结构超声波裂纹探测仪、钢筋位置探测仪、钢筋保护层测试仪、钢筋腐蚀探测仪、氯离子测定仪等无损检测仪器；水下摄像机、透地雷达探测仪等特殊仪器。

桥梁检测辅助设备的配置可按表3-11选择。

表3-11　桥梁检测辅助设备配置表

设备名称	配置情况	备注
巡视作业车	1~2辆	每50座桥梁
桥下检测船	1~2辆	每80座跨河桥梁

续　表

设备名称	配置情况	备注
高空作业车	1～2辆	每25座高架立交桥
桥梁检测车	/	按需配备
其他辅助设备	/	按需配备

(三)养护机具的配置及使用管理

桥梁养护机具是指用于桥梁养护和保障的各种机械设备，是城市桥梁机械化养护的物质基础,而且还必须具备设备先进、运行安全可靠、工作效率高、环保性能好、适合桥梁养护的作业特点。只有具备了这些特点,才能够适应城市桥梁养护的要求,体现预防性养护和桥梁病害维修相结合的原则,体现新材料、新工艺、新技术、新设备“四新”成果应用原则。

(1)桥梁养护机具配置标准。桥梁养管企业应根据地区范围内的桥梁总数量，按需配置各种桥梁养护机具。一般可按表3-12配置桥梁养护机具。

表3-12　桥梁养护机具配置表

设备名称	配置情况		备注
	桥梁总数量≤50	桥梁总数量>50	
综合养护车	按需配备	1～2辆	综合养护
高压冲洗车	按需配备	1～2辆	冲洗栏杆、隧道等
移动标志车	按需配备	1～3辆	施工安全标志移动
移动式照明设施	1～2	2～3辆	夜间抢险及施工照明
工具车	1～2	2～3辆	维修机动作业
自卸汽车	按需配备	按需配备	/
移动式发电机	1～2	2～5台	/
移动式抽水泵	按需配备	按需配备	地下通道排水防涝

(2)桥梁养护机具的使用管理。桥梁养护机具应统一管理、统一调度、规范使用,建立严格的岗位责任制,实行定人、定机、定职责等责任制度。正确使用桥梁养护机具,要求各工种都要建立岗位责任制,做到合理安排,科学调度,充分发挥养护机具的效能,提高利用率。

一般操作人员必须经过岗前培训后才能上岗作业，特种机具设备的操作人员还应取得有关部门颁发的证件，方可上岗作业。机具设备的操作人员必须掌握机具设备的构造、原理和性能，熟悉操作技术，遵守操作规程，认真做好例行保养工作，做到会使用、会保养、会检查、会排除故障，使机具设备经常保持整洁完好。机具设备应定期保养，做到不拖保、不漏项、及时修理，不得带病运行。严格执行保修规程和技术标准，确保保修质量，保持机具设备的技术状态良好，提高完好率。养护机具设备的技术状态应满足相关技术标准的要求，并按核定负荷作业，不得超负荷运行。

(3)安全作业保证措施。桥梁养护机具设备作业应坚持"预防为主，安全第一"的方针，建立健全养护机具设备安全生产制度，经常进行安全生产教育，定期或不定期地进行安全检查，采取有效措施，确保各类养护机具设备安全作业。养护机具设备的操作人员必须严格遵守安全操作规程，确保安全作业。机具设备的安全防护装置必须可靠，在危险环境作业，一定要有可靠的安全措施，使用和停放中务必注意防盗、防火、防冻、防风、防雷击等。

(四)检查方面考核

政府行政主管部门每年对桥梁监管机构进行一次综合检查考核，综合检查考核由检查考核与社会监督评价两部分组成。其中，检查考核评价由工程建设期参与及接管、监管、养护、桥梁实体考核等四类指标组成。检查考核占总分的90%，社会监督评价占总分的10%。考核方式采用百分制评分。

1.检查考核的基本要求

综合检查考核应以每座桥梁为单位建立档案，档案内容应包括：桥梁主要技术资料，施工竣工资料，养护技术资料，巡检、检测、测试资料，桥梁自振频率等相关资料，并建立信息数据库，纳入桥梁信息管理系统管理。检查考核首先查阅各类资料台账，包括会议通知，会议纪要，往来文件，审批文件，移交与接管文件，组织机构设置，规章制度与职责，设计图纸，竣工图纸，工程竣工验收报告，招标投标文件，合同文件，材料台账，机械设备台账，检测报告，管养技术档案，书面及影像记录，媒体(网络)报道等。

现场检查包括：桥梁管养人员配置、仪器工具配置、机械设备配置、物资储备、资金储备、操作技术作业等，以及桥梁实体管养、养护工程施工质量安全管理、病害处置、灾害防治、应急处置措施、信息管理系统、监控系统及机电设备建设与运行情况等。

(1)综合检查考核的评价等级可分为优良、合格和不合格三个等级，并按设定的控制项、一般项和桥梁实体评定综合检查评价等级。一般桥梁实体的考核评价是通过现场检查桥梁设施的完好情况，对各检查项目进行现场考核与评分，并计算每座桥梁的累计评分值，再计算所有被考核桥梁的综合平均评分值，最后由综合平均评分值确定考核评价等级。例如：85≤综合平均评分值≤100，为“优良”；70≤综合平均评分值<85，为“合格”；综合平均评分值<70，为“不合格”。

优良等级应满足所有控制项的要求，即控制项的考核评价等级为“合格”，一般项的考核评价等级为“优良”，桥梁实体的考核评价等级为“优良”。

合格等级应满足所有控制项的要求，即控制项的考核评价等级为“合格”，一般项和桥梁实体的考核评价等级为“合格”或“优良”，且未全部为“优良”。

不合格等级为未满足所有控制项的要求，即控制项的考核评价等级为“不合格”，一般项的考核评价等级为“不合格”，桥梁实体的考核评价等级为“不合格”。

（2）桥梁检查考核时，管辖范围内的桥梁被抽取的数量一般不少于3座，其中特殊结构桥梁、特大桥、大桥抽取的比例宜占65%，中、小桥宜占35%。为更好更全面地评价其管养水平，对实行市场化养护作业的桥梁，所抽取数量可综合考虑合同期、考核频率等因素，确保所有桥梁在合同期内都能被考核不少于1次。例如，某养护单位承担90座城市桥梁的养护任务，合同期为3年，被考核的频率为每年6次，则每次考核时抽取的桥梁数量应不少于90/(3×6)=5座。

通过检查考核被评为“不合格级”或“危桥”的桥梁应立即采取措施，限制或封闭交通，设置明显的警示标志，并在24小时内，向行政主管部门报告，等待处理。“危桥”应限期排除危险，而在危险排除之前，不得使用，同时应增加日常巡检次数，必要时设专人专职管理。

2.检查考核的内容

（1）桥梁永久性标牌设置。一般包括：按要求设置的桥名牌，按需要设置限高或防撞限高（限高架）、通航、限载等交通警示牌，以及位于机动车道的桥墩及道路分流处的桥梁护栏、桥梁安全保护区域设置的警示标志，多跨结构桥梁的墩台及桥面编号等标识。通航标志的设置比较复杂，其设置的主体单位和管养单位各地市的执行情况存在差异，其归属存在不统一现象。城市桥梁管理单位应立足于桥梁的运行安全，对通航河道上的桥梁设置通航警示标志，引导船舶顺利通过桥孔，防止撞桥事故，有条件的单位可在必要时设置超载自动监控系统。

（2）养护管理机构及专业技术人员、设备配置。按相应规定设置养护管理机构及专业技术人员、设备配置，实行养护作业市场化或管养分离的，可根据管理职责配置专业技术人员。行政主管部门或城市桥梁管理单位应组织开展城市桥梁管养技术培训,且每年不少于1次,并公布城市规划区范围内桥梁管理单位及其职责。作为保证安全生产的前提条件，现场养护作业人员应配备和正确使用必要的安全防护用具。养护作业安全防护用具包括人的安全防护用具、物的安全防护设施、施工现场作业安全防护设施等,如安全帽、安全带(绳)、安全网、反光背心、工作服、反光路锥、防撞桶(墙)、隔离护栏(板)、隔离墩等。

(3)超限车辆过桥管理。超限车辆过桥应按经审批的方案实施,可由城市桥梁管理单位派专人指挥,并详细记录存档。超重车辆过桥后,桥梁管理单位应对桥梁进行检查,确保桥梁完好。

(4) 安全保护区隐患调查主要为开展安全保护区范围内的地质灾害调查和治理工作,主要包括下列内容:河道采空区、河道陡坎应采取抛填片石、防止冲刷和崩塌等治理措施,确保河床稳定。发现河道漂石、漂浮物应采取清除、固定措施。发生边坡或堤岸崩塌应采用排水、减重、支挡等综合治理措施。

(五)检测方面考核

(1)具体考核内容可分为桥梁总体、桥面系、上部结构、下部结构、附属设施及桥梁安全保护区域六部分。不同养护等级城市桥梁的巡检周期考核要求为:Ⅰ等养护的城市桥梁,巡检周期不应超过1天;Ⅱ等养护的城市桥梁,巡检周期不宜超过3天;Ⅲ等养护的城市桥梁,巡检周期可在7天之间。节假日前后应安排巡检,较长的节假日期间应安排值班巡检,台风、暴雨、洪水、汛期等不利气候期间应增加巡检次数。

常规定期检测应每年至少一次,检测完成后还应进行技术状况评估,确定完好状态等级,并对病害进行处置,检测数据将录入城市桥梁信息管理系统。新建、改建、扩建的城市桥梁的第一次常规定期检测应在交付使用后的半年内进行。通过经常性检查确定重要部(构)件缺损为不合格等级时,应组织一次常规定期检测。如果发现重要部(构)件存在难以判定的病害或缺损明显影响桥梁结构使用安全时,应组织一次结构定期检测。

同时,Ⅰ类养护的城市桥梁宜1~2年、Ⅱ~Ⅴ类养护的城市桥梁宜6~10年进行一次结构定期检测。通行机动车辆的钢结构桥梁和运行时间超过30年的Ⅰ、Ⅱ类养护的桥梁宜每年进行一次结构定期检测；经过改扩建的桥梁在运行满一年后宜进行一次结构定期检测；经过加固维修的桥梁必要时可每年进行一次结构定期检测。

检查中如发现桥梁重要部件存在明显缺损,应采取相应措施;若影响车辆和行人安全的，应立即采取消除安全隐患的管理和维护措施。如果检查发现桥梁的重要构件存在病害应及时进行处置和修复。钢筋混凝土拱桥拱圈开裂超过限值时，应限制或禁止通行，并应通过特殊检测查明原因，进行处理。预应力混凝土构件受压区，一旦发生裂缝，应立即封闭交通，禁止车辆和行人在桥上、桥下通行，并委托有资质的检测单位进行结构可靠性评估，判别裂缝的危害程度，并提出相应的处理措施。

（2）特大桥、特殊结构桥梁和单孔跨径 60m 及以上的大桥，必须设置永久性观测点，必要时大、中桥也应设置永久性观测点。另外，新建造价 1000 万元以上或桥梁跨径 50m 以上的大、中型城市桥梁应有荷载试验报告，并设立固定水准点、观测点，预埋检测设施和标志。

按桥梁类型划分观测周期宜符合下列规定：钢 – 混凝土组合梁，应每年检查 1 次结构尺寸及线形，不得有超过规定的变形；吊杆拱桥应每年检测 1 次桥面标高、拱肋轴线侧向偏离值、桥台沉降值；斜拉桥岸跨有辅墩的，每年至少对主塔与辅墩的沉降量与不均匀沉降量进行 1 次监测，当主塔与辅墩的沉降量与不均匀沉降量超过设计要求时，必须在原设计单位指导下进行辅墩支座调整；斜拉桥主桥线型每年测量 1 次，时间应在竣工测量日期的前后一周内，线型测量包括桥梁中心线和梁边线处的线型；主桥挠度每隔 1 年测 4 次，分别在春、夏、秋、冬时各测 1 次，每次测 24 小时，挠度测量时应记录当时的气温、风向、风速，且每年在暴风雨时测 1 次主桥挠度，测时记录雨量、气温、风向、风速等。

按桥梁等级划分观测周期宜符合下列规定：

II ~ V 类养护且完好状态为 A，B 级的城市桥梁，宜每 3 年不少于 1 次。

I 类养护且完好状态为合格的城市桥梁和 II ~ V 类养护且完好状态为 C 级的城市桥梁，宜每年不少于 1 次。

I 类养护且完好状态为不合格的城市桥梁和 II ~ V 类养护且完好状态为 D，E 级的桥梁，宜每季度不少于 1 次，特殊情况时应增加观测频率。

废弃的城市桥梁应按下列方法处置：城市桥梁管理单位必须向社会公告，封闭交通；废弃的桥梁应限期予以拆除；不能及时拆除的，应设立牢固的阻止通行的障碍物，设立明显的禁行标志和警示标志，禁止一切车辆和行人通行。

（六）养护作业方面考核

城市桥梁养护工程现场作业、保养和小修的周期、施工质量、档案资料等应符合相关技术规范要求，并设置安全设施。中修工程应由具有相应专业施工技术人员的养护单位（施工队伍）承担，大修、加固和改扩建工程应由具有相应施工资质的养护(施工)单位承担,并按合同文件要求组织实施,工程的验收应符合规定。养护工程的实施应保障原有桥梁结构的安全,修复及时,并做到文明施工。考核养护工程的施工技术、现场作业规范性、工程材料使用、机械设备使用、工程质量等。

1.养护工程的质量保修期考核

养护工程一般工程量小,分布散,种类多,大部分施工作业由养护单位(队伍)自行实施。基于养护工程的特点,养护单位(队伍)对工程施工质量存在疏于管理的现象;有些养护工程完工后,急于开放交通,养生时间不够,造成后期的破坏较早,导致养护工程的使用寿命缩短,同一部位反复多次维修,造成工程浪费,影响交通通行。养护工程施工时,采用合适的施工方案以提高养护工程施工质量是首先要考虑的问题。

养护工程的质量保修期宜符合:

保养、小修工程的质量保修期不少于4个月,钢结构防腐涂层质量保修期不少于12个月。

中修工程的质量保修期不少于6个月。

大修、加固、改扩建工程的质量保修期按合同约定执行。

上述保养及小修工程、钢结构防腐涂层和中修工程的质量保修期是养护工程最低限度的质量保证期限,也旨在强调提高养护工程质量的重要性。

对于栏杆缺损,井孔盖及明沟盖板缺损,伸缩缝装置破坏或缺损,桥面或护栏损坏钢筋(钢构件)突出,桥面坑槽孔洞面积大于20cm×20cm等存在危及行人和行车安全的桥梁病害,应及时采取应急处置措施,并安排修复。

养护工程使用合格的工程材料,为确保养护工程及时顺利实施,储备一定数量的常用工程材料是必要的。养护工程常用的工程材料包括砂、碎石、地砖、石板(砖)、路缘石、水泥、钢材、易损专用构件等。

2.保养和小修工程的保养周期考核

保养、小修工程是指对城市桥梁及其附属设施进行预防性日常维护保养和修补其轻微损坏部分,使其保持完好状态的工程项目。桥梁的保养和小修应建立在经常性检查的基础上,对完好状态等级为合格级的Ⅰ类养护,A级(完好状态)、B级(良好状态)、C级(合格状态)的Ⅱ~Ⅴ类养护的城市桥梁进行日常维护和小修作业的检查考核。

主要考核内容为:

桥梁伸缩装置保养周期为每年2次;

桥梁支座应每年检查保养1次；

钢筋混凝土及预应力混凝土桥梁应每年进行1次结构裂缝和温度裂缝观察；

桥梁钢结构应每年保养1次。

钢－混凝土组合梁上部结构的养护周期宜为：

钢－混凝土组合梁无纵向裂缝的应每季度检查1次；当产生纵向裂缝时，应及时采取加固措施。钢－混凝土组合梁横向裂缝可每季度检查1次。连续组合梁支座及其附近的桥面板，不应有裂缝和渗漏水，有裂缝和渗漏水部位的，应重做防水和封闭裂缝。钢－混凝土组合梁，应每季度检查1次支座及梁端区域，组合梁结合面不得有相对滑移和开裂。

吊桥和吊杆拱桥上部结构的养护周期宜为：

在吊杆钢索不锈蚀的前提下，一般是每季度检查1次主缆和吊杆的钢索防护，钢索应处于正常工作状态。吊桥的索夹应每季度检查和保养1次，紧固螺栓不得松弛和锈蚀；在酷暑、严寒季节应加强检查和保养，及时拧紧螺栓。吊桥主缆应保持在设计时的正常位置，应每季度调整主缆长度。吊桥的主索鞍、散索鞍、主缆索股锚头和吊杆锚头及钢索出口密封处，应每年检查养护1次，应及时处理漏水、积水、脱漆、锈蚀。吊桥索塔的爬梯和工作电梯，应每季度检查保养1次，爬梯宜每5年除锈涂漆养护1次。

吊杆拱桥的吊杆或套管，应灌满防腐油脂；对挤塑式套管，应每年涂刷防锈材料，并应检查外包材料。对老化、脆裂及人为损伤，应采用玻璃丝布或其他防护材料包扎。吊杆拱桥的锚夹具应每季度检查1次，当发现有松弛和锈蚀时，应及时维修。酷暑、严寒季节应加强检查和养护。吊杆拱桥的吊杆锚头及吊杆与横梁节点区密封处，运营第1年内应每半年检查1次，以后每年检查1次；若发现漏水、积水、脱漆、锈蚀者，应及时处理。吊杆状况应在运行后第1～2年内每半年检查1次，以后每年检查1次；在损坏处做出标记，做好记录，及时处理。吊杆钢丝束及阻尼垫圈式减振器的防水情况和橡胶老化变质情况应每年检查1次，必要时应更换。

斜拉桥上部结构的养护周期宜为：

斜拉桥斜拉索锚固端的塔端锚头、钢主梁端锚头必须每半年进行1次保养，对在钢梁外侧且有钢盖板罩的锚头应每3年进行1次保养。斜拉桥斜拉索水泥浆护层应每半年检查1次，拉索表面不得有裂缝，塔端锚头处不得有水和水泥浆渗出；防锈油膏应每半年检查1次并及时补充，套管不得老化、开裂。若防锈油膏失效，应及时更换。对斜拉桥设置在塔身与梁体之间的橡胶体横向限位装置，应每年清除四周的污物1次,检查橡胶体的老化程度,锈蚀的钢件应除锈后刷油漆。

桥梁的避雷装置、索塔航空标灯应保持完好。桥梁的抗震设施应每年进行1次检查和保养;桥梁横、纵向联结和限位的拉索,应完好、有效;高强钢丝绳、绳卡等应每2年进行1次涂油防锈处理,发现松动时应及时对高强钢丝绳进行紧固。

人行通道的养护周期宜为:

人行通道应每季度检查1次,主体结构不得漏水,混凝土裂缝不得大于规定的限值,墙体、顶板表面不得腐蚀、剥落。人行通道内电器、电路、控制设备应每月检查1次。所有电气设备必须安全、可靠、有效,严禁漏电和超负荷运行。照明灯具应完好、有效。自动滚梯应有专人操作、维修、保养,执行厂方使用维护说明书的规定和安全操作规定,每年应按规定进行安检(至少1次),安检不合格的严禁使用,超过安检期未安检的应停止使用,严禁带病运转。

附属设施的养护周期宜为:

每年雨季前桥面泄水管、排水槽应全面检查、疏通。桥梁的泄水孔等排水设施宜每年检查保养不少于2次。挡墙应坚固、耐用、完好。挡墙应每季度检查1次。声屏障应每季度冲洗1次,吸声孔不得堵塞。调治结构物应在雨季前检查维修1次。

3.中修工程的考核

中修工程是对城市桥梁及其附属设施的一般性磨损和局部损坏进行修理,以使其恢复原有的技术水平和标准的小型工程项目。中修工程应建立在经常性检查和定期检测的基础上,是对完好状态等级为不合格级(D级)的城市桥梁进行的一般性损坏修理养护工程。城市桥梁管理单位应对工程的修复效果进行检查评估。

养护单位、监理人员应对工程过程和隐蔽部分的施工进行检查和验收。工程完成后,养护单位应对工程外观质量及桥梁整体恢复程度提出验收意见,并报有关单位备案。中修工程竣工资料应及时验收归档。

4.大修、加固工程的考核

大修、加固工程是指当城市桥梁局部损坏、结构严重损坏或承载力不足时对其进行的修复和补强的工程措施。改扩建工程是指城市桥梁及其附属设施因不适应现有的交通量、载重量(荷载)需求,桥梁结构严重损坏,需使其恢复和提高技术等级标准,显著提高其运行能力的工程项目。大修工程是对城市桥梁及其附属设施的较大损坏进行综合修理,以使其全面恢复到原有的技术水平和标准以及对桥梁结构维修改造的工程项目。通常大修工程是建立在定期检测和特殊检测的基础上,对完好状态等级为不合格级(D级)或危桥(E级),以及不适应现有交通需要而出现的城市桥梁的结构性损坏或为提高运行能力进行综合治理、维修、改造和加固的养护工程。大修、加固、改扩建工程项目造价较高,施工技术较复杂,难度较大,一般都采用公开招标方式确定施工队伍。

施工过程中应重点做好如下工作:

养护(施工)单位应编制实施性施工组织方案,并有确保原有桥梁结构安全的技术措施;建立严格的施工质量和安全管理体系,管理单位或监理单位应对工程的施工质量和安全进行严格监控,对工程过程和隐蔽部分的施工进行检查和验收,并及时做好验收记录。大修工程应按分项工程逐项进行验收。

工程竣工后,应先由施工单位按设计文件和桥梁维修作业验收标准进行自检,做出自检记录和质量自评;管理单位接到施工单位申请办理正式验收的报告后,应立即组织验收并进行质量评定。工程验收内容应符合设计文件、工程质量验收标准的要求,竣工文件齐全完整,管理单位应及时办理交验手续。如工程未达到验收标准,管理单位提出整改意见,由施工单位及时整改,达到标准再行复验,大修工程竣工资料应及时验收归档。

桥梁改扩建工程的检查与验收应依据新建工程的质量标准进行, 城市桥梁部分构件经常性损坏的形态,其危害性较大,容易造成行车行人的交通安全事故,因此,对这些病害应及时修复或采用应急处置措施消除安全隐患。垃圾杂物散落占道如不及时清理也极易引起交通安全事故,也应引起重视。

5.桥梁管理单位的管养实效性、社会反映及服务水平的考核

养护工程的实施应有安全技术措施保障原有桥梁结构的安全, 病害应及时修复,防止病害扩大危及结构安全,以维护社会公共利益。并且养护工程的实施应符合养护工程施工不扰民,群众无投诉的要求,没有因不良行为遭网络或媒体曝光,上级部门无通报批评。一般情况下,养护工程的施工从病害发现到维修完成的时间为:小修、中修工程宜在 30 天内完成;大修、加固、改扩建工程应按合同约定的时间完成。

对可能遭受洪水、滑坡、泥石流等自然灾害的桥梁, 城市桥梁管理单位应每 3 ~ 6 年组织开展一次桥梁防洪能力评估和桥梁安全保护区环境隐患调查,并对发现的安全隐患采取防治措施。对可能遭受洪水灾害的桥梁,开展水毁预防工作。每年汛期前应对桥梁进行一次预防水毁的技术检查,检查应包括下列内容:桥梁墩、台、调治构造物、引道、护坡、挡墙结构是否完好,基础是否冲空或损坏;桥下有无杂草、树枝、石块等杂物淤塞河道;桥位上下游有无堆积物、漂浮物;桥梁上游河道是

否稳定,水流有无变化,桥梁下游是否发生冲刷;有无挖砂、取石对桥梁上、下游河道造成破坏的情况;调查桥梁上游附近有无水库、堤坝及其设计标准,是否存在病害隐患。

在雨季和洪水来临之前,应开展下列工作:做好河道清淤;维修、加固桥梁下部结构病害;修理、加固、改造或增设各类调治构造物及基础防护构造物;采取防止漂浮物大量进入桥孔的措施;做好抢险物资和设备的准备。

在漂浮物较多的河流，可在桥墩前一定距离处设置避免漂浮物撞击桥墩的防撞设施,其形式可根据水流缓急、水位高低、漂浮物多少、流量大小等选择,可采用单桩、群桩或三角形护墩等。

在汛期应组织人员对所管桥梁进行巡查,发生小的水毁应及时进行处理排除;发生严重毁坏，危及行车安全时，应立即在桥梁两端设立警告标志或禁止通行标志,组织抢修并及时向上级报告。墩、台、堤岸、调治结构物等基础冲刷应采取维修、加固、改造等防治措施。

第四节　桥梁信息系统管理

桥梁信息管理是桥梁管理和现代计算机科学相结合的产物，桥梁信息管理的目标是确保每座桥梁的相关信息记录足够精确和完整，以便能够掌握桥梁的结构状态和性能，合理安排有效的检测、养护、维修、加固等程序。依靠桥梁信息管理系统整合桥梁整个寿命期间所有技术资料信息，对于掌握桥梁结构现状是极其重要的。同时，它还负责桥梁构件的性能等级评估及预警，实现桥梁信息管理系统的多样化、智能化。

一、信息管理系统应用

(一)实现户籍式管理

交通部最初于2007年发布了《公路桥梁养护管理工作制度》，该制度要求“桥梁管养单位和监管单位应建立健全公路桥梁技术档案管理制度，大力推广应用公路桥梁管理系统，及时更新桥梁技术数据，保证公路桥梁技术档案真实完整，实现电子化管理。特别重要的特大型桥梁应建立符合自身特点的电子档案管理系统和养护管理系统”。桥梁管理系统的研究基础是通过数据处理，对桥梁的技术状况做出准确的评价。桥梁信息管理系统大多以地理信息系统(GIS)为平台，它正日益发挥着重要作用。

配置有完备的城市桥梁等基础设施是充分发挥城市载体功能的先决条件，也是发挥城市综合功能的基础，是衡量城市经济、科技、社会发展水平的重要标志，也是城市防灾、救灾的必要保证。所以管理和养护好市政基础设施将直接体现城市的管理水平，对城市人民的生活和城市可持续发展的重要性是不言而喻的。

随着改革的进一步深入，每个城市已逐步建立起适应社会主义市场经济的养护体制，实行市、区两级管理和管养分开。实现管理专业化、养护市场化，这就要求建立一套完善的监督、检查、评价体系及桥梁管理信息系统。桥梁管理系统的发展从无到有，从简单到复杂，从单一数据处理到复杂数据处理。最近几十年有关专家在桥梁管理系统研究方面倾注了大量的时间和精力，先后有广东桥梁研究所、四川公路研究所、北京公路研究所等，研究开发出各具特色的桥梁管理系统。这在一定程度上促进了桥梁管理系统的发展，但是相比其他的发达国家，我国桥梁管理系统的发展还是处于初级阶段。

具体来讲,桥梁信息管理系统是关于桥梁基本信息数据、桥梁检测、状态评估、结构退化预测、养护对策和计划以及经济分析的计算机信息管理系统。当前这个桥梁管理系统的开发还需要一个循序渐进的过程,需要与桥梁相适应的管理体制、方法,并配备必要的技术,严格按照国家建设部《城市桥梁养护技术规范》(CJJ 99—2003)要求进行开发。按此要求研发的系统将提供城市桥梁一桥一档管理,桥梁的静态信息和动态数据管理,桥梁的病害数据录入,技术状况 BCI 评价,不合格桥梁和危桥预警,桥梁养护决策,上传桥梁 CAD 竣工图和专业单位检测报告等功能,从而实现城市桥梁的统一化、规范化、数字化和科学化管理,成为相关管理部门辅助决策的工具,对提高城市桥梁管养的技术水平具有很大的促进作用,但许多方面的数据还需要大量的累积,以确保完整性和实用性。

其中,桥梁资料卡,桥梁基本信息和结构信息,电子版桥梁竣工图,专业单位桥梁检测报告等桥梁静态信息,以及维修记录、日常巡检记录和定期检查将基于 PDA 桥梁子系统,利用先进的 GPS 功能,对桥梁的日常巡视、定期检查人员进行现场定位,确保巡检人员在有效范围内完成日常巡检和定期检查任务,确保桥梁检查的真实记录等动态信息数据,按规范要求实现了"一桥一档"的户籍式管理。

(二)实现信息资源共享

桥梁信息化管理不仅包括桥梁自身结构健康监测系统的信息化管理，还包括桥梁从设计到竣工、从投入运营到结束运营期间的各种资料、文档、图纸、数据等的信息化管理。随着办公自动化的普及和计算机技术的广泛应用,文档资料的管理正走向规范化、数字化、网络化、社会化,实现了档案信息资源共享。

1.解决查询效率低的问题

纸质档案存放占用的空间大,手工查档会因档案的不断增加、库房内同一类档案可能出现空间存放位置交叉或不统一，使检索和查询工作量大而影响档案的利用查询服务。利用计算机进行系统化管理,利用微机调阅数字档案可以大大提高档案的查询速度,同时可以提高查全率和查准率。

2.解决档案管理难度大的问题

档案的登记、录入、归档、借阅、接收等日常管理工作任务繁重,档案的分类、统计工作不如使用计算机来得系统,容易出现管理上的漏洞。在对外借阅时,由于大部分档案室是以卷为单位整理的(不包括实行立卷改革的文书档案),不便于根据不同的借阅对象采用不同的保密方式进行管理。而使用计算机进行管理时对发现的错误可以及时发出提示，防止出现工作漏洞，并可根据查档的权限，提供相应的档案，防止泄密的发生。

3.解决档案保存的问题

灰尘、潮湿等自然因素会对纸质档案造成自然损害；频繁的调阅和复印原始档案，也会对纸质档案造成人为的损害。提供电子档案，可以避免纸质档案因多次反复使用而造成损害，以保护档案原件。

4.解决不易实现信息共享的问题

原始档案只有一份，以往的保管和查询模式无法满足多人同时共享信息资源的需求。档案信息化后，可以利用计算机系统，把档案放在云端，同时提供给众多用户上传和下载，实现各部门、各地区、各个国家之间的数据共享，更好地服务于桥梁的使用与建造。

目前市政行业管养分开改革正在不断深化，虽然市政设施的长效管理体制基本形成，但新型管理体制下的机制还不够完善，行业管理还处于摸索阶段。因此，建立长效管理机制，健全和加强各级行业管理，为各级市政行业管理部门的建设规划、工程施工、日常养护提供辅助决策信息，成为信息化建设的总体需求。

按照桥梁运行管理信息化建设的总体目标，应考虑在规划中便提出建立市政设施信息化管理的二级网络，即市监管部门可作为一级节点、各区(县)市政设施管理部门作为二级节点这样一种思路，使城市桥梁信息化管理系统成为上下沟通、联系的桥梁和纽带，同时也为系统的应用与维护提供了可能，为桥梁运行信息管理体制的可持续发展奠定基础。

经过多方面的综合分析，桥梁运行信息管理体制也可选择地理信息系统(GIS)作为开发平台。而地理信息系统是一种特定而又十分重要的空间信息系统，它不仅能够存储、分析和表达现实世界中各种对象的属性信息，而且能够处理其空间定位特性，并从空间和属性两个方面对现实对象进行查询、检索和分析，并将结果以各种直观的形式表达出来。

(三)实现数字化技术集成

对于现代桥梁运行管理而言，仅在桥梁信息管理系统中应用数据库技术是远远不够的，数据库技术只是把桥梁管养纸质信息转化成电子信息，将手动翻阅转化成自动查询，但这些已远远不能满足现代桥梁数字化管理的需求，它还将负责桥梁构件的性能等级评估及预警等工作，并正在集成为自动化、智能化程度日益提高的桥梁运行管理的基础。

1.桥梁安全管理监测技术

将结构健康监测系统与桥梁信息管理系统有机统一，可以解决基于健康监测的可靠度评估,健康监测的桥梁运行管理与维护决策优化,以及有关运行管理与维护需求的健康监测系统设计等关键问题,使其更好地发挥结构健康监测的作用,从而制订和实施有效的维护方案。

2.桥梁风险预警与事后评估技术

风险管理是桥梁运行管理工作中重要的一个环节,特别对大型桥梁更是如此。大型桥梁在运行期间可能遭受的风险事态复杂,且其运行管理程序复杂、难度高。可以通过系统数字技术的集成，对桥梁运行期间各种可能发生的风险事态进行全面、深入的分析,并对桥梁正常运行、人员伤亡、结构安全,以及养护的影响进行全面、合理的评估,研究制订运行管理策略、紧急事件应急预案及养护要点,最终提高桥梁运行管理水平、提高安全保证程度、降低寿命周期管养成本。

3.桥梁通行车辆识别与荷载效应评估技术

对桥梁及其构件实际状态进行评估，车辆荷载统计特性是不可缺少的组成部分。当前,动态质量称重系统(WIM)是获得车辆荷载信息的最为直接的手段,利用该系统可以获得车辆、车辆轮距、质量、速度等各种参数的分布规律,为对桥梁结构整体性能进行评价以及对局部钢结构疲劳寿命进行估计直接提供数据。

比如,在重要桥梁入口处设动态质量称重系统(WIM),通过桥梁信息管理系统数据集成,可以对历年的通行车辆进行统计分析,获得各种车辆、车型的分布信息及逐年变化规律;采取视频监控系统识别方法,获得车辆荷载的车道分布、车速及车型分布规律;利用随机车流模拟程序,获得桥梁在寿命周期内的荷载分布特性及极值特性。

4.桥梁构件集成退化预测与分级养护技术

桥梁在其生命周期内的性能退化一般可以通过其技术状况和可靠度的退化来衡量。通过影响桥梁技术状况退化和可靠度退化的一些参数(如桥梁类型、施工质量、环境条件和交通量等),可以对桥梁技术状况指标与可靠度指标开始退化时间的关系,以及桥梁技术状况指标与可靠度指标退化速率间的关系进行预测。

多年实践证明，桥梁维护管理必须区分构件的不同类型和各种方案的不同效果，基于使用周期成本最优的原则选择最佳维护时机，对维护方法和策略进行优化,而不能简单地依靠经验,采用坏了就补的做法。桥梁的维护成本也并不简单地指其直接费用和成本,还包括因此引起的交通扰动等方面的间接成本。因此,将构件性能退化预测与分级养护技术结合起来，针对具体的构件病害及其病害等级，可以制订出各种不同的维护方案，并在提高桥梁养护效率和质量的同时，尽量降低桥梁养护成本。

5.桥梁构件病害识别及标准化等级评定技术

桥梁构件病害类型识别和等级评定是桥梁技术状况评估的首要任务，过于粗糙的划分不能科学地区分相应的病害类型，而过于详细的划分则是无故增添了很多不必要的工作量，因此如何科学合理地划分桥梁病害类型将是桥梁病害等级标准化技术中需要解决的关键问题。而桥梁构件病害标准化技术可利用桥梁信息管理系统中的数字信息技术，即可通过现场检测、实验模拟、数值模拟等方法来研究病害等级的评价函数。

二、信息管理系统架构

目前，随着人工智能、模式识别、地理信息系统、计算机辅助设计等相关新技术的发展，桥梁管理系统的组成与功能紧密围绕桥梁管理的需求进行开发，典型的桥梁管理系统包括属性数据库管理子系统、统计查询子系统、评价决策子系统、费用分析子系统、维修计划子系统和地理信息子系统，每个子系统又可划分为更细小的功能模块。

(一)系统的架构

1.属性数据库

属性数据库管理是桥梁管理系统的最基本组成，也是桥梁管理系统的核心模块，同样也是按照地理信息系统的要求构建了空间数据库，该数据库实现对桥梁各项数据的录入、编辑、简单查询等功能，包括数据编辑和数据字典两个子模块。其中，数据编辑子模块为了能够全面系统地描述、记录桥梁基本特征，设计了识别数据结构数据、经济指标数据、档案数据、维修历史数据、特殊检查数据、桥上事故数据、病害数据、维修建议数据等文件库，数据却是通过室内查阅桥梁档案资料与野外实地测量相结合的方法获得的，而数据字典子模块为数据录入提供了方便条件。

这个属性数据库主要储存各座桥梁的基本信息，并在数据录入中加入多媒体动态录像、桥梁图片，以及文字和声音资料处理技术，使用户足不出户就可以了解所管辖桥梁的状况。

2.统计查询子系统

统计查询子系统的功能在于快速地统计、查找、输出所需桥梁的各种情况。其中包括基本视图、统计报表、统计图表、社会服务、高级查询五个子模块，提供桥梁各种形式的分类表格统计功能。其中基本视图子模块可以输出桥梁的各类卡片、基本数据视图表格；统计报表和统计图表子模块可以分别输出各类汇总统计报表和图表；社会服务子模块设计了桥梁限高、路线检索载质量、评价路线适应率等；高级查询子模块配合方便灵活的输出功能，用户可以方便地得到所需的非固定报表的信息内容。

3.评价决策子系统

评价决策子系统包括评价决策子模块和历史评价决策子模块。其中评价决策子模块是定期检测的评价计算和评价输出；历史评价决策子模块记载着以往定期检查的评价计算结果，它包括安全性、适用性和耐久性评估三个方面。评价决策子系统可提供桥梁使用功能评定模型，根据桥梁的结构缺损状况、荷载载重足够性和桥面交通适应性，考虑交通量等条件变化，利用基础库提供的数据，对桥梁进行路网交通适应性综合评价计算和桥梁模糊级判别。其主要目的是发现桥梁早期的退化过程，以便安排更详细的病害调查或退化的起因分析，确定桥梁对路网的适应程度，在合适时机采取适当的维修措施。

4.费用分析模型子系统

费用分析模型子系统依据不同的维修加固处置方法，结合各部位缺陷状况、费率折算等因素，以及在实际工作中的需求，确定每座桥梁的维修费用组成及资金数额。一般包括处置对策求解、确定各种费率、确定方案及工程量、费用查询修改和费用分析报表等子模块。

5.维修计划子系统

维修计划子系统包括维修排序子模块、检查计划子模块和使用维护报告子模块。其中，维修排序子模块可包括桥梁分别维修排序路线；检查计划子模块包括定期检查、特殊检查的时间安排，所检桥梁数据信息，以及桥梁定期检查复查表；使用维护报告子模块，可以根据已经录入的最新桥梁数据自动生成 Word 文档，为桥梁管理机构提供方便、快捷的数据功能。

6.地理信息子系统

地理信息子系统作为桥梁管理系统中的应用子系统，具有强大的数据管理和空间分析能力，可在地图上直接查找任何一座桥梁的相关数据资料，如桥梁基础数据、各构件病害、桥梁图片、病害图片、录像、文字资料等。

(二)桥梁数据组织形式

1.桥梁建设阶段的技术数据

桥梁建设阶段的技术数据主要有勘察报告、设计图纸、施工记录、施工监测数据,以及照片、影像等多媒体数据。这些数据按其结构化程度,分为结构化数据和非结构化数据两类。在具体实施过程中,首先应将非结构化数据中的结构化数据提取出来,以半结构化的方式组织,如勘察报告,其中钻孔地层信息依据钻孔二分拓扑数据结构组织为结构化数据, 桥梁结构设计信息可根据其结构构成关系组织成树状非结构数据。

另一方面,勘察报告、设计图纸中其他一些说明文字、图片等难以进行结构化表达,可以采用XML文件的形式组织,实现半结构化。再通过相应的信息如存储位置、文件名、文件编号存入前面所述的数据表中,就可把文档与业务对象关联起来。自动采集的数据一般都是结构化的数据,可以直接加以利用。人工记录施工情况及监测数据可采用词库、模板、表格化、智能化等手段组织为结构化数据。在此基础上,可建立起桥梁建设信息的数字化标准形式。

2.桥梁运行期间的数据

桥梁运行期间的数据主要有各种养护记录、养护监测、长期健康监测数据,如病害记录等,其结构化、数字化标准的过程与建设阶段类似,通常包括养护记录信息的数字化标准、养护监测数据的数字化标准、长期健康监测数据的数字化标准和病害记录的数字化标准。

(三)桥梁管理系统数字化服务平台

桥梁管理系统数字化服务平台可分为三层架构,分别是数据服务层、业务逻辑层与用户服务层。

1.数据服务层

数据服务层是整个系统的数据提供者, 其目标是建立一个面向用户的统一虚拟数据访问层,实现各类数据的统一整合。它主要包括空间几何信息数据库、属性数据库及栅格数据库。

2.业务逻辑层

业务逻辑层是整个数字化服务平台核心业务功能的提供者,用以实现地物的建模、可视化、虚拟展示与决策分析等功能。它独立于数据服务层,仅通过数据服务层提供统一的虚拟数据接口对数据进行访问, 并对数据进行更加直观的解释与利用,进而对空间数据、属性数据进行加工和分析,以满足不同层次、不同目的的需求。

3.用户服务层

用户服务层面向最终用户，实现用户的最终需要，为用户提供相应的界面。具体研究内容有管养一体化数据集成原理与方法、数据检索、查询、统计分析方法、建模、可视化与虚拟现实浏览等专业应用服务。

（四）存在的主要问题

桥梁管理系统的档案数据库，功能和原理都比较简单，基本上可以完成桥梁数据的存档、数据统计查询等档案管理工作，但它是桥梁管理系统中不可缺少且效率最高、最常用的一部分，是实现数据科学管理的基础。档案数据库的另一个功能是在桥梁管理的基础上增加评价、优先排序、对策提示、需求预测和费用分析等步骤，但是这些功能尚处于研究探讨阶段，还没能够成熟，尚存在许多不足。

通常桥梁管理系统检测评估项目和分析模块的功能，主要还是以桥梁安全运行管理为主，主要是用于承载、冰雪与抗震等监测预警，对于桥梁的维护系统仍显得薄弱了许多。有些桥梁服役的时间比较长，并且没有得到相应的管理维护。

第四章　桥梁养护管理

桥梁养护，从新桥建成通车开始贯穿于整个使用期，科学有效的养护能减缓结构退化速度，减少未来维修或加固的成本，并能延长桥梁使用寿命；同时，也能及时发现潜在的病害，以便采取相应措施以减缓病害的进一步发展。为此，必须实施桥梁的科学养护与维修以保护桥梁，保证其使用的适用性和安全性。

第一节　桥梁养护管理基本内容

与“桥梁大国”的建设业绩相比，我国城市桥梁养护管理方面的成就与经验明显不足。桥梁运行管理机构与养护企业的工作方法、管理体系、技术水平也相对滞后，桥梁养护管理还处在检测手段机械化、记录病害平面化、资料管理台账化的静态储存与被动采集状态的阶段，同时还存在“重建轻养”或“忽视管理”的现象。

一、桥梁养护分类及特征

(一)桥梁养护分类

(1)根据《城市桥梁养护技术规范》(CJJ 99—2003)的规定，城市桥梁按在道路系统中的地位分为 I ~ V 类桥梁。其中：

I 类为特大桥梁及特殊结构的桥梁，特大桥是指多孔跨径总长大于或等于 500m，单孔跨径总长大于或等于 100m，并须特殊养护的桥梁；

II 类为城市快速路网上的桥梁，因桥上行驶车速在 80 ~ 120km/h，所以对桥面平整度、伸缩装置及桥面完好有较高要求；

III 类为城市主干路上的桥梁；

IV 类为城市次干路上的桥梁；

V 类为城市支路和街坊路上的桥梁，该类桥梁一般是以小型、简单的桥梁为主。

上述分类中，V 类城市桥梁的技术要求较低，因此需要区别对待，不宜与其余几类使用一个技术标准。

（2）根据浙江省建设标准《城市桥梁与隧道运行管理规范》（DB33/T 1098—2014）的规定，按城市桥梁运行管理的要求，桥梁宜分为一级、二级、三级三个等级。

一级运行管理：对 I、Ⅱ类桥梁及位于人流集中、交通流量大之处的Ⅲ、IV 类桥梁进行管理。有关一级运行管理的城市桥梁宜分别设置独立的养护机构，制订 5～10 年中长期运行规划，配置相关的特种养护设备，并设专人负责日常巡检；每座桥梁宜安装桥梁结构健康系统，出入口安装自动查超系统，实施 24 小时不间断监控，记录违规车辆的通行；桥体的沉降、线形等应每半年进行一次观测。

遇特殊情况，一级运行管理的巡检周期宜缩短，并需设专人值守。

二级运行管理：对除一级运行管理以外的Ⅲ、IV 类桥梁进行养护管理。采取二级运行管理的桥梁可根据需要统一设置养护机构及管理用房，宜制订 3 年内的短期重点养护计划，每座桥梁应分别制订养护技术方案。在有条件的情况下，根据实际情况设置监控室，也可根据桥体的数量或长度设置相匹配的专业养护人员。二级运行管理主要是针对桥体结构变化、超限违规作业等，采用巡视检查的方式完成，同时每年需对桥体的沉降、线形进行一次观测。遇特殊情况应安排人员进行值班。

三级运行管理：对 V 类养护的桥梁进行管理。采取三级运行管理的桥梁，可根据桥梁的种类或不同区域统一设置养护机构，统一制订区域内所有 V 类养护的桥梁在 3 年内的短期重点养护计划，并要求由专业的养护管理单位负责日常养护工作，每年需对桥梁交通流量进行统计，并进行一次沉降及线形观测。

（3）根据桥梁运行在城市中的地位及重要性，本着“保证重点，管好一般”的原则，按《城市桥梁养护技术规范》（CJJ 99—2003）的规定，城市桥梁的养护等级宜分为 I 等、II 等、III 等。此项桥梁养护等级所对应的桥梁养护类别与桥梁运行管理的要求基本一致，有所不同的是，需要重点养护的 I 等、有计划养护的 II 等及可一般养护的 III 等之间存在的差别。

（二）桥梁养护特征

城市桥梁承担的交通流量大，设计标准高，故养护技术复杂，养护内容也多，为了保证桥梁处于正常、安全的运行状态，并能有条不紊地进行各种桥梁及附属设施的养护管理工作，从养护工程技术的角度来看，桥梁养护有下列几种显著特征。

1.日常性、时效性

要始终保持桥面及引道清洁,桥头无跳车等。如果桥面出现坑槽、裂缝,应及时修补灌缝;泄水孔、伸缩缝内淤积应及时清除;标志、标线、交通、照明、安全等设施出现故障和损坏,应及时恢复;等等。所有这些都是为保证桥梁行车安全、畅通、舒适,以提高城市社会经济效益。而任何养护管理工作中的懈怠和疏忽,不仅会对桥梁设施造成潜在危害,也会对行车人员构成严重威胁。

2.季节性

不同的季节,桥梁都会有阶段性或集中养护维修需要。有时候,甚至需付出更多的努力来应对季节性养护。如洪水、水毁抢修,冬季除雪、防滑,都是异常艰苦的工作。做好有针对性的季节养护往往能起到事半功倍的效果,如每年汛期前进行桥梁维修,可以有效抑制水毁等病害的发生。

3.突发性

对交通事故和水毁、雪灾等引发的事故或其他原因造成桥面、构件、附属设施的损坏,应采取紧急措施,尽快恢复交通。控制现场态势,疏通救援路径,排障、清理、抢修、恢复是养护工作人员的一项重要职责,为了满足突发性抢险的需要,必须制订应急方案,做到常备不懈。对大型桥梁,还必须制订各项专项应急预案,应对意外事件发生。

4.多学科、多专业的集合体

桥梁养护技术呈现典型的多专业交叉的特征,几乎涵盖了道路、桥梁、建筑、机电、光电、机械及计算机等多种专业的内容,形成了一个内容广泛、互有联系、缺一不可的综合养护体系。同样,对参与养护的队伍,也要求是现代化的、多工种的、多专业技能的队伍,养护人员也要求具有多专业的知识和技能,并配备专业的检测、维修设备,以及快速救援及处置设备。

5.高风险性

桥梁养护作业在绝大多数情况下是不封闭交通的,高速的交通流和复杂的现场作业环境使作业具有高风险这一特征。因此作业时,一方面要强化自身安全意识和安全教育,保证作业安全;另一方面要严格规范过往车辆的通行,完善交通标志设施设置,尽最大努力将养护作业的安全风险降至最低。

二、桥梁养护管理的内容

每座桥梁在运行过程中，桥梁结构的功能和使用性能都会因行车荷载和环境等因素的不断作用而逐渐被减弱;如果遭遇突发事故和自然灾害,则还会发生破坏甚至毁坏。因此在运行期内需要对桥梁进行养护管理,使每座桥梁保持一定的服务水平,经常处于完好的技术状态,以延长其使用年限。桥梁养护管理工作一般可分为以下几个方面:

(一)技术状况检查

为了保证城市道路畅通无阻,必须加强对桥梁的检查,以便能够及时系统地掌握桥梁的技术状况,及时发现结构物存在的缺陷和环境变化,以及可能导致桥梁损坏的因素,从而有针对性地对桥梁实施养护或维修和加固。桥梁检查宜分为经常性检查、定期检查和特殊检查,这三项不同的检查内容已在本书专门章节阐述。

(二)建立技术档案

桥梁技术档案应以信息化管理系统为基础,根据桥梁检查结果,做好桥梁技术状况的评定,并建立技术档案。特别是要做好重要桥梁和危旧桥梁技术档案的管理工作。同时还应按照“一桥一档”的要求建立纸质桥梁技术档案,尽量做到内容完整、更新及时、方便实用。桥梁技术档案信息化管理宜包括规划设计,项目建设,结构检测与监测,养护与维修四个方面。

(三)保护结构物措施

桥梁结构物如遭受缺损等,应立即进行维护、更换和修复;特殊时期,如在流冰和洪水期间应采取防护措施;重要大桥应考虑设有消防设施;特大桥梁还应设专门的桥梁养护机构。

(四)日常养护与小修工程

日常养护与小修是为保证桥梁及其附属设施的使用功能正常，而安排的经常性养护和修补其轻微损坏部分的作业,使之经常保持完好。对一些特大型、特殊桥梁,这样的养护作业尽管每天都在轮回进行,但仍存在不可预见的因素,即在每日的养护作业中还会常常发现新的问题和缺陷,如果不及时处理这些问题和缺陷,将对行车安全造成威胁。

(五)中修、大修工程

中修工程是在保证交通的情况下进行的规模性养护施工,是对桥梁各部分,包括设计规定的引桥、引道,以及各种设施的一般性自然磨损和局部损坏进行修复的作业。中修工程可以使得桥梁保持符合载重等级的要求，保证车辆安全通行。此类修复工程可根据资金状况进行预测与安排，一般情况宜定期按计划进行。

大修工程是对桥梁各部分，包括设计规定的引桥、引道，以及各种设施的较大损坏进行周期性的综合修复的作业，以全面恢复到原设计标准水平，或在原技术等级范围内进行局部改善和个别增建，并逐步提高其通行能力。此类修复工程应每隔数年（如10～15年）进行，一般按年度计划进行。

（六）遭遇灾害及恶劣天气的应急抢险

城市桥梁在运行中，会遭遇灾害天气的侵害，例如台风、暴雨、冰雪天气等，尽管这种情况发生的机会较少，但造成的危害很大，城市交通可能会陷入瘫痪。因此，对上述危害应做好充分的物资准备及备选方案，制订切实可行的抢修预案，建立快速反应机制，有条不紊地应对。此项工作也是城市桥梁养护管理不可缺少的重要内容之一。

三、桥梁养护与适用性

桥梁养护管理是桥梁运行管理的重要组成部分，其意义就是建立健全桥梁运行管理制度，严格按照城市桥梁养护相关的规范要求，加大日常巡查力度，及时掌握每座桥梁的质量状况，特别是桥梁重要部件的动态技术情况，做到及时发现、及时处理。

（一）桥梁养护存在诸多问题

随着经济的发展，城市的交通压力日益增大，频繁的甚至超负荷的运行对城市桥梁安全构成了严重威胁。因受到时代的限制，以往的桥梁设计，设计荷载偏低，设计中的相关规范也不够完善，更为严重的是设计的结构不合理，导致在计算上出现许多错误。施工中使用的材料也有一定的局限性，使得桥梁的使用年限大大缩短。外加其他各种外部因素的影响，如交通碰撞事故、地震破坏、洪水冲刷、环境恶化等，就会出现很多的病害和破坏的现象。而传统的桥梁养护管理方法及养护技术在这样复杂的系统问题面前显示了诸多不足。总之，城市桥梁的养护管理存在诸多问题，而这些问题也亟待解决。

（1）与交通部门相比，城市桥梁养护单位大都缺乏专职桥梁工程师，在岗人员的专业水平与相关技术规范的要求有一定的差距，有的桥梁甚至出现了管理真空问题，而城市桥梁巡检、维护、信息化等管理工作又显得相对薄弱。据资料记载，许多城市的管养单位只是简单地把桥梁作为普通城市道路的一部分来管理养护，没有真正意识到城市桥梁安全事故隐患的严重性。而现有的管理方式也相对落后,缺乏科学的管理手段,重建轻养,有时候把主要精力都只放在损害严重的部位上,难以做到防患于未然。有的未按要求编制城市桥梁养护维修计划和安全应急预案,对辖区内城市桥梁的基本情况缺乏了解,桥梁管理权限与责任又不够明确;还有的桥梁管理部门长期采取人工管理档案资料,造成了资料不全、统计方法不一、准确性差等管理缺陷。

(2)桥梁检查是桥梁养护管理工作中最主要的内容,也是后续决策的依据。由于桥梁服役期内,构件材料劣化、外因作用起效等,桥梁总会出现各种病害,必须通过检查才能发现病害的严重程度,并准确评价其技术状况,同时提出养护维修措施。而有的市政管理部门同时又是桥梁养护责任单位,管理层次过多,管理决策部门远离危桥,未真正意识到桥梁病害的严重性,因而责任意识不强,决策周期长,导致基层的桥梁养护单位无所适从,也无积极性。

另外,桥梁工程师有责无权,责权不统一,工作积极性不高。城市桥梁养护管理还面临着经费、技术力量不足的问题,主要就是城市桥梁的养护、管理和维修没有专项经费,或每年维修资金落实有困难。对需要养护的桥梁也不能做出全面、客观的评价,只是依靠管理人员凭经验对实际情况做出判定来安排年度投资计划,难以保证维护资金的合理使用,还有个别城市桥梁维修队伍力量不足,仅能对简单的桥梁病害进行处理,机械维修设备和技术人员力量较为薄弱,致使桥梁养护管理工作严重滞后。

(3)早期修建的桥梁设计标准较低,所采用的材料强度低,容易造成老化腐蚀。部分桥梁施工质量差造成结构性能退化严重,比如钢筋保护层不足出现钢筋锈蚀、混凝土剥落,混凝土振捣不实,造成混凝土碳化腐蚀、露筋锈蚀等。部分桥梁伸缩装置设置不当引起桥面开裂或雨水下渗等现象。另一个普遍存在的问题是关于伸缩缝的耐久性。由于超载使用,普通钢筋混凝土桥的上部结构开裂现象明显,一般在跨中受弯区和两端受剪区均出现疲劳荷载和混凝土徐变作用裂缝,降低了其结构性能。预制装配结构铰接缝开裂,横向联系削弱,造成结构整体工作能力下降,加速结构损伤。桥梁建设完成后,在施工过程中出现桥梁部分变形的情况,使得铺装面、挡墙和锥坡护坡出现裂缝、沉陷和空洞等现象。

(4)上述桥梁耐久性损伤其实是一个普遍而又严重的问题。由于受施工材料和环境等多方面因素的影响,混凝土桥梁普遍表现出耐久性病害,主要表现为混凝土腐蚀、疏松,钢筋锈蚀,混凝土胀裂、鼓包、剥落,混凝土碳化等。又由于不重视支座养护，支座损坏、橡胶支座老化变形破损、钢支座锈蚀失效、活动支座变为固定支座等情况也比较多见。

(二)杭州桥梁养护与适用性能

桥梁建设是与城市发展同步的，而桥是城市发展的见证者，城市也因桥的出现而愈加繁荣。桥梁分布范围广，型式多，桥龄差别大，结构情况复杂，在使用过程中受环境、车辆、侵蚀、超限等诸多因素的影响，遭到不同程度的损坏，形成了交通安全隐患。根据资料统计，杭州市曾对辖区内桥梁结构类型及适用性能进行调查，情况如下。

(1)桥梁结构类型及组成。杭州市内河道纵横相连贯穿全市，并与京杭运河和钱塘江相连，在铁路交通和城市建设的不断发展下，就形成桥梁分布范围广、型式多、桥龄差别大、结构情况复杂的特点。现有桥梁，如道路立交桥、公铁立交桥、城市高架桥梁、人行过街桥和跨河桥梁都是城市中常见的桥梁，其结构类型及组成主要包括：

①预应力或普通钢筋混凝土简支梁桥，常见于跨越市区溪河上的一些中小桥(跨径在 30m 以下)，如紫金港河、贴沙河、胜利河等河流上的桥梁。

②圬工拱桥，该类桥主要为景区桥梁或市区人行桥，但也有少数几座通行机动车辆。

③预应力混凝土连续梁和连续刚构桥，常见于城市高架和立交桥，以及城市主干道跨大型江河如钱塘江、运河上的一些桥梁等。

④大型拱桥主要位于运河和钱塘江上，如朝晖桥、新塘路桥和复兴大桥，其结构型式及结构受力均复杂，桥梁日常管理和养护中的盲点相对较多。

⑤预应力混凝土斜拉桥主要有两座，分别为跨钱塘江的西兴大桥和跨越铁路的文晖大桥。

⑥人行天桥多为钢结构桥梁，结构造型一般较为独特，近些年新建较多。由于主要供人行，所承受的荷载较小，人行舒适性是桥梁的主要指标。

上述六种类型的桥梁中，①②两种桥梁数量最多，占杭州市城市桥梁总数量的 90%，目前主要由区级市政管理养护部门负责。③至⑤三种桥梁一般均为大型桥梁，桥梁总长一般都在数百米以上，甚至千米以上，该类结构庞大，受力情况复杂，是桥梁养护的重点，也是城市交通的生命线，对其运行和桥梁安全状况应给予更多的关注，目前主要由市级的市政管理养护部门负责桥梁的管理工作。

(2)桥梁总体的适用性能。随着经济水平的提高，历年来，杭州市政府对市政设施投入了大量的资金进行维护和改造，特别是为配合运河申遗，对运河沿岸的桥梁进行了全面整修，从目前的情况来看，市管桥梁结构的总体适用性能良好。

一是对杭州市管的52座桥梁进行了调查，发现这些桥梁或多或少都表现出一些耐久性问题，主要表现形式为出现裂缝、混凝土剥落、露筋锈蚀等，其中钢筋锈蚀对混凝土的耐久性危害最大，当钢筋腐蚀后其有效截面积会不断减小，就使得结构的承载能力迅速下降，并不可恢复，严重的已出现钢筋断裂等情况。因此，桥梁结构的耐久性值得重点关注。

二是在交通量比较小的桥梁中，桥面铺装、主体结构情况良好，而对于交通量比较大的桥梁，特别是对于重车通过量比较大，甚至出现超载情况的桥梁，桥梁病害频繁发生，比如文晖大桥、钱塘江大桥等。病害一般表现为桥面铺装情况破损比较严重，出现网裂、横纵向贯通裂缝、坑槽及碾碎等。若此类病害得不到及时、有效的处理，会对桥梁主体结构产生不良影响。

三是据调查资料统计，20世纪90年代以前建造的桥梁共12座，20世纪90年代到20世纪末建造的共16座，21世纪初建造的共24座。通过调查发现，建造年代较久远的桥梁病害情况比较严重，比如京江桥、艮山西路运河桥等，最显著的特征是大部分混凝土剥落比较严重，露筋锈蚀，使其耐久性的问题比较突出，老化现象比较严重，加重了桥梁的安全隐患。对于这类桥梁，应该给予特别的注意，在对桥梁进行详细评估后应根据情况进行加固。对于服役期较长的桥梁，不仅要关注承载力问题，更要注重耐久性问题，有时候耐久性比桥梁的承载力更加重要。

四是在列入调查的桥梁中，有拱桥5座，连续梁桥23座，梁桥10座，箱涵4座，板梁桥6座，钢箱梁桥3座（均为人行天桥），斜拉桥2座（即文晖大桥和西兴大桥），预应力刚构桥1座（即登云大桥）。其中拱桥结构的病害较多，主要病害有：拱脚处横向裂缝，弦杆端部出现裂缝，横系梁、横拉杆、横隔板竖向开裂。

通过上述现状调查和对已有的资料分析表明，目前杭州市全部纳入养护的市级桥梁的承载力还是满足设计要求的，没有出现承载力下降的情况。一些存在病害的桥梁，也得到了及时的修复与加固。

第二节　桥梁日常养护

桥梁病害是指桥梁结构受外界荷载的影响，使原来结构整体的承载能力有所下降的病害。这里所谓的外界荷载可以是桥梁所承受的车辆荷载，也可以是自然灾害给桥梁带来的影响（如风荷载、地震和船舶的冲撞等）。这种病害最大的特点就是它的存在会使整个结构的承载能力受到很大的影响。

按照“预防为主，防治结合”的原则，以桥面养护为中心，以承重结构和部件为重点，是桥梁养护维修的重要技术政策。城市桥梁养护应坚持日常保养，及时修复损坏构件，保持桥梁状态良好、结构安全、外观整洁，各类标志齐全、清晰，桥面铺装坚实平整，桥头连接平顺，附属设施完备，夜间照明符合相关规范要求。桥梁中修工程和大修工程，其内容要求可参阅其他文献资料。

一、桥面系及支座的日常养护

桥面系一般由桥面铺装层、伸缩装置、防排水设施、栏杆及防撞墙等组成。桥面系各部分的使用性能，直接影响桥梁的服务质量（包括车辆行驶的安全性、舒适性等）。根据多年的使用经验，桥面系是桥梁结构使用中养护维修最频繁的部位，也是桥梁结构早期病害和损伤的多发部位。为保障车辆通行安全，延长结构使用寿命，必须进行及时和正确的养护，对出现病害的部位也必须及时维修或加固。

（一）桥面铺装层

桥面铺装层的主要功能是保护属于主梁整体部分的行车道板，使其不受交通荷载冲击产生的磨耗和剪切作用，并防止桥面板因雨水等自然条件的作用而产生侵蚀，同时对车辆轮重的集中荷载起到一定的分配作用。由于桥面铺装层承受着繁重的交通轮载，受桥梁结构的影响，其受力性能比较复杂。因此，对其养护质量提出了较高要求。桥面铺装一般选取能够与主梁有效结合的材料，并对车辆轮重的集中荷载起到一定的分配作用，且具有防止渗透、抗滑、抵抗振动变形、抵抗温度作用等功能，同时也应选取便于施工及养护的铺装种类。

1.桥面铺装层分类及养护维修

现有桥面铺装层按材料的组成，一般分为热拌沥青混凝土铺装层、冷拌沥青混凝土铺装层、改性沥青混凝土铺装层、水泥混凝土铺装层。本书仅介绍常用的热拌沥青混凝土铺装层和水泥混凝土铺装层。

(1)沥青混凝土铺装层。沥青混凝土铺装层必须进行经常性和预防性养护,当铺装层出现泛油、拥包、裂纹、波浪、坑槽及车辙等病害,应及时进行保养小修;出现一般性麻磨损和局部损坏,宜进行中修;出现较大损坏,宜进行大修。修补采用的热拌沥青混凝土应拌和均匀,外观色泽一致,无明显油团、花白或烧焦。铺装时大气温度宜在10℃以上,如果是低温铺装,应有保证质量的相应技术措施,雨天时不得铺装。在铺装层损坏面积较小的情况下,可采取局部修补方法;损坏面积较大时,可将整块铺装层凿除,重做铺装层;桥面防水层如有损坏也应及时修复;因构件连续处沉陷不均引起桥面凸凹不平时,可采用在桥下以液压千斤顶顶升,调整构件连续处高程,使其顶面具有相同高度的方法维修。

其主要施工方法有局部修补、表面封层及铺装层翻修三种。

第一种,局部修补方法。所谓局部修补主要是修复裂缝、坑槽等面积比较小的损伤部位,以沥青混凝土或只以沥青填补。填补用的沥青混凝土应与原铺装材料类型相同。

此类坑洞修补前应切除损伤周围的不良部分,通常做法是按圆洞方补、浅洞深补的要求进行整形、清理。如果清理之后的切除部位比较潮湿,需采用燃烧器等加热设备加热,使其干燥后,方可均匀地喷涂沥青黏结层;此后可倒入沥青混凝土并进行摊铺、压实。当新修补的桥面温度达到手能触摸的程度,即可开放交通。整个修复过程要把握几个关键事项,即:桥面损伤的范围应沿四角形切齐,并要求垂直于路面切除,在切除或离散物清理时不得伤及桥面板;不仅在桥面板顶面上,而且在坑槽侧壁,在各个角隅都要均匀地喷涂沥青黏结层;沥青混凝土压实后的表面应与周围的铺装表面平顺地连接,接茬高度一般应小于5mm。

第二种,表面封层方法。沥青混凝土铺装层出现裂缝或因由于水和空气等介质的侵蚀而产生沥青剥离现象,失去黏结力,缩短铺装层的使用年限。如果是钢板桥则会生锈。采取表面封层可以密封表面的微小裂缝,防止水从表面渗入路面结构层,能延缓表层沥青材料的老化,重新建立路面抗滑阻力,防止集料从表面脱落、崩散。

这类表面封层养护方法是采取一层用连续方式敷设在整个路表面上的养护层,封层材料可以是单独的沥青或其他封层剂,也可以是沥青与集料组成的混合料,目前常用的表面封层技术有雾状封层、还原剂封层、石屑封层、稀浆封层(微表封层)等。

第三种,铺装层翻修方法。根据铺装层损伤程度,可以采取翻修桥面板上铺装总厚度,或仅翻修面层,或翻修局部的铺装层这样三种方法。在重新铺装沥青混凝土前,应先凿除已损坏桥面,并对桥面进行检查,老桥面应平整、粗糙、干燥、整洁,桥面横坡应符合要求。当老桥面清理完成后应洒布黏层沥青,洒布量为0.3～0.5L/㎡。沥青混凝土配合比的设计,以及铺筑、碾压等施工程序应按现行技术规范规定进行。

(2)水泥混凝土铺装层。水泥混凝土铺装层易产生表面裂纹、表面磨耗、露骨、坑槽等病害，其中桥面因温度应力和荷载应力超过混凝土强度而出现的裂纹最为常见。此类裂纹一般是呈均匀分布的龟状细裂纹，通常是在水泥混凝土铺装过程中,表面收水不当、气温较高、养护不周等,造成混凝土桥面因失水过快引起表面收缩而产生裂纹。这种裂纹一般仅深入混凝土表面几毫米,不会随时间延长而发展。另外,由于混凝土材料的不稳定性,如采用的材料产生了碱骨料反应等,也会引起桥面铺装层大面积开裂,裂纹呈不规则状,有些会引起翘曲等。

水泥混凝土桥面养护的主要施工方法有老桥面补强和局部修补两种。

第一种,老桥面补强。铺装层补强方法是在老桥面重新加铺一层水泥混凝土或钢筋混凝土补强层。该方法既能修补已出现的裂缝、剥离等缺陷,又能加大原有梁板的有效厚度,增加板的抗弯能力,改善铰接梁的横向分布,从而提高梁的承载能力。铺装层补强是否能达到预期的效果,关键取决于新老混凝土能否牢固地形成一个整体。因此,在补强前老桥面应进行凿毛处理,一般先凿去桥面铺装及部分梁顶混凝土,使此表面粗糙,成齿形状,箍筋外露,并进行必要的清理。为提高新老混凝土的黏结性,宜在凿毛后的混凝土结合面上涂一层胶结剂,例如铝粉水泥浆、铝粉水泥砂浆、环氧树脂等,也可加设新老混凝土之间的联系钢筋。铺装层补强宜采用干硬性混凝土或钢纤维混凝土,以减少新浇筑混凝土的收缩,减少新老混凝土之间产生的收缩力而错动,提高补强效果。

第二种,局部修补。桥面铺装层出现孔洞、坑槽及部分形成磨光面宜采取局部修补方法进行修复。修补时应先将孔洞及坑槽凿成形状规则的直壁坑槽,然后用钢丝刷和吸尘器清理坑槽,填上混凝土,最后养生至规定的通车强度时即可通车。部分磨光面可采用刻槽机对磨光的部分进行刻槽处理，改善水泥混凝土铺装层的防滑性能。

(二)桥面伸缩缝

伸缩缝装置的主要功能是适应由于温度变化、混凝土徐变、干燥收缩及荷载等作用而引起的梁端位移,以保证车辆行驶的舒适性和安全性。但设置伸缩缝装置的桥梁端部是构造上的薄弱部位，所以除满足承受车轮荷载的反复作用和适应梁端位移外,还应具备良好的平整度及防水性能,保证正常伸缩,并处于良好的工作状态,车辆通过时不会产生过大的噪声和振动,确保桥面坚实、平整、清洁,防止桥头跳车,保证行车顺畅。

桥面伸缩缝分类及养护维修。常见伸缩缝的构造形式有钢板伸缩缝、梳形钢板伸缩缝、橡胶板式伸缩缝、型钢伸缩缝、填充式伸缩缝及模数式伸缩缝。伸缩缝损坏形式可以归类为伸缩缝组件退化、伸缩缝锚固及填缝料破坏。根据伸缩缝装置的不同种类,日常养护中应采取相应的措施。当桥面加铺沥青混凝土结构时,伸缩装置必须重新进行处理,禁止用沥青混凝土覆盖伸缩装置。日常养护中应及时清除堵塞的杂物等,出现渗漏、变形,连接部位开裂、跳车,行车有异常噪声时应及时维修。

1.伸缩缝分类

对钢板伸缩缝,应经常清除自由端缝内塞进的硬物、杂物,保持伸缩缝自由伸缩,保证伸缩缝内排水通畅;钢板焊接部位应保持清洁,钢板开焊、翘曲和脱落时,应及时补焊;日常检查中应及时发现角钢与钢筋混凝土梁锚固不牢的情况,防止在车辆荷载冲击作用下加速伸缩缝破坏。

对梳形钢板伸缩缝,应观察梳齿与承托连续处是否牢固,并经常清除缝内塞进的硬物和杂物,保证排水及自由伸缩。同时检查紧固螺栓,防止梳齿板转动外翘。

对橡胶板式伸缩缝,应保持表面清洁,行车平顺,防止硬物使橡胶块产生破坏,并经常清除伸缩缝内垃圾和杂物, 保证伸缩缝自由伸缩。及时紧固松脱的固定螺栓,防止橡胶剥离;橡胶板丢失应及时修补,大面积破损时应全部更换,防止伸缩缝局部下陷或凸出而产生噪声;保证钢板焊接部位牢固,防止密封橡胶带老化、严重漏水。

填充式伸缩缝填充的弹塑体伸缩装置出现脱落、翘曲时,应及时清除,并重新浇筑弹塑体混合料。当弹塑体混合料与桥梁连接处界面开裂时,应及时进行修补;如果弹塑体伸缩装置局部沉陷过大,应修理平整。日常养护中应防止密封橡胶带老化,如有漏水,则应及时更换。伸缩装置若有损坏或功能失效需要修理、更换时,应先查明损坏原因, 同时依据伸缩装置的类型和缺陷程度, 采取行之有效的修补办法,并决定部分修补、部分更换甚至全部更换。

2.伸缩装置养护维修

伸缩装置的维修方法主要包括锚固修补,密封层和密封条更换,钢板伸缩缝的焊接修补,伸缩缝整体更换及锈蚀处理等。

锚固修补。检查中发现松动的保护角铁或平板以及松动的底板,可以安装附加锚具(如化学锚具)重新锚固,或浇筑钢筋重新把底板、保护角铁或平板与混凝土中的钢筋连接牢固。如果是过分松动,则必须更换。

密封层和密封条更换。密封层和密封条的使用寿命很短,且不能修补,一旦退化就应该更换,并应采用优质的替代材料。当其填料老化脱落时,在扫清原缝隙内的泥土后,可重新注入新的填缝料。当周围铺装层损坏时,宜按本节桥面铺装层的养护维修方法进行修补,如果采用水泥混凝土修补,应考虑采用快硬水泥并留意新老混凝土接缝的平整性。同样,对铺筑部分应加以初期养生。

焊接修补。钢板伸缩缝的钢板与角钢焊接脱落时,应清除污垢后重新焊牢;当梳齿断裂或出现裂缝后,也应采取焊接方法进行修补。但是,如果钢板伸缩缝的钢板变形、螺栓脱落,不能正常运行,则应及时拆除并更换为新型的伸缩装置。

锈蚀处理。对于锈蚀,可以通过喷防锈溶剂处理不可触及的区域,然后使用润滑剂或油脂涂抹整个表面,或者采用其他适当的防锈措施。

最后是整体更换。经检查发现伸缩装置严重损坏、广泛分离和渗漏,以及混凝土桥面板或桥台台背开裂、碎裂,宜采取用新的伸缩缝进行整体更换。实施整体更换通常需要拆除和重建桥面板端部,以便提供足够的锚固。

3.伸缩缝整体更换

伸缩缝整体更换的步骤,以模数式和填充式伸缩缝的更换步骤为例。

模数式伸缩缝的更换步骤。第一步,清除原有伸缩缝,将槽内清扫干净,按照设计留槽尺寸,预埋锚固筋。第二步,伸缩装置安装前,应按照当时气温调整安装时的定位值,用专用卡将其固定。第三步,安装时,注意伸缩缝中心线与桥梁中心线应重合,并使顶面高程与设计高程相吻合,桥面横坡定位后实施焊接。第四步,浇筑混凝土前,将梁间缝隙填塞,以防止浇筑时混凝土渗漏而将间隙堵死,并防止浇筑时混凝土灌进伸缩缝位移控制箱内。最后待伸缩缝两侧的混凝土强度满足设计要求,方可开放交通。

填充式伸缩缝的更换步骤。第一步,开槽,按标出要开挖沟槽的边线切割,一般开槽的宽度为 50cm,深度不小于 6cm,然后挖除槽内混凝土。第二步,清理及修整沟槽,通常用水冲洗砂和浮土,清除后必须用喷灯吹干沟槽内的水汽,使沟槽充分干燥。第三步,涂底油与界面处理。此项步骤是采用泡沫海绵塞住桥面接缝,将 T 形搭接钢板平稳地置于接缝当中。T 形搭接钢板的厚度为 5 ~ 8mm,宽度以离缝口两侧各 50mm 左右为宜。此时,在沟槽底面均匀地涂一层沥青结合剂,并用喷灯对梁端进行预热,预热后在梁端面(沟槽侧面)也涂一层沥青结合剂。第四步,铺筑沥青

混凝土,要求用粗沥青混凝土作为底层摊铺、压实,压实后的表面应距沟槽顶10mm左右;再用细沥青混凝土摊铺上面层,压实后的表面应与路面平齐。

(三)桥梁支座

桥梁支座是连接上部结构和下部墩台的重要组成部分,其主要作用是传递桥梁结构上的荷载,同时满足桥梁结构变形的需要。日常养护中,桥面系及桥梁支座都是主要养护维修部位。为保障车辆通行安全,延长结构使用寿命,必须对桥梁支座进行及时和正确的养护,对出现的病害也必须及时维修或加固。

桥梁支座也是桥跨结构的支撑部分,架设于墩台上,顶面支承桥梁上部结构的装置。其功能是将桥梁上部结构固定于桥台,承受作用在上部结构的各种力,并将它可靠地传输给墩台。当在荷载、温度、混凝土收缩和徐变作用下,支座又能适应上部结构的自由变形而不产生额外的附加内力。因此,桥梁支座必须具备足够的承载能力,设计要求的变形约束应尽量小,便于安装、养护和维修,并在必要时进行更换,支座的选用应根据支座所承受的力和变形的自由度确定。

1.桥梁支座类型

桥梁支座的类型按支座变形的可能性分为固定支座、活动支座。一般简支梁的一端设置固定支座,另一端设置活动支座;连续梁则多由一个固定支座和若干个活动支座组成,且固定支座均设置在每联的中间支点上。另外,桥梁支座,按材质可分为钢支座、橡胶支座、聚四氟乙烯支座、混凝土支座及铅支座;按支座的结构形式又可分为弧形支座、铰轴支座、滚轴支座、摆轴支座、板式橡胶支座、盆式橡胶支座及球形支座等。混凝土桥梁大多采用板式或盆式橡胶支座,小跨径的简支梁多采用板式橡胶支座,钢桥梁则采用钢支座。

2.定期养护

桥梁支座应定期养护,保持支座各部完整、清洁,每半年至少清扫一次,清除支座周围的油污、垃圾,防止积水、积雪,发现损坏部分应及时进行维修。对于滚动支座的滚动面应定期涂一层润滑油(一般每年一次),涂油前,应把滚动面揩拭干净。对钢支座要进行除锈防腐,支座各部分,除铰轴和滚动面外,其余均应涂刷油漆保护。对固定支座,应检查锚栓的紧固程度,支承垫板应平整紧密,及时拧紧各部结合螺栓。

对各种橡胶支座,应经常清扫污水和垃圾,排除墩、台帽上积水,防止橡胶支座接触油脂,对梁底及墩、台帽上的残存机油等应进行清洗,防止因橡胶老化、变质而失去作用。对盆式橡胶支座,应定期进行清扫,并应设置支座的防尘罩,防止灰尘落入,或雨、雪渗入支座内。支座外露部分应定期涂红丹防锈漆进行防护。

3.维修与更换

对于桥梁支座的各种缺陷和病害,若是较轻微的病害,加强后期的维护和维修可以延长支座的使用寿命,若是严重的病害,则必须采取更换支座的措施。如支座出现以下病害,不能正常工作,应及时进行维修或更换。

(1)支座座板翘起、变形、断裂时应予更换,焊缝开裂时应予维修;支座更换时可采用顶升法施工。

(2)橡胶支座出现脱空或不均匀压缩变形时应予调整;发生过大剪切变形、中间钢板外露、橡胶开裂、老化时应及时更换。

(3)滚动面不平整,铰轴有裂纹或切口,个别铰轴大小不合适时,必须予以更换。

(4)如要抬高支座,可根据抬高的高度,采用捣筑砂浆垫层,加入钢板垫(厚度小于50mm),或铸钢钢板垫(厚度50~100mm),或预制钢筋混凝土块(厚度大于100mm)的方法。

(5)当支座需要矫正或更换时,通常需将梁体顶升。梁体顶升一般采用起重袋法、楔紧法及千斤顶顶升。起重袋法适用于整幅或半幅桥梁的顶升,起重能力宜取顶升重量的1.2倍,如果梁板与桥台或盖梁的间隙大于3cm,可以保证起重气袋与负荷的接触面积大于起重袋面积的2/3。楔紧法适用于小桥顶升。

(四)桥面附属设施

桥面附属设施包括防护设施、桥上照明、航空灯、航道灯,以及交通标志、标线等。

(1)防护设施、人行道应经常保持完好状态,如有缺损应及时修复;栏杆、护栏、防撞墙应经常保持完好状态,栏杆柱应竖立正直,栏杆或护栏及声屏障跨越伸缩装置,应在结构上采取设置活动套筒、钢管螺栓处设置滑槽等措施,以满足桥梁随温度变化伸缩位移活动的需求。

(2)石栏杆不宜跨越伸缩缝,应在伸缩缝处设置双立柱将石栏杆分开。栏杆因车辆撞击或其他原因损坏时,应及时采取防护围栏等临时措施,避免行人或车辆落入河中,临时防护措施应牢固、安全、醒目,并应尽快修复栏杆。钢栏杆应经常清刷除锈,一般每年一次。护栏、防撞墙应牢固、可靠,若有损坏应及时修复。护栏上的外露钢构件应与钢栏杆一样防护。

(3)桥梁照明不同于一般的道路照明,它的照明必须满足道路照明规范以保证交通安全,同时还必须考虑到能源节约及设备维护等方面因素,亮度既要符合相关规定也要注意防止眩光。作为城市景观的一部分,桥梁照明还必须具备观赏性和装饰性。所以,桥上的灯柱应保持完好状态,如有歪斜等应及时扶正,灯具损坏应及时更换,保证夜间照明。桥上设置的航空灯、航道灯及供电线路应保持完好,如有损坏应立即修复。

(4)桥上的交通标志应齐全、醒目、牢固,标志板应保持整洁、无裂纹和残缺,如有损坏应及时整修。交通标线应经常保持完好、清晰,定期进行标线重涂。

(五)桥面排水设施

桥面排水设施是为了迅速排除桥面上的雨水,防止渗入梁体引起腐蚀而影响桥梁结构的耐久性、稳固性而配置的,用以确保桥梁正常运行。

(1)桥面排水设施一般由桥面排水槽、盖等组成,与排水管、支撑构件、地面集水槽等附属设施组成排水系统。实行排水设施的养护,目的是保证路面纵横坡符合设计要求、泄水孔通畅,能够迅速排除桥面上的雨水。因此,在日常养护工作中应及时修补或更换损坏的排水槽等设施,避免因桥面积水而造成交通事故;经常疏通排水管,及时清理管内的淤泥和杂物,确保排水通畅;及时维修排水系统中的管道支撑构件及连接件,防止由于支撑构件及连接件损坏而影响排水。管道锈蚀、破损严重的应及时更换。

(2)城市立交桥面除从泄水管排水外,不得从其他地方往桥下排水;跨线桥、高架桥、立交桥设置的引流排水管在折弯处应设置清淤口;泄水管、排水槽如有堵塞,应及时疏通,泄水管如出现渗漏应及时处理;平进式泄水管上口顶部应低于桥面铺装,下口露出梁体长度不小于10cm。

(六)桥头跳车的治理

桥头跳车是路堤与桥台本身不均匀沉降而导致该处路面纵断面线性发生突变。相对桥台而言,路面发生沉降,即在台背附近形成台阶或陡坡,车辆行驶会发生明显颠簸现象,影响行车速度和安全性、舒适性,也影响了桥梁使用寿命。桥头跳车的原因是多方面的,但引起桥头跳车的物理原因应考虑结构突变、土质不良、台背回填土沉降等因素。

因此,按有关理论计算桥梁与路堤沉降的差值,并以此差值采取相应的结构处理措施,宜从理论上解决桥头跳车这个病害。具体措施如下:

(1)若遇软土、沼泽等不良地质地段,应按特殊地质采用砂井、板桩、灌浆等方法处理,使地基达到足够的强度和密度。

(2)选择渗水性好、强度高、易压实的回填材料。

(3)按施工技术规程的要求,严格控制填筑质量。

(4)设置枕梁和搭板。一般搭板一端支在桥台牛腿上,另一端与路堤相接,下方设一根以上的枕梁。搭板按简支梁进行内力计算配筋,枕梁可按弹性地基梁计算,其关键问题在于确定地基应力的分布规律。

当桥台台背出现明显下沉,导致搭板脱空、桥头跳车、挡墙开裂时,应及时修复。修复方法可采用破除重修、压力注浆法等。采用注浆法时,注浆应采用活塞式压浆泵,压浆的终压宜为0.5~1.0MPa。注浆管可采用中空注浆锚杆,也可采用ϕ32mm焊接钢管或ϕ40mm无缝钢管制作,长度宜为3~5m,管壁每隔10~20cm交错钻眼,眼孔直径宜为6~8mm。注浆孔宜按梅花形排列,孔距视土层密实和裂缝情况确定,一般为1~2m,不宜大于2m,进入较隐定密实土层的径向孔深应为0.5m,注浆压力的控制应根据土基的密实情况及注浆孔的临空面等因素确定,初始压力为0.3~0.5MPa,检查压浆压力为0.6~1.0MPa,但不宜超过1.2MPa,如第一次注浆效果欠佳,进行第二次注浆时,注浆压力可取1.2~2.0MPa,但不宜低于1.2MPa。压浆顺序应为从下而上,从无水、少水的地段向有水或多水的地段,从下坡方向往上坡方向,从两端向中间。注浆后必须对注浆效果进行检查,如未达到要求,应进行补孔注浆。

二、桥梁混凝土结构的养护

本书提及的混凝土桥梁是指混凝土梁桥、混凝土拱桥和钢管混凝土拱桥,其重要构件均可采用钢筋混凝土和预应力混凝土进行预制或现浇。由于自身优点,此类桥梁被广泛应用于公路、铁路和城市,约占桥梁总数的90%以上。此类桥梁的缺点是由于钢筋混凝土和预应力混凝土的某些特征,加上人为和自然环境的因素,会不可避免地发生材料退化,而产生各种病害,如混凝土开裂、钢筋锈蚀、碱集料反应、化学侵蚀及表面磨损等。这些病害分别为物理作用、化学作用或者两者共同作用的结果。本书重点介绍混凝土开裂、钢筋锈蚀的病害,其他病害请参考相关资料。

(一)混凝土及砖石结构主要病害

1.混凝土开裂损坏

桥梁混凝土开裂损坏等病害,有时甚至会影响结构的正常使用和耐久性。桥梁裂缝产生的原因比较多且复杂,有时多种因素互相影响,每一条裂缝均有其产生的一种或几种主要因素。如:由荷载、收缩及温度作用引起的横向裂缝;由荷载作用或结构错位移动引起的剪切裂缝、斜裂缝;由地震作用引起的X形交叉裂缝。

裂缝对钢筋混凝土简支梁桥的影响主要是,在潮湿的环境中,有害介质的侵蚀会加速混凝土的碳化。当碳化至钢筋位置时，钢筋开始锈蚀，而钢筋锈蚀加剧了微裂缝的扩展，长期作用下，降低了梁体的强度、刚度及耐久性。裂缝对预应力混凝土桥梁的危害则更大，因为裂缝会导致预应力钢筋暴露于大气之中，并在一定的温度、湿度及有害介质的作用下，钢筋表面发生电化学反应，或因氯离子的参与而发生氯脆现象，危害性极大。

桥梁在静、动荷载及次应力下产生的裂缝称荷载裂缝，主要包括直接应力裂缝、次应力裂缝两种。直接应力裂缝是指外荷载引起的直接应力产生的裂缝；次应力裂缝是指外荷载引起的次生应力产生的裂缝。通常裂缝方向与主拉应力方向大致是正交的。

桥体混凝土具有热胀冷缩的性质，当外部环境或内部温度发生变化时，混凝土将发生变形，若变形遭到约束，则结构内将产生应力，而如果这样的应力超过混凝土抗拉强度即可产生温度裂缝。由此可知，在有的大跨径桥梁中，温度应力可以达到甚至超出活载应力。温度裂缝区别于其他裂缝的最主要特征是随温度变化而扩张或合拢。引起温度变化的主要因素包括：年温差、日照、骤然降温、水化热、蒸汽养护或冬季施工措施不当等。

在实际工程中，混凝土因收缩所引起的裂缝是最常见的。在混凝土收缩种类中，塑性收缩和缩水收缩是发生混凝土体积变形的主要原因，另外还有自生收缩和碳化收缩。研究表明，影响混凝土收缩裂缝的主要因素包括：水泥品种、强度等级及用量、水灰比、外掺剂、养护方法、外界环境、振捣方式及时间。

基础竖向不均匀沉降或水平方向位移，使结构中产生附加应力，且该应力超出了混凝土结构的抗拉能力，导致结构开裂。基础不均匀沉降的主要原因包括：地质勘察精度不够、试验资料不准，地基地质差异太大，结构荷载差异太大，结构基础类型差异太大，地基冻胀，桥梁基础处于滑坡体或活动断层等不良地质处。

在混凝土结构浇筑、构件制作、起模运输、堆放、拼装及吊装过程中，若施工工艺不合理、施工质量低劣，容易产生纵向、横向等各种裂缝，特别是在细长薄壁结构中更容易出现。

以上原因引起的裂缝是桥梁的重大病害之一，一旦裂缝的宽度超出规范允许的范围，就会明显影响桥梁的使用寿命和耐久性能，对在钢筋混凝土桥梁中普遍存在的非受力裂缝应引起高度重视，并应根据裂缝宽度的大小，及时采取化学灌浆或表面封闭的措施予以修补。一般来说，只有在裂缝宽度不发生变化的理想情况下，对宽度小于 0.3mm 的裂缝才有可能实施长久密封。而对于不允许出现裂缝的桥梁或裂缝发展严重的,应查明原因,进行加固处理。

2.砖石砌体开裂损坏

桥梁砖石砌体除耐久性遭到破坏、产生裂缝外,由于砌体建筑质量不佳或外界因素(如下雨下雪、河流水流冲刷等)影响,砌体会局部损坏,以致风化破坏。桥梁砖石砌体遭到各种情况损坏后,对于保证桥梁结构的安全和使用寿命,将会产生不同的影响,为此,必须及时维修。

一般讲,桥梁砖石砌体是一种耐久性的建筑物,但在不利的工作条件下,其材料会以不同速度发生损坏。其破坏一般是从表面开始,表现在抹灰层、砌缝脱落、砌体表面起皮等。而表面材料损坏就会逐渐向内发展,粉化和剥落不断加重,使强度降低。桥梁砖石砌体由于构件受力不均,如基础不均匀沉降、受热不均匀等,还会产生各种程度的裂缝。主要包括沉降裂缝、温度裂缝和砌体强度不足引起的裂缝。其中,沉降裂缝最为常见,通常是由地基基础沉降和砌体灰缝沉降引起,而由基础沉降产生的砌体裂缝有斜面裂缝、垂直裂缝和水平裂缝三种。温度裂缝一般是砖石砌体不均匀受热,温度较高时引起的。而由于砌体强度不足,受荷载作用引起裂缝,裂缝的形式有水平裂缝、竖直裂缝和斜向裂缝。

处理此类裂缝,只对表面集料暴露的部分进行修补,具体修补可先将暴露突出的表面凿除,再用细集料混凝土填塞捣实即可。对表面空洞、剥落等缺损,可将松散部分清除,再用高强混凝土、水泥砂浆进行修补。而桥梁砖石砌体表层损坏的维修,一般是指在桥梁砖石砌体强度和稳定性尚能满足安全使用要求的情况下,按照使用要求、外观要求和耐久性进行修补。

第一种是勾缝修补。砖石砌体最易造成砌缝砂浆的松散脱落,这就需要重新进行勾缝修补。修补时,通常凿去易破损的灰缝,深 30 ~ 50mm,用压力水清洗干净,然后用 M10 水泥砂浆重新勾缝。而桥台或护坡接触处一般常会出现裂缝,如用砂浆勾缝后不久又会裂开,故可用浸透沥青的麻筋填嵌,以防雨水侵入。

第二种是表面局部修补。砌体表面局部损伤,脱落不太严重,可将破损部位凿毛、清洗干净,然后用 M10 水泥砂浆分层填补至需要厚度。如果损坏程度较深,范围较大,可在新旧结构结合处设置牵钉,必要时挂钢筋网,并采用立模浇筑混凝土。

第三种是镶面石修补。镶面石破损时可个别更换或采用预制块代替。如镶面石仅松动而没有破碎可先将其周围的灰缝凿去,然后取下镶面石冲洗干净,再用M10水泥砂浆填实,并在周围垫半干性砂浆。如果镶面石的面积很大,可在原砌体上安装带倒刺的套扣,并与锚钉相连承托新的镶面石。

3.钢筋锈蚀损坏

实践证明,在钢筋混凝土结构中,钢筋的锈蚀是影响桥梁服役结构耐久性的主要因素。通常情况下,混凝土的 pH 值大于 12.5,呈碱性。钢筋在碱性环境中容易发生钝化作用,其表面会产生一层钝化膜,阻止混凝土中钢筋的锈蚀。

(1)钢筋锈蚀是当二氧化碳、水汽和氯离子等有害介质从混凝土表面通过孔隙进入混凝土内部时,与混凝土材料中的碱性物质中和,导致混凝土的 pH<9。在这种环境下,钢筋表面的钝化膜被逐渐破坏,钢筋就会被锈蚀,并且随着锈蚀加剧,混凝土保护层开裂,钢筋与混凝土之间的黏结力遭遇破坏,使梁体结构产生病害。因此,混凝土中钢筋锈蚀机理主要是混凝土碳化和氯离子的侵入。

(2)防止氯离子的侵入。在混凝土拌制前对原材料中氯离子含量进行控制,是防止混入型氯离子侵入的主要措施。原材料中,河砂很少含有氯离子,一般可以直接使用。而海砂含有不等量的氯离子,只有在河砂十分匮乏的情况下,并采取预防措施后才可使用。

日本开发利用海砂,对海砂的含盐量进行了分级,并规定海砂的含盐量低于 0.04%者可以直接使用,超过 0.04%时必须采取掺加钢筋阻锈剂等技术措施。我国有关规范规定,若采用海砂,海砂的氯离子含量应低于 0.06%。我省宁波市建委发文规定,使用海砂需加钢筋阻锈剂,以防造成“海砂危害事件”。

另外,有关混凝土外加剂规范还没有对氯离子含量做明确规定,可能在掺加外加剂时引入氯离子,应予以重视。

氯离子渗入混凝土结构并达到一定浓度时,混凝土会失去对钢筋的保护作用。对此所采取的防护措施主要包括:按环境中氯离子浓度,确定防护地区和防护等级;在混凝土结构设计时,应提高混凝土保护层厚度与混凝土制作质量;采用混凝土表面涂层,防止氯离子等腐蚀介质渗入,以延缓钢筋锈蚀损坏。

(二)混凝土梁桥的病害处置

梁式桥结构是指在垂直荷载作用下,支座只产生垂直反力而无推力的梁式体系桥梁。城市桥梁以梁式桥为主,除小部分大跨径桥梁外,大多采用钢筋混凝土和预应力混凝土梁式桥两种形式。通常桥梁上部结构或称桥跨结构指的是桥梁支座以上跨越桥孔部分的总称,包括主要承重构件及一般承重构件。这部分的构造由于大多敞露在外,受车辆及大气影响十分明显,因此,桥梁的桥跨结构和缆索体系应作为重点养护的对象。

1.梁桥的桥跨结构形式

现有梁桥的桥跨结构具有多种不同的构造类型，如：按承重结构的截面形式划分，梁桥的上部结构形式，可分为板桥、肋板式梁桥和箱形梁桥；按承重结构的静力体系划分，梁桥的上部结构形式，可分为简支梁桥、连续梁桥和悬臂梁桥。

（1）板桥的承重结构一般是矩形截面的钢筋混凝土或预应力混凝土梁桥，其主要特点是形状简单，施工方便，而且建筑较小。从力学角度分析，位于受拉区域的混凝土不但不能发挥作用，反而增大了结构的自重，当跨度稍大时就显得笨重而不经济。所以，简支板桥的跨径只在 20m 以下。

（2）肋板式梁桥的梁肋与顶部的钢筋混凝土桥面板结合在一起作为承重结构，由于肋与肋之间处于受拉区域的混凝土得到很大程度的被挖空，就显著减轻了结构自重。特别是对于仅承受正弯矩作用的简支梁来说，既充分利用了扩展的混凝土桥面板的抗压能力，又有效地发挥了集中布置在梁肋下部的受力钢筋的抗拉作用，从而使结构构造与受力性能达到理想的配合。目前，中等跨度的梁桥，通常是肋板式梁桥。

（3）箱形梁桥的横截面呈一个或几个封闭箱梁，这种结构除了梁肋和上部翼缘板外，在底部尚有扩展的底板，因此它提供了能承受负弯矩的足够的混凝土受压区。箱形梁桥的另一重要特点是在一定的截面面积下能获得较大的抗弯惯矩，而且抗扭刚度也特别大，在偏心的活载作用下各梁肋的受力比较均匀。因此，箱形截面能适用于较大跨径的悬臂梁桥和连续梁桥，也可用来修建全截面均参与受力的预应力混凝土简支梁桥。

2.梁桥的裂缝形态及处置

梁桥的裂缝形态又可分为结构裂缝与非结构裂缝两种类型。结构裂缝包括弯曲裂缝与剪力裂缝，是由静荷载及动荷载所造成的。其中，弯曲裂缝易发生于构件最大拉应力区，呈垂直状，往压力区发展。一般在构件跨中底部，如梁底或桥面板底，或连续梁在桥墩处的梁体上部，最易发生这种弯曲裂缝。而剪力裂缝则易发生于主梁支点附近的梁腹底部。非结构裂缝虽不影响构件的安全，但如果裂缝深入构件内部，也可能损及构件。这类非结构裂缝主要包括：温度裂缝、干缩裂缝、大体积裂缝、施工缝裂缝、钢筋锈蚀裂缝。

（1）钢筋混凝土梁桥易产生以下五种形态的裂缝：

第一种是网状裂缝，多发生在各种跨度的梁侧，裂缝较细小，宽度约为 0.03～0.05mm，如果用手触及有凸起的感觉，裂缝形态无固定规律变化。

第二种是简支梁下缘受拉区出现的裂缝，多发生在梁跨中部，梁跨跨度越大，裂缝越多，多为受力裂缝。一般是自翼缘向上发展至翼缘与梁肋相接处停止，裂缝之间的间距为0.1～0.2m，宽度约为0.03～0.1mm。对跨度小于10m的梁，其裂缝少而细小。

第三种是简支梁腹板上的竖向裂缝，当跨径大于12m时，其裂缝多处于薄腹部分，且在梁的半高线附近裂缝宽度较大；当跨径小于10m时，其裂缝较细小，且多数裂缝是由梁肋向上延伸，越上越细。

第四种是简支梁腹板上的斜向裂缝，是钢筋混凝土梁中出现最多的一种裂缝，且多在跨中两侧，离跨中越远倾斜角越大，反之较小。一般第一道裂缝多出现在距支座0.5～1.0m处。

第五种是简支梁侧水平裂缝，为近似水平方向的层裂缝。

(2)预应力混凝土梁桥易产生以下八种形态的裂缝：

第一种是先张法简支梁端锚固处的裂缝。该种裂缝均起始于张拉端面，宽度约为0.1mm，长度一般只延伸至扩大部分的变截面处。如果在两组张拉钢筋之间，梁端混凝土处于受力区，则梁端易发生水平裂缝；又因锚头处应力集中和锚头产生的楔形作用，锚头附近也容易产生细小水平裂缝。

第二种是后张法简支梁端锚固处的裂缝。通常发生在梁端或预应力筋锚固处，裂缝一般比较短小，与钢丝束方向垂直，在锚固处时与梁纵轴多呈30°～45°角；该处裂缝在桥梁运营初期会有所发展，后期逐渐趋于稳定。

第三种是简支梁腹板的收缩裂缝。大多发生在脱模后2～3小时内，裂缝通常从上梁肋至下梁肋，整个腹板可能裂通，宽度一般为0.2～0.4mm，施加预应力后大多会闭合。该处裂缝多为混凝土收缩和温度所致。

第四种是悬臂梁剪力裂缝。剪力裂缝出现在腹板上，在支点与反弯点之间的区域，看起来近似45°角倾斜。裂缝的产生为预应力不足、永久荷载超载、二次应力及温度作用等，也可能是设计原因。

第五种是悬臂箱梁锚固后接缝中的裂缝。即在悬臂箱梁连续力筋锚固齿板后面的底板内会产生裂缝，并有可能向着腹板扩展，与梁轴呈30°～45°角。此类裂缝为预应力筋作用面很小，产生局部应力，或者由于顶底板中力筋锚具之间的水平方向错开的距离太小所致。

第六种是底板裂缝，箱梁底板上发生这种不规则裂缝。是由于梁横向受力性能与横向不变形截面有很大的不同，即腹部与底板受力不均所致。

第七种是箱梁弯曲裂缝。箱梁弯曲裂缝一般出现在分段式箱梁的接缝内或接缝附近，梁底裂缝可达 0.1～0.2mm，原因是混凝土抗拉能力不足。这类裂缝很小，结构不会受到损伤，但在外荷载反复作用（汽车动力荷载及温度梯度）下，可能扩大。

第八种是连续梁弯曲裂缝。在连续梁正弯矩区的梁底部和负弯矩区的顶部可能会出现这种裂缝，主要原因是混凝土抗拉能力不足。

除混凝土结构破坏外，梁式桥的病害主要表现为钢筋混凝土或预应力混凝土梁体裂缝和钢筋锈蚀。这些病害的重要特征，主要是桥梁受车辆荷载、风、地震、船撞、火灾、水灾、战争等导致混凝土结构破坏或损伤，拉应变超过极限而出现开裂、破碎。

（3）对于上述原因引起的混凝土桥梁开裂，维修方法一般有以下几种：

表面处理法。该方法包括表面涂抹和表面贴补法。表面涂抹适用于浆材难以灌入的细而浅的裂缝、深度未达到钢筋表面的发丝裂缝、不漏水的裂缝、不伸缩的裂缝，以及不再活动的裂缝。表面贴补法适用于大面积漏水（蜂窝、麻面或不易确定具体漏水位置、变形缝）的防渗堵漏。

填充法。该法指用修补材料直接填充裂缝，一般用来修补较宽的裂缝（≥0.3mm）。该方法作业简单，费用低。对宽度小于 0.3mm、深度较浅的裂缝以及小规模裂缝，可做简单处理，先开 V 形槽，然后做填充处理。

灌浆法。此法应用范围广，从细微裂缝到大裂缝均适用，且处理效果好。

结构补强法。该法相关内容将在后续章节介绍。

3.梁桥的表面缺陷及处置

（1）混凝土结构出现表面缺陷的主要原因是施工不当（如：振捣不密实、漏振、严重漏浆）或结构不合理（如：配筋过密、集料粒径过大、坍落度偏小等），造成蜂窝、麻面、漏筋、空洞及构件变形；以及车辆或水流冲刷造成的磨损；外界作用造成的表层成块脱落等。

（2）混凝土表面缺陷的维修，一般是先把混凝土表面的蜂窝、空洞缺陷部分尽可能凿除，并进行凿毛、清洁处理，使混凝土表面保持湿润。之后，在界面上涂抹一层水泥砂浆或其他界面剂，可将混凝土直接灌筑、喷射或压浆，面积较大时应立模板修补，并加强后期养生。

面积较小的缺陷，特别是损坏深度较浅时可采用简易修补法。即在经处理后的修补处，用铁抹将水泥拌料抹到修补部位，并按普通混凝土养生，过一段时间后再在修补的区域周围涂上两层环氧树脂液或铝粉水泥浆液,封闭细微裂缝。

对于重要混凝土结构物或大面积的混凝土表面缺陷和破损的修补，首先凿毛面应有一定深度,但凹凸不宜过大,否则会影响其与老混凝土之间的黏结。修补要求挂网时,应先制作钢筋网并将其安装固定;而在喷浆前 1 小时,也需要对受喷面进行洒水湿润,使之无水珠存在,以保证喷浆与原混凝土的良好结合。

(三)混凝土拱桥的病害处置

常见拱式桥包括双曲拱桥、混凝土桁架拱桥、钢管混凝土拱桥、圬工拱桥。它们的主要构造由拱肋、拱座、桥面系、系梁、吊杆与系杆等组成。除部分可能受弯或受拉的构件外,其混凝土拱桥部分大都是以受压为主,特别适宜于用砖石、混凝土等抗压能力强的材料建造。同时,拱结构也是一种跨越能力很强的桥型。

1.双曲拱桥

双曲拱桥的拱圈由拱肋、拱波、拱板和横向联系杆等几部分组成,作为组合截面的受力构件。其中拱肋是拱圈的重要组部分,它不仅参与拱圈受力,而且在施工过程中,又在砌筑拱波和浇筑拱板时起着支架作用,因此拱肋应具有足够的强度、刚度及纵横向稳定性。该桥型自重较大,主要病害为拱圈变形、开裂,拱圈与拱波分离,侧墙与拱肋分离,腹拱开裂或立柱出现严重裂缝等。

(1)拱圈截面不足或设计强度偏低,造成拱圈变形较大,一般会在拱脚附近出现横向裂缝。这些裂缝通常是由负弯矩引起的,上宽下窄,垂直于拱轴线,最宽的一条裂缝在拱脚处并向 1/4 跨方向逐渐减小。当拱背无钢筋时，裂缝宽度往往会很大,但缝数较少。而拱顶附近出现的横向裂缝,通常是由正弯矩引起的,裂缝下宽上窄,向 1/4 跨方向逐渐减小直至消失。

(2)当拱圈宽度较大(一般 8 ~ 10m 以上)会出现纵向裂缝,这种裂缝通常在桥面中线附近顺跨径方向延伸,严重时可将桥面贯通。当拱圈宽度很大(≥20m)时,还可能出现第二条纵向裂缝。其主要原因:一是拱圈截面形式不够合理,截面不能适应热胀冷缩的变化。因此,拱圈宽度达到一定长度后,宜考虑设置伸缩缝。二是拱圈的横向联系比较薄弱、荷载横向分布不均匀。通常拱桥设计不考虑荷载横向分布的影响,横系梁断面尺寸和配筋也相对偏小,使得全桥结构的横向联系不足,整体性差,造成波顶开裂,而以拱顶截面最为严重。

(3)拱圈环向裂缝一般是在拱脚和拱顶最大,从拱脚和拱顶向 1/4 跨逐渐减小以至消失。拱脚附近的环向裂缝,主要是由于肋、波之间的抗剪能力很弱,而拱脚剪力较大引起的。拱顶附近的环向裂缝,则是由于拱肋受拉产生了径向拉力,而肋波间抗拉能力很小所产生的。

(4)腹拱开裂主要有腹拱横向开裂和环向开裂两类，又以横向开裂最为普遍。从结构上来说，横向开裂是由于腹拱多为混凝土板拱，多孔构成连拱，如没有按主拱变形的需要设铰，或设置的简易铰未起到铰的作用，则可能在使用过程中，荷载作用、温度变化、主拱变形、混凝土收缩等，使腹拱内产生较大的内力而引起开裂。腹拱的环向开裂是受混凝土收缩、温度变化等多种因素影响，其中最主要的是主拱横向不均匀变形，使腹拱支撑发生不均匀下沉和位移变形而引起腹拱的环向开裂。

双曲拱桥是拱式桥中最为典型的拱桥结构，它既有其他形式拱桥的结构特点，又有自身的特点。因此，双曲拱桥病害的防治措施，其实也包括了其他形式拱桥的防治措施。当拱肋(拱圈)结构承载力不足而出现严重裂缝时，可采用从拱圈上方或下方增设新拱圈，或在原拱圈两侧增设新拱肋等方法达到增大拱圈的目的。而当拱板顶或拱肋与拱板连接处出现纵向裂缝，应加强或增设横向联系，增大拱肋或拱板截面，或者增加拱肋数量，减轻拱上建筑自重，如更换腹拱和实腹段的填料，改横墙式腹孔墩为立柱式腹孔墩，改拱式腹孔为梁板式腹孔等，如果是墩、台横向不均匀沉降引起的开裂，则应先加固地基。

2.桁架拱桥

桁架拱桥又称拱形桁架桥，是一种有水平推力的桁架结构，具有自重轻、整体性好、刚度大及经济指标优异等特点。一般情况，钢筋混凝土和预应力混凝土桁架拱桥具有双曲拱桥部分病害外，还存在杆件开裂破损、节点开裂破损、钢筋锈蚀等病害。此外，预应力混凝土桁架拱桥还可能存在与预应力结构相关的病害。

(1)通常桁架拱桥的上弦杆与墩台是由拱片端部伸出的牛腿连接，牛腿上设置吊梁，连接墩台与拱片。因恒载及活载产生的水平推力作用，吊梁与拱片的弦杆产生相对位移，由此会使吊梁的搁置面积减少，吊梁对牛腿产生了拉力，在行车冲击力作用下，牛腿混凝土易开裂破碎。而裂缝的产生、扩展又进一步引起上弦杆、端弦杆内钢筋锈蚀。

(2)桥台及路基回填土完成后，地基开始固结。因为初期沉降主要是表层土固结所造成，当结构基础不够稳定时，桥台初期沉降表现出很大的不均匀性，所以桥台初期位移不仅有垂直沉降和水平位移，而且还有转动。

(3)下弦杆与桥台结合处，即拱脚容易产生裂缝，裂缝呈垂直状，上宽下窄。一般在已建的大多数桥梁中，拱脚处下弦杆与端杆，不同程度地存在裂缝。

(4)因桁架拱片实腹段厚度较小，弯矩较大，使实腹段比较容易产生裂缝。而裂缝又招致雨水、潮湿空气的侵入，导致钢筋锈蚀。钢筋锈蚀体积膨胀使裂缝扩大，进一步促使钢筋锈蚀，甚至产生顺筋锈胀现象。

(5)桁架拱桥许多小节点为固结结构，竖杆不但受压还承受着次力矩作用。若桁架杆件和节点过于薄弱，竖杆的抗弯能力不足，竖杆两端容易产生横向裂缝。

出现上述病害应及时处置，但一般不推荐对损伤、病害混凝土构件进行简单的修补复原处理，以免修复病害部位时又损伤构件，危及结构安全。通常对于混凝土开裂，当缝宽≥0.01mm 时，可进行压浆处理；缝宽≤0.01mm 时，宜进行表面封闭处理；对于杆件和节点的破损，可采用外包碳纤维布加固，也可用外贴钢板或加钢筋箍法加固。

3.圬工拱桥

圬工拱桥的常见病害往往发生在主拱圈、前墙、侧墙及桥台等部位，具体病害类型包括砌缝损坏、开裂、渗水、桥面沉陷、基础不均匀沉降或位移以及生物侵蚀等。

主拱圈的横向裂缝会发生在拱顶区段，特点是沿砌缝开裂，贯通拱圈底面全宽，位置在封拱石一侧或两侧。该部位开裂导致砂浆脱落，如果裂缝发展到拱厚的一定深度，开裂面的抗弯惯性矩将大幅降低，相当于形成铰，改变了原结构体系，使结构内力发生变化，稳定性降低。一旦出现多条这样的横向裂缝，形成三铰以上时，必将导致结构失稳破坏。

而拱圈产生纵向裂缝，结构的整体性也会遭破坏。首先，由于裂缝两侧的拱圈不均匀受力、变形，内力将增大，拱圈的横向受力性能减弱，此时裂缝如继续发展，将降低拱桥的承载能力。而拱头石开裂这类情形，显然主拱不能参与承受活载了，就相当于拱圈的截面积减少，内力增大；若开裂严重发生拱圈分离，则类似形成了一条拱肋，在偏载或横向力作用下，外侧将因失稳而塌落，并牵连拱上建筑损坏，乃至结构失去使用功能。圬工拱桥的拱圈发生上述裂缝，通常采用压注水泥浆或化学浆液处置。同时，如果没有设防水层或防水层已经损坏，应挖开拱上填料重做；产生纵向裂缝的，除在缝内注环氧树脂浆外，可设横向钢筋拉杆加固；有的拱圈截面偏小，裂缝较多，可铺设一层钢筋网并锚喷混凝土加固；拱脚产生位移并出现裂缝时，可采取拉杆螺旋锚固等方法加固。

(四)钢管混凝土拱桥的病害处置

作为无推力的系杆拱桥，钢管混凝土拱桥利用了钢与混凝土两种材料的优势，即利用了钢结构轻便、施工便利的优势进行架设，并通过套箍压力提高混凝土强度；又发挥了混凝土抗压能力高、价格低廉的特点。但由于其构造上所具有的特点，钢管混凝土拱桥最为常见的病害及其成因与其他类型的拱桥有所区别。

(1)钢管内混凝土不密实,是钢管混凝土拱桥最常见,也是最受诟病的问题,通常表现为钢管拱内的混凝土强度沿拱肋高度分段变化,逐渐与钢管脱空并至拱顶形成空腔。当钢管内混凝土空隙达到截面积的1.935%以上,钢管对混凝土的套箍作用基本失去,结构承载力将降低20%以上。

此外,钢管与混凝土的吸热、散热速度相差甚远,而拱肋又直接暴露在大气中,夏天钢管表面温度高达80℃,内部核心混凝土约为50℃,受其影响,白天钢管吸热迅速膨胀,管内混凝土吸热慢,且需要吸收的热量大,不可能与钢管一起膨胀;夜晚钢管遇冷收缩,管内混凝土因降温慢而阻止钢管收缩,钢管又对混凝土发挥紧箍作用,同时会加速混凝土的收缩和徐变。若混凝土配合比设计不当,混凝土收缩严重或在浇筑过程中混凝土并不是很密实,那么,钢管与混凝土的脱空现象将更加明显。

(2)拱脚外包混凝土开裂也是一种常见的病害。造成这种病害的主要因素:一是拱脚混凝土厚度不足,箍筋密度不够,导致拱脚混凝土在钢拱肋的巨大压力及拱脚弯矩作用下剪切开裂。二是由于设计失误或施工偏差,拱肋、系杆及支座三者的作用线未交于一点,拱脚产生较大弯矩,导致拱脚混凝土出现受力裂缝。三是拱脚混凝土与钢管刚度不同,拱脚混凝土收缩徐变或温度变形受到钢管的限制,致使混凝土开裂。

(3)钢管拱焊缝锈蚀、开裂。其主要因素是钢管拱结构焊缝较多,且内部需要填充的混凝土具有弱电解性。由于钢管拱结构的焊缝存在不同程度的凹坑、咬边、表面气孔、表面夹渣等缺陷,甚至有的缺陷较深,长度占探测焊缝的20%以上,有的设计未采取错缝的方式降低焊缝开裂的风险,这些都容易造成焊缝锈蚀、开裂。如这类病害扩展到一定程度就会导致桥梁坍塌事故发生。

(4)钢管变形、拱轴线偏离。因钢管与混凝土之间存在不密实、易脱空等问题,钢拱肋与核心混凝土的共同作用就不那么显著,也可能分别单独承担着部分拱肋的压力。如果这样,钢管拱的实际承载力将低于设计承载力,可能导致拱结构在使用过程中出现失稳和发生强度破坏事故。

出现上述病害应及时处置,如钢管内混凝土不密实,出现空洞或离析时,可从钢管壁上钻孔注入环氧树脂、水泥砂浆后再封闭钻孔。拱脚外包混凝土仅发生龟裂,未变形时,可采用水泥砂浆涂抹;如果开裂严重,应封闭交通,经计算设计,采用压浆、封闭或凿除裂损再实施修复。钢管拱焊缝发现裂纹,应采用二氧化碳保护焊修复,修复后进行无损检测,确保无渗漏。另外,如吊杆或系杆疲劳断丝、损伤,锚头出现裂缝或破损，应及时调整、更换；系杆松弛应张拉加固；系杆及防护板腐蚀或损坏应及时采取补注防腐油脂等处理措施。

三、桥梁钢结构的养护

钢结构梁相对混凝土承载能力高，跨越能力大，且重量轻、施工架设便捷，被广泛用作大跨桥梁上部结构，如钢板梁、钢箱梁、钢桁架梁、钢拱结构、叠合梁等。为了使钢结构梁经常处于良好状态，延长其使用寿命，适应城市交通发展，应重视对其进行的养护工作。其中，钢结构的除锈、油漆请参阅本章第四节内容。

(一)钢构件疲劳开裂与处置

钢桥梁构件的裂纹主要是由于疲劳产生的，并在一定的条件下会导致结构脆性断裂。这种脆性断裂往往在没有明显征兆并可能无塑性变形情况下，发生贯穿全构件的开裂破坏，尤其是对材料和构件静力强度影响很小的表面缺陷、应力集中等，对疲劳影响却非常明显。有资料记载，许多处在低应力工作状态的钢桥梁所发生的事故，大多与结构中存在的缺陷或疲劳裂纹有关，多数还发生在低温季节。

1.疲劳开裂的影响因素

钢构件的疲劳破坏是在循环应力循环反复作用下，钢构件产生疲劳裂纹并发生扩展，最终导致钢构件或其连接断裂。产生疲劳裂纹并造成疲劳破坏的影响因素主要包括应力循环次数、应力比、应力幅和构造细节。

(1)应力循环次数。应力循环次数是在连续重复荷载作用下，应力值由最大值到最小值的循环次数。在不同应力幅作用下，各类构件及其连接产生疲劳破坏的应力循环次数不等，一般规律是应力幅越大，循环次数越小，反之则愈多。当应力幅小到一定数值时，即使应力无限多次循环，都不致产生疲劳破坏。

(2)应力比。应力比为最小应力和最大应力的比值，也是标志疲劳应力水平的特征参量。同时，要全面地了解钢构件及其连接的疲劳性能，还需要得到在不同应力循环下的疲劳强度与循环次数的曲线。查阅相关文献可知，钢构件的疲劳强度和应力比有关，应力比越小，疲劳强度越低。

(3)应力幅。应力幅为最大应力和最小应力的差值，特别是焊接结构的疲劳强度主要与其应力幅值有关而不是最大应力。原因是在焊缝及其附近主体金属内通常存在残余应力，有时其数值高达屈服值。

(4)构造细节。钢构件某些部位的应力集中对疲劳性能的影响显著，而应力集中程度与构造细节密切相关。疲劳裂纹常常起始于这些细节部位，如焊缝的根部或焊趾,构件的截面突变、倒角,冲孔、钻孔或刻槽,剪切边或切割边,高接触压力下的表面等。

焊接所造成的气孔、夹渣、咬肉及未焊透等缺陷,形成了较高的焊接残余应力,使上述某些焊接细节疲劳强度降低。同样,某些复杂接头由于传力路径变化,也会引起应力集中,它们虽然对极限状态影响不大,但对疲劳强度影响很大。除了这些,还有些疲劳裂纹可能是由冶炼、制造和施工等其他原因引起。

2.防范疲劳开裂与处置

从疲劳性能的影响因素得知,导致桥梁钢构件产生疲劳裂纹的应力幅及应力循环次数与外来作用有关,所以,限制过桥交通量和车辆超重能够防止桥梁钢构件疲劳开裂。另外,结构钢疲劳抗力曲线的斜率一般为 3.0,如果这时应力幅减少10%,可有 30%的概率延长桥梁使用寿命,即通过实行城市桥梁限载并加强监管,可作为防范疲劳开裂最有效的措施。

按照影响疲劳性能的构造细节,精心选材、设计、制作、安装和使用,尽量减小应力集中,也可以提高和改善抗疲劳性能。同时,在日常养护工作中,一旦发现钢构件裂纹就应立即进行处置,必要时应更换;如果焊接节点有脱焊,焊缝处有裂纹,应及时修补。常见修补方法有:

(1)在钢构件裂纹的端部钻孔,钻孔孔径不宜小于板厚,可阻止裂纹扩展。

(2)加螺栓盖板用来恢复开裂断面的截面积,减少活载应力。

(3)重新焊接加以修补。

钢结构梁的刚度、强度和稳定性符合设计要求,并根据钢结构形式,加强对各部分连接节点及杆件、铆钉、销栓、焊缝的检查和养护。检查发现承载能力或刚度低于限值、连接不良的钢结构,应进行维修或加固。

除日常养护外,通常钢结构桥梁每年应进行一次保养,做一次检测。检测时发现节点上的铆钉和螺栓松动或损坏脱落、焊缝开裂,现场应采用油漆标记并做记录,检测结束后提交报告。同一个节点的铆钉缺少、损坏、松动和歪斜超过 1/10 时,应及时调换。

(二)钢构件异常变形与处置

桥梁钢构件异常变形可分为整体变形和局部变形两类。整体变形是指整个构件的外形和尺寸发生变化,出现弯曲、畸变和扭曲等;相对来说,局部变形是指单个构件在局部区域内出现的变形。现实桥梁运行中,钢构件的整体变形和局部变形有可能单独出现,但更多的是组合出现。这两类钢构件的异常变形都将降低构件的刚度和稳定性，所产生的附加应力将严重降低构件的承载力，影响桥梁整体结构安全。

1.钢桥梁运行前构件变形

钢构件所采用的钢材虽有强度高、韧性好，尤其是冷弯性能好的特点，但钢材的板厚与构件尺寸相比显得很薄，就像组合形成的一件薄壁结构，容易受外力作用产生各种不同的变形。再加上钢材材质、制作和安装过程中的缺陷等因素，钢构件的变形问题则更加突出。

（1）钢材初次变形。桥梁钢构件所采用的钢材常以热轧钢板和热轧型钢为主，其中热轧型钢包括角钢、槽钢、工字钢、H 型钢、钢管、C 型钢、Z 型钢等。由于轧制及人为因素等，出厂后的钢材本身存在某些初次变形，因此有必要在桥梁钢构件制作前进行矫正，使钢材符合有关变形误差的规定。

（2）钢构件制作变形。钢构件制作变形包括冷加工、构件拼装及焊接三种变形。特别是焊接变形，是局部加热和不均匀冷却使得焊件产生残余应力，并伴随着焊接残余变形。这类变形的形态通常表现为焊件的纵向横向收缩变形、弯曲变形、角变形、波浪变形和扭曲变形等，应控制在制作允许的误差范围内，不然应予矫正处理。

（3）钢构件安装变形。钢构件安装工序不合理、吊点位置不当、临时支撑不够、堆放场地不平等，特别是强行安装钢构件，都会使结构构件发生明显变形。

2.钢桥梁运行期间构件变形

钢桥梁运行期间产生的异常变形通常包括钢构件弯曲、压曲、扭曲、拉伸变形，或由这些任意组合而成的变形。而钢桥梁使用不当或维护管理不善所造成的永久变形，主要是主梁、板梁及箱梁的腹板与受压翼板压曲产生局部永久变形；杆系可能因超载应力、撞击损伤或温度膨胀造成压曲，与其组装的杆件或薄板也会因此受到压曲，又因压曲产生塑性变形，造成局部永久变形。有时也可能只产生弹性变形，将应力移去后即恢复原状。其主要原因有：

（1）钢桥梁自重增加，或因支座损坏不能自由伸缩而引起温度内力、恒载内力发生变化，或因过桥车辆运载超重、桥面路况不佳加大了冲击力等，超出钢构件应力荷载的正常范围。

（2）超高车辆在桥下通过时，钢桥梁的下翼缘或者下弦杆易遭受撞击；桥面上行驶的车辆有时发生车祸，主梁和桁架也会遭受撞击；发生撞船事故易造成下平联变形，甚至断裂。此时薄壁钢结构的截面因遭受这样的车船撞击而引起永久变形，严重时还将降低钢结构的承载能力。

（3）由于车船撞击损伤，钢结构或构件产生屈曲的同时，丧失了整体稳定性或局部稳定性，而在失稳前变形量可能很小，这种变形主要呈现脆性破坏的特征，那么对桥梁而言则更具危险性。

(4)因严重锈蚀将削弱钢构件的截面积，以致构件偏心受力，发生永久弯曲变形；板间的锈胀易造成板件永久鼓包变形。

3.钢构件矫正处理方法

钢构件变形偏差超出限值时应进行矫正处理。常用矫正处理包括冷矫正、热矫正，以及更换或加固三种方法。

(1)冷矫正法。冷矫正是用人力或机械矫正变形，适用于尺寸较小或变形较小的构件。如果钢构件中的杆件发生不同方向的弯曲，应先矫正一个方向，然后矫正另一个方向；若同时发生扭转和弯曲变形，则先矫正弯曲，后矫正扭转。进行冷矫正的前提是杆件或板件无裂纹、缺口等损伤，机械施力也应逐渐增加，一旦变形消失，还应保压一段时间。

(2)热矫正法。热矫正是采用乙炔气和氧气混合燃烧的火焰作为热源，对构件需要矫正的部位加热，使其产生新的变形抵消原有的变形。这种热矫正法应根据钢桥梁的实际情况谨慎采用，如承受应力的构件在加热时，因构件的屈服强度降低，影响钢结构体系的力学性能，通常禁止对受应力的构件进行热矫正。

(3)更换或加固。钢桥梁整体结构或各部构件因屈曲、开裂或退化，以及验算证明不能满足限值等有关要求，应予以更换或加固。具体方法可参阅本章第三节的内容。

(三)钢构件连接松动及失效

1.铆钉连接松动及失效

除以上焊缝连接外，铆钉连接也是钢桥梁结构的主要连接形式。通常，钢桥梁运行一段时间后，因铆钉铆合不良，或构件塑性变形及环境锈蚀等因素，可能产生连接松动，钉头出现裂纹、烂头，钉头部分或全周浮高，钉头偏心等缺陷，而铆钉松动其实已失去连接作用。

2.螺栓连接松动及失效

螺栓连接通常是按指定的力矩进行紧固，使连接与被连接件之间产生挤压力，并且最终在挤压力作用下，通过相互摩擦实现螺栓连接。同样，钢桥梁运行时因外部环境作用，可能导致螺栓振动，螺母由此产生松动现象，若不及时预警，螺栓也会失效、丢失。

3.维护及要求

发现铆钉和螺栓连接松动或上述各类缺陷时，应及时予以更换，具体要求如下：

(1)铲除铆钉和螺栓时,可采用直径 3 ~ 4mm 的钻头先从钉头中心钻除,然后铲除钉头剩余部分,或使用特制的焰割工具割除钉头,再用手锤取出钉杆。但不可同时铲除、卸除多于连接铆钉或螺栓总数的 10%。如果连接处的铆钉或螺栓少于 10 只,则只能逐个更换。

(2)应使用相同规格的铆钉或螺栓更换。新铆钉铆合时,应使钉杆填满钉孔,每只铆钉应尽快铆合,越快越好;当更换铆钉的数量较多时,宜采用高强度螺栓代替铆钉。

(3)铆钉和螺栓更换后,需检查是否符合要求,并检查相邻铆钉或螺栓是否受影响而松动。如发现松动,也应拆除更换,并进行必要的涂装防护。

四、桥梁缆索体系的养护

桥梁缆索体系是指悬索桥的主缆和吊索,斜拉桥的斜拉索,拱桥的吊杆和系杆等。

(一)悬索桥主缆和吊索养护

悬索桥是以通过索塔悬挂并锚固于两岸的缆索作为上部结构主要承重构件的桥梁。缆索的几何形状由力的平衡条件决定,一般接近抛物线。从缆索垂下许多吊杆或吊索,把桥面吊住,在桥面和吊杆之间常设置加劲梁,同高强钢丝制成的缆索形成组合体系,以减小动荷载所引起的挠曲变形。悬索桥梁体及索塔部分可按本章节有关桥梁钢结构和钢筋混凝土结构进行养护。

1.主缆索

按架设方法不同,主缆可分为平行钢丝束股空中纺线法主缆和预制钢丝束股法主缆。不论哪种形式的主缆,各索股的受力应保持均匀,若个别索股受力出现明显偏差、松弛或过紧,应通过索端拉杆螺栓进行调整。主缆索的防护层如有开裂、剥落,应尽快修复,必要时可切开防护层检查是否锈蚀并做相应处理,处理完毕后应及时修复。

主缆线形调整可将主缆和加劲梁的测量标志分别设置在中跨跨中断面上、下游主缆索底及相对应的人行道栏杆上。同时采用全站仪同时测量 4 个测量标志和基准点的高程读数,计算出当时主缆测量标志的高程。将这一高程与桥梁竣工测量的高程相比较,就可得出主缆和加劲梁线形的变化情况。一般经过这样的测量核算,发现确有不可恢复的线形变化时,才考虑做适当调整。

主缆缠丝及索股修复。主缆缠丝及其涂装是主缆防护的最外层,主缆缠丝遭受破坏,意味着失去主要防护能力。发现缠丝严重锈蚀或断裂应及时修复。索股钢丝除腐蚀外，可能断丝、鼓丝及材质失去塑韧性，使钢丝失去承载能力，甚至整束索股断裂。索股钢丝维修一般采用单根钢丝或索股进行拼接。

主缆索养护主要是对涂层进行养护，这项工作为防止主缆系统锈蚀，保证主缆寿命非常重要。具体任务是保持主缆清洁，经常清除上面的积灰和油污；保持主鞍室和锚室不漏水，除湿机正常运行且相对湿度控制在 40%～50%；散索鞍防水罩密封良好，散索鞍前墙不开裂、不漏水，无雨水沿主缆流入散索鞍与索股。

2.吊索（也称吊杆）

吊索通常分为直吊索和斜吊索两种结构形式，大多数桥梁采用直吊索。吊索可将加劲梁恒载和动荷载传递到主缆。如果吊索锚板螺杆的螺母松动、主缆空隙率变小，或因腐蚀、疲劳导致吊索断丝，吊索就会变松，索力就可能减小。一般索力测试的方法有：

①频谱法。加速度传感器通过吊索的脉动或微振，将采集到的信号利用频谱分析吊索的振动频率，并按照弦振规律解析，即可得出吊索内力。

②压力传感器法。如果吊索是短索，尤其是弯曲刚度较大的短索，频谱法测试吊索内力误差较大，此时可采用振弦压力传感器法进行测试。该方法要求吊索在安装时，将校正过的振弦压力传感器装在锚头承压螺母之下，通过振弦频谱测试，也可得出吊索内力。

根据索力测试的结果调整吊索的索力。一般情况下，发现吊索索力与桥梁通车时的索力相差较大，首先应探明原因，其次，如有必要，再采取相应的调整措施。有时，即使个别吊索索力相差 30%，但主缆及加劲梁线形良好，也可不做调整。

吊索养护主要是定期对吊索系统各零部件涂刷防锈漆，保持漆膜完好；清查吊索已锈蚀的钢丝数量及其锈蚀程度，如果锈蚀数量和锈蚀程度等级叠加后断丝根数超过总丝数的 10%，或吊索的冷铸锚头发生裂纹、破损应更换此索。更换吊索宜逐根进行，即使有时需要同时更换，每次也不得超过 3 根，且这 3 根吊索不能彼此相邻。同时，检查索夹的高强度拉杆有无松动，索夹有无裂纹或损坏，泄水孔是否畅通，索夹与主缆之间缝隙的填充物是否完好等，随之做好相应的养护工作。

吊索养护的另一个重要任务，就是预防索夹在主缆上产生相对滑移。这项养护工作通常是定期采用施拧工具补足高强度拉杆的预拉力，使索夹与主缆夹紧程度保持恒定，并使高强度拉杆的预拉力达到并保持设计值。而高强度拉杆实际保持的预拉力一般不宜低于 280kN，如低于此值，则应予补足。

3.锚碇

锚碇是主缆的锚固体,将主缆的拉力传递给地基。锚碇一般由锚碇基础、锚块、主缆的锚碇架和固定装置等组成。当主缆需要改变方向时,锚碇中还设有主缆支架及散索鞍座。锚碇还可分为重力式、隧道式两种锚固形式。

锚碇的养护主要有两方面:一是锚室除湿系统;二是主缆索股。对锚室除湿系统的养护包括配电盘、鼓风机、电动机、过滤器、阻尼器、除湿组件等部件的检查、清洁、润滑,易损件更换、故障查找及排除。而锚碇室内的主缆索股往往因潮湿易于腐蚀,故必须保持锚碇室通风,使得主缆索股的防腐层处于良好状态;索股端部的热铸锚头应及时清除尘垢水分,涂刷防锈漆;发现锚杆油漆剥落或锈蚀,应重新进行涂装。

4.鞍座

塔顶主鞍座将主缆传来的强大竖直力均匀地分布到塔顶截面。鞍座为焊接钢结构,鞍座和塔顶板用螺栓连接,鞍座上设有索槽以安设主缆。

鞍座的养护主要是,如果发现主鞍及散索鞍锚栓、鞍槽口拉杆螺栓及其他固定螺栓松动时,应采用扭矩扳手或张拉千斤顶使其恢复至设计预拉力;如果发现锚栓断裂,可在座板下斜向凿去部分混凝土,取出旧锚栓,更换新锚栓。鞍座局部出现裂纹,首先应查清裂纹部位、形状和深度,分析产生裂纹的原因,并采用钻孔止裂、磨除、补焊进行处理;当较严重的裂纹出现在鞍索板根部和散索鞍摇臂下部并有扩展趋势,且无法修补时,也应更换鞍座。

(二)斜拉桥斜拉索养护

根据斜拉桥结构类型,其梁体和索塔部分可按本章节有关桥梁钢结构和钢筋混凝土结构进行养护。斜拉索包括索体、锚具和过渡段三部分。斜拉索的两端分别用锚具连接到主梁和主塔上,通过受拉的方式将主梁动、静荷载传递到主塔。过渡段则分别密封穿过主塔和主梁,其中减震器对拉索起减震作用。

1.斜拉索的常见病害

在桥梁日常运行中,由于长期暴晒老化、护套韧性降低等因素,PE 护套(高密度聚乙烯)容易发生翘皮、龟裂、开孔、纵向裂纹、横向裂纹、环向开裂等损坏现象;护套损坏如未及时修补,雨水、大气顺破裂处侵入,腐蚀钢丝,特别是因斜拉索体承受很大的拉力(2000~11000kN),并在高应力、反复荷载、风振的作用下,钢丝更容易发生应力裂纹腐蚀;锚头锈蚀几乎也是无法避免的,但相对索体钢丝的使用寿命,其锚杯、垫圈及锚杯螺母锈蚀对结构的危害并不大,而镦头锈蚀破裂和锚板开裂可能导致钢丝回缩卸载,降低整索的承载能力;另还会发生滑丝、索力偏差过大、斜拉索异常振动等现象。

2.斜拉索索力的测定

斜拉索索力可按本节悬索桥吊索测试方法进行测定。一般斜拉索索力在斜拉桥正常运行初期变化较大,宜每年测定一次,但斜拉桥运行5年后,随着混凝土徐变和拉索松弛逐步变缓,索力变化将趋于稳定。因此,为防止斜拉索索力的突然变化引起其他结构构件内力重新分配或斜拉索发生断裂,应限定斜拉索索力的变化不得超过设计成桥时的15%。一旦索力超过此限值,应进一步查明主梁的线形是否匀顺,否则应进行索力调整或更换斜拉索。

3.日常养护

斜拉索日常养护的重点部位是上、下锚头处,拉索两端锚固处,以及锚头、斜拉索出口密封处,以及减震器等。主要养护措施如下:

①发现漏水、积水、脱漆和锈蚀应及时处置。锚头及护筒应做好防潮、防铣处理,经常保持干净、清洁和干燥。

②定期清洗更换两端锚具锚杯内的防护油;定期更换钢护筒与套管连接处的防水垫圈及阻尼垫圈。做好接缝处的防水处理;定期对索端钢护筒做涂漆、防锈处理;发现拉索护筒开裂、漏水、渗水等现象应及时处理。

③发现锚固构件锈蚀可首先除去表面油脂,采用手工除漆除锈,使构件表面达到St2.0级,然后涂刷环氧富锌底漆,最后用防锈油脂涂覆。

④对锚头、护套应经常检查养护,严防钢丝锈蚀、断丝,必要时应检测钢丝的锈蚀、断丝情况。

⑤下锚头渗水或积水应查明来源并进行密封。当拉索下部积水,应清洁疏通下锚头排水孔,并在护套接近下锚头处开孔,加速积水排放。

⑥锚固区混凝土病害处置可参考本书有关章节的内容。

⑦索力测定发现索力偏差时,可根据吊索的维修措施进行调整。

(三)拱桥吊杆和系杆养护

吊杆的布置分为平行式和斜交叉式。其构造特点是中下承式拱桥一般采用柔性吊杆。吊杆材料有圆钢、高强钢丝和钢铰线。吊杆为局部受力构件,其受力大小与主桥的跨径关系不大。吊杆受力中活载占比较大,所以活载大小直接关系到吊杆的受力。而拱桥系杆常常由预应力拉索组成,称为系索或水平拉索,用于拱梁组合体系桥梁中。

1.吊杆和系杆的常见病害

对建造年代久远的吊杆拱桥，当短吊杆的布置不尽合理，长度太短，受温度变化的影响，以及桥面发生反复纵向位移时，短吊杆不能自由摆动，且可能频频交替出现较大的附加应力，造成短吊杆断索现象。吊杆和系杆的常见病害还包括：吊杆护套破损，吊杆上锚箱内积水，吊杆下锚筒内积水和渗水，吊杆耳板、叉耳锈蚀，焊缝开裂。

拱桥系杆的构造因与斜拉索类似，也易于锈蚀而失效。

2.日常养护

吊杆养护的基本内容与拉索类似，可参见本节拉索的相关内容。其他专门的养护措施如下：

①定期检查系杆防护板、锚板防护罩、滚珠轴承等，使其保持完好状态；发现吊杆上下锚固部位锈蚀、开裂、松动、浸水，应及时更换填充在上下锚筒内的防锈油脂；定期对冷铸锚头和螺栓进行防腐处置；当发现锚头有裂纹或破损，应及时更换该吊杆。

②观察大风时吊杆的振动是否明显，减振措施是否损坏失效，防护套管是否渗漏、破损。

③检查套筒与桥面间缝隙，必要时可将缝隙用泥子密封。

④定期检查系杆锚头是否渗水，系杆索体PE护套是否破损，对可能导致系杆浸水的缝隙进行防水密封，并应定期检测系杆中预应力损失情况。

⑤避免系杆受到横向冲击，注意防水、防锈。

五、桥梁下部结构的养护

桥梁下部结构由墩台和基础组成，它是桥梁最重要的组成部分之一，直接承受桥梁上部结构及交通车辆的重力，同时将所有荷载传递给地基。

（一）桥梁基础养护

（1）保持桥梁基础附近河床的稳定。桥梁上下游200m的范围内，宜采取以下几方面的养护措施：

一是适时进行疏浚，每次洪水过后，应及时清理河床上的漂浮物，使水流顺利宣泄。

二是在桥下附近设置警示牌，禁止任意挖砂、取土堆土、采石、倾倒废弃物，不得进行爆破作业及其他危及城市桥梁安全的活动；当发现上述现象时应及时制止，并采取相应措施。

三是不得任意修建对桥梁有害的水工建筑物，当因抢险、防汛需要修筑堤坝、收窄或拓宽河床时，应事先报经上级主管部门和水利部门同意，并采取有效的防护措施。

四是发现有任何可能破坏桥梁安全的行为，应及时制止。

(2)桥梁基础被冲刷过深或基底局部淘空，应立即抛填块石、片石、铅丝石笼等进行维护；桥下河床铺砌损坏，可补砌或采用混凝土修补等。

(3)原有的防撞、导航、警示等附属设施应经常维护，保持良好的状态。

(二)桥梁墩台养护

(1)保持桥墩、桥台结构表面的整洁，及时清除青苔、杂草、灌木和污秽物；因长期受大气影响、雨水侵蚀而发生灰缝脱落的圬工砌体，应清除缝内杂物，重新用水泥砂浆勾缝。

(2)桥梁墩身、台身圬工表面风化剥落或损坏时，损坏深度小于3cm，可采用水泥砂浆修补，砂浆强度等级一般不低于M5。当损坏面积较大且深度超过3cm时，不得用水泥砂浆修补，而采用挂网喷浆或浇筑混凝土的方法加固。

(3)圬工砌体镶面部分严重风化和损坏时，应予更换。一般可用石料或混凝土预制块补砌。补砌要牢固，色泽和质地与原砌体基本一致。墩身、台身圬工砌体的砌块出现裂缝，应拆除后重新砌筑。

(4)桥梁墩台、桩柱排架混凝土结构物表面发生侵蚀剥落、蜂窝、麻面、裂缝、露筋等病害，应及时采用水泥砂浆修补。因受行车振动影响，不易用水泥砂浆补牢的，应考虑采用环氧树脂或其他聚合物混凝土等性能较好的材料进行修补。如果发现表面裂缝超过限值，也应进行修补。

(5)桥墩顶面没有流水坡或坡面凹凸不平、有裂缝时，应及时填补水泥砂浆或混凝土，宜做成横向坡度以利排水。当发现桥墩、立桩被船撞发生损坏时，应立即进行检测，检测内容包括墩、台的损坏情况、立柱垂直度等，发现问题应及时采取措施，确保结构安全。

第三节 桥梁加固与旧桥拆除

桥梁加固是通过改善桥梁受力性能，提高桥梁局部或整体承载能力的技术措施。桥梁加固应以保持原结构受力体系为原则，如确需改变原结构受力体系，需进行严格的结构分析与验算。当加固仍不能满足要求时，可进行桥梁的部分或全部拆除重建。

一、桥梁加固的原则

桥梁加固是一项十分重要而又极具专业性的工作，要求将专业基础理论与桥梁病害情况有机结合在一起，需要考虑许多方面的因素。从某种意义上说，无论是加固方案的拟订与设计计算，还是具体实施，难度往往比新建桥梁还大。

(一)加固的基本原则

一般桥梁加固是针对 III ~ V 桥梁，或者是需要临时通过超重车的桥梁，有时也可与桥梁拓宽、抬高等技术改造工程同时进行，以满足并适应城市交通发展的需要。加固措施所涉及的内容很广，包含桥梁检测鉴定、设计计算、加固方案比较选择以及经济效益的优化等方面。所以，桥梁加固工作从开始至实施阶段还应遵循以下原则。

1.结合现场条件，制订加固技术方案

桥梁加固前，应对原结构受力体系的承载能力、使用性能进行全面的鉴定，对桥梁结构的各种病害、缺陷等实际状况进行客观准确的把握和评价，并分析桥梁结构病害的原因。设计时的分析计算模式、材料性能指标应尽量与实际一致，制订加固实施方案应充分考虑对既有交通的影响，使其具有较强的可操作性，而所采用的施工工艺、设备机具应与现场条件相结合。

制订加固方案时，应先考虑温度变化、地基沉降、腐蚀及振动等因素对桥梁结构耐久性及使用性能的不利影响，并适当考虑交通流量增大、超重超载车辆及施工荷载等因素对结构受力的影响，以及对其可能造成的损坏提出对策措施，避免这些不利因素再次影响桥梁加固的效果，消除各种隐患。同时，根据桥梁结构的实际状况、历史变迁、荷载变异、功能要求、加固效果、交通状况、施工条件及资金投入等方面的因素，经比较、论证，优中选优，最终确定加固技术方案。

2.采取有效措施,防止对结构造成新的损害

桥梁加固过程中,如果发现原有结构或构件存在新的缺陷等问题,应立即停止施工,并会同设计、监理单位采取有效措施,防止对原有结构造成新的损害。对于可能存在倾覆、失稳、滑移、倒塌的结构,应采取有效的临时加固措施,防止在加固期间产生新的病害或损伤。此外,应尽量不损伤既有结构,保留其具有利用价值的部分,避免不必要的损伤、拆除或更换。

3.满足安全性、可靠性、耐久性要求

与此同时,桥梁加固还应考虑新旧结构的强度、刚度与使用寿命的均衡与匹配,尽可能地保证新增加的截面和构件与原有结构能够可靠地协同受力,有序加固,共同承担外荷载,满足结构安全、可靠、耐久的要求。一般说来,在这项加固过程中,结构受力形式、荷载大小及作用位置等都在不断变化,因此,桥梁加固工作必须依据加固技术与工艺设计的要求,尽量减少作用在原有结构上的施工荷载,避免在某个阶段产生过载现象,导致对原有结构造成新的损害。

(二)选择加固的几种情况

考虑桥梁加固的内容及范围,应根据桥梁评估结论并通过充分的比较,才能决定是否需要采取加固措施。通常,加固措施可分为一般性维修加固和结构性加固。一般性维修加固如加厚桥面铺装层、油漆涂装、裂缝封闭与灌浆处理、支座更换等,这些也是桥梁养护的日常内容,其目的是保证桥梁结构的使用性能和耐久性能不受大的影响。结构性加固如地基基础及上部结构的加固等,一般用来弥补桥梁结构先天缺陷,恢复受损构件的承载力或使其满足新的使用条件下的功能要求。

当加固费用比新建费用节省一半时,应优先考虑加固。一般确定桥梁加固可以包括整座桥梁,亦可以是指定的区段或特定的构件,同时要求加固技术可靠、耐久,养护方便。若发现以下几种情况宜考虑采取加固措施:

1.桥梁承载能力不足

按照现行通行车辆荷载进行验算,并采用实际计算应力与容许应力比较分析的方法,即若实际荷载作用下构件所产生的计算应力大于材料实测容许应力时,则需要加固;反之,则仅采用维修养护措施即可。

2.桥梁局部损坏

桥梁因车辆超载局部产生破损,若破损严重,已不能满足承载要求时,应尽早对个别受损构件进行加固;若破损不严重,对正常车辆通行影响不大,对受损构件进行维修即可。

3.车辆通行能力不足

现代城市交通量日益增长而造成桥面宽度不够,影响车辆通行能力,宜考虑采取拓宽的加固形式,满足通行能力的要求。

4.结构使用性的影响

桥梁局部或整体刚度不足,已影响正常使用时,可采取提高桥梁刚度的加固措施,改善桥梁结构的使用性能。

5.战争或自然灾害的影响

因战争或遭受特大自然灾害,受损桥梁需进行抢修,以及为保证重车临时通过桥梁时的安全,需对桥梁采取临时加固措施。

6.保持路段内载重一致

为了使整条路线上或一个路段内桥梁的承载能力保持一致,对个别载重能力较低的桥梁,应按当前载重要求进行加固。

桥梁加固是一项探索性、实践性、技术性很强的工作,需要在实践中不断积累经验,总结分析后期桥梁运行效果,采取更科学、更适用的方法,实施桥梁加固。

二、桥梁加固的常用方法

桥梁加固可采用多种方法,一般应根据旧桥的实际状况、承载能力下降的程度以及日后交通量而定。但不论采取哪种加固方案,都应考虑投资省、工效快、交通干扰小、技术可行、安全可靠和有较好耐久性等方面要求。若采用扩大或增加桥梁构件断面的方法加固,应考虑增加断面的部分与原有部件的结合效果。如果通过这种维修加固的桥梁仍达不到车辆交通的要求,则必须考虑桥梁部分或全部改造重建。

(一)上部结构加固方法

桥梁上部结构常用的加固方法,通常包含增大构件截面加固法、粘贴加固法、体外预应力加固法、改变结构体系加固法、增加辅助构件加固法等,而如果是拱桥,可根据其受力特点采取顶推法等专门的加固方法。

1.增大构件截面加固法

增大构件截面加固法又称为“外包混凝土”加固法,即通过增大混凝土构件的截面、增加配筋,提高配筋率等加固方法来提高桥梁的承载能力。该方法可加固梁式桥,也可加固拱式桥,并按构件的截面可分为单侧、双侧、三侧或四周外包加固;又根据加固目的和要求的不同,还可以分为以增大断面为主,或增加配筋为主的加固。

一般说来,增大构件截面是中小跨度桥梁常用的加固补强方法之一,其优点是可以提高结构承载能力、增大结构刚度，缺点是恒载增加较多、新旧材料的受力性能可能会存在差异。增大截面的途径包括增加受力主筋、增加混凝土断面、加厚桥面铺装层和喷射混凝土加固等几种方法。

（1）增大梁肋断面加固。有相当一部分既有桥梁属于多梁式结构，如装配式T梁桥、钢筋混凝土肋拱桥等。对于这些桥梁的加固，通常是将梁肋的下缘加宽，扩大截面，并在新增混凝土截面中增设受力主筋与箍筋，以提高混凝土梁（肋）的有效高度和抗弯承载力。

（2）加厚桥面铺装层加固。将原有桥面铺装层拆除，重新铺设一层钢筋混凝土补强层，用以增大主梁有效高度和抗压截面、改善桥梁荷载横向分布性能，从而提高桥梁整体承载能力。由于这种方法会使桥梁自重和恒载弯矩增加较多，可能造成既有结构下缘受拉钢筋的应力超出规范的限值，所以这种方法只适用于跨径较小的T梁桥或板梁桥。

（3）喷混凝土加固。当既有梁体截面过小，下缘应力超过规范允许值而使其出现裂纹，且桥下净空又允许时，宜借助高速喷射机械，将新混凝土连续地喷射到已锚固好钢筋网的受喷面上，凝结硬化而形成钢筋混凝土。通过增大梁体受力断面与增加受力钢筋数量的技术手段，加强桥梁结构的整体性，实现提高桥梁承载能力的目的。

2.粘贴加固法

当桥梁结构构件的抗弯、抗剪能力不足，受拉部位开裂时，可以采用环氧树脂胶粘剂将钢板、钢筋及纤维布等材料，粘贴到钢筋混凝土结构构件的受拉缘或薄弱部位，使之与原结构形成整体，用以代替需增设的补强钢筋。此法可实现增强结构的抗弯、抗剪能力，改善结构的受力状态，以防止结构裂缝进一步扩展。

①粘贴钢板加固。根据混凝土构件受力部位的应力状态，选择粘贴钢板加固的形式。一种是沿主钢筋方向或分布钢筋方向单个方向的加固，采用带状钢板加固的形式；另一种是沿主钢筋方向和分布钢筋方向同时加固，采用板状钢板加固的形式。粘贴钢板的用量可通过换算成钢筋用量的方法获得，如果计算求得的钢板厚度很小，一般最小厚度宜取4.5mm。粘贴钢板加固的优点是施工简便、周期短；粘贴时所占空间小，不减桥下净空；加固的部位、范围与强度可视需要灵活设置，可在不影响或少影响交通的情况下作业。其缺点是黏结剂的质量及耐久性是影响加固效果的关键因素，应充分重视；另外钢板容易锈蚀，应做好防锈处理。

②粘贴钢筋加固。粘贴钢筋加固常用于中小桥的加固。由于与粘贴钢板可以互

换，一般加固工程应用较少。其优点主要是与结构物粘连性能较好，加工成型容易，加固效果明显；缺点是与粘贴钢板相比，加固可靠性稍差，耐久性有所不足，故宜依据其自身的特点合理采用。

③粘贴碳纤维布加固。粘贴碳纤维布加固是一种新型的结构加固技术，它是利用树脂类黏结剂将碳纤维增强复合材料（CFRP）粘贴在混凝土构件表面，粘贴时应沿构件主拉应力方向（或与裂缝正交方向），两端应分别设置锚固端，可以约束裂缝的扩展。当结构荷载增加时，碳纤维布因与混凝土协调变形而共同受力，从而提高混凝土构件的承载能力与刚度，对构件起到加固作用。碳纤维的拉伸强度一般在2400 ~ 3400MPa之间，与普通钢板相比，具有拉伸强度高、自重小、化学结构稳定的特点。碳纤维布补强加固施工方便，无须任何夹具、模板，能适应各种钢筋混凝土结构外形，但也存在难以改善原有结构的应力状况、减弱钢筋塑性对构件延性产生的影响、黏结剂耐久性不足等问题。

3.体外预应力加固法

桥梁使用应力过大，混凝土梁体容易产生开裂，并可能产生过大的下挠变形，而采用体外预应力加固法对其进行加固，是按照预应力的原理，在预应力拉杆或钢束的张拉作用下，对混凝土梁的受拉区施加一定的初始压应力，尽量减少混凝土的应力对该受拉区的影响，避免梁体再受力开裂，以改善桥梁使用性能及耐久性。体外预应力拉杆加固，又可根据加固对象的不同，分为水平拉杆加固、下撑式拉杆加固和箱梁体外预应力加固三种形式。

一是正截面受弯的构件采用水平拉杆进行加固，这种加固方法能提高构件的抗弯能力，如可在预应力混凝土T形梁或工字梁断面的受拉侧安装水平拉杆，通过紧销螺栓实施横向张拉，使拉杆内产生较大纵向拉力，此刻梁体下缘受拉区受到拉杆预应力的作用，梁的挠度将逐渐减小，原有的裂缝也随之缩小。

二是使用下撑式拉杆对斜截面受剪、正截面受弯的构件进行加固。这种加固方法能同时对受弯构件的抗剪、抗弯强度起到补强作用。

三是箱梁体外预应力加固。这是针对箱梁抗弯、抗剪强度不足、主拉应力过大而采用的一种加固技术，可有效解决预应力连续箱梁跨中区段梁体开裂等问题。在制订此种加固技术的设计方案时，应考虑把体外预应力束设在箱室内对称布置，并在中墩处尽量靠近顶板，以增强中墩附近截面的抗剪能力。同时，跨中区域还应考虑设置型钢转向块，通过转向块将体外预应力束的效应传至腹板，并利用转向块在纵桥向位置调整体外预应力，对箱梁中跨区域施加较大的压应力，以满足加固效果。

而在实施张拉加固时,应估计预应力的损失,因为它将影响预应力拉杆加固的效果。估计预应力的损失时应考虑加固件本身和承受加固件的结构变形。这两方面的结构变形主要包含承受加固件的收缩,加固件的徐变及节点,传力构造的变形以及温度应变等。为了减少这些预应力损失以保证加固效果,宜在加固时预留构造设施,以便调整加固工作应力。

4.改变结构体系加固法

改变结构体系加固法是通过改变桥梁结构的受力体系，以减少梁的内力或应力,提高承载能力的一种加固方法,其加固效果较好,特别适用于解决超重车辆的临时通行。通常桥梁改变结构体系都会在桥下操作,所以采用这种加固方法,还必须考虑尽量减少对桥下船舶通行和排洪能力的影响。

以下简单介绍三种常用的加固方法:

①简支梁的连续加固。根据简支梁与连续梁的特征,增加纵向钢筋,将简支梁与简支梁连接转换成连续梁,或将多跨简支梁转换成多跨连续梁,或将多跨简支梁改造成桥面连续体系,从而减小原桥梁跨中截面的弯矩和挠度值,改善多跨梁桥的受力特性。

②增设加劲梁或叠合梁加固。该加固法的力学计算,应根据被加固的结构体系转换形成的新受力状态,得出计算图式,并通过补强计算。而实际运用中,桥梁结构的受力体系比较复杂,各结构部分之间存在多种多样的联系,而决定每个部分联系性质的主要因素是结构的刚度比值。所以,为了获得简明的计算图式,可依据相对刚度大小,把桥梁的结构受力体系分解为基本部分和附属部分,分开计算其内力,如分成主梁与次梁、主跨与附跨,并考虑略去结构的次要变形。

③增设八字撑架加固。原有主梁下增设八字形斜撑做支承。斜撑为型钢或钢筋混凝土预制构件,其下端支承在桥墩上或承台顶面,上端支承于梁底,中部有时可加设托梁。如果通过设计计算,增设八字形斜撑仍不能满足桥梁加固所要求的承载能力,还可采取对原有主梁增设主筋或增厚桥面板等措施。

增设八字形斜撑时,对主梁支撑点的位置选择应适当、合理。若原结构为简支梁,那新增设支撑点的位置,应考虑恒载与活载组合作用不得超过主梁上缘配筋容许的负弯矩,单跨梁则按三跨弹性支承连续梁进行验算;若原结构为连续梁,该支撑点的位置应通过计算确定，且控制主梁在增设支撑点的负弯矩与原有主梁由恒载产生的正弯矩相近,使每个截面工作时的应力小于容许应力值。而此时的恒载宜按原有结构受力体系计算，活载应按原有结构与八字形斜撑组成的受力体系进行计算。

5.增设承重构件加固法

当桥梁承载能力不能满足要求,但梁体结构基本完好,桥梁墩台、地基又具备足够的承载能力时,可考虑采用增设纵梁或横梁的加固方法,以提高原有桥梁的荷载等级。该方法对于活载内力占总内力比例较大的中小跨度梁桥、拱桥,具有比较明显的加固效果与经济优势。

①增设纵梁加固。增设纵梁加固的方式可根据原结构承载能力、加固需求及施工条件等综合考虑。一般情况下,对普通钢筋混凝土梁桥,可以利用原结构设置悬挂模型板,现场浇筑新增加的纵梁,也可以安装预制纵梁。预应力钢筋混凝土梁桥因无法在桥上进行张拉,所以新增加的纵梁也应先预制,后安装。

增设纵梁加固的同时,可以采取桥面拓宽和不拓宽这两种设计形式。采取桥面拓宽的相关内容可参考其他文献。若不拓宽桥面而增设纵梁,所新增的纵梁宜设置在原内梁的两侧,又由于原内梁比较密集,个别梁体技术状况又不好,可考虑更换其中的几个梁。而为了使新旧梁体形成整体共同受力,应将这些新旧纵梁都通过横隔梁内的钢筋焊接起来,或预埋钢板焊接。如果横向受力需要,还可将横隔梁加宽、加高并相互贯通。

②增设横梁加固。增设横梁的方法常用于因横向整体性差而降低了承载能力的梁桥,或受力整体性较差的双曲拱桥、桁架拱桥。增设横梁可以使各纵梁之间增强横向联系,改善荷载横向分布。其加固特点是需要在纵梁上新增横梁的部位钻孔,并设置贯通桥梁宽度的连接钢筋,而连接钢筋的两端应采用螺帽锚固在纵梁上,以及采取必要的防护措施。之后,悬挂模板浇筑混凝土,便形成了新旧纵、横梁相互间的受力整体。

6.其他加固方法

根据桥梁结构受力特点、病害特征,还可采取其他加固方法。如拱桥顶推加固法、钢管混凝土加固补强、改桥为涵加固法。

①拱桥顶推加固法。拱桥顶推加固是调整拱轴线及压力线的有效方法。当桥台水平位移过大,致使拱顶下沉,拱顶下缘和拱脚截面上缘出现裂缝,拱轴线严重偏离设计轴线时,可考虑采用此法。考虑采用拱桥顶推加固的同时,还应确认桥台变位已经稳定,否则要先行加固桥台;其次进行试顶、试演,办理相关断道、断航手续,划出作业区,确保作业安全。

②钢管混凝土由于受混凝土材料、施工工艺、温度变化及混凝土收缩等因素的

影响,经过一段时间后,钢管与管内混凝土之间会出现缝隙,导致钢管混凝土实际受力状况与设计要求有所不符,从而产生安全隐患。对此,常采取化学灌浆处理措施,以恢复钢管与管内混凝土密贴状态,确保管内混凝土的密实性。

③对市区内有些跨径较小的混凝土桥梁,在不影响泄洪能力的情况下,也可采用改桥为涵的加固方法。原结构受到涵洞填充物的连续支承,承载能力会大幅提高。涵洞的形式可视具体情况,采用圆管涵、拱涵或箱等形式。

(二)下部结构加固方法

桥梁的承载能力是否满足正常运行的需求,不仅与上部结构的技术状况相关,也与桥梁重要组成部分的下部结构相关。而桥梁下部结构主要包括墩台和基础,这两部分结构将直接承受上部结构的恒载与活载作用,并将荷载传递到基础。因此,桥梁下部结构的技术状况同样也直接影响桥梁的承载能力与桥梁的正常运行,且部分桥梁有些病害还是由于下部结构的原因引起的。

桥梁下部结构的加固技术,一般采用对墩台的补强、限制,减小墩台的位移,或增加基础的承载能力如采取加桩、增大基础面积等措施。如果墩、台和基础结构技术状况特别差,或加固的施工工艺复杂、把握性不大,工程经费又较高,则不宜考虑加固利用。

1.扩大基础加固法

扩大基础加固即为桥梁扩大基础底面积的加固方法。该方法适用于桥梁基础承载能力不足,或基础埋深不够,而且砌筑的墩、台为刚性实体基础。通常情况下,地基的承载力满足要求,而发生的缺陷或病害仅是基础不均匀沉降变形过大引起的,宜采用扩大基础底面积加固的方法。所需扩大基础底面积的大小,应根据地基变形计算确定。

2.增补桩基加固法

桥梁桩基深度不够或水流冲刷过大等造成墩台倾斜、沉降或船舶、漂流物撞击而导致桩端头损伤,在此情形下,采用增补桩基加固是一种比较有效的加固方法。加固时一般是在原基础周围补加钻孔桩(或打入钢筋混凝土预制桩、钢管桩),扩大原承台、基础,并牢固结合,以此提高基础承载力,增强稳定性。

3.人工地基加固法

桥梁基础的天然地基松软,不能承受很大荷载,或上层土壤承载力足够,但深层存在软弱土层时,可采用人工地基加固法。常用的人工地基加固有砂桩加固、静力压浆加固、高压旋喷注浆加固等,其中砂桩加固请参阅其他文献,本书不做介绍。

(1)静力压浆加固。该方法一般采取向墩台中心处斜向钻孔或打入压浆管,并通过管孔,在一定压力下将水泥浆或化学浆等注入土层中,待浆液凝固,原有松散的土固结,结成具有一定强度和防渗性能的整体,或把岩石中存在的裂缝堵塞。此法按静力压浆的作用可分为填充压浆、裂缝压浆、渗透压浆与挤压压浆四类。

(2)高压旋喷注浆加固。目前,高压旋喷注浆加固的用途比较广泛,而且地基加固的质量可靠、效果好,已逐渐成为常用的地基处理方法之一。该方法最大特点是将钻机的旋喷注浆管置于设定的地基加固深度,借助注浆管的旋转和提升运动,在注浆压力的作用下,通过注浆管的压力喷嘴,把一定比例的浆液量喷入土体,使得土和浆液搅拌成混合体,固结后便与原土基结成整体。

4.桥墩箍套加固法

桥墩因承载能力不足、水流冲刷,以及地震、火灾、船舶和漂流物撞击等造成的损坏,宜采取外围浇筑钢筋混凝土箍套加固补强,箍套的厚度一般不宜小于10~15cm,并通过内部植入钢筋、布设化学锚栓与原结构形成整体。

5.桥台帽梁拓宽加固法

有时,需要对桥梁进行拓宽,而随着桥梁上部结构的拓宽,下部结构中的桥墩、桥台也要随之加宽加大。当原有桥梁结构布置桥台或盖梁,常常采取接长盖梁的做法,如果盖梁的接长范围较大,则应在盖梁前后及侧面布设体外预应力筋,盖梁接长部分的内部需加密钢筋网,并设置螺旋钢筋网、钢板等预埋件。

三、旧桥拆除作业

目前桥梁工程界在桥梁拆除设计理论、施工方法和技术方面已积累了一定的经验,特别是近年来,随着对静态切割技术(绳锯切割、碟式切割、墙体切割等)、破碎技术(高压水枪、静态爆破、液压破碎锤和液压破碎镐等)、顶升技术(电动和气动液压千斤顶、连续千斤顶、大吨位千斤顶等)和吊装技术(缆索吊装、桥面吊架、大吨位汽车吊和履带吊等)的研究、开发和利用,一些新型的可用于桥梁拆除的施工工艺不断涌现,一支支具有较高业务素养的拆除队伍也在逐渐成长。合理利用已有的新兴工艺和技术,组织专业施工队伍进行桥梁拆除施工,提升科学拆除各类桥梁的能力势在必行。

一般来说,旧桥只有在结构和功能上同时不满足使用要求时才考虑拆除。桥梁拆除首先要保证的应是结构受力上的安全。梁桥、板桥、拱桥、吊桥、组合体系桥(斜拉桥、悬索桥)等不同类型的桥梁受力不一,拆除方法也因此各异,即使是同种桥型,其拆除方案也可能不同。这主要由于旧桥梁本身结构和功能还在发挥作用,其赋予的关联和影响因素诸多,需要具体问题具体分析。如何克服旧桥拆除过程中的复杂影响因素,确保拆除过程安全,是选择桥梁拆除方案必须要考虑的。

(一)旧桥拆除方案设计

(1)旧桥梁的拆除作业是一项技术较复杂、危险性高的施工作业,从事拆除作业的施工单位或人员应具有拆除施工经验。拆除方法的选用应根据城市桥梁所处的地理位置、桥梁结构类型、拆除方案的可操作性、作业安全性、环境影响以及经济性等情况进行筛选,并应进行拆除方案设计,编制详细的施工组织设计方案。

(2)因桥梁结构复杂多样,受力形式不同,拆除方法和步骤很难一概而论,通常首先是先拆非受力构件,再拆主要受力构件,化整为零,其次应按建桥时的逆序施工,并以对称平衡进行卸载。为此,还应把握好下列三项基本原则:

①制订合理的拆除方案,选择合理的拆除工艺。

②注重施工过程控制,优先选择静力切割拆除等方式。

③制订完备的安全应急预案和应急机制。

(3)一般陆上的城市桥梁作业场地条件较好,采用人工法拆除较合适;水中的城市桥梁,由于人工拆除较困难,费用也较高,作业条件较复杂,应经过详细的方案筛选后确定拆除方法。一般情况下,拆除顺序应按建桥时的逆序施工,而多孔拱桥则应根据实际情况考虑连拱作用的不利影响。

总之,桥梁的拆除应依据施工组织设计的拆除程序,按照逆向施工要求逐步减少恒载。而拱梁的拆除需基于恒载分布对压力线的影响, 拆除工作切不可盲目进行,避免拆桥中拱圈突然倒塌造成人员伤亡事故。桥梁拆除这项作业的危险性和风险性较高,因此应实行现场管制,禁止非作业人员及车辆进入拆除作业区域,采用爆破法拆除桥梁的,应按爆破作业的有关规定执行,爆破拆除时应确定合适的警戒区域,并实行管制,禁止非相关人员和车辆进入警戒区范围内。爆破警戒区应按爆破作业的有关规定确定,并制订合理的警戒方案。

(二)旧桥拆除步骤和环节

(1)对于桥梁拆除过程中的所有步骤和环节,包括制订科学合理的拆桥方案和全面的安全管控体系,以及拆除过程的具体实施,人作为拆除实施的主体,起着重要作用。因此,应选择具有经验的专业施工队伍和专业技术人员承担桥梁拆除的任务。这一点对保障桥梁拆除安全至关重要。

(2)部分桥梁拆除资料显示,很多桥梁存在先天缺陷和施工质量问题,如按原设计图制订的桥梁拆除方案实施,发现结果与实际情况出入较大,比如截面尺寸、预应力钢筋位置、普通钢筋数量、混凝土质量与原设计不一致。另外,桥梁使用数十年后,材质劣化,无法通过计算确定结构的承载能力。这种情况下,桥梁本身的受力和潜在的安全隐患很难把握。旧桥经过多年的运营和维修加固,其强度、刚度、稳定性都有不同程度的下降,同时拆除过程中桥梁结构体系也在不断变化,使得结构受力更加复杂,如果没有丰富的桥梁拆除施工经验,不能对其拆除施工进行可控分析计算,特别是此种情况下如再采用不成熟的拆除设计方案,拆除难度和风险会更大。因此施工的每步推进,都必须进行现场调查核实,加强拆除过程的技术控制和施工组织管理。

(3)目前国内尚无桥梁拆除设计、施工规范(施工指南)等,而且相关方面的报道和工程实例也较少。由于桥梁拆除的方式本身机动灵活,而桥梁拆除设计缺乏理论指导和经验保证,现有各类拆除设计均是套用现有新建桥梁的设计规范,以及建筑起重等方面的规范和规程,设计出来的桥梁拆除方案的可实施性、经济性能指标都不太理想。此种情况下,设计方和施工方应不断优化拆桥方案,使桥梁拆除设计方案安全、高效、实用、文明、环保。因此,应结合已有桥梁拆除工程实践,对现有的桥梁拆除设计理论进行合理的安全性、经济性和适应性论证,必须进行桥梁拆除设计理论方面的研究,制订桥梁拆除相关的设计规范。

(三)旧桥拆除存在的主要问题

国内桥梁拆除行业主要存在以下问题:长期来重新建、工期、经济指标,不重桥梁的管养和拆除;由于旧桥受力复杂,桥梁拆除理论研究难度大且相对滞后;就目前而言,尚无桥梁拆除相关的设计和施工规范、规程,设计和施工脱节,设计多偏重于理论不便于操作,施工则偏于粗放。桥梁拆除专业施工队伍少,市场较为混乱;管理理念落后,安全意识薄弱。

针对桥梁拆除行业存在的这些问题,投资、建设和施工单位尤其要高度重视安全问题。加大桥梁拆除理论和技术的研究投入,加快施工经验的总结和提升,确保相关设计施工规范、规程早日出台。加强桥梁拆除管理,强化拆除资质的管理,规范市场,规避不合理低价中标,以及不重视环保和拆除过程控制等现象。首选安全可靠的拆除方式,推行方案专家审查制度、报批制度和全员责任制度,合理利用已有的建筑新技术,要确保拆桥设计合理,选择有经验的专业设计和施工单位。

与新建桥梁相比,桥梁拆除完全是“反其道而行之”。新建桥梁是集零为整的过程,每一步是单一的,安全问题容易克服。拆除桥梁是化整为零的逆过程,每一步是复杂的，安全风险大。行业内曾有这样的说法："新建桥梁自第一个构件就位到建设交工前，仅需要考虑1%的安全问题；而拆除桥梁从第一个构件拆除到结束前，始终需要考虑99%的安全问题。"这足以说明，桥梁拆除的安全问题是决定拆除成功与否的关键。如果在施工组织管理和技术层面把握不好，就容易酿成惨痛的安全事故，造成人员伤亡、机械损毁。而就目前国内桥梁拆除实际情况来看，我国在这些方面的研究并不深入，发展不平衡且相对滞后。

如：昆明小庄立交桥位于昆曲高速公路下行东二环3号匝道下段，在2008年12月9日拆除期间突然发生坍塌，造成2人死亡，4人受伤；浙江温州方隆桥是一座建于20世纪70年代的双曲拱桥，在2009年2月11日拆除期间发生坍塌，造成1人死亡，2人受伤；2009年5月17日，湖南株洲市红旗路待拆除高架桥发生坍塌。在短短不到半年的时间里，相继发生的拆桥悲剧让桥梁拆除安全重要性问题浮出水面，加快对桥梁拆除施工方法、技术的研究和总结，着手进行桥梁拆除施工规范、规程的编制，已经成为当前亟待解决的问题。

(四)旧桥拆除方法

旧桥拆除主要包括直接支撑凿除法、顶推法拆除法、静力切割拆除法、爆破拆除法、整体坍落法和吊移法等方法。

(1)若施工条件许可，在有安全防护的前提下，应首选直接支撑凿除方式，特别对于净空高度较低的桥梁，该拆除方式直接、快捷、经济。通常桥的箱梁结构基本上可采取直接在贝雷支架及土牛支撑上凿除的方式。对环境要求不高的，也可选工期短、费用较低的爆破拆除方式。

(2)在不影响交通的前提下，考虑经济性较好的顶推法拆除施工。如地形合适，交通许可，可考虑工期更短、经济性更好的液压系统平衡法施工。新加坡Adam-Road/PIE为双向六车道立交桥，在保证PIE高速公路正常运营的情况下，采用该方法在8小时内成功地将45m箱梁移至桥台进行二次解除和破碎。

(3)对于交通组织难度高的城市桥梁以及大跨径分离式梁桥，可选择对交通干扰小、对原结构损伤小，但成本相对较高的静力切割拆除方法(液压切割法)。该方法在原北京西直门立交桥、原锡澄运河大桥(主跨65m的变截面连续箱梁桥，主跨分段切割、浮吊吊装，边跨分段切割、汽车吊吊装)、锡北运河大桥(主跨45m的变截面连续箱梁桥，采用浮船渡运法运输箱梁节段)、合宁高速上南淝河大桥老桥(主跨75m的变截面连续箱梁桥，主跨分段切割、桥面吊架吊装、驳船运输，边跨分块切割、汽车吊吊装)、京杭运河无锡城区航段红星桥老桥(主跨94.4m的固端梁桥，主跨分段切割、桥面吊架吊装、大型运输船托运)、陇西互通主线三号桥老桥(主跨44m的斜腿刚构桥,分段分块切割10m箱梁、汽车吊吊装)和陇西立交匝道三号桥(主跨31.6m的等截面曲线箱梁桥,跨高速公路的箱梁分段、汽车吊吊装,第11、12跨千斤顶整跨下放)等桥梁拆除中都广泛应用。

(4)针对大跨径拱桥,包括混凝土拱桥、钢管混凝土拱桥和钢拱桥,一般可采用整体坍落法和吊移法进行拆除。整体坍落法主要有爆破法和机凿法;吊移法分桥下支架法、桥上起吊法及缆索吊装法。例如:青岛市胜利桥为大型钢筋混凝土双曲拱桥,采用控制爆破的方式进行拆除;主跨180m的高悬链线钢箱双肋无铰拱桥——攀枝花3002大桥采用缆索吊装系统进行了拆除;原淮阴市钢筋混凝土双曲拱桥——红卫桥采用风镐整体切断,浮吊吊运对拱波和拱板进行拆除,采用浮船顶托,整体切断运走主拱肋进行拆除;某单跨38m的双曲拱桥,选用桥上搭设贝雷桁架悬吊进行了拆除;太原漪汾桥老桥为中承式钢筋混凝土7联拱桥,采用7跨同步顶升技术对桥面系及吊杆进行了拆除;武隆县峡门口乌江二桥为主跨140m的钢管混凝土提篮拱桥,采用斜拉扣挂技术进行了拆除。

不同桥梁的拆除各有其特点、难点及重点,拆除方式因桥而异,科学总结已有桥梁拆除工程实例对我国未来桥梁拆除事业的发展具有重要意义。合理利用静态爆破、顶推、液压系统平移、静力切割、整跨下放、同步顶升、桥面起吊、缆索吊装等新工艺,可为我国桥梁拆除工程提供安全、有效的保证。

第四节　腐蚀环境下桥梁的防护

桥梁的环境腐蚀主要是大气腐蚀，且涉及所有的大气腐蚀类型，其中腐蚀性最强的是工业大气和海洋大气。无论是哪种建筑形式的桥梁，它所采用的结构材料主要有钢铁和混凝土。钢桥梁面临最大的问题应是防腐，而钢筋混凝土桥梁本身是由耐腐蚀的材料组建的，但其中的混凝土有反应性，尤其是在酸性条件下，如长期暴露在这样的环境中，桥梁的钢结构和钢筋混凝土结构都会受到环境的腐蚀，影响桥梁的安全性和使用寿命。

一、桥梁腐蚀破坏的因素

（一）钢桥梁的腐蚀因素

钢桥梁一般有钢板梁桥、钢箱梁桥、大跨径的斜拉桥和悬索桥等结构形式。其中，斜拉桥和悬索桥一般还有钢箱梁或钢桁架梁、钢结构的桥塔，以及还具有钢拉索、钢缆索、钢吊杆体系。实际运行中，这些钢桥梁的耐久性在很大程度上决定于钢构件的防腐效果。钢构件的腐蚀已经被证实是一种电化学腐蚀，前提是具有水和氧这两个必要条件。当钢桥梁环境达到一定的临界湿度以后，暴露于大气中的钢构件表面就会形成一层非常薄的电解质液膜，大气腐蚀就是从这层薄的电解质液膜所处的钢构件表面开始的，经平衡阳极与阴极的反应，使得阳极反应开始让金属溶解，阴极反应通常被认为是氧的还原反应。

特别在干湿交替条件下，腐蚀性污染物在电解质液膜内的浓度可以达到相对高的值，会使阳极与阴极的反应更加激烈。所以大气腐蚀的关键因素，应包括润湿时间、环境温度及大气污染物。

1.润湿时间

润湿时间主要决定于临界相对湿度。在通常情况下，钢构件表面吸湿的腐蚀产物和腐蚀产物里水分的毛细凝结分别被认为是出现临界湿度的原因，这里毛细凝结的机理也可解释在表面微裂缝和金属/灰尘颗粒界面处形成的电解质液膜。然而雨水对大气腐蚀破坏的影响作用却具有两面性，一方面雨水会为腐蚀反应提供电解质溶液，另一方面雨水也能“洗掉”或稀释钢构件表面上有害的腐蚀性物质而起到有益作用。

2.环境温度

钢桥梁的环境温度对钢构件腐蚀速率的影响是复杂的，但总趋势是温度升高会加快电化学反应和对这个反应的进一步扩散。因而，在恒湿条件下，环境温度升高会使腐蚀速度加快，同时温度升高也导致钢构件表面的湿度下降，使电解质液膜更快地挥发，钢构件表面的腐蚀速度就会降低。

在凝固温度下，由于电解质液膜会发生凝固，这时候如果电解质没有受到氯化物的污染，电化学腐蚀活性将降到很低的程度。如果是在钢箱梁内部等相对封闭的空间里，温度降低就会引起相对湿度增大，对钢构件内部的腐蚀速率则有重要影响，这时就需要通过除湿以避免加速大气腐蚀破坏。

3.大气污染物

大气污染物主要有硫化物、氯化物、碳化物及尘埃。常见的二氧化硫也是大气主要污染物之一，它可吸附在钢构件表面，在水中溶解性高，并且在表面有水膜的条件下容易形成硫酸，对桥梁结构造成严重腐蚀。如果大气中还含有氯化物则会显著提高大气腐蚀的速率，导致钢构件加速腐蚀破坏。而大气中的尘埃对大气腐蚀速率的影响更大，特别是在腐蚀初期，其促进大气腐蚀的机制包括：通过潮解降低临界湿度；提供促进金属溶解的阴离子；通过比腐蚀金属更为惰性的沉积物形成微电偶效应。

(二)桥梁钢筋混凝土的腐蚀因素

现代桥梁建设离不开钢筋混凝土材料，而混凝土的使用寿命也越来越受到关注。据相关资料统计，混凝土结构的实际寿命远没有达到设计寿命，每年都有大量建筑物要进行维修、改造、翻新。如北京市西直门立交桥于 2000 年拆除时，桥面板下方大面积混凝土脱落、钢筋腐蚀，有些大梁和大部分的桥柱出现顺筋开裂的现象，裂缝长度多为 1 ~ 2m，宽度为 1 ~ 5mm，有专家认为这是氯离子侵蚀造成的。

在通常情况下，桥梁钢筋混凝土结构的表面对钢筋有物理和机械保护作用。同时，表面混凝土为钢筋提供的是一个高碱环境（$pH > 12.5$），能使钢筋表面形成一层致密的钝化膜，从而长期不锈蚀。当混凝土碱性降低时钝化膜逐渐被破坏，钢筋开始锈蚀，当 pH 低于 12 时锈蚀速度明显加快。钢筋混凝土桥梁结构中碱性降低和钢筋锈蚀存在自身的因素，包括钢筋位置、钢筋直径、水泥品种、混凝土密实度、保护层厚度及完好性等影响。但引起钢筋混凝土桥梁结构破坏的环境因素，主要是由于混凝土中性化、氯离子侵蚀、硫酸盐侵蚀，以及氧、水的作用等。

1.环境条件的影响

现役城市桥梁所处的外部大气环境大致可分为干、潮、湿三类。其中，潮是指在某一临界湿度下形成的非常薄的水膜，湿与雨水、露水、积水、飞溅水、喷溅水等有关。由于桥梁一般建于江、河、湖泊等水体上，所以其所处的大气环境主要是潮、湿两类，这两类环境都对钢筋锈蚀有明显影响。特别是混凝土自身保护能力不合要求或混凝土保护层有裂缝等缺陷时，外界环境因素的影响会更突出。许多实际调查结果表明，混凝土结构在干燥无腐蚀介质的情况下，其使用寿命要比在潮湿及腐蚀介质的环境中长 2～3 倍。

2.混凝土中性化的影响

混凝土中性化是指混凝土中的碱性物质与酸性物质进行反应，造成混凝土pH值降低，通常也称为混凝土碳化。与混凝土碳化相关的主要因素是大气中二氧化碳的浓度、空气湿度、温度等，混凝土碳化的结果是混凝土碱性降低，钢筋逐渐失去钝化层的保护。

3.硫酸盐的侵蚀

我国工业生产中排放大量的二氧化硫气体，从而形成了酸雨，酸雨覆盖国土的面积已达 30%，而长江以南大部分区域已是酸雨区域，这就使得针对城市桥梁混凝土结构的防酸雨措施显得更为重要。酸雨中的硫酸盐对桥梁混凝土结构的侵蚀可能产生两种结果：一是硫酸盐能中和掉混凝土中的碳酸钙，使混凝土碳化、酸化，生成难溶的钙矾石和二水石膏，然后吸收大量的水而体积膨胀，造成混凝土的破坏，并使混凝土内部的钢筋丧失碱性保护而发生腐蚀；二是硫酸盐可直接促进钢筋的电化学腐蚀。

4.氯离子的腐蚀

氯离子半径小，穿透能力强，能够加速钢筋腐蚀。氯离子进入混凝土并到达钢筋表面，破坏钢筋表面的钝化膜，使钢筋发生局部腐蚀。又因为氯离子破坏钢筋表面的钝化膜，露出了钢材的基体，基体在这暴露区与周围钝化膜形成电化学腐蚀电池，使阳极反应过程发生，这时氯离子还强化了腐蚀电池的导电性，加速电化学腐蚀。混凝土中氯离子含量对钢筋腐蚀的影响也极大，因此，氯盐的掺量应少于水泥重量的 1%（按无水状态计算），而且掺氯盐的混凝土结构必须振捣密实，不宜采取蒸汽养护。

5.氧和水的作用

氧参与了钢筋电化学腐蚀过程的阴极反应，水不仅可加速混凝土的碳化作用，也为钢筋的腐蚀提供了条件。

二、钢桥梁的腐蚀防护

常用的钢结构防腐蚀措施主要分为两类:一类是物理隔绝措施,即采用惰性材料包覆在钢结构表面,隔绝水及氧气等腐蚀介质,达到防腐蚀的目的;另一类是根据电化学腐蚀原理,人为提高钢结构的电位,使其处于电位较高的一极,从而达到保护的目的。依据上述原理,常用的钢结构防腐蚀方法有涂料涂装、电弧喷涂复合涂层、热浸镀等。

(一)重防腐蚀涂料的防护

重防腐蚀涂料是相对常规涂料而言的,它能在相对苛刻腐蚀环境里应用,并具有较长的防腐蚀寿命。一般在工业大气和海洋环境里,重防腐蚀涂料可使用 10 年,甚至 15 年以上,即使在酸、碱、盐和溶剂介质里,在一定温度条件下,也能使用 5 年以上。

1.重防腐蚀涂料

重防腐蚀涂料通常由富锌底漆、环氧中间漆和耐候性面漆涂装体系组成。其中,富锌底漆有无机富锌底漆、有机富锌底漆和水性富锌底漆之分。涂装的涂层厚度一般为 50 ~ 100μm;最常用的中间漆宜包括环氧云铁、环氧玻璃鳞片、氯化橡胶云铁等,中间漆的涂层厚度一般为 60 ~ 100μm;最常用的面漆宜包括脂肪族聚氨酯、丙烯酸和氯化橡胶等,其涂层厚度一般为 60 ~ 100μm。

2.重防腐蚀简单原理

重防腐蚀涂料的涂层对环境中的腐蚀介质,如大气中的氧、水蒸气,腐蚀性的工业气体,酸雨,酸碱盐及其他强电解质溶液,具有一定的阻隔作用,可阻止腐蚀性介质与金属直接接触,从而阻止了金属的腐蚀。另外,有机涂料的成膜物质主要是具有高阻抗的高分子材料,对金属表面由于腐蚀性介质所形成的微电池,可阻止电化学反应时离子的移动,增加了反应的极化作用,使电化学反应受阻。如果把被保护的基体金属和外在的腐蚀性介质作为电化学过程的两个体系,有机涂层则是在两个体系中插入了一个电阻层,阻止这两个体系的接触而使电化学反应不能进行。

3.涂装体系失效形式

重防腐蚀涂装体系以机械屏蔽式隔离防护作用为主,随着涂层的老化和粉化,这种隔离作用就会减弱或失去作用,最后的结果是起阴极保护作用的锌粉膜无法与钢构件基体相结合,锌粉膜保护将逐渐失效。另一种涂装体系失效形式,是考虑涂层本身有无数针孔,又长期处在盐雾、潮湿环境下,氯离子、水分子等会透过针孔混腐蚀基体金属,并使产生腐蚀产物的金属体积急剧膨胀,导致涂层剥落、失效。

(二)电弧喷涂复合涂层的防护

热喷涂技术是利用不同的热源来加热被喷涂的材料至熔融状态,并借助于雾化气流加速形成了所谓的“微粒雾流”,高速喷射到经过表面处理的工件上,形成与基体紧密结合的堆积状喷涂层。桥梁的热喷涂防腐涂层主要采用电弧喷涂技术。采用电弧喷涂复合涂层的防腐蚀体系,由电弧喷涂底层、有机封闭涂层和面漆组成,可为钢构件提供50年的防腐蚀保护。其中,电弧喷涂的底层一般有喷锌、喷铝、喷锌铝合金以及先喷锌后喷铝等涂层之分,可供不同腐蚀环境选择使用。喷涂厚度可根据腐蚀环境和耐蚀年限的不同,通常选取100~300μm。有机封闭涂层通常采用环氧云铁类中间漆。因会渗透到电弧喷涂涂层的孔隙内,第一道封闭漆不能形成厚度,需考虑第二道封闭漆的厚度,其厚度宜设为30~80μm。面漆涂层最常使用有脂肪族聚氨酯、丙烯酸和氯化橡胶等,其涂层厚度宜设为60~100μm。

(三)热浸镀层的防护

热浸镀也称热浸锌或热浸镀锌,是将除锈后的钢构件浸入熔化的锌液中,铁与熔融锌反应生成一层合金化的锌层,附着在钢构件表面,从而达到防腐的目的。这是一种有效的金属防腐蚀方式,可用于桥梁附件等尺寸较小的构件,如扶手、护栏、灯座、伸缩缝部件等。镀层厚度宜为60~80μm。

三、钢筋混凝土桥的腐蚀防护

桥梁钢筋混凝土结构的腐蚀防护主要从两方面考虑:一是阻止或延缓侵蚀源的破坏作用;二是通过提高钢筋的防腐性能,或采取电化学的方法提高钢筋的抗蚀能力。混凝土的腐蚀防护是采用高性能混凝土,或混凝土表面涂层、硅烷浸渍等方法,钢筋混凝土结构内部钢筋的腐蚀防护是选择涂层钢筋、钢筋除锈剂等。

(一)混凝土的防腐

1.采用高性能混凝土防护

高性能混凝土(简称HPC)以耐久性作为设计的主要指标,采用优质材料配制,且掺加足够数量的矿物细掺料和高效外加剂,能有效降低混凝土的渗透性,又便于浇筑、振捣,具有力学性能稳定、早期强度高和体积稳定等耐久性能,特别适用于高层建筑、桥梁以及暴露在严酷环境中的建筑结构。

2.采用混凝土表面涂装防护

混凝土表面涂装防护的作用是将混凝土与侵蚀性介质隔绝，在混凝土表面形成一层耐候、抗渗、耐久的涂层，保护混凝土桥梁不受侵蚀，以防止混凝土碳化和中性化。通常这样的混凝土表面涂装分为水泥基覆盖层（如水泥砂浆、聚合物改性水泥砂浆）、渗透型涂层（如硅烷浸渍剂、硅烷防水剂等）、成膜型涂层（如环氧沥青涂料、重防腐涂料体系等）。

（二）钢筋的防腐

1.采用钢筋阻锈剂防护

钢筋阻锈剂（简称 RI）以一种外加剂的形式掺入混凝土，能使混凝土构件中的钢筋钝化，改善钢筋的防腐蚀能力；同时还兼有减水、密实和提高混凝土强度的作用。其功能是能在氯离子等有害离子进入混凝土之后，使这些有害离子丧失侵蚀的能力，抑制、阻止、延缓钢筋腐蚀的电化学过程，从而达到延长桥梁钢筋混凝土结构物使用寿命的目的。

2.采用环氧涂层钢筋防护

环氧涂层钢筋防护是利用正负电相吸的原理，将环氧粉末均匀地分布在钢筋表面，使该钢筋具有耐碱性、耐化学侵蚀、弹性和耐摩擦性。

在正常使用情况下，即使氯离子、氧、水分等足量渗入混凝土，该环氧涂层钢筋也能长期免遭腐蚀。但由于环氧涂层损伤极易导致钢筋的点腐蚀，加速结构破坏，因此，对环氧涂层钢筋的检验、储存、加工及安装等，都有非常严格的规定，然而因局限于目前的管理水平，尚难于控制其施工质量，故主张慎用。

3.采用镀锌钢筋防护

在实际使用时，采用较多的是用镀锌钢筋进行防腐。镀锌钢筋其实是把除锈后的钢筋浸在熔融的锌液中形成一层锌层，这层锌既可以使钢筋和外界环境隔离，又可起到牺牲阳极的阴极保护作用。

四、桥梁缆索系统的腐蚀防护

当桥梁缆索系统受到腐蚀后，会引起局部的应力集中现象，这会造成其疲劳强度的降低，然后随着腐蚀和疲劳的相互促进，加速了缆索系统的破坏。因此防腐蚀设计对缆索来讲，比其他任何桥梁构件更加重要。

（一）斜拉桥拉索的防腐

斜拉桥是按照超静定结构体系设计的，拉索是斜拉桥的主要受力构件。国外斜拉桥使用的拉索有封闭索、平行钢丝索、平行钢绞线索和高强粗钢筋索四种类型。目前使用较多的是平行钢丝索,特别是钢绞线索,它在大跨度斜拉桥中的使用逐渐多了起来。国内斜拉桥常用半平行钢丝索和平行钢绞线索两种拉索。

国内已建成的斜拉桥的拉索防腐方法包括:

(1)多层玻璃纤维缠绕加涂沥青或环氧树脂形成玻璃钢外壳。

(2)钢套管内压注水泥浆,且在拉索表面先用多层玻璃纤维缠绕加涂沥青及聚氨酯橡胶,钢套管外涂防锈漆。

(3)高密度聚乙烯管(PE)内压注水泥浆,其外再缠包环氧树脂纤维布形成玻璃钢外壳。

(4)热挤高密度聚乙烯套管,亦有在热挤前对索表面进行铝粉及锌的金属喷涂或先用聚酯带缠包后进行热挤压 PE 管。

目前最常用又有效的是上述第(4)种防腐方法,即采用热挤高密度聚乙烯套管,该方法成本低,防腐效果好。

(二)悬索桥缆索的防腐

主缆是悬索桥主要的承重结构,是悬索桥的“生命线”。主缆的涂装防护通常是在主缆架设好后,先在镀锌钢丝表面涂一层防锈涂料,然后用直径约 4mm 的软质镀锌钢丝缠绕,最后涂刷油漆。

上述主缆的涂装防护措施还应满足以下要求:

(1)组成缆索和缠丝的镀锌高强钢丝的锌膜及主缆外表面涂层应保持完好。

(2)保持主缆受力部位及锚室的干燥。

(3)主缆系统中鞍座与索夹等部位的空隙应保持封闭状态。

(4)在索夹附近应留有通路,一旦有水分进入主缆,可将主缆内积聚的水分排出。

第五节　桥梁机电设施的维护

为使桥梁机电设施处于良好的技术状态，充分发挥其使用功能，机电设施使用负责人及其他专管人员应加强对机电设施的检查和维修，正确掌握其使用性能，并根据实际情况制订维修计划，必要时安排大中修或改建计划。同时依靠科技进步，采用先进的检测技术，评价使用状况，及时提出科学的运行维护对策。

一、机电设施故障的处置

桥梁机电设施是指为城市桥梁运行服务的相关机电设施，包括供配电系统、照明系统、排水系统、中央计算机系统、监控系统（设备监控系统、交通监控系统、防灾报警监控系统、闭路电视监控系统、通信监控系统）。当上述机电设施发生故障或病害后，相关人员应按机电设施故障处置程序，及时完成机电设施故障处置工作。

（一）一般故障处置

这类故障（病害）宜列入周、月度、季度或年度维修计划实施。临时性处置宜包括下列方式：负责机电设施使用的人员及其他专管人员可按一般故障（病害）的严重程度提出处理意见，也可自行处理；或上报维修、委托厂商维修。

（二）重大故障处置

凡影响车辆通行、危及通行安全的设备设施故障，均作为重大故障处置，要求立即组织抢修。通常在岗人员发现设备设施故障，应进行必要的检查和处理，一时无法排除故障时应逐级报告，并应尽快落实维修人员和设备，按重大故障处置程序及人员分工的安排，要求维修人员于1小时内到达现场处理，24小时内组织修复；根据不同故障情况，也可采取临时应急措施，降低其危害安全的程度，之后仍按设计要求恢复正常状态。

（三）紧急故障处置

危及相关设施、人员、车辆通行安全的设备设施故障，均作为紧急故障处置，要求维修人员等相关人员在1小时内到达现场处理，24小时内组织抢修，直至修复、运行；同样也可根据不同故障情况，采取临时应急措施，降低其危害安全的程度，之后按设计要求恢复正常状态。

(四)节假日或夜间故障处置

负责机电设施使用的人员及其他专管人员发现故障(病害)后,应按紧急预案的要求,通过通信联络网通知相关人员,并采取相应措施,组织修复。

二、机电设施使用维护

城市桥梁机电设施的运行维护是保证桥梁机电设施处于受控状态,以消除各种故障隐患,维持正常运行为目的的日常管理及维修。

(一)供配电设施使用维护

城市桥梁运行管理范围内的供配电设施应具有正常的日常供配电和应急供配电的功能,并达到安全可靠、合理利用电能的水平。供配电设施的使用维护应建立岗位责任制,明确工作内容、注意事项和工作程序,按供配电设施相关运行规程进行巡视检查与维护。

1.配电设施

配电站房应保持整洁、完好,内部灯光、排风设施应保持正常,自然通风良好;周围环境不得有腐蚀性气体,不得堆放易燃易爆物品,不得有积水现象。站房内的高压验电笔、接地线、绝缘物品及灭火器等安全用具应配置齐全;注油电气设备、照明设备、控制设备及辅助设备应保持完好、可靠;电能供给与分配应做到电压稳定、分配合理、运行可靠。对变、配电站进行维护,还应按规定周期落实变压器等电气设备的测试、检验工作,特别是设备检修后,经验收合格才能投入运行。另外,如果电气设备、系统线路发生变更,应及时修正档案资料,保证设备及系统线路与实际相符。当遇阴雨、潮湿、雷雨、高温、强冷气候应进行特殊检查,并做好记录。

电力电缆线路的维护人员应全面了解供电系统的电缆型号、敷设方式、环境条件、路径走向、分布状况及电缆中间接头的位置,并且在正常运行情况下,控制电缆线路的温度,使其不得超过最高允许温度,电缆外观不得存有绞拧、压扁、绝缘层断裂和表面严重划痕等缺陷,保证其具有足够的绝缘强度。如果10kV电缆线路停电超过一个星期及以上,应摇测其绝缘电阻;停电超过一个月以上,必须做直流耐压试验,以上测试合格后才能重新投入运行。对于低压配电线路,不得随意增大用电设备的容量,确需增大容量的应查阅相关技术资料,在符合线路技术参数的条件下才能进行。一般10kV电缆线路每运行两年,新敷设的带有中间接头的电力电缆线路投入运行三个月均应进行必要的预防性试验。而遇异常气候或外力侵害等特殊情况,则应根据需要进行特殊检查。

照明设施是城市桥梁不可缺少的基础性设施，是桥梁机电系统中较为重要的组成部分，其功能要求必须保证夜晚不间断供电，亮灯率应不低于97%。同时要求灯具必须安全可靠、完整无损、灯具与附件的安装必须正确、牢固。所有灯具的外壳均应接地可靠，接地方式应与供电系统的接地方式一致。同样照明控制柜(箱)的固定及接地也应可靠，外壳应保持清洁完好、无锈蚀，户外落地控制柜还应做好防雨水渗漏、防地气、防小动物、通风等措施。控制柜的二次回路应保持接线准确、连接可靠、标志齐全清晰，而有关光控开关、定时开关等控制装置及电气线路保护装置应保持运行正确、可靠。

2.监控设施

各监控设施通过计算机控制中心组成智能化管理平台，并接入系统平台的网络视频设备进行实时监控，检测各个设备的工作状态。预先也可对设备参数进行设置，对设备异常情况发出告警信息。

I类、II类城市桥梁应设置计算机监控中心，该监控中心宜包括监控计算机子系统、闭路电视(CCTV)监控子系统、多屏拼接显示子系统及附属设施，实现城市桥梁交通数据信息的存储和视频图像监控，以及对城市桥梁交通信息的拼接显示。计算机机房的环境应整齐、洁净，通风散热良好，防静电措施有效可靠。当值班人员遇到运行程序或计算机死机的情况，应按照操作指南的规定，重新启动或关闭计算机，并在每次交接班时认真检查通信机、服务器等设备的工作是否正常，及时做好计算机运行数据的备份和保存，做好每日运行记录。

交通监控闭路电视(CCTV)系统主要由桥梁上安装的摄像设备、计算机监控中心的控制设备和传输设备组成，用于收集桥梁交通信息，并通过光纤及其他方式传输，在监控中心的监视器上显示车辆通行的图像。监控中心的值班人员可以根据这些车辆通行情况的图像信息，及时采取措施，以确保城市桥梁的交通畅通。承担日常维护的专业维护人员应按规定周期检查视频图像接入，以及受其控制的功能状况；检查摄像机防护罩及外场控制箱的防尘、防雨、防振、防干扰的功能；检查摄像机云台的转动控制、雨刷、除霜和自动加温的功能，定期维护摄像机的立柱、爬梯和维修工作台，确保工作正常。

监控系统软件的维护人员应保证日常监控系统软件的可靠、正常、高效运行，并根据不同的需求，规定软件的使用范围和使用权限，不得随意安装、拷贝或出借计算机网络中的软件。一般未经授权，不得擅自进行软件维护和系统参数调整，不得在任一计算机终端上从事与本职无关的操作。应考虑将计算机系统与公网从物理上断开,不允许在监控系统网络的任一计算机终端上访问 Internet 网。系统专网内的各个子网之间宜部署防火墙,安装经国家认可的病毒防治产品,并实施相应的通信协议、IP 包和端口的过滤。严禁系统数据的非法生成、变更、泄露、丢失与破坏。维护人员应定期对计算机网络进行安全检查,更新攻击特征数据库,定期分析入侵监控记录,并根据系统已经存在或潜在的安全漏洞,及时调整策略。对一些风险较高的数据库安全漏洞应采用打补丁、升级等方式修补。同时需对数据库的运行情况进行分析,发现异常情况应进行追踪。

3.通信系统

可根据城市桥梁的特点选择通信系统中的通信设备，并兼顾通信系统的统一性、系统性、先进性。维护人员应熟练掌握桥区内光缆、电缆的静态和动态情况,定期检查电缆屏蔽层的防雷接地,确保接地可靠性。每年对电缆的绝缘电阻、电缆线路直流环阻、电缆屏蔽接地,以及漏泄同轴电缆的环路直流电阻、内外导体间的绝缘电阻、电压驻波比 VSWR 等电气特性至少进行一次测试。

I 类、II 类城市桥梁通信系统采用的数字传输设备主要有准同步数字系列(PDH)和同步数字系列(SDH)等几种类型。在数字传输设备正常运行时,维护人员不得随意变动软件设置,不得随意改变电路插板的数量、规格和安装位置,不得随意插拔机盘和接插件，或拨动按钮开关。每年对数字传输设备的电气特性及PDH设备的通路特性至少进行一次测试。程控交换机是为了实现桥区内部以及与外部之间的通信联络。因此,维护工作应保证电话通信的正确接收与通话畅通,随时观察交换机面板指示灯显示情况,并应利用各种输出信息和服务观察、话务测量等方法,掌握交换机的工作状态,使系统经常处于最佳运用状态。

桥梁广播通信系统可用于实现紧急情况(如火灾、车祸等)下的语音广播,亦可用于维护管理及其他服务。开始维护工作时,一般不得随意变动系统设备的型号、规格、数量及安装位置,所采用的交流电源线应与其他配线分开敷设和编扎,广播设备的开关机操作,应符合操作规程的有关要求。每季度需对系统的频率特性功能测试一次,每年测试接地电阻一次。

4.特种设施

本书所谓桥梁养护行车为 I 类城市桥梁特有,是供 I 类城市桥梁养护的专用行车,并在运行时严禁专用行车超负重。为此,维护人员应全面了解专用行车的构造、工作原理及维护的基本要求,特别是在使用专用行车对桥梁进行养护后,应严格按规定对专用行车进行检查和维护,且不得随意变更专用行车的构造和电器线路。同时做好两年一次的安检工作,必要时检测载荷性能。

5.除湿设备

桥梁机电设施宜长期处于密闭、干燥、低尘的工作环境。除湿设备的空气过滤网应经常保持畅通状态,出现滤网堵塞指示报警,应及时更换过滤网。在正常情况下,需要对除湿设备进行维护时,不得采用切断总电源的操作方式强行停机,并要求机组的外壳和通风管道金属部分必须可靠接地。

6.航空障碍灯

航空障碍灯的联闪控制信号线与220V交流电源线路应分别穿保护管敷设,安装在屋顶的航空障碍灯应设在避雷针的保护范围内,其控制器外壳、灯具的固定支座及电线管均应可靠接地。每日夜间应目测检查高光强、中光强、漫闪障碍灯发光情况,发现不亮的及时修复。每年需对障碍灯控制板进行除尘保养并检查线路、接地情况,对障碍灯支柱进行加固、除锈、涂油漆。

7.防雷及接地设施

凡可能因绝缘损坏造成带电危险的设备金属外壳，直接危害人身安全和设备安全的电气装置、电缆线路及各种电器、机电设备都应可靠接地。而由同一台变压器供电的低压配电系统中,各种电气设备的接地方式应符合该系统的设计要求,严禁部分电气设备采用保护接零,部分电气采用保护接地,混用两种接地方式。

当接地线与电气设备连接时,应采用螺栓压接每只电气设备,并都应单独与接地干线相连接,严禁在一条接地线上串接几个需要接地保护的设备。如采用接地或接零装置，必须保证电气设备与接地体之间或电源变压器中性点之间的导电连续性、可靠性和热稳定性。当更换避雷器时,应尽量采用相同规格和型号的产品,其连接接口应与被保护设备接口一致,安装避雷设施应牢固,接线应正确,连接的导线应绝缘良好、无损伤。变、配电站的接地网,变压器接地装置的接地电阻值,每年按规定周期和要求宜检查测试一次；各分路低压电柜及电气设备的接地或接零每年至少检查两次,接地电阻值每年宜测试一次。

(二)桥面照明设施使用维护

城市桥梁的照明是为了给驾驶车辆的驾驶人员及行人创造良好的视觉环境，美化城市环境,保障交通安全,提高交通运输效率。而桥梁照明节能不是靠降低照明水平来实现的,而要在确保不同类型的桥梁符合照明标准的前提下来考虑节能,主要是以在设计阶段合理选定照明标准作为节能措施。

1.桥面灯光设计要素

根据《城市道路照明设计标准》(CJJ 45—2015)的规定,城市中小型桥梁的照明应和与其连接的道路照明一致。当桥面的宽度小于与其连接的路面宽度时,桥梁的栏杆、缘石应有足够的垂直照度;特殊型及大型桥梁和具有艺术、历史价值的中小型桥梁的照明通常进行专门设计,必须满足这些桥梁的各项功能要求,并且考虑与桥梁风格相协调。城市小型立交的照明标准可采用道路照明标准中的常规照明,大型立交宜优先采用高杆照明。常规照明是指灯具安装的高度一般在 15m 以下的灯杆上,并按间距有规律地连续设置在桥梁路面两侧进行照明的方式。高杆照明是指一组灯具安装在高度大于或等于 20m 的灯杆上进行照明的方式。

桥梁上的照明应限制眩光，眩光是由于视野中的亮度分布或者亮度范围不适宜,或存在极端的对比,以致引起不舒适感觉,降低观察目标的能力的视觉现象。为此,桥梁照明应按照设计标准的要求合理选择灯具的布置形式、灯具的间距、高度等,同时要求合理选择照度标准和功率密度值,确定合适的光源,以实现合理的照度,避免或减少桥面灯光设计的盲目性,从而使照明灯具达到节能的目的。

2.桥面灯光节能措施

①桥梁运行中的灯光照度会受电网电压影响。当电网电压在负荷高峰时,也就是傍晚交通量高峰,此时电网电压低,光源光通量偏低,桥面照度低,而在负荷低谷时电压偏高,特别是接近午夜时道路交通量为低谷,此时的电网负荷也是低谷,而电网电压却偏高,光源发出的光通量也高,也就是桥面照度高。这种常见的情况既影响交通安全,又严重浪费能源。如果用智能光源稳压降压调光装置进行控制,那么在电压波动较大,又不需要太高的桥面照度时,该装置能降低电压,可达到节能的目的。

②合理选择照明器材是实现节能的有效手段，其中光源及镇流器的性能指标应符合国家现行有关能效标准规定的节能评价要求，灯具除满足相关产品标准以及光强分布和眩光限制要求之外，一般桥面使用的照明灯具效率不得低于 70%，泛光灯效率不得低于 65%。

通常采用的气体放电灯,其功率因数相当低,一般在 0.4 ~ 0.6,从而使得回路电流大,在线路上所产生的损耗相对也大。因此,可通过实施电容补偿或配用电子镇流器来提高功率因数。从经济合理的角度考虑,补偿后的功率因数应大于 0.85。据测算,此时供电电流约为补偿前的工作电流的一半,表明该照明系统通过无功补偿为供电电源系统腾出了一半的容量空间，另一方面，由于供电线路上减少了电流，必将大幅减少线路上的电压损耗和功率损耗，同时也降低了线缆的温升，可谓一举多得。

③选择合理的亮灯、关灯控制方式。采用可靠性好的控制设备也是一项重要的节能措施。多年以来，桥梁灯光的管理和控制手段主要采取时控方式，故障巡检依靠人工巡查的方式，这种传统管理方式在故障处理、按需控制、节能等方面已越来越不能适应城市发展需要。要做到需要开灯时能即刻开启，需要关灯时马上就能关闭，实现了这样的控制方式，就能准确控制全年的灯具燃点时间，达到桥梁照明节能目的。现有无线控制系统的组成，已经具有无线遥控、遥测、遥讯和数据信息处理等功能。它可通过无线电在桥梁控制中心用数据的形式对各灯具控制箱进行监视、测量和控制，实现智能化灯光管理，可对实行一级运行管理的城市桥梁进行准确的遥控开关灯，避免因早开或晚关造成的能源浪费。

④桥梁灯具及相关设施的管理应制订维护计划，宜定期进行灯具清洁、光源更换等。一般来说，以半年或一年为周期进行灯具清洁维护，灯具的维护系数可保持0.65以上，即可以通过清洁灯具来提高光源光通量的利用率，这样就有可能在满足照明数量和质量的前提下，通过选用功率较小的光源，达到节能的目的。

（三）电梯设施检查维护

为使电梯保持正常的、安全的工作状态，确保电梯的安全检验处于有效合格状态，防止由电梯造成的人身伤亡事故和重大设备事故的发生。根据《特种设备安全监察条例》的要求，应向特种设备检验检测机构申请电梯定期检验，并做好电梯设施使用维护工作。本节所指电梯是指在桥梁或人行天桥中使用的，列入国务院批准颁布的《特种设备目录》中的自动扶梯等。

1.电梯检查分类及内容

电梯检查可分日检、半月检、季度检、半年检和年度检查五种。（按TSGT 5001的要求，半月检、季度检、半年检和年度检查由维保单位执行，使用单位监督。）电梯日检由电梯管理人员或作业人员负责监督实施，电梯日检应填写好检查表，并由检查负责人签字，在检查中发现的问题应及时报告有关人员及时处理；电梯管理人员监督维保单位对电梯实施半月检、季度检、半年检和年检，并负责向特种设备检验检测机构申报年检。

电梯日常检查的内容、项目参照《电梯日常检查表》和电梯产品随机文件所带的使用维护说明书的要求进行。检查中发现的问题要及时上报处理，按照“定人、定时、定措施”的原则进行处理，并就处理结果进行跟踪检查。而电梯的“大修”是指需要通过拆卸或者更新主要受力结构部件才能完成的修理业务，也包括对机构（传动系统）或者控制系统进行整体修理的业务，但大修后特种设备的性能参数与技术指标不应变更。电梯的“改造”是指改变设备受力结构、机构（传动系统）或控制系统，致使特种设备的性能参数与技术指标发生变更的业务。

2.电梯维护保养制度

电梯管理单位通常是与依照《特种设备安全监察条例》取得许可的维保单位签订维保合同，一般由安装、改造、维修单位或者电梯制造单位进行维保，双方约定维保的期限、要求和双方的权利义务等。根据电梯安全技术规范以及产品安装使用维护说明书的要求和实际使用状况，组织进行维保；应至少每 15 日按照国家安全技术规范的要求对电梯进行一次清洁、润滑、调整和检查。应对机房的电气和机械设备做定期的巡视检查、清理。电梯每次进行维护保养都必须有相应的记录。电梯安全管理人员必须向电梯维护保养单位索要当次维护保养的记录，并进行存档保管，作为电梯档案的内容。

每月对各种安全防护装置和电控部分进行详细检查，更换各种易损部件。每季度对重要的机械部件和电气设备进行详细检查，调整和修复以下内容：曳引机注油，导轨润滑，油杯注油，更换门导靴，轿厢导靴衬板，更换破损烧蚀的安全开关和继电器等。每年进行一次全面的安全技术检验，确定电梯运行状态及不安全因素。电梯长时间停用或发生火灾、地震、水淹等情况应做好详细记录并报请特种设备检验检测机构检验，检验合格后方可投入使用。电梯重大项目的修理应由经资格认可的维修单位承担，并按规定向特种设备安全监督管理部门备案后方可实施。

电梯维修单位对所承接的电梯，应有技术力量及足够的备品配件做技术保障，降低电梯的故障率，对其维修电梯的安全性能负责。在《特种设备安装改造维修许可》有效期内，电梯维修单位累计维修各类电梯的数量应符合有关规定的要求。电梯维修单位应当按照电梯使用维护说明书提出的保养项目、方法和周期要求，制订电梯的日常维修计划，并做好日常维修记录。维修人员和使用单位的管理人员应签字确认。

日常维修计划应当包括《电梯维修保养项目及要求》附件中的相关项目，并按要求执行。在维修中，电梯的日常维修单位应当严格执行国家有关安全技术规范的要求，保证其维修电梯的安全技术性能，并负责落实现场安全防护措施，保证施工安全。

电梯维护管理人员对在电梯日常检查和维护中发现的事故隐患应及时组织有

关人员或外委有关单位进行处理,存在事故隐患的电梯严禁投入使用。建立《电梯运行记录》并详细填写故障及原因,尤其是安全部件安全装置维修及调整后的数据记录,为日后的维修保养工作提供可靠的数据。

3.定期报检制度

电梯安全检验合格标志有效期满前一个月,应向特种设备检验检测机构申请定期检验。电梯停用一年后重新启用,或发生重大的设备事故和人员伤亡事故,或经受了可能影响其安全技术性能的自然灾害(如火灾、水淹、地震、雷击、大风等),应进行设备大修,应经特种设备检验检测机构检验合格后方可投入使用。申请定期检验前,电梯维保单位应对电梯的各机械部件和电气设备以及各辅助设施进行一次全面的检查和维修,并按技术检验标准,进行一次全面的安全性测试,并出具自检报告。未经定期检验或者检验不合格的电梯,不得继续使用。

4.电梯安全培训

电梯作业人员应提高安全意识和技术水平,了解国家有关电梯安全管理的法规、政策,自觉地履行电梯作业人员的各项职责。电梯使用单位应规定电梯安全管理人员、电梯作业人员接受培训的内容、方式,对培训取得的成果进行考核。使用单位主要负责人负责组织电梯安全管理人员、电梯作业人员参加质量技术监督部门特种设备操作人员的培训和考核工作。按电梯安全管理人员、电梯作业人员培训考核制度,电梯安全管理人员、电梯作业人员必须持质量技术部门颁发的特种设备操作人员的操作证方可独立从事相应的工种。使用单位应建立该类人员的培训、教育档案,及时通知有关人员参加电梯安全管理人员、电梯作业人员的换证考试,保持操作证的有效性。电梯安全管理人员每年应编制当年电梯安全管理人员、年度电梯作业人员的培训计划,报告单位领导批准后实施。单位内部培训由电梯安全管理人员负责组织实施,每季度至少组织一次,培训的内容主要包括:国家有关电梯的法律、法规、规章的学习,电梯事故案例的分析。

采用先进的技术和科学的管理方法,电梯远程监控等成熟的监管手段,提高电梯的安全性能与管理水平。电梯使用单位承担电梯安全使用的主体责任,其主要负责人对本单位电梯的安全全面负责。电梯使用单位应设立专职部门或指定专人管理电梯,建立相应的岗位责任制。电梯使用单位应当聘用有维修资格的电梯维修单位对电梯进行维修,禁止非法维修。电梯维修单位对其维修电梯的质量及安全性能承担相应责任,对维修过程中作业人员及他人的安全承担主体责任。电梯维修单位应当制订涉及电梯维修的各项安全操作规程并建立健全相应的管理制度、岗位安全责任制度，落实安全防护措施，确保电梯安全可靠运行，保证维修过程中设备、作业人员、使用单位人员及第三者安全。

对存在严重故障，继续使用有可能发生事故的电梯，应立即停止使用，并及时组织整改；在电梯发生事故或严重故障时，按应急救援预案组织排险、抢救，保护事故现场，并立即报告事故所在地质量技术监督局。电梯使用单位应积极采用节能降耗型的电梯。对原耗能大的电梯，可通过改造等方式，有效降低用电量。电梯维修单位和使用单位对不能有效处置的电梯重大安全隐患要分别上报所在地质量技术监督局和乡镇、街道等相关部门。

电梯使用单位必须按照安全技术规范的有关规定，结合本单位的实际情况，制订事故应急措施和救援预案，每年定期进行救援演习。电梯一旦出现意外事件或者发生事故，使用单位必须采取紧急救援措施，防止事态恶化或者灾害扩大，及时妥善地救援、救护。

第五章 桥梁安全防护

第一节 桥梁安全保护区域

根据国家行业标准《城市桥梁设计规范》(CJJ 11—2011)的规定,城市桥梁按其多孔跨径总长或单孔跨径的长度,分为特大桥、大桥、中桥、小桥等四类。另从重要性角度考虑,可将高架道路归为大桥类,将涵洞等归为小桥类。而桥梁安全保护区域则可根据施工作业行为的类别与桥梁分类进行设置。

一、桥梁安全保护区域设置

随着城市建设的发展,施工作业形式多样化,工程建设对周围环境的影响越来越复杂,如基坑开挖的大量卸荷引起基坑周围土体发生水平和竖向的位移;沉桩的挤土效应也会导致一定范围内的地面发生水平和竖向的位移。大量土体的移动可能导致邻近建筑物发生倾斜或开裂、道路损坏、管线断裂等事故。因此,为保护重要的建筑物和生命线工程的安全,特别是城市桥梁的安全,通常需要设置一定范围的保护区域,以阻断工程建设活动对建筑物可能造成的不利影响。

(一)部分城市对桥梁安全保护区域的设置

为保障城市桥梁完好,充分发挥其使用功能,国务院和地方政府分别颁发了有关城市道路桥梁管理条例,各条例内容大致相同,除了处罚条款有所不同之外,最主要的区别就是对城市桥梁安全保护区域的规定。国务院 1996 年颁发的《城市道路管理条例》对城市道路和桥梁的管理做了一些原则性的规定,但未对城市桥梁安全保护区域做出具体规定。各地方政府根据本地的建设和经济发展的情况,划定了各自的城市桥梁安全保护区域。有关地方政府的规定内容可供各地借鉴,具体设置情况如下：

(1)杭州市人民政府发布杭政办函〔2010〕141号文件《杭州市城市桥涵安全保护区域管理规定》。为加强城市桥涵安全保护区域管理,规范城市桥涵安全保护区域内的施工作业及相关活动，保障城市桥涵安全，该文件规定城市桥涵包括桥梁(含高架道路)、人行天桥、地道、涵洞、隧道及其附属设施。市管城市桥涵包括大型桥梁(含高架道路)、带电梯的人行天桥、带电梯的地道、隧道及其附属设施。区管城市桥涵包括中小型桥梁、不带电梯的人行天桥、不带电梯的地道、涵洞及其附属设施。城市桥梁安全保护区域范围为桥梁投影面积加上两侧外延距离的区域,即城市特大桥、大桥、中桥和小桥的两侧外延距离分别为120m、80m、60m、30m;涵洞的安全保护区域范围为涵洞投影面积加上两侧外延30m的区域;城市隧道、地道等安全保护区域范围为设施投影面积加上周边各延伸60m的区域。

在城市桥涵安全保护区域内从事下列施工作业的，应事先征得该设施的市政设施行政主管部门同意并办理相关手续。一是河道疏浚、采砂等影响河势或河床稳定的施工作业;二是挖掘、打桩、地下管线铺设、爆破、采石、取土、降水、地基加固等可能影响桥涵基础结构的施工作业;三是平均荷重超过150kN/m^2的大面积堆物等增加桥涵载荷量的其他活动;四是其他可能损害城市桥涵的施工作业。

凡在城市桥涵安全保护区域内从事以上四类施工作业的，建设单位应在施工前30日向市政设施行政主管部门提出申请,并提交城市桥涵安全保护设计方案及施工作业相关资料(包括作业区域、作业内容、开竣工日期、技术保护措施、施工设计图纸等内容)。对可能影响桥涵安全运行的施工作业,建设单位应邀请专家对城市桥涵安全保护设计方案进行论证。

(2)北京市人民政府发布的《北京市城市道路桥梁管理暂行办法》规定:禁止在桥梁、涵洞前后左右及上下游各50m范围内挖砂取土、堆放物料、装置有碍桥涵正常使用的设施。

(3)《上海市城市道路桥梁管理条例》总则第一条规定:“为了加强本市城市道路、桥梁管理,保障城市道路、桥梁完好,充分发挥其使用功能,根据国家有关法律、法规的规定,结合本市实际情况,制定本条例。”第二条阐述此条例适用于该市城市道路、桥梁以及桥梁安全保护区域。第四十一条要求:“在城市桥梁安全保护区域内从事河道疏浚、河道挖掘、建筑打桩、地下管道顶进、爆破等作业的,应当制定安全保护措施,经市政工程管理部门同意后,方可施工。”

(4)《长沙市城市桥梁隧道安全管理条例》自2014年5月1日起施行。该条例所称城市桥梁,是指市区内城市道路中跨越水域或者陆域,供车辆、行人通行的跨江河桥、立交桥、高架桥、人行天桥等建(构)筑物。第十三条要求在城市桥梁安全保护区范围内禁止下列行为:①从事采砂、取土、挖掘、爆破等危及城市桥梁、隧道安全的作业或者活动;②生产、储存、销售爆炸性、腐蚀性等危险物质;③在城市桥梁安全保护区范围内捕鱼、泊船;④其他危及城市桥梁安全的行为。

条例所称城市桥梁安全保护区是指桥梁下的空间和桥梁主体垂直投影两侧各一定范围内的区域;跨江河桥梁两侧各200m范围内的水域、50m范围内的陆域;立交桥、高架桥和人行天桥两侧各5m范围内的陆域。

(5)广州市人民政府发布的《广州市市政设施管理办法》规定:桥梁、隧道安全保护区域,是指桥梁、隧道上下游或周围各50m范围内的水域及规划红线内的陆域。

(6)宁波市十四届人大常委会第二十三次会议于2015年6月30日审议了市人民政府提请的《宁波市市政设施管理条例(修订草案)》(以下简称《条例(修订草案)》),《条例(修订草案)》规定城市桥涵安全保护区由市政设施行政主管部门会同城乡规划、交通、海事、水利等行政主管部门,根据城市桥涵设施的规模、结构、地质环境等情况划定,并向社会公告。城市桥涵安全保护区是指桥涵主体、引桥及其垂直投影面两侧各一定范围内的陆域和水域。

第四十一条:在城市桥涵安全保护区内从事河道疏浚、挖掘、打桩、地下管道顶进、爆破等作业的单位和个人,应当依法向建设行政主管部门领取施工许可,并提供原设计单位提供的技术安全审查意见。建设行政主管部门在授予施工许可前,应当征求市政设施行政主管部门的意见。在城市桥涵安全保护区范围内从事河道疏浚、挖掘、打桩、地下管道顶进、爆破等作业的单位和个人取得施工许可后,应当与城市桥涵产权单位签订保护协议,采取安全保护措施后,方可施工。

(7)桂林市人民政府发布的《桂林市城市道路桥梁管理办法》将城市桥梁安全保护区定义为:①主航道上的桥梁安全保护区是指大桥主体垂直投影上游100m、下游50m范围内的陆地和水域,引桥垂直投影两侧各30m范围内的陆地。②其他桥梁安全保护区系指桥梁主体垂直投影两侧各30m范围内的陆地和水域,引桥垂直投影两侧各20m范围内的陆地。

(8)国务院令第593号《公路安全保护条例》第二章是对公路线路保护的规定,根据保障公路运行安全和节约用地的原则,交通运输、国土资源等部门应划定公路建筑控制区的范围。属于高速公路的控制区范围,从公路用地外缘起向外的距离不少于30m,公路弯道内侧、互通立交以及平面交叉道口的建筑控制区范围根据安全视距等要求确定。公路建筑控制区与铁路线路安全保护区、航道保护范围、河道管理范围或者水工程保护范围重叠的，应经相关部门协商后划定。

《条例》要求在公路建筑控制区内，除公路保护需要外，禁止修建建筑物和地面构筑物，划定前已经合法修建的不得扩建；在公路建筑控制区外修建的建筑物、地面构筑物及其他设施不得遮挡公路标志，不得妨碍安全视距。禁止在规定的范围内从事采矿、采石、取土、爆破作业等危及公路、公路桥梁、公路隧道、公路渡口安全的活动。因抢险、防汛需要修筑堤坝、压缩或者拓宽河床的，应当经相关部门或者流域管理机构批准，并采取安全防护措施方可进行。

《条例》禁止擅自在中型以上公路桥梁跨越的河道上下游各 1000m 范围内抽取地下水、架设浮桥以及修建其他危及公路桥梁安全的设施。禁止在公路桥梁跨越的河道上下游的下列范围内采砂：特大型公路桥梁跨越的河道上游 500m，下游 3000m；大型公路桥梁跨越的河道上游 500m，下游 2000m；中小型公路桥梁跨越的河道上游 500m，下游 1000m。

公路桥梁跨越的河道上下游各 500m 范围内依法进行疏浚作业的，应当符合公路桥梁安全要求，经公路管理机构确认安全方可作业。禁止利用公路桥梁进行牵拉、吊装等危及公路桥梁安全的施工作业。禁止利用公路桥梁（含桥下空间）、公路隧道、涵洞堆放物品，搭建设施，铺设高压电线，以及输送易燃、易爆或者其他有毒有害气体、液体的管道。

（二）桥梁安全保护区域的管理

建设和管理过程中，桥梁安全保护区域的划分是非常敏感的，如果安全保护区域范围划分不够大，施工作业可能会危及桥梁的安全，如果划分过大，则会增加相关工程的施工费用。因此，对城市桥梁安全保护区域的划分应特别慎重，通常市级行政主管部门应当根据城市桥梁的技术特点、结构安全条件等情况，确定城市桥梁限制性施工作业的控制范围，即桥梁安全保护区域的实际范围，并应向社会公示。

限制性施工作业时可能会损坏周边桥梁设施，建设单位应当在施工前与城市道路桥梁管理部门签订桥梁保护协议书。造成桥梁设施损坏的，由建设单位负责修复或者赔偿相应损失。桥梁管理部门应运用桥梁结构安全监测系统等信息管理设施，监控桥梁的安全运行状况和技术状态，增强城市桥梁设施服务效能。

（1）凡在桥梁安全保护区域内从事限制性施工作业的，建设单位应在施工前 30 日提出申请，并提交城市桥梁安全保护设计方案（包括作业区域、作业内容、开竣工日期、技术保护措施、施工设计图纸等内容）。桥梁管理部门受理申请后 15 日内应提出意见。同意施工的,应当与建设单位签订桥梁安全保护协议。桥梁安全保护协议应当包括建设单位及施工单位名称,施工作业的工程名称和施工周期,相关城市桥梁安全保护设计方案,施工作业的安全措施,城市桥梁沉降、位移等检测措施,检测资料的收集、报送,施工作业等。

(2)桥梁安全保护协议签订后,建设单位应当严格按照桥梁安全保护设计方案和桥梁安全保护协议组织施工。对可能影响桥梁安全运行的,建设单位应当委托具有相应资质的专业检测单位对桥梁进行检测,并向管理部门报送书面检测报告,同时负责采取加固措施。施工作业期间,建设单位应当委托具有相应资质的专业检测单位对相关城市桥梁进行动态监护,并定期报告城市桥梁动态记录。

(3)管理部门应当建立城市桥梁地理信息系统和数据库,正确反映桥梁的属性数据和空间数据,为在桥梁安全保护区范围内实施工程作业的建设单位或者施工单位提供服务,并建立城市桥梁日常检查、巡视制度,发现擅自在城市桥梁安全保护区域内从事限制性施工作业的,应当立即通知建设单位采取整改措施。在城市桥梁施工控制范围内从事河道疏浚、挖掘、打桩、地下管道顶进、爆破等作业的单位和个人,在取得施工许可证前应当先经市政工程设施行政主管部门同意,并与城市桥梁的产权人签订保护协议,采取保护措施后,方可施工。市政工程设施行政主管部门应当经常检查城市桥梁施工控制范围内的施工作业情况,避免桥梁发生损伤。

二、限制性施工及其影响

限制性施工是指在桥梁安全保护区域内,对桥梁桩基影响较大的施工项目,应限制施工,确需施工的,应采取必要的安全保护措施,并报有关部门批准同意,方可实施。同时应满足相对应的施工影响控制范围的要求,并作为桥梁安全保护区域进行管理。限制性施工项目主要包括:深基坑开挖作业、静压桩沉桩作业、河道疏浚作业、爆破拆除作业及堆载(或卸载)作业,共五类。本书根据上海、杭州等地的划分原则,按桥梁周围不同施工作业的影响区域进行划分,仅供大家参考。

(一)深基坑开挖作业及其影响

(1)按《建筑地基基础设计规范》的规定,基坑开挖根据其工程规模可将安全等级分为三级,其中一级基坑安全等级是支护结构作为主体结构的一部分时,基坑开挖深度 $H \geq 12m$;二级基坑安全等级为基坑开挖深度 $7m \leq H < 12m$;三级基坑安全等级为基坑开挖深度 $H < 7m$。

每个等级的基坑开挖作业都存在一个影响区域,而基坑开挖越深,影响区域的范围越大,同时我们需要考虑设置的桥梁安全保护区域的范围也就越大。所以,根据基坑工程施工对围岩的扰动和周边环境的影响程度可将影响区域划分为强烈、一般和轻微三种。强烈影响区(Ⅰ)为基坑周边 $0.7H$ 或 $H\cdot tg(45^0—\phi/2)$范围内;一般影响区(Ⅱ)为基坑周边 $0.7H$~(2.0 或 21.0)H 或 $H\cdot tg(45^0—\phi/2)$~(2.0 或21.0)H 范围内;轻微影响区(Ⅲ)为基坑周边(2.0 或 21.0)H 范围外(其中 H 为基坑开挖深度,ϕ 为内摩擦角)。

(2)考虑基坑场地条件和使用要求,工程地质及水文条件,基坑深度及规模,基坑周边荷载,相邻建(构)筑物及其基础型式,相邻地下工程施工情况,周边地下结构及地下管线的分布等因素,并结合当地工程经验,基坑开挖应进行风险评估。

同时,安全等级为一级和二级的基坑还必须进行变形计算,支护结构和周围土体的变形不得超过允许值。变形允许值及警戒值可根据支护结构稳定、周边建(构)筑物及管线变形控制等因素确定,基坑土方开挖必须严格按设计的要求进行,不得超挖,周边堆载也不得超过设计的规定。土方开挖完成后应立即施工垫层,对基坑进行封闭,防止水浸和暴露,并应及时进行地下结构施工。

当周边环境对象和工程关键部位安全风险较大时,基坑开挖或桩基工程宜进行远程自动化实时监测。桥梁管理部门可根据桥梁的使用情况、现有状态及设计要求测算其沉降、位移、不均匀沉降及应力的监控值或报警值。监测范围应根据基坑开挖深度、地质条件、周边环境条件等综合确定,并应满足判定周围岩土体稳定性和周边环境安全状态的要求。监测内容应包括安全保护区域内的地面沉降、土体侧移,桥梁的垂直位移、水平位移等,桥梁墩台、基础、支座和接头连接部分的位移、转角等监控内容。

桥梁安全保护区域的控制范围宜按表 5-1 选择。

表 5-1 按基坑工程划分桥梁安全保护区域

桥梁类型	桥梁安全保护区域(m)		
	一级基坑	二级基坑	三级基坑
特大桥	75	65	55
大桥	65	55	50
中桥	55	50	45
小桥、涵洞	50	45	40

(3)国内不少专家学者就深基坑工程对周围结构影响问题开展研究。研究的主要内容包括维护结构的变形与内力及其对邻近设施及建筑物的影响，探讨基坑开挖对地上建筑物、浅基础结构和地下管网的影响，对城市桥梁桩基础等深基础结构影响的研究却较少。而其实基坑开挖对城市桥梁桩基础来讲影响很大，至少会产生诸如桩身负摩擦、不平衡水平力和附加沉降三方面的影响。如随着基坑开挖深度的增加，桥桩周围土体产生了沉降，土体与桥桩之间产生了负摩擦，并在桥桩中产生附加轴力，负摩擦力的最大值和附加轴力的最大值均与土体最大沉降呈线性关系。

因此，在基坑开挖过程中，除损失了在沉降土体范围内的侧摩阻力外，桥桩承载力也因附加轴力的存在有所降低。同时随着桩周土体水平位移的不断发展，桥桩受到的附加侧压力不断增大，这种附加应力作用在桩上会产生不平衡水平力。此种不平衡水平力除增大桥桩的水平应力外，还可能引起桥桩的水平位移或变形，进而降低桥桩的垂直度，产生偏心矩，降低桥桩的承载力。若桥桩周围土体发生沉降，桥桩将会产生附加沉降，桥桩的沉降量随着桥桩到基坑的距离的增大而减小，这与靠近基坑处的土体变形较大而远离基坑处的土体变形较小的规律相一致。

(二)静压桩沉桩作业及其影响

静压桩作为挤土桩，挤土效应的影响范围和挤土的力是相当大的，对周围桥梁等建(构)筑物的影响不可忽视。通常根据桩基工程的成(沉)桩方法，可分为挤土桩和非挤土桩两类。这两类成(沉)桩方法，具有不同的影响范围。本书以静压桩为例，介绍沉桩过程对周围环境的影响。

(1)因沉桩时，桩周土体运动复杂，桩身端部以下土体产生压缩变形。随着桩贯入压力的增大，桩端处土体所受压力超过其抗剪强度，土体发生急剧变形而破坏，桩侧土体产生塑性流动(黏性土)或挤密侧移和拖带下沉(砂性土)，桩端下土体被向下和侧向压缩挤开。地表处黏性土体则垂直向上隆起，地面深处由于上覆土层的压力，土体主要向桩周挤开，使贴近桩周的土体结构完全破坏，周围土体亦受较大的扰动影响，并引起土体水平位移。

(2)上述沉桩挤土效应及对桥梁的影响也是多方面的。软土地基沉桩导致周围土体产生变形，是因为桩对土体的扰动，使桩身周围土体的应力状态发生变化。主要原因是桩要置换相同体积的土，对周围土体产生侧向挤压，引起土体水平位移和垂直隆起，过量的土体水平位移作用在桥梁基桩上，会造成桩位的偏移、桩身的翘曲，严重时甚至造成桩的折断。尤其对于具有一定结构强度的结构性软黏土，桩周土体实际上是进行了被撕裂、破坏、扰动和重塑的过程，土体工程性质较沉桩前有较大的改变。同时,还会在一定范围内造成地面隆起和抬高,在沉桩范围内还有可能造成已沉入桩的上浮。

特别是在饱和软黏土中沉桩,会产生很高的超孔隙水压力。当超孔隙水压力达到一定数值时,环向的有效应力会出现负值,也即拉应力,而切向有效应力也可能出现负值,影响桩基的承载力;过高的超孔隙水压力也妨碍施工的速度,甚至威胁邻近桥梁的安全;当土中某一方向上有效应力为零时,则与之垂直的方向上会出现裂缝,也即"水裂"现象。

因土体的这种改变而产生的水平位移和垂直隆起会对沉桩范围外一定距离内的桥梁及其他建(构)筑物造成损坏。安全保护区域可按不同桥梁类型选择,如表5–2所示。

表5–2　按桩基工程划分桥梁安全保护区域

桥梁类型	桥梁安全保护区域(m)	
	挤土桩	非挤土桩
特大桥	80	40
大桥	60	30
中桥	50	25
小桥、涵洞	40	20

(3)理论研究沉桩引起的桩周土体的应力状态变化,孔压的产生和消散,桩周土体的强度变化,桩的极限承载力的变化,以及沉桩挤土效应等现象由来已久,归纳起来,主要有以下三种方法:圆(球)孔扩张法、应变路径法、有限单元法。

①圆孔扩张法是通过对模型桩和真实桩沉桩过程的观察,发现在沉桩过程中,桩尖处土的变形类似一球形孔扩张引起的变形, 而在除桩尖和地面附近外的绝大部分桩身周围,土的变形类似一个圆柱形孔扩张引起的变形。

20世纪70年代以来, 圆孔扩张理论已成为求解沉桩对周围土体的影响时应用最广泛的一种方法,国内不少学者利用圆孔扩张理论对沉桩挤土效应进行研究,分析桩体扩张对土体的影响。该理论形式较为简单,可以较好地给出轴对称或球对称情况下的应力场、应变场和孔隙水压力,因此得到了广泛的应用。具体来说,圆孔扩张法有以下三大优点:一是将桩模拟为一维扩张问题,易于求解;二是由于求解简单,可以分析更复杂的土体模型及大应变等其他方面问题;三是由于圆孔扩张理论所用的参数可为一般标准试验得到或间接得到,易于在工程中应用。但它只是平面应变的假定,土体的变形仅限于径向,将一维的圆孔扩张应用于桩体贯入这样一个三维问题,导致其解只与径向坐标有关,而与坐标深度无关,并忽略孔壁摩擦力的影响,对于压桩引起的变形分析不尽合理。

②麻省理工学院 Baligh 领导的研究小组提出了应变路径法。这种方法假定土体中产生的变形不是由应力控制的,而是由不旋转的无黏性理想流体来决定的。在不考虑土体本构关系的情况下,推选对速度积分求得变形,然后由微分求出应变,将桩体贯入模拟为单个边界以速度 v 扩大的球形孔沿竖向匀速运动, 通过对应变路径的描述,即对三个偏应变的分析,从而得出桩体贯入过程中土体位移和应变的变化情况。研究小组发现桩周一定范围内土体存在“应变反转”和主应力旋转现象,土体有可能由“压”变为“拉”,这种现象将对应力和孔压产生显著影响;又证实了沉桩时土体可分为“塑性区”和“弹性区”两部分;还指出了因土体“扰动”后性质变化的重要性。

所以,Baligh 等人的这项研究有其独到之处, 它可以给出贯入过程中土体应力、位移分布的大致情况。但是,Baligh 提出的应变路径法也有其缺点,它忽略了地表面是自由面的边界条件,得出所有的土体单元都会向下位移的结论,这与沉桩时地表面会发生隆起的实际情况不符合,因此,这种方法只适合桩端附近的应变场,而对于远离桩端的应变场则很难得到一个合理的结果。

③有限元分析方法在一定程度上能够考虑土体的本构关系、大变形和桩土的相互作用, 其计算依赖于本构模型的选用和参数的确定。但该方法还存在一些问题:首先,如几何大变形、材料非线性、桩土摩擦的三维模型与实际情况很难一致,并且还要考虑压桩机的作用和重力初应力场等;其次,贯入过程也难于模拟,如在真实情形下,桩周围土体与静止不动时产生不同的竖向和侧向应力,并且随贯入的进行,土体应力亦发生变化。所以,研究人员所用的程序都是做了简化处理的。

另外,对土体剪切强度的影响进行实测,结果表明:沉桩瞬时桩周土在含水率为常量的条件下重塑,土体的原状结构受到破坏,不排水抗剪强度大幅度下降,随后由于土体的触变性和超静孔压的消散,抗剪强度逐渐恢复。这期间桩周土体产生较高的超静孔隙水压力,使桩周附近土体的超静孔压最大,随着离桩表面距离的增加,超静孔压急剧降低且消散也比较迅速。超静孔隙水压力有时会达到一个很大的值,甚至会大于土体的附加有效应力。

（三）河道疏浚作业及其影响

（1）桥梁安全保护区域可按河道上下游（桥梁外边线两侧）各30m范围设置。在安全保护区域内实施疏浚作业应进行安全评估，并保证桥梁基础覆土线不受影响，在确认安全或者采取安全措施后方可进行疏浚作业。

当前城市河道泥砂淤积问题较为严重，泥砂淤积导致河床抬高，所以每年许多河道会实施疏浚作业，治理水环境。河道疏浚应重点考虑跨河桥梁和河岸建筑物的安全性，桥梁出现异常情况或开挖至驳坎底板顶部时，河岸底部不宜再挖，对于边坡出现滑坡等异常情况，应采取措施进行加固。中型以上桥梁跨越的河道上下游各1000m范围内，不允许抽取地下水、架设浮桥以及修建其他危及桥梁安全的设施。确需进行抽取地下水、架设浮桥等活动的，应当经有关部门批准，并采取安全防护措施方可进行。同时，应当禁止利用桥梁进行牵拉、吊装等危及桥梁安全的施工作业。

（2）城市河道（湖泊）清淤疏浚项目应当委托具有专业资质的设计单位，按照河道、航道规划和《疏浚与吹填工程技术规范》（SL 17—2014）、《疏浚与吹填工程设计规范》（JTS 181—5—2012）等规定进行设计。城市河道监管部门应加强河道清淤疏浚的技术指导和监督管理工作。

建设单位应结合跨越河道的桥梁进行安全评估，确定河道清淤疏浚设计断面和质量验收评定标准。根据河道淤泥受污染程度（工矿企业周边河道的清淤疏浚，底泥应进行采样分析），确定合理可靠的河道淤泥处置方式，落实淤泥堆放场所，并严格按照招投标文件、合同约定等要求加强施工全过程的抽查检查，采用河道淤泥总量与堆放场所泥浆总量检查相结合的方式，加强对施工单位淤泥处置全过程的监管。

施工单位应严格按照设计断面、质量验收评定标准、疏浚工程施工技术规范和批准的施工组织设计进行施工，确保工程质量满足设计要求。在施工过程中，要落实专人随时观察河岸稳定情况，如发现不安全迹象时，应立即拆坝蓄水并及时向相关单位和人员报告；对危险地段，应提前采取打桩加固措施。应加强淤泥排放、运输、处置的全过程管理，严格落实淤泥堆放场所防护措施，杜绝淤泥随意堆放、偷排和排泥场内泥浆溢失等现象发生，避免造成二次污染，杜绝安全事故发生。

（3）施工前，河道疏浚作业应先进行试挖，在试挖的基础上，确定挖掘的深度和挖槽尺寸，并使其符合设计要求。施工中常用旋挖式清淤机、绞吸式挖泥船、喷吸式挖泥船、两栖式挖泥船等进行清淤。

其中，旋挖式清淤机是目前在疏浚工程中既环保又科学的一种船舶，适用于常态维护工程,是一种绿色环保的清淤机。该清淤机采用无堵塞泵、旋挖头作业,通过液压系统使旋挖头滚动,旋挖头上装有腰带和切割刀,切割刀在水底下的作用是将淤泥、生活垃圾、直径小于15cm的建筑垃圾扰松,旋挖头上的腰带将以上扰松过的物质旋送至旋挖头中间无堵塞泵吸口,再通过无绞吸式挖泥船,并和拖轮、锚艇、排泥管、泥浆泵、120t运输船等设备配合使用。

绞吸式挖泥船施工前,先将船上主定位桩对准挖槽的中心下线,随后在开挖断面的边线处进刀,利用绞刀桥架前部的横移钢缆的交替收放,左右横移绞刀进行挖泥。完成一刀的开挖断面后,通过两边无堵塞泵直接将以上物质送至运输船或直接接入排泥管,按要求送到指定的地点。

喷吸式挖泥船采用定位桩施工的,施工地段的所有水下锚位均应系上浮标。施工时,如遇开挖泥层厚度超过挖泥船一次最大挖泥厚度时,应采用分层开挖,上层宜厚,下层宜薄;水面以上的土体高度不宜大于4m,否则应采取措施降低其高度,以保安全;挖槽断面方量较大又确有需要提前发挥工程效益时,可分层或分条开挖,即先挖子槽使河道先通后畅;若设计挖槽宽度大于挖泥船的最大挖宽,采用喷吸式挖泥船分条开挖时,为保持一个相对稳定的排泥距离,宜从距排泥区较远的一侧开始,由远到近依次分条开挖,条与条之间应重叠一个宽度,以免形成欠挖土埂。

(四)拆除爆破作业及其影响

(1)由于高效、经济和安全可控性,拆除爆破技术受到人们普遍关注。近年来,拆除爆破技术发展迅速,已在城镇交通、建设等部门广泛应用。拆除爆破技术的种类繁多,按拆除爆破对象的形体特征可分为建筑物拆除爆破、高耸构筑物拆除爆破、基础拆除爆破、桥梁拆除爆破和围堰拆除爆破等五类;按拆除爆破对象的结构特征可分为砖混结构拆除爆破、钢筋混凝土框架结构拆除爆破、钢筋混凝土大板结构拆除爆破和钢结构拆除爆破等。

拆除爆破作业必须安全性高,必须有效控制爆破作用和爆破有害效应,确保桥梁安全。为此,桥梁安全保护区域可以考虑设为桥梁周围200m的范围内。在该安全保护区域内实施爆破作业时,应制订专项方案,并经有关部门评审通过后方可实施。

(2)拆除爆破的特点是待拆除爆破物体的结构、形体性质复杂多变;爆破环境条件复杂,人流、交通繁忙,建(构)筑物设施密集;爆破拆除范围及倾覆状态质量要求严格。拆除爆破的破坏机理与岩石爆破破坏过程也基本相同,只是进行拆除爆破设计时应根据待拆除物体的形态、高度、结构特征、拆除要求和环境条件等,选用最小抵抗线原理、失稳原理、剪切原理与能量平衡准则进行设计。其中能量平衡准则的内容是炸药爆炸释能等于爆破介质破碎所需的最低能量，而爆破介质在爆破载荷作用下的变形与破坏，其实是一个吸收能量至释放能量的转换过程。当介质吸收的爆破能量大于其单位应变能和重力势能时，介质则破裂破碎。试验研究表明，爆破时每种固体介质的单位破碎能是个常量。因此，为了有效地破碎爆破介质和提高炸药能量利用率，在拆除爆破设计时，可使炸药爆炸能量与破碎爆破介质所需的能量相等，使其只产生一定宽度的裂缝或原地松动破碎，而无多余的能量产生爆破公害。实际上由于爆破介质的不均匀性和各向异性，目前一般应用近似能量平衡准则即松动爆破原理进行拆除爆破设计。

同样，拆除爆破还应用安全控制技术进行设计。通常根据爆破物体的特征和环境条件，按分能原则，将炸药合理均匀地布置于爆破介质中，形成空间立体交错、多点分散装药的布药方式，严格控制一次允许起爆的最大药包能量和总体爆破规模，防止能量集中，以期获得优质、安全的爆破效果。

(3)建(构)筑物和其他设施的基础、墩台、码头船坞、桩基和地坪等大型块体的爆破解体，一般采用浅孔拆除爆破。这是一种根据基础材质性能，临空面状况和环境条件，以最小抵抗线原理，进行松动控制爆破方案选择、参数计算和控制技术设计的爆破方法。

建(构)筑物拆除爆破主要是指废弃的楼房、厂房、烟囱、水塔等建(构)筑物拆除爆破。按其材质和结构类型，可分为砖混结构、预制板结构、钢筋混凝土框架结构和钢结构拆除爆破等。此类拆除爆破一般采用失稳原理进行设计计算，即根据建(构)筑物的结构受力状态和载荷分布，破坏其关键承重部位的结构和刚度，使之失去承载平衡能力，在重心力矩作用下失稳而坍塌倾倒。按照建(构)筑物形态、结构类型、环境条件和爆破要求，拆除爆破后的倾倒方案可选择定向倾倒、原地坍塌、内向倾倒和折叠倾倒四种。

(五)堆载(或卸载)作业及其影响

(1)堆载的问题属于被动桩的范畴，土体变形导致荷载作用在桩基上，进而引起桩基的受力变形。就当前桩基发展技术而言，上述有关主动桩的研究相对来说较为成熟，但被动桩的分析技术，在相关规范中涉及较少。另外，桥梁周围堆载还会引起桩基负摩阻力，从而增大桩基所承受的荷载，而且侧摩阻力分布范围和大小也与堆载状况密切相关。

所以，根据上述实际情况，许多城市将堆载（或卸载）作业的影响范围设为50m，作为桥梁安全保护区域的控制范围。在该控制范围内进行堆载(或卸载)作业,应按有关规定审批同意。如果堆载平均荷重超过 15kN/m² 的大面积堆物或者增加载荷量的其他活动,另应采取必要的安全保障措施。

(2)桥梁附近堆载对桩基的受力产生很大的影响,往往表现为:桩周土体产生较大的沉降,对桩身产生负摩阻力;桥梁桩基受到挤压,导致桩身水平侧移并产生挠曲变形。当桩顶承受正常的荷载作用时,桩顶荷载与负摩阻力及侧向挤压力相互作用,必然影响桩基的工作性状,甚至引起较大的二次弯矩和剪力,从而导致桩身断裂。桩身所产生的局部负摩阻力还可能引起桩侧的局部拉应力,这又将影响桩身的安全性、耐久性。

根据有关试验资料记录,对不同侧向的堆载大小、堆载距离、桩顶荷载以及桩顶约束条件等情况下的模型桩进行试验,桩身侧移量随着堆载量增加或者堆载距离减小而增加,内力(轴力和弯矩)随着堆载量增加而增加,堆载距离的增加使得桩身负摩阻力的分布更靠桩身中下部。桩顶约束会增大堆载作用下的桩身轴力和弯矩,比桩顶自由时分别增加 40%和 65%,桩身弯矩、二次弯矩效应明显。

(3)2016 年 3 月 25 日下午 5 点,杭州绕城西线北向南靠近五常收费站一段高速桥面突然发生垮塌,半幅梁板滑落,绕城西线北向南交通彻底中断。万幸的是,事故没有造成人员伤亡。这座 1996 年 10 月建成的桥梁,发生了侧向位移。据报道,“桥正常状态不可能有这么大的水平位移,桥的承重是垂直的,这么大幅度的水平位移,肯定是侧向水平外力造成的”。而事发现场在垮塌部位西面有大量土方堆积,初测土堆长约 200m、宽约 60m、高约 4.5m,高度已经远超高速路面,坍塌的桥体也陷进下方的土方堆里。据现场情况,初步判断造成桥梁坍塌的原因是周边工地施工堆土处置不当,造成桥墩倾斜、梁板滑落。

第二节　超重车辆过桥与限载

按照《城市桥梁养护技术规范》(CJJ 99—2003)的规定,超出桥梁限载能力的车辆为超重车辆;车辆重量满足设计要求,但是轮压过大超出设计荷载时的轮压要求的,也属于超重车辆。当超重车辆通过桥梁时,应尽量选用多轴多轮的运输车辆,同时选取桥梁技术状况较好、加固工程费用较省的路线通过。

一、超限与超重车辆

(一)超限运输车辆

为加强对超限运输车辆行驶公路的管理,维护公路完好,保障公路安全畅通,根据《中华人民共和国公路法》及有关法规,交通部于 2000 年 1 月 14 日经第 12 次部长办公会议通过,发布《超限运输车辆行驶公路管理规定》,又于 2016 年 8 月 18 日通过了新修订的《超限运输车辆行驶公路管理规定》,并于 2016 年 9 月 21 日起施行。该《规定》提出的“超限车辆”概念,主要是针对在中华人民共和国境内公路上进行超限运输的单位和个人。

根据《公路安全保护条例》机动车通行的规定,桥梁通行车辆的外廓尺寸、轴荷和总质量应当符合国家有关车辆外廓尺寸、轴荷、质量限值等机动车安全技术标准。交通部新修订的《超限运输车辆行驶公路管理规定》第三条规定,所称“超限运输车辆”是指有下列情形之一的货物运输车辆:

①车货总高度从地面算起超过 4m;

②车货总宽度超过 2.55m;

③车货总长度超过 18.1m;

④二轴货车,其车货总质量超过 18000kg;

⑤三轴货车,其车货总质量超过 25000kg;三轴汽车列车,其车货总质量超过 27000kg;

⑥四轴货车,其车货总质量超过 31000kg;四轴汽车列车,其车货总质量超过 36000kg;

⑦五轴汽车列车,其车货总质量超过 43000kg;

⑧六轴及六轴以上汽车列车,其车货总质量超过 49000kg,其中牵引车驱动轴

为单轴的，其车货总质量超过 46000kg；

该款规定的限定标准的认定，还应当遵守下列要求：

①二轴组按照两个轴计算，三轴组按照三个轴计算；

②除驱动轴外，二轴组、三轴组以及半挂车和全挂车的车轴每侧轮胎按照双轮胎计算，若每轴每侧轮胎为单轮胎，限定标准减少 3000kg，但安装符合国家有关标准的加宽轮胎的除外；

③车辆最大允许总质量不应超过各车轴最大允许轴荷之和；

④拖拉机、农用车、低速货车，以行驶证核定的总质量为限定标准；

⑤符合《汽车、挂车及汽车列车外廓尺寸、轴荷及质量限值》(GB 1589—2016)规定的冷藏车、汽车列车、安装空气悬架的车辆，以及专用作业车，不认定为超限运输车辆。

按照原交通部、公安部、国家发改委《关于进一步加强车辆超限超载集中整治工作的通知》(交公路法〔2004〕455 号)的有关要求，严格执行车辆超限超载认定标准，运载不可解体物品超过限定标准且确需上路行驶的货运车辆，启运前应按规定办理审批手续。

(二)超重运输车辆

根据建设部《城市桥梁养护技术规范》(CJJ 99—2003)的规定，车辆荷载超出桥梁限载能力且需要过桥，应作为超重车辆。这与超限车辆有一定区别，而最大的区别就是超重车辆不一定超限，这对桥梁限载的意义显得十分重要。

具体讲，超重车辆的种类、车辆的纵向间距以及车辆的轴重和总重，对桥梁结构的荷载效应(轴向力、剪力、弯矩、扭矩等)有很大影响。因此超重车辆通过桥梁时，首要的问题就是了解过桥车辆的这些特性，即掌握超重车辆的外形尺寸、轮数、轴数、轮距和荷载的分配情况等。当桥上净空有限制时，还应知道超重车辆装载后的空间几何尺寸，以及超重车辆的厂牌、种类和挂车的组成情况，还有速度、制动、调节等有关技术性能。

总之，车货总体的外廓尺寸或者总质量超过桥梁的限载、限高、限宽、限长标准，与履带车、铁轮车等特种车辆确需在桥梁行驶的，从事运输的单位和个人应当向管理机构申请桥梁超重运输许可。同时按照公安机关交通管理部门指定的时间、路线、速度行驶，悬挂明显标志。管理机构审批超重运输申请，应当根据实际情况勘测通行路线。需要采取加固措施的，可以与申请人签订有关协议，委托原设计单位对桥梁进行安全性评估，制订应急预案等书面文件，出具加固设计方案。管理机构根据原设计单位制订的加固、改造方案，对通行的桥梁、涵洞等设施进行加固、改造；必要时应当对超重运输车辆进行监管，对通行过程进行监控。

鉴于特大桥或特殊结构桥梁等重要桥梁一旦破坏会造成严重的经济损失及社会影响，必须设置车辆荷载称重监控装置及功能完善、技术匹配、系统稳定的运行监管信息系统，以保证大桥或特殊结构的安全。称重系统可结合收费站、限高架装置、视频监控等综合设置，并与管理监控系统联控，禁止超重车上桥。

二、桥梁限载

(一)城市桥梁限载管理

(1)《城市道路管理条例》第二条规定，城市道路是指城市供车辆、行人通行的，具备一定技术条件的道路、桥梁及其附属设施。第六条规定：国务院建设行政主管部门主管全国城市道路管理工作。省、自治区人民政府城市建设行政主管部门主管本行政区域内的城市道路管理工作。县级以上城市人民政府市政工程行政主管部门主管本行政区域内的城市道路管理工作。

《城市道路管理条例》规定在城市道路范围内禁止下列行为：履带车、铁轮车或者超重、超高、超长车辆擅自在城市道路上行驶；机动车在桥梁或者非指定的城市道路上试刹车；擅自在城市道路上建设建筑物、构筑物；在桥梁上架设压力在4kg/cm^2(0.4MPa)以上的煤气管道、10kV 以上的高压电力线和其他易燃易爆管线；擅自在桥梁或者路灯设施上设置广告牌或者其他挂浮物；其他损害、侵占城市道路的行为。其中，履带车、铁轮车或者超重、超高、超长车辆需要在城市道路上行驶的，事先须征得市政工程行政主管部门同意，并按照公安交通管理部门指定的时间、路线行驶。

(2)为加强城市桥梁的管理，保证桥梁的安全运行和正常的使用，依据国务院《城市道路管理条例》的有关规定，超重车辆通过城市桥梁时，应当按照桥梁吨位牌标志的规定行驶。超过桥梁吨位牌标志规定的车辆(即超重车辆)通过桥梁时，车属单位或个人须携带行车执照、行走路线及车辆的技术数据，事先到管理部门办理超重车辆过桥手续。办理超重车辆过桥手续可实行按月或者按日核发过桥通行证。按月核发的时间为每月 20 日至月底办理下月过桥手续；按日核发的可在过桥前办理手续。一次性超重过桥的车辆，需按照上述要求，事先办理指定日期的过桥手续。超重车辆过桥须持过桥通行证，并按指定的行驶路线通过城市桥梁。

另外，管理部门应定期公告市区内各种桥梁的荷载标准及其变化情况，并应在各桥的桥头设置统一标准的桥名牌和限载吨位牌。限载吨位牌的设置应经验算，超过桥梁吨位牌标志规定并低于桥梁验算荷载的运输车辆需要通过桥梁时，可实行监护通行，反之必须采取桥梁加固措施。

(3)一般来说，超过桥梁荷载的超重车辆原则上不能通过桥梁，必须通过时，车属单位或个人应当提前一个月向管理部门提出书面申请，经批准后方可通行。需采取桥梁加固措施时，管理部门负责设计加固方案，并予以实施。设计和加固费用由过桥车属单位或个人承担。未经批准的超重车辆过桥的，管理部门应当责令其停止违法行为、补交超重车辆过桥损失补偿费，并可处以罚款。

桥梁在设计基准期内的限载值其实是一个变量，但为了合理确定过桥车辆的限载，具体做法应该是调查桥梁的实际交通荷载情况、计算交通荷载效应的最大值分布，利用可靠度原理评估桥梁安全水平，并以此确定过桥车辆限载值。同时还必须考虑桥梁所处环境的作用、其材料性能、使用条件等因素的变异性对结构性能的影响，并采取必要的保护措施，确保主体结构能够达到规定的设计使用年限。

目前在桥梁限载方面存在的不足，主要是城市桥梁设计规范中仅包含设计荷载，并没有规定各类型桥梁的限载标准，如同样汽 -20 的新建桥梁，有标限载 20t 的，也有标限载 30t 的，又如城市主干路桥梁设计荷载为城 -A 级，该限载多少吨呢？谁也说不清，有的标 30t，有的标 40t，很不规范。早几年在通过调查和分析的基础上，经过荷载模型复核计算，上海于 2007 年制定了《上海城市桥梁限载标准》，该标准为规范设置限载牌提供了计算依据，并根据桥梁设计规范规定桥梁汽 -20、汽 -15、汽 -10 级的验算荷载分别为挂车 -100t、挂车 -80t、挂车 -50t。

超重车通过时，管理机构技术人员应随同检测，观测是否有位移、变形、裂缝发展等，并予以记录。同时应选择不同桥型进行挠度、应变、反力等方面的观测，以积累资料。

(二)公路桥梁限载管理

(1)《中华人民共和国道路交通安全法》机动车通行规定第四十八条第一款规定：机动车载物应当符合核定的载质量，严禁超载；载物的长、宽、高不得违反装载要求，不得遗洒、飘散载运物。第二款：机动车运载超限的不可解体的物品，影响交通安全的，应当按照公安机关交通管理部门指定的时间、路线、速度行驶，悬挂明显标志。在公路上运载超限的不可解体的物品，应当依照公路法的规定执行。公安机关交通管理部门及其交通警察对道路交通安全违法行为，应当及时纠正。

(2)《公路安全保护条例》自 2011 年 7 月 1 日起施行。各级人民政府应当加强对公路保护工作的领导,依法履行公路保护职责。公路管理机构依照本条例的规定具体负责公路保护的监督管理工作。

《公路安全保护条例》中公路通行部分包括:车辆的外廓尺寸、轴荷和总质量应当符合国家有关车辆外廓尺寸、轴荷、质量限值等机动车安全技术标准,不符合标准的不得生产、销售;公安机关交通管理部门办理车辆登记,应当当场查验,对不符合机动车国家安全技术标准的车辆不予登记;运输不可解体物品需要改装车辆的,应当由具有相应资质的车辆生产企业按照规定的车型和技术参数进行改装;超过公路、公路桥梁、公路隧道限载、限高、限宽、限长标准的车辆,不得在公路、公路桥梁或者公路隧道行驶;车辆载运不可解体物品,车货总体的外廓尺寸或者总质量超过公路、公路桥梁、公路隧道的限载、限高、限宽、限长标准,确需在公路、公路桥梁、公路隧道行驶的,从事运输的单位和个人应当向公路管理机构申请公路超限运输许可。

申请公路超限运输许可的规定:一是跨省、自治区、直辖市进行超限运输的,向公路沿线各省、自治区、直辖市公路管理机构提出申请,由起运地省、自治区、直辖市公路管理机构统一受理,并协调公路沿线各省、自治区、直辖市公路管理机构对超限运输申请进行审批,必要时可以由国务院交通运输主管部门统一协调处理;二是在省、自治区范围内跨设区的市进行超限运输,或者在直辖市范围内跨区、县进行超限运输的,向省、自治区、直辖市公路管理机构提出申请,由省、自治区、直辖市公路管理机构受理并审批;三是在设区的市范围内跨区、县进行超限运输的,向设区的市公路管理机构提出申请,由设区的市公路管理机构受理并审批;四是在区、县范围内进行超限运输的,向区、县公路管理机构提出申请,由区、县公路管理机构受理并审批。

公路管理机构审批超限运输申请时,应当根据实际情况勘测通行路线,需要采取加固、改造措施的,可以与申请人签订有关协议,制订相应的加固、改造方案。公路管理机构应当根据其制订的加固、改造方案,对通行的公路桥梁、涵洞等设施进行加固、改造;必要时应当对超限运输车辆进行监管。公路管理机构批准超限运输申请的,应当为超限运输车辆配发国务院交通运输主管部门规定式样的超限运输车辆通行证。经批准进行超限运输的车辆,应当随车携带超限运输车辆通行证,按照指定的时间、路线和速度行驶,并悬挂明显标志。禁止租借、转让超限运输车辆通行证。禁止使用伪造、变造的超限运输车辆通行证。

经批准进行超限运输的车辆,未按照指定时间、路线和速度行驶的,由公路管理机构或者公安机关交通管理部门责令改正；拒不改正的，公路管理机构或者公安机关交通管理部门可以扣留车辆。未随车携带超限运输车辆通行证的，由公路管理机构扣留车辆，责令车辆驾驶人提供超限运输车辆通行证或者相应的证明。

对 1 年内违法超限运输超过 3 次的货运车辆，由道路运输管理机构吊销其车辆营运证；对 1 年内违法超限运输超过 3 次的货运车辆驾驶人，由道路运输管理机构责令其停止从事营业性运输；道路运输企业 1 年内违法超限运输的货运车辆超过本单位货运车辆总数 10%的，由道路运输管理机构责令道路运输企业停业整顿；情节严重的，吊销其道路运输经营许可证，并向社会公告。

(三)治理超限超载措施

(1)治理超限超载是车辆超限治理的一项重要措施，以行政法规的形式在源头治理方面加强了监管，包括强化车辆生产、销售、登记及货运场站装载等环节的管理，明确了相关主体的责任或义务，确保源头治理的效果。同时，加强了路面监控网络的建设，发挥了固定超限检测站点的作用，加大了对车辆超限超载的责任追究力度。总的来说，《公路安全保护条例》已通过一系列的规定，为进一步开展车辆超限治理提供了牢固的法制基础，力求使治超制度环环相扣，取得长效。

同时，认真贯彻《公路安全保护条例》等相关法规的规定，还要进一步优化治超检测站点布局，采用路面入口称重阻截管理模式，杜绝违法超限超载车辆继续在道路上行驶。有关部门应按照《桥梁限载标志和桥面标线设置要求》，加快完善桥梁限载标志和桥面标线设置，完善路面治超的监控网络，会同公安交通管理等部门，切实加大路面执法力度。

(2)超限检测站的设置应当按照统一规划、合理布局、总量控制、适时调整的原则，其中，I 类检测站的设置还应当符合交通运输部有关超限检测站的规划。超限检测站的选址应当优先考虑公路网的关键节点，有关部门定期对超限检测站的整体布局进行评估，并可以根据城市道路桥梁交通流量、车辆超限变化情况等因素，适时对超限检测站进行合理调整。

(3)城市道路桥梁相关管理部门重建设、轻管养的错误认识一时难以改变，再加上超重车辆的管理涉及交警、城市执法、市政等多个部门，在没有综合执法授权的前提下，各部门只能各司其职，各执其法，很难进行有效管理。当前，上述各部门可依据《公路安全保护条例》规定，尽早建立起一支精干、高效、稳定的治超队伍，联合开展治超工作，加大治理力度，依法严厉打击和治理超重车辆过桥行为。

可根据城区桥梁实际情况，对超重车辆行驶路线制订严格管理的措施。一是由公路部门检查站工作人员对超重车辆进行严格监控，对多轴大吨位车辆采取劝返、卸货、罚款及建议绕行等措施，减少超重车辆驶入城区道路。二是在城区内由交警、城管、运管部门流动稽查，对违规行驶的超重车辆施行强制卸货分运、罚款及扣留。如果能够按照“依法严管、标本兼治”这项总体要求，通过公路与城区联动执法，坚决打击超重车辆违规过桥行为，就能从根本上规范重型车辆过桥行为，真正建立起规范重型车辆过桥的相关管理制度，保护城区桥梁设施和人民群众生命财产的安全。

（四）管道过桥管理措施

（1）依附城市桥梁架设各类管线（不含第二条规定的各种管线）的单位，应当到城市道路管理部门申请办理管线过桥手续，并按照收费标准交纳管线过桥损失补偿费。凡申请依附城市桥梁架设各类管线的单位，均应按照一件一申报的要求办理管线过桥手续。办理管线过桥手续时，管线所属单位应当携带管线过桥的有关技术数据、路径图纸和施工单位资质证明，向城市道路管理部门递交书面申请。

经城市道路管理部门批准的过桥管线，其所属单位应当与城市道路管理部门签订管线过桥协议书和管线过桥技术与施工安全保证书，要按照城市道路管理部门批准的施工方案进行施工。城市道路管理部门在施工期间要进行全过程管理。管线过桥工程竣工后，由城市道路管理部门进行验收，并将有关竣工资料备案存档。

（2）管线所属单位应当对架设在桥梁上的管线做好日常的检查维护，发生故障和险情要及时进行抢修，避免对桥梁设施造成损害。因城市建设需要，在拆除、扩建、维修桥梁时，管线所属单位要按照协议无条件拆除或迁移管线。遇有各种自然灾害或不可抗力等原因，造成管线损害的，或因管线本身故障，造成桥梁设施及行人车辆损失及伤害的，由管线所属单位承担责任。

管线所属单位擅自进行管线过桥施工的，城市道路管理部门应当立即责令其停止违法行为，并依据相关法规，可处以5000元以上2万元以下的罚款。对桥梁设施造成损坏的，管线所属单位应当承担赔偿责任。已架设过桥管线的，应到城市道路管理部门补办手续。

（3）在既有桥梁上架设各种市政管线、电力线、电信线等的，应当先经原桥梁设计单位提出技术安全意见，而设置大型广告、悬挂物等辅助物的，应当出具相应的风载、荷载实验报告以及原桥梁设计单位的技术安全意见。由于桥梁是城市道路的重要设施，故10kV以上（不含10kV）的高压电缆及压力大于0.4MPa的易燃、易爆、有毒或腐蚀性液（气）体管道或污水管均是安全隐患，发生爆炸等事故影响较大，会导致桥梁垮塌等事故，因此应禁止设置。

城市桥梁主体工程建设时，桥梁运营过程中管理、维修、养护用的相关配套设施，以及配置符合相关国家技术标准的各类附属设施，应同步规划、设计、验收，以有利于桥梁建成后运营过程中的管理检测与养护维修工作。中华人民共和国建设部令第 118 号《城市桥梁检测和养护维修管理办法》第十八条明确规定：在城市桥梁上设置大型广告、悬挂物等辅助物的，应当出具相应的风载、荷载实验报告以及原设计单位的技术安全意见书，报城市人民政府市政工程设施行政主管部门批准后，方可实施。因此，运行管理机构应加强对此类行为的管理。

三、超重车辆过桥

桥梁作为交通运输的咽喉，对保证大件货物运输路线的通达起着至关重要的作用。目前，超重车辆违章上路日渐增多，特别是一些大型运输车、渣土车等超重超限车辆，受经济利益驱动，无视相关法律法规的规定，利用夜间执法空隙在城市道路桥梁上违规通行。由于车辆的总重、轴重、轴距、轮压、轮距等这些技术参数对桥梁的影响很大，大件运输车辆的这些参数又与设计规范中的荷载参数有很大不同，如大件车辆轴载大、车体长，对桥梁产生的荷载效应也较大，因而对桥梁结构的承载力有更高的要求。

（一）超重车辆过桥的影响

由于桥梁设计荷载等级的限制，不少桥梁，特别是早期修建的桥梁，荷载等级均不能满足超重设备运输的需要。另外，现有桥梁由于设计、施工和养护等各个方面的原因，存在不同程度的缺损，同时一些老旧桥梁则由于设计标准偏低、年代较久、长期超负荷运营等造成承载能力严重不足。超重车辆的通行会使这些桥梁出现一定程度的损坏，甚至发生重大安全事故。在这些承载能力不足的旧桥中，简支梁桥所占比例最大。

超重车辆过桥的管理和规划、建设、养护维修一样，同为桥梁运行监管的重要环节，直接影响着城市交通安全、行车顺畅。一方面，受桥梁设计荷载的等级所限，另一方面，现有桥梁也确实存在一些其他隐患和问题，如早期修建的桥梁日益老化，构件产生裂缝，挠度超过容许值并产生永久变形，承载能力明显下降。所以，对于这些桥梁而言，超重车辆过桥有可能造成桥梁损坏，甚至引发重大事故。

因此，城市桥梁运行监管应坚持以人为本的原则，切实把治理车辆超重工作放在突出位置，健全监管体系。同时按照交通部颁布的《超限运输车辆行驶公路管理规定》和《城市道路管理条例》的要求，加强与交警部门的联合治理，实施集中整治，建立长效机制,突出重点,周密安排,严查严管,确保实效。

当管理机构在监督检查中发现车辆超过桥梁的限载、限高、限宽、限长标准的,应当进行处理。车辆应当按照超限检测指示标志或者管理机构监督检查人员的指挥接受超限检测,不得采取短途驳载等方式逃避超限检测。禁止通过引路绕行等方式为不符合国家有关载运标准的车辆逃避超限检测提供便利。任何单位和个人不得指使、强令车辆驾驶人超限运输货物,不得阻碍监督检查。

(二)超重车辆过桥前准备

超重车辆通过桥梁前,除应掌握有关技术数据外,还应对桥梁结构进行必要的检查, 对桥梁结构的各个部位进行详细的目视检查并记录下任何可能影响桥梁结构功能的因素,特别要注意上、下部结构中砼的损坏、钢筋的锈蚀、砼的开裂,以及支座的沉陷和破损等。

首先,这些检查必须与桥梁的结构分析相结合,以评定其所要求承受的荷载能力,将这些能够反映结构现状的数据用于结构分析。例如,在钢筋砼横隔梁中出现发展的裂缝时,桥梁的横向刚度将会受到不利的影响。因而在分析中必须考虑并进行必要的调整。再如,对于多跨的连续梁结构,必须考虑任何支座产生沉陷对结构承载能力的影响。桥梁的检查及承载力分析必须在超重车辆过桥之前的一段时间里进行,以便有足够的时间进行必要的维修和加固工作,确保重车安全过桥。

其次,在超重车辆过桥时应观察桥梁是否有位移、形变、裂缝扩展等并予以记录。同时,还应选择不同桥型,进行挠度、应力、应变值、桥梁的沉降等的测试工作。通过观察检查,对一些有疑问的桥梁,可以提前发现桥梁结构恶化或损坏的先兆,从而可及时采取相应的措施。另外,通过测试,可以了解重车过桥时桥梁的实际工作状态,以便积累数据和资料,为今后旧桥加固或超重车辆过桥的限载措施提供依据。

(三)超重车辆过桥验算、加固

综上所述,城市桥梁运行中对超重车辆的管理重视不够,尚有所缺失。首先,城市道路方面的法律、法规、标准、规范体系不健全,在一定程度上制约了对超重车辆的查处。其次,因限载标准缺少统一的规范,也给查处带来一定困难。有一些地方在超重车辆过桥方面的管理几乎是空白,即使有,查处力度也不是很大。笔者建议,城市桥梁管理部门应加强超重车辆过桥的管理,以尽量减少过桥车辆的载重和偏载,减轻桥梁的受力,并控制车辆的行驶位置、速度,使其在最有利的交通条件下行驶,从而使车辆过桥的交通条件从最不利状态转为最有利状态,减轻桥梁的负担。

(1)对车辆载重的具体管理措施。一方面要尽量减少车辆装载的货物,尽可能拆散分车装运，并使重量尽量分布在较长的范围之内，以便减少单位长度的压力。另一方面要让超重车辆单车过桥，车上货物安置居中、平稳，严格避免发生偏载，可让超重车辆沿桥面中心线行驶，以不大于5km/h的速度匀速行驶且不得在桥上制动、变速，更不得停留。同时限制其他车辆过桥，也不得有人群荷载，以减轻桥梁的负担，确保安全过桥。一般超重车过桥也可尽量选用多轴多轮的运载车辆，并选择技术状况良好、加固等综合费用较低的路线行驶。通过大跨径桥梁时，从桥梁结构受力特征考虑，超重车与拖车应选择最有利于桥梁结构受力的行驶方式；桥梁跨径较小时，可考虑牵引车与平板挂车分别过桥，为此可于桥头设牵引装置，将平板车牵引过桥。

根据《公路桥涵设计通用规范》规定：履带车履带的中线或平板挂车外侧车轮的中线离人行道或安全带的距离不得小于1m。一般计算表明，最靠边的位置常是荷载横向分布最不利的位置，而靠中对称行驶时可使车辆处于最有利的横向位置，也就是说，靠中对称行驶可使桥梁结构横向各部分受力比较平均，不致使某一部分（或某一根梁）受力过大而首先被破坏。这点应引起重视，宜在制订过桥方案时予以明确。

（2）超重车辆过桥需要加固验算。超重车过桥之前，应收集并查找桥梁的技术档案和资料，若资料缺失或资料不够完整，应当采用检测方法来确定桥梁的承载能力。仅仅通过检查还不能判定其技术状况及承载能力的，以及有特别要求的桥梁结构，管理方应考虑进行桥梁的荷载试验，以此来为桥梁承载能力的评估提供科学依据。

此外，桥梁结构验算时均应对相应桥梁进行必要的结构计算，并且要确定只有通过加固才能保证超重车安全通过的桥梁和需要进行加固的局部构件。对砌块混凝土结构和RC结构，可以计算其承载能力的极限状态；对于PSC结构，可以适当放宽使用阶段计算中考虑的各种限制。在超重荷载作用下，对现役桥梁，仅计算控制截面上产生的最不利内力和截面应力即可，并与设计荷载下控制截面的内力与应力进行对比，若前者的结果小于或者等于后者的计算结果，则表明超重车辆可以安全地通过桥梁；否则，需要做进一步的计算。

结构计算中所用到的相应桥梁技术资料包括：通过审查批准的正式的设计文件或者竣工验收文件。而且，桥梁的施工质量良好，运营时间较短时，可以直接参考上述文件。若缺乏上述文件，或者虽然有，但是桥梁的施工质量并不好，且已经出现结构破损的，应当以桥梁结构实际的技术状况为依据进行计算。除此之外，还应该注意：对加固部分的结构或者构件，应当参照设计规范进行相应的设计和验算；对于一些有荷载试验资料的桥梁,在计算时则应以实测的结构技术状况为依据。

通常在超重车辆过桥之前,还应判断桥梁的通行能力,为桥梁的加固方案提供依据和参考。由于桥梁设计的时候,结构安全系数会有一定的承载力富余量,所以需要对结构进行进一步的承载力验算,得到桥梁的准确承载力。之后,再根据桥梁的实际技术状况,对抗力进行适当折减。对于超重荷载下桥梁结构承载力的验算,通常可采用以下两种方法:

第一种,等代荷载法。在判别超重荷载下桥梁的通行能力时,等代荷载法是一种比较迅速、实用的方法。这种方法的思路是:在同一跨径上用同一种影响线,分别算出超重荷载和标准荷载的等代荷载,对比二者,并判断超重车辆是否能安全通过桥梁,或者桥梁事先是否需要加固。由于超重车通常要求运输时间短,故可采用等代荷载法对桥梁的通行能力进行粗略判断。该方法要求在进行桥梁检算时,须对桥梁的实际承载能力做出切合实际的评价。

第二种,实际荷载检算法。实际荷载检算法,就是将超重车辆产生的构件最不利内力组合与标准荷载作用下的最不利内力组合进行比较、判别的一种方法。在此方法的检算中,应对超重车过桥时的各种管制措施予以考虑,主要考虑车辆行驶的横向位置,并且不允许有其他活载同时作用在桥上。由于对超重车过桥,有不制动、不变速并且限速在 5km/h 以下的要求,因此,计算时可以不计冲击的影响。

综上所述,验算超重荷载下的桥梁通行能力时,须按超重车辆的纵向最不利位置算出结构的最不利内力值,同时,要考虑荷载横向分布的影响,然后,再与桥梁标准荷载产生的最不利内力进行比较,以此判别。

(3)超重车辆过桥加固措施。一般来说,超重车过桥加固为临时加固,仅服务于超重车辆的通行过程,只需保证通车过程中结构的安全性能。所以临时加固设计方案的主要设计原则是:在确保桥梁结构的安全性能的前提下,尽量缩短工期并降低工程造价。根据以上临时加固原则,综合各种不同桥型,可给出以下三种常用的临时加固方法:

第一种,上部跨越加固法。该方法通常是在下部结构和地基承载力容许的条件下,在桥面上架设临时钢板梁或者贝雷梁等临时结构,以供重车直接行驶通过。这种方法适用于小跨径的梁式桥及上承式拱桥等结构。

第二种,桥下临时支撑法。这是一种是通过减小原桥的跨径、改变结构受力状态来提高原结构承载力的方法。然而,这种改变原结构受力状态的方法往往会引起其他的副作用,导致原结构遭受不必要的损伤,甚至被破坏。比如,对于单跨简支的

预应力混凝土梁，若在跨中增加竖向支撑，本应承受正弯矩的原结构跨中会在加固后承受负弯矩作用，导致跨中截面上部开裂。此法适用于中等跨径、桥下净空较小且不影响桥下通航通车的情况。常用的临时支撑有立柱支撑和八字撑等形式。

第三种，拱桥的拉杆加固法。对于拱脚可提供的推力不能够继续增大的拱桥，可使用临时拉杆的方法来抵消超重车作用产生的额外拱脚推力，以保证结构的安全。该方法适用于桥下净空许可且基础良好的拱桥。

第三节　危险货物载运防护

载运易燃、易爆、剧毒、放射性等危险货物的车辆，应当符合国家有关安全管理的规定，并避免通过特大型桥梁；确需通过特大型桥梁的，负责审批易燃、易爆、剧毒、放射性等危险货物运输许可的机关应当提前将行驶时间、路线通知特大型桥梁的管理单位，并对在特大型桥梁行驶的车辆进行现场监管。

一、危险货物载运许可

(一)相关法规政策的规定

根据《中华人民共和国道路交通安全法》机动车通行规定，机动车载运爆炸物品、易燃易爆化学物品、剧毒物品、放射性物品等危险物品，应当经公安机关批准后，按指定的时间、路线、速度行驶，悬挂警示标志并采取必要的安全措施。根据《危险化学品安全管理条例》《道路危险货物运输管理规定》的规定，载运危险物品的运输单位必须有专用车辆、设备和专业从业人员，并符合载运危险物品的安全生产管理制度。

浙江省工程建设标准《城市桥隧管理运行规范》要求，载运易燃、易爆、剧毒、放射性物品等危险物品的车辆不应在Ⅰ、Ⅱ类城市桥梁上通行。确需通过的，运输单位应在获得危险物品运输许可后，将行驶时间、路线提前通知桥梁运行管理机构，经同意后，在桥梁运行管理机构现场监管下通行。

(二)具备道路危险货物运输许可证

危险货物道路运输企业或者单位应按照道路桥梁运输管理机构的规定从事危险货物运输活动，不得转让、出租道路危险货物运输许可证件，不得运输法律、行政法规禁止运输的货物。对法律、行政法规规定的限运、凭证运输货物，道路危险货物运输企业或者单位应当按照有关规定办理相关运输手续。对法律、行政法规规定托运人必须办理有关手续后方可运输的危险货物，道路危险货物运输企业应当进行查验，有关手续齐全有效后方可承运。

(三)具备爆炸品、放射性和化学危险物品准运证

运输爆炸品、放射性和化学危险物品还应持有相应的准运证件。运输爆炸品和化学危险物品的，应有运往地县、市公安部门签发的爆炸物品准运证或化学危险物

品准运证；运输放射性货物的，应持有省、自治区、直辖市指定的卫生防疫部门核发的包装件表面污染及辐射水平检查证明书。运输放射性化学试剂、制品，放射性矿石、矿砂等货物，其运输包装等级和放射性强度每次都相同时，允许一次测定剂量，再次运输时，可以提交原辐射水平检查证。

(四)办理危险货物托运

托运人应向具有从事危险货物运输经营许可证的运输单位办理托运，并应当对托运的危险货物种类、数量和承运人等相关信息予以记录，记录的保存期限不得少于1年。危险货物的性质与消防方法相抵触的货物则必须分别托运。危险货物应当严格按照国家有关规定妥善包装并在外包装设置标志，向承运人说明危险货物的品名、数量、危害、应急措施等情况。需要添加抑制剂或者稳定剂的，托运人应当按照规定添加，并告知承运人相关注意事项。

危险货物托运人托运危险化学品的，还应当提交与托运的危险化学品完全一致的安全技术说明书和安全标签。不得使用罐式专用车辆或者运输有毒、感染性、腐蚀性危险货物的专用车辆运输普通货物。其他专用车辆可以用于食品、生活用品、药品、医疗器具以外的普通货物运输，但应当由运输企业对专用车辆进行消除危害处理，确保不对普通货物造成污染、损害。不得将危险货物与普通货物混装运输。

未列入交通部《公路危险货物品名表》的危险货物，托运时应提交生产或经营单位的主管部门审核的《危险货物鉴定表》，经省、自治区、直辖市交通运输主管部门批准后办理运输，并由批准单位报交通部备案。盛装过危险货物的空容器，未经消除危险处理的，仍按原装货物条件办理托运，其包装容器内的残留物不得泄漏，容器外表不得粘有导致危害的残留物。对要求使用罐(槽)车运输的危险货物，必要时托运人应提供有关资料或样品，并在运单上注明对装载的质量要求。对高度敏感或能自发引起剧烈反应的爆炸性物品，未采取有效抑制措施的禁止运输。对已采取有效的抑制或防护措施的危险货物，应在运单上注明。需控温运输的危险货物，托运人应在运单上注明控制温度和危险温度，并与承运人商定控温方法。

二、危险货物载运分类

危险货物具有爆炸、易燃、毒害、感染、腐蚀、放射性等危险特性，在运输、储存、生产、经营、使用和处置中，容易造成人身伤亡、财产损毁或环境污染，因而需要特别防护。按照国家标准《危险货物分类和品名编号》(GB 6944—2012)、《危险货物品名表》(GB 12268—2012)的规定，危险货物所具有的危险性或最主要的危险性应分为9个类别,有些类别可再分成项别,危险程度依据国家标准《危险货物运输包装通用技术条件》(GB 12463—2009)分为Ⅰ、Ⅱ、Ⅲ等级。

(一)爆炸品

该类货物系指在外界作用下(如受热、撞击等),能发生剧烈的化学反应,瞬时产生大量的气体和热量,使周围压力急骤上升,发生爆炸,对周围环境造成破坏的物品,也包括无整体爆炸危险,但具有燃烧、抛射及较小爆炸危险,或仅产生热、光、音响或烟雾等一种或几种作用的烟火物品。该类货物按危险性可分为5项:

第1项为具有整体爆炸危险的物质和物品。

第2项为具有抛射危险,但无整体爆炸危险的物质和物品。

第3项为具有燃烧危险和较小爆炸或较小抛射危险,以及两者兼有,但无整体爆炸危险的物质和物品,本项指的是可产生大量辐射热的物质和物品,相继燃烧产生局部爆炸或迸射效应以及两种效应兼而有之的物质和物品。

第4项为不呈现重大危险的物质和物品。本项包括运输中万一点燃或引发时仅出现小危险的物质和物品,其影响主要限于包件本身,并预计射出的碎片不大,射程也不远,外部火烧不会引起包件内全部内装物的瞬间爆炸。

第5项为非常不敏感的爆炸物质。本项货物有整体爆炸危险性，但非常不敏感,以致在正常运输条件下引发或由燃烧转为爆炸的可能性很小。

(二)气体

该类货物系指压缩、液化或加压溶解的气体。同时按下述两种情况区分:一是临界温度低于50℃时，或在50℃时其蒸气压力大于291kPa的气体为压缩或液化气体。二是温度在21.1℃时,气体的绝对压力大于275kPa,或在51.4℃时气体的绝对压力大于715kPa,或在37.8℃时,蒸气压大于274kPa三种情形的气体为液化气体或加压溶解的气体。

另根据气体在运输中的危害程度,气体可分为易燃气体、非易燃无毒气体及毒性气体三种。

(1)易燃气体,指与空气混合的爆炸下限小于10%,或爆炸上限和下限之差值大于20%的气体。常见的易燃气体有氢、甲烷、丙烷、乙烷、乙炔、乙烯、甲醇、乙醇、氨气、一氧化碳、硫化氢等。

(2)非易燃无毒气体,是在运输时温度为21.1℃,压力不低于275kPa的气体,或经冷冻的液体。其中包括窒息性气体——通常在空气中能释放或置换氧的气体,氧化性气体——通过提供氧气比空气更能引起或促进其他材料燃烧的气体，第三类为不属于其他项别的气体。

(3)毒性气体,包括已知的对人类具有毒性或腐蚀性,足以对健康造成危害的气体;或因半数致死浓度 LC50 值不大于 5000mL/m^3 而推定对人类具有毒性或腐蚀性的气体。(注:具有两个项别以上危险性的气体和气体混合物,其危险性先后顺序为第 3 项优先于其他项,第 1 项优先于第 2 项。)

(三)易燃液体

该类货物系指易燃的液体、液体混合物或含有固体物质的液体,但不包括由于其危险特性列入其他类别的液体。其闭杯试验闪点等于或低于 61℃,但不同运输方式可确定本运输方式适用的闪点,而不低于 45℃。货物按闪点的危险性分为 3 项:

第 1 项为低闪点液体,指该液体闭杯试验闪点低于 −18℃的液体;

第 2 项为中闪点液体,指该液体闭杯试验闪点在 −18℃至 23℃的液体;

第 3 项为高闪点液体,指该液体闭杯试验闪点在 23℃至 61℃的液体。

(四)易燃固体、自燃物品和遇湿易燃物品

货物按危险性可分为易燃固体、易于自燃的物质、遇水放出易燃气体的物质。易燃固体包括容易燃烧或摩擦可能引燃或助燃的固体、可能发生强烈放热反应的自反应物质、不充分稀释可能发生爆炸的固态退敏爆炸品;易于自燃的物质包括发火物质、自热物质;遇水放出易燃气体的物质指与水相互作用易变成自燃物质或能放出危险数量的易燃气体的物质。

(五)氧化剂和有机过氧化物

该类货物按危险性可分为氧化性物质、有机过氧化物。氧化性物质系指处于高氧化态,具有强氧化性,易分解并放出氧和热量的物质,包括含有过氧基的有机物,其本身不一定可燃,但能导致可燃物的燃烧,且与松软的粉末状可燃物能组成爆炸性混合物,对热、振动或摩擦较敏感。有机过氧化物系指分子组成中含有过氧基的有机物,其本身易燃易爆,极易分解,对热、振动或摩擦极为敏感。

(六)毒性物质和感染性物质

该类货物按危险性可分为毒性物质和感染性物质。毒性物质系指进入肌体后,累积达一定的量,能与体液和组织发生生物化学作用或生物物理学变化,扰乱或破坏肌体的正常生理功能,引起暂时性或持久性的病理状态,甚至危及生命的物质。经口摄取半数致死量,固体 LD50≤500mg/kg,液体 LD50≤2000mg/kg;经皮肤接触 24h 半数致死量 LD50≤1000mg/kg;经粉尘、烟雾及蒸气吸入半数致死浓度 LC50≤10mg/L 的固体或液体,以及列入危险货物品名表的农药。感染性物质系指含有致病微生物，能引起病态甚至死亡的物质。

（七）放射性物质和腐蚀性物质

放射性物质系指放射性比活度大于 7.4×104Bq/kg 的物品。腐蚀性物质系指能灼伤人体组织并对金属等物品造成损坏的固体或液体，与皮肤接触，在 4 小时内出现可见坏死现象，或温度为 55℃时，对 20 号钢的表面均匀年腐蚀率超过 6.25mm/a 的固体或液体。该类货物按化学性质宜分为酸性腐蚀品、碱性腐蚀品、其他腐蚀品。

（八）杂项危险物质和物品

该类货物具有其他类别未包括的危险物质和物品，如危害环境的物质、高温物质、经过基因修改的微生物或组织。

三、载运车辆防护措施

车辆载运危险货物过桥应当保障安全，依法运输，诚实守信。本书阐述的危险货物过桥载运就是指从事道路危险货物的运输应符合道路危险货物运输的有关规定，并要求使用厢式、罐式和集装箱等专用车辆运输危险货物。危险货物以列入国家标准《危险货物品名表》（GB 12268—2012）的为准，未列入《危险货物品名表》的，以有关法律、行政法规的规定或者国务院有关部门公布的结果为准。

（一）满足载运专用车辆

危险货物载运专用车辆应符合一级技术等级要求。危险货物载运车辆是指满足特定技术条件和要求，从事道路桥梁危险货物运输的载货汽车（以下简称专用车辆），分为运输剧毒化学品、爆炸品专用车辆以及罐式专用车辆。这几类专用车辆的技术性能符合国家标准《道路运输车辆综合性能要求和检验方法》（GB 18565—2016）的要求；技术等级达到行业标准《道路运输车辆技术等级划分和评定要求》（JT/T 198—2016）规定的一级技术等级。专用车辆外廓尺寸、轴荷和质量符合国家标准《汽车、挂车及汽车列车外廓尺寸、轴荷及质量限值》（GB 1589—2016）的要求。专用车辆燃料消耗量符合行业标准《营运货车燃料消耗量限值及测量方法》（JT 719—2008）的要求。

危险货物载运配备安全防护设备，悬挂标志。专用车辆应当按照国家标准《道路运输危险货物车辆标志》（GB 13392—2005）的要求悬挂标志。车辆左前方必须悬挂黄底黑字“危险品”字样的信号旗；专用车辆应当配备符合有关国家标准以及与所载运的危险货物相适应的应急处理器材和安全防护设备。严禁专用车辆违反国家有关规定超载、超限运输。

（二）专用车辆防护措施

专用车辆的车厢、底板必须平坦完好，周围栏板必须牢固，铁质底板装运易燃、易爆货物时应采取衬垫防护措施，如铺垫木板、胶合板、橡胶板等，但不得使用谷草、草片等松软易燃材料；机动车辆排气管必须装有效的隔热和熄灭火星的装置，电路系统应有切断总电源和隔离火花的装置；根据所装危险货物的性质，配备相应的消防器材和捆扎、防水、防散失等用具。

罐式专用车辆载货后的总质量应当和专用车辆核定载质量相匹配；挂车载货后的总质量应当与牵引车的准牵引总质量相匹配。装运危险货物的罐(槽)应适合所装货物的性能，具有足够的强度，并应根据不同货物的需要配备泄压阀、防波板、遮阳物、压力表、液位计、导除静电装置等相应的安全装置；罐(槽)外部的附件应有可靠的防护设施，必须保证所装货物不发生"跑、冒、滴、漏"，并应在阀门口装置积漏器。

装运集装箱、大型气瓶、可移动罐(槽)等的车辆，必须设置有效的紧固装置。各种装卸机械、工属具要有足够的安全系数，装卸易燃、易爆危险货物的机械和工具，必须有消除产生火花的措施。装运放射性同位素的专用运输车辆、设备、搬动工具、防护用品应定期进行放射性污染程度的检查，当污染量超过规定水平时，不得继续使用。

（三）驾驶及押运人员

从事道路危险货物运输的驾驶人员、装卸管理人员、押运人员应当经所在地设区的市级人民政府交通运输主管部门考试合格，并取得相应的从业资格证。从事剧毒化学品、爆炸品道路运输的驾驶人员、装卸管理人员、押运人员，应当经考试合格，取得注明为"剧毒化学品运输"或者"爆炸品运输"类别的从业资格证。专用车辆的驾驶人员应取得相应机动车驾驶证，年龄不超过60周岁。驾驶人员应当随车携带道路运输证等危险货物运输许可证件。驾驶人员或者押运人员应当按照《汽车运输危险货物规则》(JT 617—2004)的要求，随车携带道路运输危险货物安全卡。在道路危险货物运输过程中，除驾驶人员外，还应当在专用车辆上配备押运人员，确保危险货物处于押运人员监管之下。

道路危险货物运输途中，驾驶人员不得随意停车。因发生影响正常运输的情况需要较长时间停车的，驾驶人员、押运人员应当设置警戒带，并采取相应的安全防范措施。运输剧毒化学品或者易爆危险化学品且需要较长时间停车的，驾驶人员或者押运人员应当向当地公安机关报告。过桥隧时不得停车，因车辆故障停车，应向公安机关和桥隧管理部门及时报告。驾驶人员和押运人员应严格遵守有关部门关于危险货物运输线路、时间、速度方面的有关规定，并遵守有关部门关于剧毒、爆炸危险品道路运输车辆在重大节假日通行高速公路及城市桥梁、隧道的相关规定。运输爆炸品和需要特殊防护的烈性危险货物，托运人须派熟悉货物性质的人员指导操作、交接和随车押运。

（四）载运车辆安全过桥

运输危险货物的单位必须认真贯彻安全第一、预防为主的方针，建立健全安全和消防管理制度，对管理、行车人员应进行安全消防知识的教育和业务技术培训。运输危险货物时，必须严格遵守交通、消防、治安等方面法规。载运车辆过桥应控制车速，保持与前车的距离，严禁违章超车，确保行车安全。对在夏季高温期间限运的危险货物，应按公安部门规定进行运输。

运输忌火危险货物，车辆不得接近有明火、高温场所。危险货物装车前，应认真检查包装（包括封口）的完好情况，如发现破损，应由发货人调换包装或修理加固，并应根据货物性质，采取相应的遮阳、控温、防爆、防火、防震、防水、防冻、防粉尘飞扬、防撒漏等措施。行车人员必须掌握所装危险货物的消防方法，在运输过程中如发生火警应立即扑救，并及时报警。装运爆炸品、易燃物品的车辆、机械，以及装过易燃物品而未经消除危险处理的空罐（槽），检修时不得动用明火，不得使用易产生火花的工具敲击。运输、装卸危险货物的单位，必须配备必要的劳动防护用品和现场急救用品。特殊的防护用品和急救用具应由托运人提供。危险货物一旦对人体造成灼伤、中毒等危害，应立即进行现场急救，必要时迅速送医院治疗。在危险货物运输过程中发生燃烧、爆炸、污染、中毒，或者被盗、丢失、流散、泄漏等事故，驾驶人员、押运人员应当立即根据应急预案和道路运输危险货物安全卡的要求采取应急处置措施，并向事故发生地公安部门、交通运输主管部门和本运输企业或者单位报告。运输企业或者单位接到事故报告后，应当按照本单位危险货物应急预案组织救援，并向事故发生地安全生产监督管理部门和环境保护、卫生主管部门报告。

道路危险货物运输从业人员必须熟悉有关安全生产的法规、技术标准和安全生产规章制度、安全操作规程，了解所装运危险货物的性质、危害特性、包装物或者容器的使用要求和发生意外事故时的处置措施，并严格执行《汽车运输危险货物规则》（JT 617—2004）、《汽车运输、装卸危险货物作业规程》（JT 618—2004）等标准，不得违章作业。应通过岗前培训、例会、定期学习等方式，对从业人员进行经常性安全生产、职业道德、业务知识和操作规程的教育培训。委托具备资质条件的机构，对本企业或单位的安全管理情况每 3 年至少进行一次安全评估，出具安全评估报告。

第四节　桥下空间安全防护

随着我国社会经济和城市建设的快速发展,城市规模和城市化水平迅速提升,交通设施不断完善,大批城市桥梁投入使用,桥下空间利用与防护也逐渐成为一种新的管理形态。

一、桥下空间及其利用

城市桥梁桥下空间是指桥梁垂直投影下除水面、铁路及道路以外的空间。桥下空间的利用主要指城市立交桥围合空间和高架桥桥下空间用地的利用,而桥下空间内配建的公用设施均应采取防撞、防碰、防擦等保护措施,并与桥梁保持一定的安全间距,实行"一桥一档,一桥一策"的管理。根据《城市道路管理条例》(国务院令第198号)的规定,桥下空间主要用于配建道路、环卫、绿化、停车等市政公用设施,桥梁管理部门作为桥下空间使用管理的责任主体,负责组织所属有关机构,加强城市桥梁桥下空间使用的管理,保障城市桥梁设施安全,并依据相关法律、法规和规章的规定履行管理职责,市建设、规划、市容园林、综合执法等相关部门按照职能分工依法做好相关工作。

桥下空间所配建的公用设施除与桥梁保持安全间距之外,还应保证桥梁正常的养护维修,确保桥梁安全运行。桥梁养护单位应当履行责任,加强对桥梁的检查、检测和养护维修,保障桥梁处于良好的技术状态。桥梁管理部门应按照实际组织编制桥下空间使用设计导则或使用方案,桥下空间的使用应当满足道路、环卫、绿化、停车等设施的相关技术规范,符合桥下空间使用设计导则和使用方案的要求,以及城市规划、治安、交通、消防、市容环境、环保等相关管理规定。另外,还应保障交通安全、通信、消防、监控、收费、供电、防护构筑物、上下水、管理用房、绿化等设施设备的正常使用,预留或保持城市桥梁设施检查、检测和养护维修专用通道。

桥下空间范围内应禁止生产、加工或者堆放易燃、易爆、腐蚀性、放射性物品等危险有害物品,禁止明火作业,不得违法使用城市桥梁桥下空间,从事摆卖、餐饮、娱乐、机动车清洗和修理等经营活动,不得侵占、损坏城市桥梁设施及附属设施。桥下空间的使用影响到治安、市容和环境卫生的,擅自转让、转租城市桥梁桥下空间使用权,擅自改变用途的,相关管理部门应依法予以处理、处罚。城市桥梁桥下空间使用管理工作应纳入城市管理考核范围。

为规范城市桥梁桥下空间的使用,集约利用桥下空间资源,占用城市桥梁桥下空间的单位或个人应当依据《城市道路管理条例》向城市桥梁管理部门提出申请,并提供与城市桥梁业主单位、道路经营管理单位、养护维修单位签订的城市桥梁安全保护协议,占用设施、设备的具体设置方案,维护管理方案和安全抢险应急方案,以及相关行政管理部门的审核意见和文件等资料,并对桥下空间设施进行维护,保障桥梁结构完好和运行安全。同时按照规定程序确定城市桥梁桥下空间使用人,可为使用人办理临时占路许可手续,报相关管理部门备案,统筹安排桥下空间停车设施使用产生的收益,督促桥下空间使用人履行安全保护责任。按照桥下空间使用的有关标准、设计和使用方案要求,对桥下空间的使用情况和运营情况实施监督管理,确保使用设施规范、有序、安全运营;对不可使用的桥下空间实施日常管理;对违法使用桥下空间的行为进行纠正和查处;对损坏桥梁设施的行为及时制止并通知桥梁养护管理单位。总之,桥下空间的利用应当遵循安全使用、民生优先、合理利用、兼顾现状、整体协调的原则,保障城市桥梁运行安全、完好、有序。

安全同样是桥下空间利用与防护管理的前提,桥下空间的利用与防护应确保城市桥梁自身安全,也应确保桥下空间内设施对周边行人、非机动车、机动车等是安全的。由于桥下的用地附属于城市桥梁本身,具有其特殊性,不能投入土地市场进行开发,因此桥下空间应优先考虑设置为用于公众服务的公用基础设施,并作为相关城市管理专项规划的补充。对于桥下空间现已利用成熟、符合规划、满足使用规定的,应遵从兼顾现状的原则,不变动、不破坏现有桥下空间的设施,不增加改造成本。桥下空间利用还应兼顾城市市容市貌,并与周边环境保持协调一致,不得影响城市整体的环境形象。

二、公用设施防护标准

(一)配建公用设施的种类

根据上述桥下空间的使用原则,并结合桥下空间的现状和实际利用的需求情况,可以将桥下空间的使用分成城市管理、交通设施和绿化休闲三种类型。第一类为城市管理类,主要作为环卫清洁、市政维护、桥梁养护、照明、园林绿化、交通、公安等城市管理部门使用的场所。具体可包括市政环卫停车场,城市管理材料工具的摆放点,道路抢修、抢险、养护的配套用房,治安岗(亭)等,公厕,环卫工具房,绿化管理配套用房,垃圾站,环卫车辆充电站等。第二类为交通设施类,主要用于车辆通行或临时停放，满足行人的通行需求，细分为交通通道，公交站（场）、出租车待客点、公共自行车站点和社会公共停车场。第三类为绿化休闲类，主要为公众提供绿化景观和休闲健身的场所，可用作公园、广场等。

（二）公用设施防护标准

桥下空间及规划红线内公用设施的设置应不得影响桥梁安全、检测、养护维修和使用功能，并应满足应急抢修、消防等要求。相关公用设施的设计应结合桥梁新建、改建、扩建及大修同步进行，并配套照明、绿化、消防、交通安全、标志、标线及安防监控等；设置临时设施的，其顶部与桥底净距不宜小于 1.5m、设施外墙与桥桩、柱、墩台净距不宜小于 3m；禁止将桥桩、柱、墩台包裹。

（1）管理配套用房的设置应考虑采用轻质、牢固、阻燃、耐用的材料，并具备储存、值班、卫生、休息等基本功能。严禁设置燃气、电炉及进行明火作业。所有场所应按照每 100 平方米配备 2 具不低于 3A 级别的灭火器及桶装黄砂等消防器材的要求配备，均衡放置，灭火器放置高度不得高于 1.7m，并在醒目处设置“严禁火种”禁令标志。水、电等管线应敷设于地下，不得悬空架设，特殊情况需要依附桥梁设施的，应当按照规定办理审批手续，且不得损伤城市桥梁的相关设施。

（2）停车场的设置需要进行交通影响评价，停放车辆 50 辆以上的，至少设置两个出入口，并设置警示、指示标志。停车场出入口应实行双向行驶，宽度不小于 7m；单向行驶的出入口宽度不小于 5m，并应设置限高标志。停车场场地应平整、防滑，并满足排水要求，场内明示通道、车辆走向路线、停车车位等交通标志、标线。桥柱周边应考虑设置防撞、防碰、防擦设施，并依据不同车型，设置相应的倒车定位设施。停车场内禁止停放化学危险品车辆和其他装载易燃易爆物品的车辆。若设置公交站（场）应按照国家相关规范实施。

（3）其他有关环卫、市政养护、交通等管理设施的设置，首先应方便桥梁养护维修作业，人员进出安全，并与周边环境相协调。有关市政材料摆放点用地周边必须按照统一标准设置围栏，围栏高度不宜低于 2m，作为机具停放、材料堆场的区域内应划分固定区域，保持整洁、平整、防滑，并满足排水要求，必要时采取防尘措施，同样也应禁止停放化学危险品和堆放易燃易爆物品。

（4）绿化设施的设置主要要求满足植物生长的基本条件，绿化堆土层应低于挡土墙或侧石高度，绿化同时应符合道路建设管理和技术规范要求，不得腐蚀桥梁结构，不得影响桥梁安全，尽量留有桥梁维修作业的空间和安全通道。

原已建成的设施也应满足上述相关要求，不符合要求的则应进行整改。当桥下空间需要辟建地面道路时，场内已设置停车场、城市管理和绿化休闲等设施的应协调退让；若有桥下路线交叉的，桥下所建设施就不应遮挡路线交叉处的各种警告、禁令、指示标志、标线，应确保过往行人及车辆通过时能通视，保障车辆正常通行。

三、需适应周边区域的功能

为提高城市桥梁桥下空间用地的利用效率，城市规划等部门应根据已建和计划建设的立交桥围合空间和高架桥等桥下空间的利用情况，对仅安排景观绿化，土地利用率低或利用不合理的区段或空间，结合周边区域用地功能的要求，提出与周边区域的用地功能相适的调整方案。尽可能挖潜桥下空间用于市政、环卫、园林绿化、河道、消防等管理用房，以及公交场站、停车设施、公厕、园林苗圃、体育健身设施等，以提高桥下空间利用率。

城市核心地区的桥下空间的利用要结合地形条件、居民、交通等因素，优先考虑设置休闲绿化广场或者综合性公园绿地，条件许可的，在桥下也可配套小商业网点和市政设施用房。对于交通比较通达、出入口设置安全、周边有居民小区的桥下空间，宜开发成为可供市民进入的开放性绿地或者休闲空间，如市民休闲公园、文化体育公园、广场、小商业网点、公共厕所等，以缓解城市用地紧张与市民休闲活动需求增加的矛盾，满足市民户外活动需求。同时，已经利用桥下空间建设休闲绿化广场的，周边可适度调减综合性公园绿地配建指标。

对于非城市中心城区的桥下空间，根据周边区域用地的发展方向，有可能成为城市新片区的，可以比照上述要求规划。若不可能发展为城市新片区的，结合周边景观的要求，尽可能配套建设市政、环卫、河道、消防、园林绿化管理用房等市政附属设施，适当建设小型市政养护、城市各类服务驿站和小型救援设备停靠置场，但要控制建筑物的体量和造型，市政配套用房建设原则上考虑采用半覆土的建设形式并辅以绿化遮挡，尽可能减少对绿化景观的影响。对于周边入住率高、商业停车需求大的区域，通过交通组织，尽可能利用桥下空间设置公共停车场。设置时要综合考虑对周围路段的交通影响，完善相应的停车标志标线、停车管理诱导系统和停车收费管理措施，有条件的要配备电动汽车充电桩，以缓解停车位不足的矛盾。对于较为零星的桥下空间或者必须与周边环境协调一致的，可适当设置园林小品或者进行绿化。城市外围的桥下空间应总体设计，分步实施，前期优先考虑建设园林绿化苗圃，待周边人流增加后再调整为其他市政服务用途等。

通过改造使用桥下空间的，应对桥下空间的设施采取防撞、防碰、防擦等保护措施，与桥墩保持一定安全间距，保证桥梁正常的养护维修，并配套照明、消防、排污、排水、交通安全标志标线以及安防监控等设施。与此同时，必须强化桥下空间利用的管理，明确桥下空间的管理单位和职责，禁止设立易燃、易爆、剧毒、放射性物品等危险物品的生产、储存、销售场所，禁止拆改或者填塞交通安全、监控通信、供电、防护构筑物、上下水、管理用房等城市桥梁附属设施设备。

第五节　桥区水域通航与防船撞

城市内河桥梁以中小桥梁为主，而中小桥梁的桥墩横向抗撞击力标准一般都较低。若桥梁不设防撞设施，船舶与桥墩发生碰撞时，由于二者均刚度较大，变形量较小，不能有效消耗撞击动能，桥墩一般都难以抵挡船舶的撞击而造成船毁桥塌事件。所以，桥梁的抗冲击能力需要由防撞保护系统提供，以缓冲船舶的撞击力，使桥梁和船舶的损伤程度尽可能降低。

另外，按现状或规划有通航要求的桥墩在设计和施工时应考虑防船舶撞击的可能。桥梁设计阶段应根据现行的或规划中的通航等级要求，对通航孔的桥墩进行最不利条件下的抗船舶撞击专项方案设计和验算，并在设计方案中明确相应防撞设施的安装部位、方法及其材料等级和尺寸要求，以确保通航孔的桥墩具备抗船舶撞击能力，从而避免对桥墩结构的撞击破坏。

一、通航安全影响的论证

随着经济社会的快速发展，桥梁等过江、跨海通道的建设需求日益增加，对水路运输和通航安全提出了更高的要求，为此，根据交通运输部门对水上水下活动通航安全管理规定，对需要立项的于通航安全可能产生影响的涉水工程，在工程立项前，交通运输主管部门应当按照职责组织通航安全影响论证审查。通航安全影响论证的主要内容包括桥位通航环境的要求、桥梁的通航净空尺度、桥梁通航保障措施、桥梁通航安全影响分析等。

（一）论证桥位通航环境的要求

桥梁通航环境是指桥位气象、水文、泥沙等基本情况，应符合相关要求；作为内河桥梁的河道，应具体说明桥位所处河流的地理位置、所在水系、桥位河段特征、滩险分布及航槽位置等，沿海桥梁还应进一步说明桥位所处海域的地貌特征、航道位置等；在工程地质方面，应包括桥位所处的地质构造、岩土层分布特征、不良地质现象、工程地质问题、工程地质评价等；对于地震安全性评价，应说明工程区域地震基本烈度、地震动峰值加速度等。同样，桥梁通航环境还应阐明水上水下建筑物、管线等设施与通航有关的技术参数；航道走向与风、水流、波浪的关系等通航条件；以及配备助导航设施、应急设施、通信及防污染设备等通航安全保障情况。

(二)论证桥梁的通航净空尺度

桥梁的通航净空尺度主要是指通航净空高度和通航净空宽度。通常情况下,通航净空高度应根据工程河段或海域航道、水运发展的规划,结合航道技术等级与相关标准综合论证,并与已建相邻桥梁、在建桥梁的实际净空高度进行比较复核。通航净空宽度应根据相关标准规范提出单向通航孔最小宽度和双向通航孔最小宽度。对此类通航孔最小宽度,一般应考虑航槽摆动、船舶航迹线宽度、通航安全要求及多线通航需求等因素,最后,经论证明确通航净宽要求。其他行业,如军事、船舶工业、渔业及石油等对桥梁通航净空尺度有特殊要求的,应进行适应性分析,提出论证意见。

(三)论证桥梁通航的安全措施

桥梁通航的主要安全保障措施宜为桥区航道的布置及设置桥墩防撞设施。应根据有关的通航管理规定、航道维护要求、桥跨布置方案、交通流时空分布特征,以改善通航安全的方式进行桥区航道布置。应按代表船型、船队、实际通航船舶、桥墩水域水深和水流情况设置桥墩防撞与应急设施,作为桥墩防撞措施。

二、桥区水域航行的规定

为维护桥梁运行期桥区水域的水上交通秩序,保障桥梁及过往船舶、设施安全,依据《中华人民共和国内河交通安全管理条例》等法律法规,在桥梁桥区水域内航行、停泊、作业的船舶等设施,由海事或内河航道主管部门及其所属管理机构根据职责权限,负责桥区水域的水上交通安全监督管理工作。

桥梁涉及水上交通安全的部分工程完工后,桥梁建设单位应按规定在试运行前申请开展通航安全核查,并提供经核实的通航安全技术资料,如:桥梁名称及桥位,通航桥孔分布,设计通航水位,通航净空尺度,防撞设施及防撞能力,以及通航安全有关的其他信息。为此,桥梁运行管理部门还应制订健全的防碰撞应急预案,并定期组织应急演练,建立值班制度。发现异常情况时,应当及时按应急预案采取措施。

(一)发布桥区水域航行通告

海事管理机构应根据《内河通航标准》的相关规定,桥区水域航道条件及船舶操纵性能分别划定桥区水域。相邻两桥的桥区水域间隔距离小于1000m的,统一划定桥区水域,实施统一管理。桥区水域范围、主桥桥墩编号、通航桥孔、通航尺度、航路设置,以及其他有关通航安全的特别规定,由所在地分支海事管理机构确定并发布桥区水域航行通告。

关于桥梁桥轴线两侧各一定范围内的通航水域,如桥梁跨越内河的,其范围为桥轴线上游400m至下游200m;桥梁跨越海域或者对水域范围有特殊需求的,其范围由当地交通运输主管部门会同海事管理机构论证确定并予公告。桥梁运行管理单位应当维护桥区水域良好的通航环境,加强日常安全管理与维护,定期进行水上交通安全风险评估和安全设施设备检测,发现存在安全隐患影响通航安全时,应当及时向过往船舶发出安全预警信息,采取应急措施。除特别需要外,非限制性桥梁运行期不划定桥区水域。但对于桥梁附近新建其他水上水下设施，尤其是涉及易燃、易爆物品时,应充分考虑如何避免其对桥梁安全可能产生的不利影响。海事管理机构应当建立健全监督检查制度,督促有关单位、船舶、设施落实各项安全措施,保障桥梁及船舶通航安全。

(二)需设置水上航标和桥墩防撞装置

桥梁跨越航道的,建设单位应当按照国家有关规定设置桥梁航标、桥柱标、桥梁水尺标,并按照国家标准、行业标准设置桥区水上航标和桥墩防撞装置。桥梁设计阶段应根据现行的或规划中的通航等级要求,考虑防船舶撞击的可能性,对通航孔的桥墩进行最不利条件下抗船舶撞击专项方案设计和验算,并在设计方案中明确防撞设施的安装部位、方法及其材料等级和尺寸要求。通常跨海大桥的主通航孔桥墩宜按1000t级船舶进行防撞设计,其余水中非通航孔桥墩可按300t级内河船舶进行防撞设计,以确保通航孔的桥墩具有抗船舶撞击能力,从而避免对桥墩结构的撞击破坏。

对于限制性桥梁,建设单位或运行管理单位还应当按设计批复文件,落实涉水桥墩防撞能力和防撞装置,设置警示标志,配备必要的桥区水域监控设备,并进行有效监控。城市桥梁可按《公路桥梁抗撞防撞设计指南》的要求设置防撞墩,用于桥梁桥墩的防撞防护,在桥墩的上下水域可设置独立式防撞墩,桥区航标及大桥水中墩的防撞保护设施应与桥梁同步设计、同步施工、同步验收。

(三)桥下净空需满足通航标准

为了保证桥下通航船舶及桥梁结构、车辆、行人的安全,桥梁的通航尺度必须满足通航标准要求,桥下通航净空范围内不得有任何设施及障碍物。在通航桥孔上方标示桥梁通航净空高度，必要时可设置超高船舶进入桥区水域的防碰撞报警装置及监控设备,对通过桥梁水域的船舶实施有效监控。同时,桥梁管理单位应当保证通航桥孔满足通航条件,按照有关规定设置桥涵标、桥柱灯、桥梁水域的助航标志及非通航桥孔的禁航标志,并加强对些设施的维护保养,使其保持良好的状态。

(四)船舶需确保安全航行

船舶进入桥区水域前，应采取措施确保船舶具有良好的操纵性能，并加强瞭望,尽早与过往船舶取得联系,明确各自动向及会让意图,应确保通过桥区水域的船舶满足桥梁通航尺度要求,保证足够的安全距离和合适的高度,并在规定的通航桥孔通过,以安全航速航行。此时,船长、轮机长应亲自指挥操作或监航。

当遇下列情形之一时,船舶不得通过桥区水域。例如:风力、能见度不符合海事管理机构公布的限制性规定要求;发现桥区水域航道、航标等出现异常或者本船船位不正,不能确保安全通过;影响桥区水域通航安全的其他情形。

当遇下列情形时,禁止夜间航行。例如:装载爆炸品的船舶、试航船舶、非双底双壳或载运一类危险货物的600总吨以下危险品船舶。

航行中禁止下列行为:当船舶通过桥区水域时,禁止淌航、追越或并列行驶;禁止掉头、横驶,或编、解队作业;禁止穿越非通航桥孔或其他影响通航安全的行为。

通常重点船舶通过桥区水域实施报告制度。另外,除紧急情况和经海事管理机构同意外,一般船舶不得在桥区水域内停泊、作业。任何单位、船舶和个人发现桥区水域内航标移位、损坏、灭失及存在其他有碍通航安全的异常情形时,应当采取有效应急措施。如果船舶等其他设施在桥区水域发生水上交通事故或险情,首先应采取一切有效措施组织自救、互救,最大限度地避免或减轻可能对桥梁造成的危害,并应立即向当地海事机构报告。

三、桥梁防撞预控技术

桥梁防撞技术涉及的领域众多,包括桥梁工程、船舶驾驶、船舶工程、碰撞力学、河流水文气象等方面内容,属于典型的交叉学科。因此,从不同的角度看,其侧重点也有所不同。目前来看,降低船撞桥墩风险的措施主要有两种:被动防撞措施和主动防撞措施。

所谓被动防撞是指在发生船舶撞击桥梁的事故时，从减少撞击力的角度去保护桥梁免受更为严重的损害，最为典型的就是桥梁的桥墩加装防撞装置与吸能设施。这些防撞装置与吸能设施是根据桥梁自身抗撞能力、位置、外形、水流速度、水位变化情况、通航船舶的类型、碰撞速度等因素设计的,并兼顾水运、桥梁和航道等多方面的利益,不影响航道通航。此外,这类设计还应尽量减少占用航道的范围,以免造成航道堵塞,同时又能够适应航道水位变化的要求,即使意外被撞也能够尽快恢复、多次使用。当然,安装、运输方便也是设计中需要考虑的。

常用被动防撞防护措施主要包括：

一是直接构造弹性变形型——缓冲材料方式。直接弹性变形型防护装置依靠结构或材料自身恢复弹性变形的能力转化并释放撞击能量，并且，由于使用的材料或结构的弹性和柔度较大，可以延长撞击时间，从而减少撞击力，达到保护船及桥梁的目的。直接弹性变形型防护设施的优点是设置水域小，安装及维护管理均比较容易，且对工程地质要求不高，因此缓冲材料防护设施在世界各国得到广泛应用。

二是直接构造抗压变形型——缓冲体方式。直接抗压变形型防护装置的工作原理是靠设施的压曲、压屈破坏来吸收冲撞能量，通过改变自身的结构形式和刚度，利用设施良好的塑性变形，对高能量的剧烈碰撞也能起到较好的防护作用，但其最大缺点就是该装置的抵抗能量越大，自身和船舶的损坏也越严重。

三是间接构造弹性变形型——群桩方式。这种方式的防撞装置的特点是利用桩群的联合弹性变形缓冲吸收船舶的冲撞能量，一般由斜桩（承受压力）或竖直桩（承受拉力）组成，在桩的顶部互相连接，使整个防护系统通过共同变形来吸收船舶动能。

四是间接构造变位型——浮体系泊方式。这种变位型装置一般是指由浮体、钢丝绳、锚定物组成的浮体系泊方式，利用重力或浮力的作用使浮体从平衡状态到被拉紧状态所产生的还原力、钢丝绳的弹力和变形力做功来吸收船舶的撞击动能，从而使船舶速度降低，直至被浮体之间的钢丝绳张紧拦住。

总体而言，防护装置的种类繁多，某种防护类型的装置采用与否要依据船舶的尺寸大小、类型、航速、河流与河床的断面以及防护体系的施工能力等因素来决定。另外，每一类型的防护装置都有其自身的优缺点，只要使结构优化，多种类型的装置巧妙结合，通常是解决桥梁防撞问题的好方法。

所谓主动防撞，就是从减少船撞桥的发生概率的角度入手，对通过桥区的船舶实施各种预防措施，如导航标的设置、船舶航行定线制的实行等。

就目前而言，桥梁工程主动防御技术的措施主要包括：设置内河助航标志，包括航行标志、信号标志及专用标志，引导船舶安全航行；对过往船舶实行定线制航行，主要以船舶分道通航制为主；在施工危险水域设置船舶航行警戒区，提醒过往船舶小心驾驶；要求船舶安装自动识别系统（AIS），这样可以实现船舶之间以及船岸之间的动静态航行信息交流，并能够进行其他航行安全相关的信息的交换，以便海事监管部门能对船舶进行自动识别、检测和跟踪，避免碰撞事故发生；实现桥区水域的 VTS 覆盖，增进内河桥梁桥区水域的通航安全，提高水上交通效率，防止水域发生污染事故；对特殊船舶采取引航措施，如超大型船舶、危险品船等，保障船舶安全有效地通过，特殊情况下短时间内可以采取限制通航的办法。

第六章　城市桥梁应急管理

城市桥梁应急管理工作是关系国家经济发展和人民群众生命财产安全的大事，是全面落实科学发展观、构建和谐社会的重要举措，也是各级政府坚持“以人为本，执政为民”，全面履行政府职能的重要体现。为此，应牢记古代“安而不忘危，存而不忘亡，治而不忘乱”的警句，加强突发事件风险管理，促进和谐社会的建设。

第一节　事故应急管理

从安全哲学的观点看，安全是相对的，危险是绝对的，事故是可以预防的，但目前的安全科学技术还没有发展到能有效预测和预防所有事故的程度，因此，事故的应急管理是必不可少的。

一、桥梁事故与应急管理综述

桥梁事故的发生具有突发性和偶然性，但对于事故的应急管理不能只局限于事故发生后的应急救援行动，而应该对事故的全过程进行管理，贯穿于事故发生前、中、后的各个环节，充分体现“预防为主，常备不懈”的风险管理思想。

（一）桥梁安全事故及现状

随着我国城市的快速发展，桥梁数量有了较大的增长。目前，有些桥梁运行管理制度不完善，养护不到位，存在擅自降低桥梁养护等级，处理处置桥梁隐患不及时、不得力等问题，影响了城市的安全。

相比之下，大型运输车辆不断增加，超重车辆违章上路日渐增多，特别是一些大型运输车、渣土车等超重超限车辆，受经济利益驱动，无视相关法律法规的规定，利用夜间执法空隙在城市道路桥梁上违规通行。而超重大型车在道路桥梁上通过，桥梁容易受损，不仅大大缩短道路桥梁的寿命，而且会增加桥梁突然倒塌的可能性。具体来说就是，桥梁超限行驶会使桥梁疲劳应力加大、损伤加剧，甚至可能发生结构破坏事故。此外，超载行驶造成的桥梁损伤不能恢复，使桥梁在正常荷载下的工作状态发生病害，危害桥梁的安全性和耐久性，导致桥梁结构实际受力状况超出设计允许值，直接造成结构破坏。

近年来，受全球气候变化的影响，自然灾害较多，桥梁结构物经常遭受狂风、暴雨、冰雪、洪水和地质变化的破坏，这些因素也严重影响了桥梁使用寿命。

随着我国经济快的速发展，在交通越来越便捷的同时，对桥梁造成的影响也越来越强烈，各种规模的设施建设，破坏了生态平衡，就容易发生山洪、水土流失等自然灾害，给人们提供出行方便的桥梁时刻都遭受着威胁。一旦桥梁因遭遇偶然事件、功能退化而发生坍塌，将直接威胁出行者的生命，同时给国家造成不可估量的经济损失。这类事故一旦发生总会在社会上产生强烈反响。例如：

吉林省道 302 锦江大桥，服役 38 年，2006 年已确定为危桥。2010 年 6 月 8 日，一辆大挂车过大桥时，桥体突然垮塌，货车连同桥面坠入江中。

2010 年 7 月 24 日，河南栾川汤营伊河大桥遭洪水冲击，大桥整体垮塌。此桥服役 22 年，垮塌原因是洪水冲击。

2011 年 4 月 12 日，新疆库尔勒市孔雀河大桥主跨第二根吊杆发生断裂，造成第 3、4、5 道矮 T 梁掉入河中，使得大桥长约 10m、宽约 12m 的桥面坍塌。此桥服役 13 年，垮塌原因是设计缺陷。

2011 年 5 月 29 日，某货车通过吉林省长春荣光大桥时，桥面约 70㎡（长约 14m、宽约 5m）的面积发生坍塌，货车坠入河中，致使车中 2 人不同程度受伤。此桥服役 22 年，垮塌原因是重车过桥。

2011 年 7 月 14 日，福建武夷山公馆大桥个别吊杆断裂，导致桥面荷载失去承载而造成桥面垮塌。此桥服役 12 年，垮塌原因是钢材脆断。

2011 年 7 月 15 日，某超载半挂货车通过浙江杭州钱江三桥时，与边护栏相撞，其冲击力导致边部空心板翻转而塌陷。此桥服役 14 年，垮塌原因是重车过桥。

2011 年 7 月 19 日，在一辆超载 160t 的 6 轴货车驶过北京怀柔区宝山寺大桥第一桥洞时，发生桥梁坍塌，随后 4 孔桥洞全部坍塌，垮塌大桥呈 W 形。此桥服役时间不详，垮塌原因是重车过桥。

以上事故的教训也使人们清醒地认识到，在防范桥梁坍塌等安全事故工作中，若能主动预测可能发生的重大突发事故，制订相应的应急救援预案，建立和完善应急救援体系,那么,一旦发生重大突发事故,就能沉着应对,按照预先确定的方法和程序对事故进行快速响应与有效控制,及时采取必要的措施,救助和疏散人员,最大限度地减少损失,降低事故的危害程度。

(二)城市突发事件的特征

突发事件一般是指突然发生,造成或者可能造成重大人员伤亡、财产损失、生态环境破坏和严重社会危害,危及公共安全的应急事件。根据《中华人民共和国突发事件应对法》和《国家突发公共事件总体应急预案》的规定,以及突发事件的发生过程、性质和机理,将突发事件分为自然灾害、事故灾难、公共卫生事件和社会安全事件四大类。而在城市桥梁上可能发生的突发事件有自然灾害、事故灾难和社会安全事件三大类。这些突发事件存在以下特征:

(1)突发事件发生的高频率性。无论从政治、社会还是自然层面进行分析,城市城区面临突发事件大都体现了高频率、多发性的显著特点。

(2)突发事件影响的深远性。由于大城市特有的地理位置和经济社会的影响,其突发事件产生的负面影响比其他地区更加深远,如果处理不当,产生的负面效应会更大。发生在城市桥梁上的突发事件一般呈放大效应,本来是一个点的小事,会迅速蔓延到整个面上,有时甚至是整个地区、整个国家。

(3)突发事件根源的复杂性。其中,受城市的地理环境影响产生的自然灾害类的突发事件,如洪水、地震、雪灾等,相对于城市桥梁的影响而言,产生此类突发事件的根源也是复杂的、多样性的。因此在应急管理中,应明确突发事件产生的根源,采取有效的防范措施。

(4)突发事件处置的艰巨性。城市桥梁由于其自身具有关联性强、风险度高等特点,一旦发生个别事故,如果预案不到位、处置不果断,容易演变成局部的、区域性的交通拥堵,甚至导致交通瘫痪。

(三)应急管理的基本含义

应急管理是对城市桥梁可能发生的突发事件进行事前、事发、事中、事后的全过程管理,包括预防与准备、监测与预警、处置与救援、恢复与重建等多个环节,其目标是预防和减少发生突发事件所造成的损失,紧急调动各种资源,尽快恢复正常的交通秩序。

应急管理工作的逻辑起点是保障人的生命和财产安全,这就要求在突发事件防范、处置和善后工作中,把人民的生命和财产安全放在第一位,把保护人民的利益作为应急管理工作的最高价值取向。

古人曰:“预则立,不预则废”,“防患于未然”。应急管理的最高境界就是“无急可应”。在开展城市桥梁应急管理的过程中,桥梁管理养护单位应以预防为主,关口前移,将突发事件的风险和隐患消除在萌芽状态。同时,还要坚持“使用少量的钱预防,而不是花大量的钱治疗”的理念。

二、应急管理的基本框架

我国的应急管理工作经过几十年的发展,形成了以“一案三制”为基础的基本框架。所谓“一案”是指应急预案;“三制”主要是指体制、机制和法制。应急预案、应急管理体制、应急管理机制和应急法制四个核心要素之间相互作用、互为补充,共同构成了一个复杂的系统。总的来讲,体制是基础,机制是关键,法制是保障,预案是前提。

“一案”,即应急预案。应急预案即预先制订的紧急行动方案,是根据国家和地方的法律、法规和各项规章制度,综合本部门、本单位的工作经验与实际积累,针对各种突发事件制订的一套能切实、迅速、有效、有序解决突发事件的行动计划或方案,从而使政府部门和单位应急管理工作更为程序化、制度化,做到有法可依、有据可查。一般来讲,应急预案规定了事前、事发、事中、事后的各个环节中,谁来做、怎么做、何时做、用什么资源做等策略方面的问题。预案是应急管理行动过程中的地图,对应急管理行为具有较强的指导意义。

体制,这里即指应急管理体制。应急管理体制主要指政府机关、企业和事业单位及各利益相关方,统一机构设置、权限划分、职能配置,并在突发事件防范、处置和善后等过程中,作为规定体系、制度、规范、方法、形式等方面的总称。应急管理体制还是一个由横向机构和纵向机构相结合, 政府组织与社会组织相结合的复杂系统,包括应急管理的领导指挥机构、专项应急指挥机构及专家智囊机构等不同的组织层次。根据《中华人民共和国突发事件应对法》《国家突发公共事件总体应急预案》的规定,我国应急管理体制是“统一领导,综合协调,分类管理,分级负责,属地管理为主”的运行体制。

机制,即应急管理机制。它是指在突发事件应急管理过程中,应急管理体制运行的一些程序化、规范化和制度化的方法和策略,具有“统一指挥,反应灵敏,协调有序,运转高效”的特点,具体包括突发事件的预防与准备、监测与预警、处置与救援、恢复与重建等方面的运行机制。

法制,即应急法制。它是指应急管理相关的法律、法规和规章。即在突发事件引起的公共紧急情况下处理国家权力之间、国家权力与公民权利之间、公民权利之间各种社会关系的法律法规和原则的总和。应急法制是为了规范公共权利行为，实现应急管理工作的法制化。

三、应急管理的主要内容

桥梁事故的发生具有突发性和偶然性，但对于事故的应急管理不能只局限于事故发生后的应急救援行动，而应该对事故的全过程进行管理，贯穿于事故发生前、中、后的各个环节，充分体现“预防为主，常备不懈”的风险管理思想。这项管理思想的内容其实包含一个动态的过程，包括预防、准备、响应和恢复四个阶段。尽管在实际情况中，这些阶段往往是交叉的，但每一阶段都有自己明确的目标，而且每一阶段又是构筑在前一阶段的基础之上的。因此，预防、准备、响应和恢复相互关联，形成了事故应急管理的循环过程。

其中，事故应急处置机制是应急管理的重要组成部分，其主要目标是控制突发事件的发生与发展，并尽可能消除或减轻事故的危害，将事件或事故对人、财产和环境造成的损失降到最低程度。其中，应急救援是为预防控制和消除事故与灾害所采取的反应行动；应急预案则是开展应急救援的行动计划和实施指南，应急救援预案实际上是一个透明和标准化的反应程序，使应急救援活动能按照预先制订的周密的计划和最有效的实施步骤有条不紊地进行。

而事故应急管理中的预防则包括两层含义：一是事故预防工作，即通过安全管理和安全技术等手段，尽可能地防止事故发生，实现本质意义上的安全。二是在假定事故必然发生的前提下，通过预先采取的预防措施，以减少事故的影响或降低事故的严重程度。从长远观点讲，低成本、高效率的预防措施，是减少事故损失的关键。

应急准备是事故应急管理过程中一个极其关键的环节，它是针对可能发生的事故，为迅速有效地开展应急行动而预先所做的各种准备，如应急体系的建立，有关部门和人员职责的落实，应急预案的编制，应急队伍的建设，应急设备、物资的准备和维护，应急预案的演习，以及与外部应急力量的衔接等，其目的是保持重大事故应急救援所需的应急能力。

应急响应是在事故发生后应立即采取的应急与救援行动。事故的应急响应可划分为初级响应和扩大响应两个阶段，它包括事故报警与通报，人员紧急疏散，急救与医疗，消防和工程抢险，信息收集与应急决策和外部救援等方法和措施，其目的是尽可能地抢救受害人员、保护可能遭受威胁的人群,尽可能控制并消除事故。

所谓初级响应是在事故初期，桥梁养管企业安排自己的现场应急人员实施应急处置,使事故得到有效控制。但如果事故的规模和性质超出本企业的应急能力,则应请求增援和扩大应急救援活动的范围,以便最终控制事故。

在桥梁事故得到控制后应立即进行恢复工作，应首先使事故影响区域恢复到相对安全的状态,然后可逐步恢复到桥梁正常运行状态。要求立即进行的恢复工作主要包括事故损失评估、原因调查、现场清理等,在短时恢复中应关注的是避免二次事故的紧急情况。

而长期恢复包括桥梁设施修复和受影响区域的规划重建和发展，在长期恢复工作中,应吸取事故和应急救援的经验教训,从源头上防止事故的发生,开展预评价,进一步消除事故隐患,提高重建桥梁设施的安全性。

第二节　应急救援体系建设

应急救援是贯彻“以人为本”安全理念的需要，是我国法律、法规的要求，是应急管理的核心内容。建设应急救援体系是为了有效防范和减少事故，对于保障人民群众的生命财产安全，维护社会稳定和促进经济又好又快发展意义深远，责任重大。由于自然灾害或人为原因，当事故或灾害不可避免的时候，有效的应急救援行动是唯一可以阻止事故或灾害蔓延并减缓危害后果的有力措施。因此，如果在事故或灾害发生前建立完善的应急救援体系，制订周密的救援计划，在事故发生时采取及时有效的应急救援行动，以及在事故后做好系统恢复和善后处理，可以拯救生命、保护财产、保护环境。

一、应急救援体系的重要性和必要性

应急救援是防范事故灾难，减少事故损失的关键一环。《中华人民共和国安全生产法》明确规定：“县级以上地方各级人民政府应当组织有关部门制定本行政区域内特大安全生产事故应急救援预案，建立应急救援体系。”《中华人民共和国突发事件应对法》规定：“国家建立统一领导、综合协调、分类管理、分级负责、属地管理为主的应急管理体制。”国家安全监管总局印发的《安全生产应急管理“十二五”规划》提出：“到 2015 年，基本建成符合我国国情的安全生产应急管理体系，完善分类管理、分级负责、条块结合、属地为主的应急管理体制和统一指挥、反应灵敏、协调有序、运转高效的应急管理机制，应急能力全面加强，适应有效应对各类生产安全事故灾难的需要，并为其他灾害的应急救援提供有力支持。”

在机构、机制建设方面，应当建立完善国家、省、市、重点县以及高危行业大中型企业应急管理机构，形成完善的应急管理机制。这些方针、政策、法律法规和规定要求，都充分体现了党和国家高度重视安全生产工作，高度重视人民群众的生命财产安全，把建立健全各种预警和应急机制，提高政府应对突发事件和风险的能力，作为完善社会管理体制的一个重要方面和履行政府职能的一项重要任务。

因此，加强安全生产应急救援体系建设，是当前乃至今后一个时期一项十分重要而且非常紧迫的战略任务，是政府部门应对突发事件和风险的必然要求，应急救援体系作为应急管理的重要组成部分，在事故抢险救灾、排除重大隐患方面有着不可替代的作用。同时,也是完善安全生产监管体系的迫切要求,它的建立与否直接关系到安全生产体系的完整性和有效性,影响应急管理工作的有效开展。

二、应急救援体系构成

城市桥梁事故应急救援工作是政府为减少事故的社会危害,减少人员伤亡、财产损失和环境污染,按照预先制订的应急救援预案进行的事故抢险救援工作。事故抢险救援工作应坚持"以人为本、预防为主、快速高效"的方针,贯彻"统一领导、属地为主、资源共享"的原则。

国家层面的安全事故应急救援组织,由国务院批准成立,主要承担特别重大生产安全事故应急救援的工作。根据省、自治区、直辖市人民政府的请求,区域性生产安全事故应急救援组织应当协助当地人民政府开展生产安全事故的应急救援工作。

省、自治区、直辖市人民政府应当成立本行政区域的生产安全事故应急救援工作领导机构和生产安全事故应急救援指挥机构,并根据需要建立服务于特大型桥梁等重点生产安全事故防范部门的应急救援组织。市(地)级、县(市、区)级人民政府应当成立本行政区域的生产安全事故应急救援工作领导机构和生产安全事故应急救援指挥机构。

现场应急救援指挥应坚持属地为主、条块结合的原则,由地方政府负责,并根据事故响应等级,按照预案由相应的地方政府或者专业应急救援指挥机构组成现场应急救援指挥部,实施统一指挥,协调应急救援行动。

现场应急救援运行体系中主要涉及的组织或机构应包括:

应急救援专家组在应急救援准备和应急救援过程中起着重要的参谋作用。在桥梁事故应急救援准备过程中,应按桥梁重大危险源的不同种类,预先建立专家库。专家组应对桥梁进行重大危险的评估,应急救援资源的配备,事态及发展趋势的预测,应急力量的重新调整和部署,对公众疏散、抢险、监测及现场恢复等行动提出决策性的建议。

抢险救援组主要由公安消防队或专业应急救援组织组成。其主要职责是尽量、尽快控制并消除事故,营救受伤、受困人员。

医疗救治组通常由医院、急救中心组成。应急救援中心应与医疗救治组织建立畅通的联系渠道,要求医疗救治组织针对桥梁重大危险源建立相关的救治方案,准备相关的救治资源;在现场救援时,应负责设立现场医疗急救站,对伤员进行现场分类和急救处理,并及时合理转送医院治疗救治,同时对现场救援人员实施医学监护。

警戒与治安组通常由公安部门等组成。主要负责对危害区外围的交通路口实施定向、定时封锁，阻止事故危害区外的人员、车辆进入；指挥、调度撤出危害区的人员、车辆顺利地通过通道，及时疏散交通阻塞。

信息发布组主要由宣传部门、新闻媒体等组成。这些单位和部门负责事故和救援信息的统一发布，以及及时准确地向公众发布有关保护措施的紧急公告等。

三、应急救援体系的运作机制

应急救援行动宜划分为应急准备、初级反应、扩大应急和应急恢复四个阶段。应急救援体系的运作机制主要有统一指挥、分级响应、属地管理和公众动员四项基本原则。

其中，统一指挥是应急活动的最基本原则。在应急救援活动中必须形成统一指挥，它可以保证应急救援活动正常有效地进行。而应急指挥一般分为集中指挥、现场指挥、场外指挥与场内指挥几种形式，但无论采取哪一种指挥形式，都必须实行统一指挥的模式。无论应急救援活动涉及政府、单位的级别高低和隶属关系是否相同，都必须在应急指挥部的统一组织协调下行动，有令则行，有禁则止，统一号令，步调一致。

实现协调的统一指挥，是规划现场指挥系统的一个关键目标。应急响应可涉及桥梁养管单位多方面的人员和相关部门的人员，以及扩大应急时的政府各部门和其他人员。所以必须在紧急事件发生之前，建立协调所有这些桥梁运行过程中不同应急类型的运作机制。同样，应急指挥的结构也应当在紧急事件发生前就已建立，一旦响应开始，如应由谁负责，以及谁向谁报告等情况应有明确的规定。应急预案应在指挥机构中做出明确的规定，并达成共识，这将有助于保证所有应急活动的参与人员明确自己的职责，并在紧急事件发生时很好地履行其职责。一般情况下，城市桥梁养管单位可以选择考虑或使用一个集中指挥控制系统和一个现场控制系统，或者合二为一的指挥系统。

应急响应中的集中控制和指挥则非常重要。一般来讲，桥梁发生事故时，最重要的是现场实施的减少紧急事件影响和挽救生命的行动，常常可以有现场的指挥员指挥控制。首先，在应急预案中指定某人的指挥职权，经确认后可以行使其指挥权，其有权协调和调集资源、人员用于救援。但当响应级别发生变化时，事故指挥的职责也会随之发生变化，可转由更高级别的指挥系统人员来承担。一旦指挥的权力转移到上一层的指挥人员手中，原有的指挥人员仅负责提供支持的功能，而不能再进行应急响应行动的决策，这些转换的规定必须在编制预案时给予明确，应确定职责转移的时机和原则。

分级响应指在初级响应到扩大应急的过程中实行分级响应的机制。扩大或提高应急级别的主要依据是事故灾难的危害程度、影响范围和控制事态能力，而后者是“升级”的最基本条件。扩大应急救援主要是提高指挥级别、扩大应急范围等，提高响应的能力。因为对于应急响应的初期来讲，最重要的应急力量和响应是在桥梁现场，但有些桥梁事故并不是仅靠养管单位的应急能力和资源就能解决和完成的，当事态扩大时，已经超出了养管单位的应急响应能力，这时，必须扩大应急的范围、层次。不同类型的桥梁事故应有不同的响应级别，以确保应急救援活动的有效性，最大限度地降低风险后果。桥梁事故响应级别可分为：

(1)一般紧急情况。养管单位(包括监管)正常利用资源即可处理的紧急情况。

(2)初级紧急情况。主管部门需要响应的紧急情况。

(3)要紧急情况。市级综合部门需要利用一切资源的紧急情况。

属地管理是强调“第一反应”的思想和以应急现场指挥为主的原则。而强调属地管理是因为只有地方管理者对于本地区情况、气候条件、地理位置最熟悉，另外只有地方应急力量才能在紧急行动中最快捷地到达事发地，同时，也只有地方管理者才能调动本区域内的各种资源和协调各部门的责权。

公众动员则是应急救援行动机制的基础，也是整个应急救援体系的基础。

第三节　编制重要桥梁应急预案

应急救援预案是一个透明和标准化的反应程序，它是在分析事件后果和应急能力的基础上，针对可能发生的突发事件，预先制订的行动计划或应急对策。编制应急救援预案必须以科学的态度，在全面调查的基础上，实行领导和专家相结合的方式，开展科学分析和论证，使应急救援预案真正具有科学性。

制订重要城市桥梁应急救援预案是为了迅速、有效地处理桥梁重大事故灾害，及时采取应急控制措施，组织实施抢险工作，最大限度地避免或减少桥梁重大事故灾害造成人员伤亡和财产损失，保障人民群众的生命财产安全。应依据《中华人民共和国安全生产法》等相关法律法规，制订重要城市桥梁重大事故灾害的应急预案，建立应急救援组织体系，开展应急处置工作。

一、编制应急预案综述

(一)应急预案的种类

应急预案有多种不同的表述，如应急准备预案、应急处置预案、应急救援预案等，但其核心内涵均指在辨识和评估潜在的重大危险、事故类型、发生可能性、发生过程、事故后果及影响严重程度的基础上，对应急管理机构、职责、人员、装备、物资、救援行动及其指挥与协调等方面预先做出的具体安排，使得应急救援活动能按照这样的计划安排和最有效的实施步骤有条不紊地进行。这些计划和步骤是快速响应和有效救援的基本保证。因此，编制城市桥梁应急救援预案也是一项重要的基础工作，对于提高桥梁事故的救援能力、控制事故灾害的恶化和保障人民群众安全具有重要意义。

通常应急预案按行政管理权限可分为国家级、省级、市级和企业级；按使用对象范围可分为综合预案、专项预案、现场预案和单项预案；按责任主体可分为生产经营企业和各级编制的应急预案；按事故类型可分为自然灾害、事故灾难、突发公共事件和突发社会安全事件等预案；按时间特征可分为常备预案和临时预案。目前最常使用的预案类型为综合预案、专项预案、现场预案和单项预案。

综合预案是政府有关部门或生产经营企业制订的包括现场应急预案和专项应急预案在内的综合性预案。综合预案也是一个整体性预案，从总体上阐述应急方针、政策、应急组织机构及相应的职责，应急行动的总体思路等。通过综合预案可以很清晰地了解应急体系及预案的文件体系，更重要的是可以作为应急管理工作的基础和底线，即使对那些没有预料的紧急情况也能起到一般的应急指导作用。

专项预案是针对某种具体的、特定类型的紧急情况，例如地震、洪水、危险物资泄漏、火灾或恐怖袭击等编制的预案。这项预案是在综合预案的基础上充分考虑了某种特定危险的特点，对应急的形势、组织机构、应急活动等进行更具体的阐述，具有较强的针对性。

现场预案是根据具体情况需要而编制的应急处置程序和方法。它是针对特定的场所或区域，如事故风险较大的场所或重要防护区域等所制订的预案。现场预案的特点是针对某一具体现场的特殊危险及周边环境情况，在详细了解、分析现场情况的基础上，对应急反应中的各个方面做出具体、周密而细致的安排。因而现场预案具有更强的针对性和对现场具体救援活动的指导性。

单项预案是针对城市大型公众聚集活动或桥上养护维修等高风险活动而制订的临时性应急行为方案。随着这些活动的结束，预案的有效性也随之终结。预案内容主要是针对活动中可能出现的紧急情况，预先对相关应急机构的职责、任务和预防性措施做出的安排。

(二)形成四级文件体系

应急预案还要形成完整的文件体系，以使其作用得到充分发挥，成为应急行动的有效工具。通常一个完整的应急预案包括四级文件体系，如：一级文件为总预案，它包含了对紧急情况的管理政策、预案的目标、应急组织和责任等内容。二级文件为程序文件，它说明某个行动的目的和范围。程序内容十分具体，包括该做什么，由谁去做，什么时间和什么地点，等等。它的目的是为应急行动提供指南，但同时要求程序和格式简洁明了，以确保应急人员在执行应急步骤时不会产生误解，格式可以是文字叙述、流程图表或是两者的组合等，应根据每个应急组织的具体情况选用最适合本组织的程序格式。三级文件为说明书，是对程序中的特定任务及某些行动细节进行说明，供应急组织内部人员或其他个人使用，例如应急队员职责说明书、应急监测设备使用说明书等。四级文件为应急行动的记录，它包括在应急行动期间所做的通信记录、每一步应急行动的记录等。

综上所述，从记录到预案，层层递进，组成了一个完整的预案文件体系。从管理角度而言，可以根据这四类预案文件等级分别进行归类管理，既保持了预案文件的完整性，又因其清晰的条理性而便于查阅和调用，保证应急预案能有效得到运用。

(三)实行属地管理、分级负责制

城市桥梁事故的应急处置应实行属地管理、分级负责制。地方政府是处置市级桥梁事故的主体,相关城区(开发区)政府是处置各城区(开发区)桥梁事故的主体,行政主管部门有关单位要各司其职,密切配合,有组织地参与事故的处置活动,采取有力措施,将事故的危害控制在最小范围。

当城市桥梁发生重大事故时,应根据桥梁应急救援预案的规定,组建应急处置指挥部(以下简称"指挥部")。指挥部负责应急处置的指挥、协调工作,必要时派出工作组赴现场指挥应急救援工作。指挥部的主要职责是指导和组织协调桥梁重大事故应急处置工作,部署市政府交办的相关工作;及时了解掌握城市桥梁突发事故情况,根据需要向市人民政府和上级有关部门报告、通报事故情况和应急措施的建议,以及根据事故等级,组织专家开展事故调查和进行风险损失评估等善后处理工作。

应急指挥部主要负责收集情况,提出报告和建议,及时传达和执行市人民政府的各项决策和指令,并检查和报告执行情况;负责与相关应急机构联系,及时了解最新信息,协调各部门的应急工作,组织对事故发生地的人力、物力支援,安排应急响应期间的新闻发布等;研究分析事故信息和有关情况,为应急决策提供咨询或建议。

同时,应急指挥部要起草有关技术性文件,指导相关职能部门开展应急检修、抢险、排险、快速修复等工作,负责核实上报事故情况,组织事故的调查工作;负责事故的后续处置工作,并协助事故调查;组织事故现场区域内的道路交通管制和疏导工作,保障抢险救援人员、车辆的通行,以及事故中的抢险和火灾扑救工作;审查事故桥梁的设计图纸资料,对事故桥梁的工程质量进行调查评估、分析,总结发生事故的主要原因,对桥梁应急抢修、抢险、排险和恢复重建等工作提供技术支持。

二、编制应急预案总体框架

建立完善应急预案体系是应急管理"一案三制"建设的龙头,关系到应急管理工作整体的发展走向。各种不同的应急预案虽说所处的层次、适用的范围、所述的内容不同,但都可以采用一个基本框架和内容要求进行编制。一般而言,以下四个部分是必不可少的。

应急预案基本规定。基本规定要求的内容须阐述应急预案所要解决的紧急情况,主要包括应急的组织体系、方针,应急资源,应急的总体思路,并明确各应急组织在应急准备和应急行动中的职责,以及演练等规定。

应急功能的设置。应急功能是指为在不同种类的突发事件中通常都要采取的一系列应急行为和任务而编写的计划安排,如指挥、警报、车辆撤离、人群疏散、物质、桥梁修复及恢复通车等。它着眼于对突发事件响应时所要实施的任务与相应的各种准备,主要对象是任务执行机构。编制时,每一项应急功能应明确行动目标、负责机构、任务要求、应急准备和程序等。桥梁应急功能的设置取决于危险类型及危险程度,以及应急组织方式和运行机制等具体情况,其主要内容为:通知突发事件的发生,实行统一指挥,实施灾害控制,发出警报和紧急公告,对事态进行监测与评估,撤离车辆,封闭交通,现场抢险,环境保护与现场恢复等。

重大风险源识别。识别重大风险源是对桥梁可能发生的重大安全事故事先做出必要的安排,是处置此类风险所设置的专项应急功能。因此,应针对重大风险源的类型,明确相关责任部门及它们的职责和任务。可能存在的重大风险源的类型宜包括自然灾害、重大交通事故、火灾、危险物质泄漏、车辆或船舶碰撞、恐怖袭击等引发的,或由桥梁设施性能退化导致的损坏。

制定标准操作程序。编制基本规定、应急功能的设置、重大风险源的管理并不保证上述各项应急功能都可以得到实施,还必须制订相应的标准操作程序,为应急组织或个人履行应急预案中规定的职责和任务提供详细指导。编制标准操作程序应保证与应急救援预案的协调和一致性。

通常,完整的应急预案由四部分组成:一是总则,涵盖编制目的、依据、适用范围及工作原则。二是应急组织机构与职责,需要明确突发事件发生、报告、响应、结束、善后处置等各环节的主管与协作联动部门,以及应急准备、保障机构等参与部门的职责。三是预防预警机制,主要包括信息监测、预警行动、预警支持系统、预警级别发布等环节。四是应急响应,该部分是应急预案的核心,涵盖应急响应级别,应急响应行动,信息报送和处理,指挥和协调,应急处置,信息发布,应急结束等具体内容。

三、编制应急预案的基本要求

编制应急救援预案是针对可能发生的突发事件，而城市桥梁上可能发生的突发事件主要包括自然灾害、交通事故、火灾、危险物质泄漏、车撞船撞、恐怖袭击等引发的,或由桥梁设施性能退化导致的损坏(包括主体结构损坏、桥面系损坏、附属设施损坏和附属管线损坏等),以及由这些损坏导致的人员伤亡等事故。因此,编制应急救援预案应做到重点突出,既反映出本地区桥梁的重大风险,还应组织各类预案通过审查,避免预案之间交叉和矛盾。

编制应急救援预案的目的是保证事故发生时能迅速、有序、有效地开展应急工作，控制或消除事故，最大限度地减少人员伤亡、财产损失和环境污染等，并在事故后尽快使桥梁恢复正常运行状态。所以，应急救援预案中提出的应急措施能否有效地实施，在很大程度上取决于该预案与实际情况符合与否，以及准备充分与否。为此，必须依据实际的情况，按桥梁上可能发生的突发事件的事故性质、类型、影响范围及严重后果等因素，编制相应的应急预案。

重要城市桥梁应急救援预案作为桥梁运行应急管理的重要组成部分，意义非常重大。应按总体思路充分考虑各项应急功能的计划安排，并根据城市桥梁事故等级、类型和职责分工，落实应急处置的责任，建立健全应急管理体制、预警体系。通过相互协调、快速反应建立联动协调机制，形成统一指挥、反应灵敏、功能齐全、协调有序、运转高效的应急管理机制，保证城市桥梁事故灾难信息及时报告、准确传递、快速处置。

城市桥梁应急预案要求平时做好应对重特大事故及自然灾害的思想和工作准备，应急机制的建立和资源准备需要与日常工作相结合，不断提高应急反应速度和处置水平。如经检测评估，桥梁承载能力下降但尚未构成危桥的，桥梁运行养管企业应当及时变更承载能力标志，设置安全警示标志，进行加固等处理。经检测评估为危桥的，应当采取紧急措施。涉及道路交通、航道通行限制和管制的，桥梁主管部门应当会商海事、航道和公安机关交通管理部门等相关部门。当桥梁出现局部塌陷、断裂等突发情形时，桥梁运行养管企业应当立即设置明显的安全警示标志，限制车辆、船舶、行人通行。涉及道路交通、航道通行限制和管制的，桥梁主管部门应当会商海事、航道和公安机关交通管理部门等相关部门。

最后制订应急响应与结束的程序。按照事故的严重程度、影响范围和时间，对应事故级别分为：一级响应、二级响应、三级响应和四级响应。该事故与响应的等级可参阅相关规定。如采取城市桥梁一级、二级和三级事故的响应行动：发现事故时，桥梁养管企业应立即报告上级行政主管部门或监管机构，行政主管部门或监管机构接到报告后立即启动应急预案，做出应急工作部署，并迅速通知指挥部有关成员单位赶赴事故现场。指挥部各工作组根据职责要求迅速开展工作，采取有效措施，尽力控制事态发展，以减少人员伤亡和财产损失。

如采取城市桥梁四级事故响应行动：发现事故时，应立即报告上级行政主管部门，行政主管部门核实情况后，立即上报市人民政府。市人民政府接到报告后立即启动应急预案，做出应急工作部署，并迅速通知指挥部有关成员单位赶赴事故现场，指挥部各工作组根据职责要求迅速开展工作，采取有效措施，尽力控制事态发展，以减少人员伤亡和财产损失。根据需要请求省城乡建设厅提供技术指导和支持。

事故现场抢险救援工作结束后，由后续处置组负责做好伤亡人员救治、慰问及善后处理工作，及时清理现场；由事故调查组根据事故等级组织专家和各部门对事故进行调查分析，并按规定向社会通报事故相关情况。结束程序按照“谁启动，谁结束”的原则，由市人民政府决定应急何时结束，并通知相关单位和公众。

四、编制应急预案的主要内容

编制应急救援预案的目的是有效应对城市桥梁可能出现的突发事件，使突发事件得到及时、有效及妥善的处置，最大限度地减少城市桥梁突发事件造成的损失，保障人民群众的生命财产安全。应急预案应依据《中华人民共和国安全生产法》《中华人民共和国道路交通安全法》《城市道路管理条例》《建设工程质量管理条例》《建设工程安全生产管理条例》等法律法规进行编制。

突发事件又可分为重大事件和一般事件。第一类重大事件，通常指地震、火灾、水灾、车撞船撞、恐怖袭击等，此类事件都可能造成重大灾难，而引起桥梁主体结构破坏；危险物质泄漏和放射性物质泄漏可能产生安全隐患；以及由重大交通事故造成人员伤亡，以及其他原因造成桥梁长时间不能运行的突发性事件。第二类一般事件，通常指交通事故、恶劣冰雪天气、关键设备故障长时间停电及日常运行中出现的造成桥梁设施短时间不能运行的突发性事件，此类突发事件处置方案的内容在本章第四节阐述。

根据以上第一类突发事件的性质，编制的预案中应提示，如发生险情向谁报告，报告什么信息，采取哪些应急措施；并应包括所有可能的危险情况，明确有关人员在紧急情况下的职责和必需的行动等；同时，还应详细标明事故前、事故过程中和事故后何人做何事，什么时候做，如何做。编制应急救援预案的具体内容应包括以下 9 个部分：

（1）组织机构及其职责：①明确应急反应组织机构、参加的单位和人员及其作用；②明确应急反应总负责人，以及每一具体行动的负责人；③列出本区域以外能提供援助的有关机构；④明确政府和企业在事故应急中各自的职责。

（2）危害辨识与风险评价：①确认可能发生事故的类型、地点；②确定事故影响范围及可能影响的人数；③重大危险源的数量及分布；④根据灾害（事故）种类和后果的严重程度，确定编制预案的级别；⑤地理、人文、地质、气象等信息；⑥城市布局及交通情况;⑦可能影响应急救援的不利因素等。

(3)通告程序和报警系统:①确定报警系统及程序;②确定现场 24 小时的通告、报警方式,如电话、警报器等;③确定 24 小时与政府主管部门的通信、联络方式,以便应急指挥和疏散居民;④明确相互认可的通告、报警形式和内容;⑤明确应急反应人员向外求援的方式;⑥明确向公众报警的标准、方式和信号等;⑦明确应急反应指挥中心怎样保证有关人员理解并对应急报警做出反应。

(4)应急设备与设施:①明确可用于应急救援的设施,如办公室、通信设备、应急物资等,列出有关部门,如武警、消防、卫生、防疫等部门可借用的应急设备;②描述与有关医疗机构的关系,如急救站、医院、救护队等;③描述可用的危险监测设备;④列出可用的个体防护装备(如呼吸器、防护服等);⑤列出与有关机构签订的互援协议。

(5)应急能力与资源评价(现场评价):①明确决定各项应急事件的危险程度的负责人;②描述评价程度的程序;③描述评估小组的能力;④描述评价危险场所使用的监测设备;⑤确定外援的专业人员。

(6)信息发布与公众教育:①明确在应急过程中对媒体和公众的发言人;②明确向媒体和公众发布事故应急信息的决定方法; ③明确为确保公众了解如何面对紧急情况所采取的周期宣传以及提高安全意识的措施。

(7)事故后的恢复程序:①明确决定终止应急,恢复正常秩序的负责人;②明确确保不发生未授权而进入事故现场的措施;③明确宣布应急取消的程序;④明确恢复正常状态的程序;⑤明确连续检测受影响区域的方法;⑥明确调查、记录、评估应急反应的方法。

(8)培训与演练:①对应急人员进行培训,并确保合格者上岗;②明确每年培训、演练计划;③明确定期检查应急预案的情况;④明确通信系统检查频度和程度;⑤明确进行公众通告测试的频度和程度并评价其效果; ⑥明确对现场应急人员进行培训和更新安全宣传材料的频度和程度。

(9)应急预案的维护:①明确每项计划更新、维护的负责人;②明确每年更新和修订应急预案的方法;③根据演练、检测结果完善应急计划。

第四节　重要桥梁突发事件的处置

重要城市桥梁现场突发事件处置也可称为应急计划，它是在分析事件后果和现场应急能力的基础上，针对可能发生的突发事件，预先制订的行动计划或应急对策。现场可由值班长及控制中心作为突发事件应急联动处置的指挥平台进行指挥，并负责现场突发事件处置工作。

一、突发事件处置程序

（一）突发事件处置的总体要求

桥梁养护管理单位应组建本单位的抢险队，主要负责事故的抢险抢修工作。通信保障方面，应急指挥网络电话24小时开通，保证信息及时畅通，应急救援单位应通过有线电话、移动电话、卫星、微波、网络等通信手段，保证通信联系畅通。技术保障方面，要充分利用现有的人才资源和技术设备设施资源，联系各大设计单位、大专院校和检测机构等，为应急抢险工作提供技术支持。运输保障方面，发动各方力量，组织和调集足够的交通运输工具，保证现场应急抢险工作的需要。

经常储备一定数量的常备抢险物资，保证应急抢险的需要，应急响应时服从指挥部调动。宣教演练方面，各级城市桥梁行政主管部门要加强桥梁事故预防、抢险知识的宣传，以及对抢险队伍的救援培训和演练工作监督检查。市人民政府对其启动的预案实施全过程进行监督和检查。

当接到因自然灾害和交通事故造成桥梁运行突发事件的信息后，现场指挥部门应当立即召集值班长等领导成员，布置应急处置的任务，并及时与市公安、交警、消防、通信、市应急部门等进行联系协调，做好信息传递和反馈工作。与此同时，应及时掌握桥梁的运行状态，做好现场突发事件处置信息的收集、研判、报告和通报，协同上级部门通过组织、指挥、调度、协调各方面应急力量和资源，采取必要措施，通过桥梁中控室下达指令，对桥梁事故实施相应的现场处置。

根据公安交通管理部门的指令，现场指挥部门应结合事发地及周边区域的交通情况及时发布交通诱导信息，减轻事故对交通的影响，并对受损的桥梁设施组织检查、评估和修复，及时向市人民政府城市管理委员会报告桥梁运行事故应急处置情况和后续所采取的措施，接受上级部门对突发事件处置的统一领导。至此，应组织专家确定突发事件处置实施方案，指挥、协调现场有关应急力量实施应急处置，迅速控制或切断危害链，组织治安、交通和医疗保障，引导人员疏散和落实人员临时安置，维护社会稳定。依据现场应急处置的进展情况，并在确保安全的前提下，应考虑尽早恢复桥梁正常运行，即按规定及时向有关部门报告。

应急时的现场防灾抢险人员，一般是由运行管理部门当班人员（电力调度、电力值班、监控员、巡检员、道口牵引排堵员）和养护维修部门相关人员组成。在桥梁日常运行中，上述人员应按照突发事件处置实施方案的要求，加强对桥梁的巡视检查和全天候监控，防止人为破坏或损坏设备、设施。随时收听天气预报，做好记录，并及时将信息反馈给值班长。必要时配合交警做好人流疏散，维护正常的工作秩序。此外，还应建立应急通信联络网，落实抢修车辆，保证随时能够出车。

（二）紧急疏散的方法步骤

根据桥梁灾害的程度和种类，由当日值班长决定是否采取紧急情况疏散措施。当桥梁发生火灾、地震、特大交通事故、危险品及毒气泄漏、水管爆裂造成严重积水、重大刑事犯罪、恐怖活动等重大灾害时，值班长可下达紧急疏散指令，要求司乘人员迅速下车，按桥梁指示标志和语音广播提示，进入逃生通道或对向桥梁，然后根据工作人员的指引到达安全地段。处在重大灾害区前方的车辆，应迅速驶出桥梁；后方驶过的车辆，应在工作人员指挥下倒车，迅速驶出桥梁。

按值班长指令，机电监控员通过情报板发布桥梁交通封闭、禁止车辆进入的信息。交通监控员通过监视器、语音广播，指导桥梁上的人员按正确的疏散路径疏散，并不间断地跟踪疏散人群，确保受困人员安全撤离。桥梁巡检人员和抢险队伍收到指令后，应迅速赶赴事故地点，并协同做好维持秩序工作，指引逃生人员疏散，随时向值班长报告疏散情况。

（三）启用突发事件信息联络系统

为了确保突发事件应急预案的及时启动和实施，桥梁养护单位要以控制中心为主体，辅以先进的技术装备，建立桥梁突发事件信息联络系统。在突发事件应急处置期间，必须保证高效通畅的信息联络，及时、准确地做好信息收集、传递、跟踪、反馈工作，确保灾害能够在第一时间内被发现，并根据灾害的轻重缓急情况，将事故现场的信息传递给相关各方，尽可能把事故灾害的损失降到最低程度。

二、交通事故应急处置

车流量较大时，桥面发生交通事故的概率较高，但对桥梁的总体风险水平一般,需合理控制。这类事故如造成人员伤亡基本局限在交通事故车辆中,可能对桥梁的拱脚、拱肋、桥面系及附属设施造成损伤,也可能会造成同向车道堵塞,事故严重时可能同时影响到双侧车道通行。通常桥上发生交通事故时,要求在5分钟内对事发地点进行交通维护,道路畅通后需迅速检查桥梁受损构件的损伤程度,组织抢修人员及时维修、更换,确保桥梁安全畅通。

当发生一般交通事故,仅影响某一个车道通行,尚未引起交通拥堵时,桥梁控制中心应直接呼叫、指挥牵引车辆到达指定地点,与先到达的巡逻、巡检人员协助交警处理事故,并负责组织牵引车,实施清障,疏导交通。

当发生较大交通事故,已影响某一个车道通行,引起交通拥堵时,桥梁控制中心应直接呼叫、指挥牵引车辆准备清障,并立即通知交警到场。现场巡逻、巡检人员接到通知或在事故现场附近的,则应以谁快谁到的原则赶往现场,负责协助牵引单位清障和维持秩序。控制中心可根据设施损坏的种类和程度,通知相关管理部门做好抢修准备,对事故全过程录像并存储。

三、桥上爆炸、火灾应急处置

桥上发生爆炸、火灾的可能性较小,但此类事件对桥梁结构造成的影响较大,总体风险水平较高,需严格控制。一般来讲,这类事件可能会损坏周围的附属设施如灯柱、栏杆等。当爆炸、火灾严重时,可能造成桥梁构件损伤,并影响整体结构的正常受力,对桥梁运行时间影响较大。

当控制中心发现桥上行驶的车辆(如油罐车)发生火灾时,对于可控的火灾,可由现场防灾抢险人员利用桥上现有消防设备进行扑火;对于火情严重的,应立即拨打119联系消防部门,请求援助,同时通知交警,由交警负责维持交通,备用牵引车到场进行清障。

火灾初起应有效控制初期火势,交通监控员应用语音广播系统,提示驾驶员利用车载灭火器和桥上设置的消火栓进行自救;防灾抢险人员立即赶赴现场,即刻疏散车上人员并采取灭火措施,并且要指定专门人员用灭火器对油箱降温,防止油箱爆炸。

火情严重时,控制中心同时通过语音广播、情报板发布信息,关闭涉及火灾事故的桥梁入口,必要时直接按特殊交通组织设定的交通控制措施改变通行方式。地面值勤、抢险人员在交警的帮助下,实施封道措施,确保通行车辆的安全和人群的疏散工作。此刻火灾现场的抢险工作人员应服从消防部门和公安交警的现场指挥,切忌盲目行动，如翻动起火货物或车辆发动机罩盖等，以免扩大火势或造成不必要的伤亡。

火灾事故抢险完毕应组织人员清理现场，做好事故、事件的情况记录。事故处理结束后，立即恢复桥梁的通行，并将详细情况在 2 小时内报上级有关部门。事后对使用过的消防器材做好增补整理工作，保证消防器材完好齐全。

四、危险物质泄漏应急处置

此类事件发生的概率较低，但一旦发生，对桥梁结构、运行时间等均有较大影响，同时对周边水域可能造成污染。通常，重要桥梁禁止油罐车，盐酸、硫酸等危险品车辆通行，但当通过桥梁的危险品车辆在桥上发生意外事故，造成危险品或有毒气体泄漏时，则要求现场应急抢险人员能够及时采取应急处置措施。

现场应急抢险人员应具有危险品的种类、特性、车辆标志识别的常识，配备必要的防毒面具等防护用品，准备好牵引车辆。桥梁控制中心一旦发现危险品车辆抛锚、发生事故，应立即发出指令迅速清障，并做好现场维护；当发现危险品车辆已发生危险品泄漏及有毒气体泄漏，应通知交警和拨打 119 联系消防部门，请求援助。现场应急抢险人员必须戴好防毒面罩，穿好橡胶套鞋立即赶到现场抢险。同时通过语音广播、情报板发布事故信息标示，必要时关闭桥梁。

现场应急抢险人员协助交警部门合理疏散区域内的车辆和人群，并在消防部门的指挥下，用桥梁专用消防栓冲水设备进行冲洗，稀释有毒液体。对遭受危险物质泄漏影响的水域，可与有关部门沟通及时进行处理。应急抢险结束后，现场应急抢险人员还必须将含有危险品的黄砂等物品用耐腐蚀容器装载，交有关部门统一处理，严禁乱抛乱弃，造成环境污染。关闭的桥梁立即恢复通行。

五、遭遇暴雨、台风应急处置

桥梁周边区域发生 10 级及以上台风的概率较低，发生暴雨的概率相对较大，往往在大风期间还伴随着强降雨。台风会对桥梁结构部分构件产生轻微损伤，如受台风影响连续梁拱桥的吊杆可能出现小幅振动并使得端部防护层疲劳；与主梁连接的锚管可能出现损坏；照明灯具等器物在晃动较大时可能被损坏，对行车、人员影响明显，暴雨对桥梁运行的影响较大。

在汛期和台风季节前，应统筹考虑添置必需的防汛防台器材，并检查通信、车辆等物资到位情况，确保组织、人员、物资三落实。同时加强气象观察和预报收听，事先做到情况明、决策早、行动快，确保随时能够“开得动，拉得出，杜绝人为积水”的防汛目标，尽量减少或避免暴雨、台风对桥梁运行的影响，完成一年一度的防汛防台任务。

同时跟踪监视暴雨、台风的影响。通常遇台风、暴雨情况（每小时降雨量达到16mm或24小时降雨量达到50mm以上），桥梁控制中心应密切注意桥梁运行状态，掌握是否有大量雨水涌入桥梁。如有暴雨涌入桥梁造成桥上积水，现场应立即开启排水泵，组织抢险，并逐级报告现场情况。巡逻人员、地面值勤人员做好对桥梁的巡视，及时向值班长汇报暴雨、台风对设施的损害情况，道口运行情况。

在高潮位期间，应加强与防汛部门的联系。发生特高潮位，钱塘江等江水、河水有可能漫入道路时，应立即组织筑坝，所有防灾抢险人员赶至桥面值勤亭待命。控制中心负责信息收集、录像及应急电话等。

暴风雨后，应对桥梁进行全面检查，发现灾损，及时修复、整治。特别注意检查桥上照明、通信、航空障碍灯、避雷设施等是否损坏。

六、遭遇浓雾应急处置

一般来说，遭遇浓雾并导致灾害的概率较低，对于桥梁的结构基本没有影响，不会造成由结构损伤原因引起的人员伤亡事故。但有时浓雾持续时间会很长，可能引发车祸等次生灾害，影响桥梁正常运行。

冬季，桥梁运行管理上最大的天敌是迷雾。出现浓雾环境具有不确定性，桥梁养管企业应具备较强的应变能力并准备好切实可行的应急预案，做好迷雾天来临前的准备，以确保在恶劣天气出现时临阵不乱，减少车辆事故损失。一旦出现大雾，控制中心应迅速与交通管理部门联系，取得交通管理部门的意见后，通过情报板发布“雾天慢行”信息。现场值班长可根据具体情况及应急预案的要求，决定是否启动预案。启动了预案则要求巡逻、巡检、地面值勤人员和应急抢险队伍按指令及时到达指定岗位。

启动预案后及时测定雾气的能见度，据此限制车辆的行驶速度。控制中心广播限制的车速。当雾气的能见度不足30m，或交通管理部门发布了封闭道路交通的指令时，则宜及时封闭交通，确保车辆行车安全。

七、遭遇降雪、结冰应急处置

根据江浙一带冬季的气候特点和城市桥梁的实际情况，在遭遇降雪、结冰的天气时桥梁的风险水平为一般，对桥梁结构的影响也较小，基本不会因结构损伤导致人员伤亡。但积雪严重、桥面结冰会影响桥梁运行，须封闭桥梁通行，防止发生次生灾害。当气象台预报有小到中雪（含小雪）或实况已经出现小到中雪（含小雪），净积雪深度达 1cm 时，进入Ⅳ级响应。市城区抗雪防冻指挥部办公室发布应急预案启动指令，并安排专人值班，单位及时清扫积雪，白天降雪应在下午 5 时前清扫完毕，夜间降雪应在次日早上 7 时前清扫完毕。

当气象台预报有中到大雪（含中雪）或实际已经出现中到大雪（含中雪），即 12 小时降雪量 1.0 ~ 2.9mm，净积雪深度 2cm 时，市城区抗雪防冻指挥部办公室发布应急预案启动指令，进入Ⅲ级响应。市城区抗雪防冻指挥部办公室成员单位安排专业人员 24 小时值班，按各自门前责任区及时完成积雪清扫任务，在重点路段及交通节点抛散融雪剂或实施洒盐化雪，及时掌握并上报灾情动态。市城区抗雪防冻指挥部办公室实行 24 小时值班，对市区道路、桥梁上积雪冰冻情况进行现场监控，及时掌握气象信息、天气发展趋势和灾情，督查落实预案及工作方案中的各项措施。

当气象台发布暴雪蓝色预警信号或实况已经出现大到暴雪，12 小时降雪量 3.0 ~ 5.9mm，净积雪深度 4cm 时，市城区抗雪防冻指挥部办公室发布应急预案启动指令，进入Ⅱ级响应。所有成员单位启动抗雪防冻预案。全市进行发动，组织全民清扫积雪。在重点路段及交通节点启用机械清雪或实施洒盐化雪。在冰冻以前及时清扫本部门（区）负责区域内的积雪。

当气象台发布暴雪黄色及以上预警信号或实况已经出现大到暴雪，12 小时降雪量大于 6mm，净积雪深度 6cm 以上时，市城区抗雪防冻指挥部办公室发布应急预案启动指令，进入Ⅰ级响应，加强道路安全防范，对部分道路视情关闭或实施交通管制。

当气象台发布雨雪冰冻、道路结冰预警信息或当路表温度低于 0℃时，各成员单位要根据市城区抗雪防冻指挥部的要求，做好结冰道路应急抢险准备工作，融雪剂撒布车装料待命，交通、交警等部门应注意指挥和疏导道路交通，必要时封闭结冰道路。密切关注气象部门的气象资讯与预警共享发布平台的预警信息，按照各部门的职责做好防范工作，并可利用可变信息板等向过往车辆发布信息。桥梁养管企业应配备相应的专业设备、车辆、通信、照明工具及防护装备等应急物资。降雪初期，通过可变信息板等发布气象信息，实行限速。

当降雪量不大，仅产生少量积雪时，可出动抢险人员和清扫车清扫，清扫车应先清扫纵坡较大的地面接线道路和光过渡段桥面；之后再对桥梁及所属的地面道路进行清扫。当气温低于 -3℃,降雪量较大,路面开始结冰,桥面通行条件趋于恶化时,应出动抢险人员抛撒融雪剂,并严格控制融雪剂用量。一般情况下,可按照 20g/m^2 的标准抛撒融雪剂。

在上述两种情况中,如发生交通事故,现场抢险人员应配合交警部门及时处理事故车辆,尽早恢复正常交通,必要时可关闭桥梁运行。遇强降雪导致积雪较深时及时关闭桥梁并引导、疏散桥面车辆。降雪停止后应及时组织铲雪机械、抢险人员进行清理作业,防止桥面结冰、冻融循环,须在保障桥梁安全运行的前提下,尽早恢复交通。桥面遭遇结冰时,现场抢险人员应配合交警部门疏导行驶车辆,提醒驾驶员采取防滑措施,听从指挥,慢速行驶。如发现结冰现象较严重应及时关闭桥梁。之后,可采取抛撒融雪剂、清除行车道结冰等应急处置措施。

以上应急处置结束后,桥梁养管企业应组织灾后检查工作,主要检查桥梁吊杆等杆件是否开裂、产生损伤;桥面照明设施、栏杆是否被汽车撞坏;监控摄像头、结构监测设备是否能正常使用等。发现损伤的,应及时修复。

八、遭遇地震应急处置

地震是一种人类目前难以克服的灾害。根据杭州的历史资料和地理环境,杭州一般不会发生强烈地震,但震级不高的地震现象也时有发生。因此,做好必要的抗震救灾准备,十分必要。

首先,一旦桥梁控制中心收到地震信息,现场值班长应及时了解地震的震中距离、震级等信息。同时应立即通知相关巡逻人员对桥面通行设施进行巡视,查看桥梁设施是否受到地震的影响,并对系统设备进行检查。如发现桥面通行设施受损或系统设备瘫痪等情况,应立即安排应急抢险队伍进行处置。

其次,通过语音广播和情报板信息的发布,通知过江车辆暂缓通行,地面值勤人员负责采取临时封闭措施,待应急处置结束确认无影响后,由控制中心下达放行命令。同时现场值班长应立即报告桥梁受震灾及现场应急处置的情况,协同专家组研究该地震可能对桥梁设施的影响情况和潜在隐患, 决定下一步的工作要求和需要采取的措施。在整个抗震救灾过程中,控制中心要通过各种通信工具与市有关部门和应急抢险队伍保持联络,随时准备应对设施损坏的抢险工作。

抗震工作结束后,由上级部门组织有关技术人员按特殊检查等方法的要求,全面检查桥梁结构、系统设备,如发现主体结构等方面有严重损坏的情况,将会同专家组等技术人员进一步研究检修方案,确保桥梁结构安全可靠。

九、遭遇雷电应急处置

雷电灾害应急救援工作坚持防灾救灾并举，预防为主的原则，做好灾前预警、灾中应急、灾后恢复重建工作。现场值班长根据气象台发布的雷电预警信息，及时做好雷电预警信息的二次传播工作，也可将雷电预警信息在显示屏滚动播出，同时通过短信平台将雷电预警信息发送各有关人员。

雷雨季节之前，应对雷电预防装置进行经常性的维护、保养，或委托雷电防御装置检测机构实施定期安全检测，并建立防雷台账；疏通桥梁窨井、落水管；检查桥区范围内的广告牌、外悬物等，必要时可移除或实施加固。

当收到雷电预警短信或看到雷雨云移近时，应第一时间采取下列措施：(1)停止户外作业及登高作业，将人员撤至有雷电预防装置的建筑物内；(2)根据雷暴强度，加强桥区重点部位管理；(3)关闭门窗，不要站在外墙窗前，尽量不要接听或拨打手机、对讲机，雷电波可能通过水流和管道等侵入，因此切勿触摸天线、下水管、金属门窗、护栏等；(4)远离带电设施；(5)雷雨天气，各岗位人员应坚守岗位，确保桥梁正常运行；(6)桥梁控制中心应跟踪接收、记录雷雨气象，随时做好防范工作。

由雷电造成的灾害，现场值班长应立即组织有关部门和人员，调集所需的物资支援救灾，控制灾情扩大，并及时向上级领导和政府相关部门汇报灾情，必要时向当地气象局和防雷技术部门报告，以便第一时间进行雷灾调查。

如有人员伤亡，应迅速拨打救护电话(120)，以便医疗救护人员能迅速进入事故发生地，在医生到来前，要做好雷电假死及爆炸烧伤等救援。当发生爆炸、火灾时，应第一时间拨打火警报警电话(119)，以便消防大队迅速进行救火救灾。值班长负责从气象台等途径及时了解雷雨实况和预报，及时向上级应急救援部门汇报情况，并做好雷电预警信息的再次传播，提醒各相关人员做好雷电防范准备，并协助撤离有关人员。

十、通航孔船撞应急处置

此类事故发生概率较小，但造成的损伤一般比较严重，安全风险较高。此类事故容易造成事发地交通中断，也可能造成人员伤亡，因此，需要加强防范。一般来说通过监视发现通航孔发生船撞事件，桥梁控制中心应立即向桥梁监管机构报告事发的时间、地点、损伤程度及是否有人员伤亡，与此同时，需对船舶的肇事过程进行拍摄、取证。

如果桥墩及其他结构损伤较严重，应根据上级部门的决定对桥梁交通实行封闭，并及时通报交警和港航交通等主管部门，港航交通有关部门对船撞事故进行处理。现场应急抢险人员应配合交警做好桥梁交通疏导和临时管控工作。

事态较为严重时，现场专业抢险人员还需对被撞桥墩的前后水域实行封闭，立即对桥墩损伤影响部位进行应急检查和检测，待检测结果公布以后，再做出是否解除封闭的决定。

现场应急处置完成之后，桥梁监管机构应按《城市桥梁养护技术规范》(CJJ 99—2003)的规定，对桥梁结构及时进行特殊检查，并利用桥梁健康监测系统，通过采集动态结构受力数据，评估桥梁结构的技术状况。这些动态结构数据一般为每15分钟采集一次，应连续采集24小时以上。然后，根据所采集的动态结构数据(碰撞前后)对桥梁运行状况进行诊断。

参考文献

[1] 王君杰,王福敏,赵君黎,等.桥梁船撞研究与工程应用[M].北京:人民交通出版社,2011.

[2] 王云江,张海东.桥梁工程养护维修与管理[M].北京:化学工业出版社,2014.

[3] 董幼鸿.应急管理[M].上海:上海人民出版社,2014.

[4] 北京海德中安工程技术研究院. 建筑施工应急救援预案及典型案例分析[M].北京:中国建筑工业出版社,2007.

[5] 浙江省安全生产教育培训教材编写组.安全生产管理[M].上海:上海科学普及出版社,2014.

[6] 上海城建集团公司,同济大学桥梁工程系,上海市城市建设设计研究院.城市高架桥梁施工风险评估和风险管理: 常州高架桥梁工程施工风险评估和风险管理实践[M].北京:人民交通出版社,2009.

[7] 李瑞庆.高速公路政府监管[M].北京:人民交通出版社,2009.

[8] 陈惟珍,徐俊,龙佩恒,等.现代桥梁养护与管理[M].北京:人民交通出版社,2010.

[9] 罗娜.桥梁工程概况[M].3 版.北京:人民交通出版社,2013.

[10] 刘玉民,陈惟珍,杨修志.桥梁养护技术与管理[M].北京:人民交通出版社,2013.

[11] 王明林.爆破安全[M].北京:冶金工业出版社,2015.

[12] 陈艾荣,阮欣.桥梁维护、安全与运营管理:技术与挑战[M].北京:人民交通出版社,2013.

[13] 张俊平.桥梁检测与维修加固[M].2 版.北京:人民交通出版社,2011.

[14] 孟建党,李海滨,郑木莲.高速公路市场化养护管理[M].北京:中国建筑工业出版社,2013.

[15] 金伟良,赵羽习.混凝土结构耐久性[M].北京:科学出版社,2002.

[16] 赵怡,冯倩,项隆元.杭州运河桥梁[M].杭州:杭州出版社,2013.

[17] 安云岐,易春龙.钢桥梁腐蚀防护与施工[M].北京:人民交通出版社,2010.

［18］ 河北省高速公路管理局.河北省高速公路机电系统技术要求［M］.北京：人民交通出版社，2012.

［19］ 李运富，樊敏，侯景亮.大型复杂桥梁工程养护管理智能辅助决策支持系统研究：BMIADSS［M］.成都：西南交通大学出版社，2011.

［20］ 中国科学技术协会，中国职业安全健康协会.安全科学与工程学科发展报告：2007—2008［M］.北京：中国科学技术出版社，2008.

［21］ 方辉，梅振宇.城市桥梁管理养护规划探索与实践［M］.杭州：浙江大学出版社，2010.

［22］ 吕忠达，等.杭州湾跨海大桥关键技术研究与实践［M］.北京：人民交通出版社，2008.

［23］《中国工程管理环顾与展望》编委会.中国工程管理环顾与展望——首届工程管理论坛论文集锦［M］.北京：中国建筑工业出版社，2007.

［24］ 黄平明，陈万春.桥梁养护与加固［M］.北京：人民交通出版社，2008.

［25］ 高冬光.跨海桥梁和滨海公路水文与防腐［M］.北京：人民交通出版社，2012.

［26］ 中华人民共和国住房和城乡建设部.城市桥梁设计规范：CJJ 11—2011［S］.北京：中国建筑工业出版社，2012.

[27］ 中华人民共和国住房和城乡建设部. 工程结构可靠性设计统一标准：GB 50153—2008［S］.北京：中国计划出版社，2009.

［28］ 中华人民共和国建设部.城市桥梁养护技术规范：CJJ 99—2003［S］.北京：中国建筑工业出版社，2004.

［29］ 中华人民共和国住房和城乡建设部. 城市道路照明设计标准：CJJ 45—2015［S］.北京：中国计划出版社，2012.

［30］ 中华人民共和国住房和城乡建设部.内河通航标准：GB 50139—2014［S］.北京：中国计划出版社，2015.

［31］中华人民共和国交通运输部.关于印发《公路桥梁养护管理工作制度的通知》［EB/OL］.（2007-07-10）［2017-01-09］.http://www.mot.gov.cn/sj/gonglj/gongluyh_glj/201408/t20140813_1669012.html.

［32］ 国务院.地震监测管理条例［EB/OL］.（2004-07-06）［2017-01-09］.http://www.chinalaw.gov.cn/article/fgkd/xfg/xzfg/200407/20040700035353.shtml.

［33］ 中华人民共和国住房和城乡建设部.市政公用设施抗灾设防管理规定［EB/OL］.（2008-10-07）［2017-01-09］.http://www.mohurd.gov.cn/zcfg/jsbgz/201502/t2015

0210_220290.html.

[34] 国务院安委会.国务院安委会关于深入开展企业安全生产标准化建设的指导意见[EB/OL].(2011-05-06)[2017-01-09].http://www.chinasafety.gov.cn/newpage/Contents/Channel_21992/2011/0506/267204/content_267204.htm.

[35] 交通运输部.中华人民共和国水上水下活动通航安全管理规定:中华人民共和国交通运输部令 2011 年第 5 号[EB/OL].(2011-01-27[2017-01-09].http://zizhan.mot.gov.cn/zfxxgk/bzsdw/bhsj/201304/t20130412_1424110.html.

[36] 国务院. 中华人民共和国内河交通安全管理条例 [EB/OL].(2006-05-27)[2017-01-09].http://www.gov.cn/ztzl/2006-05/27/content_292762.htm.

[37] 国务院.城市道路管理条例[EB/OL].(2005-08-03)[2017-01-09].http://www.gov.cn/banshi/2005-08/23/content_25642.htm.

[38] 同济大学,杭州城投建设有限公司,杭州市城市基础设施建设发展中心.2009年浙江交通科技项目:九堡大桥施工及运营期间风险评估及检测养护管理策略研究[EB/OL].http://www.hzcjzc.com/newsdet.aspx? c_kind=2&c_kind2=743&c_kind3=&c_kind4=&id=5628.